福建省十四五规划教材

福建省高校创新创业课程校本教材课题项目

福建师范大学教材建设基金出版资助项目

福建省教育厅创新创业教育课程建设与实践研究项目(FBJG20170035)

福建师范大学本科教学改革创新创业项目(I201804003)

福建师范大学教学改革研究项目(I201803002)

福建师范大学新文科项目，新文科背景下创新创业智慧教育改革创新与实践(W202118)

高等院校人文素质教育系列教材

大学生创新创业基础
(第2版)(慕课版)

魏国江　主　编

林孔团　方蔚琼　副主编

清华大学出版社
北京

内 容 简 介

本教材着重于提高学生的创新思维，提升学生的创业认知，让学生深入了解创新创业的关键环节与注意事项，使学生从一个创业小白迅速成长为能创新、善创业的"双创"人才。

本教材共分为 12 章，分别从创新意识培养，创业项目选择，公司初创、管理、成长及退出等方面对创业过程进行全方位的介绍与总结，使学生形成基本的创业认识。本教材系统地论述了商业模式、营销、商业计划书、团队构建、创业融资等管理重点，能够培养学生创业管理能力。

本教材既适合作为大学生创新创业教育教材，也可以作为有创新创业意识的社会人员的参考读物。

图书在版编目(CIP)数据

大学生创新创业基础：慕课版/魏国江主编. -- 2 版. -- 北京：清华大学出版社，2025. 6.
(高等院校人文素质教育系列教材). -- ISBN 978-7-302-69261-4

Ⅰ. G647.38

中国国家版本馆 CIP 数据核字第 2025CZ5301 号

责任编辑：石　伟
装帧设计：李　坤
责任校对：徐彩虹
责任印制：曹婉颖
出版发行：清华大学出版社
　　　　　网　　　址：https://www.tup.com.cn, https://www.wqxuetang.com
　　　　　地　　　址：北京清华大学学研大厦 A 座　　　邮　　编：100084
　　　　　社 总 机：010-83470000　　　　　　　　　邮　　购：010-62786544
　　　　　投稿与读者服务：010-62776969, c-service@tup.tsinghua.edu.cn
　　　　　质量反馈：010-62772015, zhiliang@tup.tsinghua.edu.cn
　　　　　课件下载：https://www.tup.com.cn, 010-62791865
印 装 者：三河市人民印务有限公司
经　　销：全国新华书店
开　　本：185mm×260mm　　印　张：16.75　　插页：1　　字　数：404 千字
版　　次：2019 年 4 月第 1 版　2025 年 7 月第 2 版　印　次：2025 年 7 月第 1 次印刷
定　　价：49.00 元

产品编号：106875-01

前　言

1. 中国需要更高层次的"双创"教育①

自 2012 年 8 月教育部印发《普通本科学校创业教育教学基本要求(试行)》以来，中国的经济社会发生了巨大变化。中国经济稳居世界第二位，中国的创新水平和能力有了大幅提高。世界知识产权组织发布的《2024 年全球创新指数》报告显示，中国在世界排名中位居第 12 位，是前 30 名中唯一的中等收入经济体，中国已进入建设社会主义现代化国家的高质量发展阶段。

中国推进高质量发展必须促进大众创业、万众创新，通过新产业、新生产方式、新技术工人的培养，发展新质生产力。40 多年的改革开放奠定了中国在传统产业中的世界制造中心地位，但国际国内形势的发展变化促使中国急需转变传统的发展方式，通过发展新质生产力奠定在国际竞争中的新优势。

高质量发展需要通过创新转变传统的基于资源基础的粗放型发展方式。创新是推动社会进步和经济发展的重要动力。在全球化和信息化的背景下，传统的基于资源基础的粗放型发展方式已经无法适应当今快速变化的市场需求。创新是提高生产效率、提升产品质量、增强企业竞争力、实现可持续发展的关键。传统的粗放型发展方式主要依靠资源的开发和消耗，忽视了资源的可持续利用和对环境的保护。随着资源的日益枯竭和环境污染的加剧，粗放型发展方式已经成为阻碍经济发展的瓶颈。转变发展方式，实现绿色、循环、低碳的发展模式已成为当前经济发展的现实要求。

高质量发展需要通过新型创业形成战略新兴产业和未来产业的竞争力。中国经济发展是依托新的企业成为经济主体，促进创新型创业是中国高质量发展的关键。实现新型创业可以推动经济结构的优化升级。传统产业在面对全球化竞争和技术变革的挑战下，面临着多种发展瓶颈，而创新型创业则可以通过引入创新技术、商业模式和管理理念，推动传统产业向高附加值、绿色低碳、智能化方向转型升级。例如，互联网+、人工智能、大数据等新兴产业的发展，正在改变传统产业的生产方式和商业模式，为经济结构的优化升级提供新的动力。创新型创业可以为战略新兴产业和未来产业的发展提供动力。战略新兴产业和未来产业是推动经济增长和提升国家竞争力的重要支撑。新型创业作为创新的源泉和孵化器，可以为这些产业的发展提供源源不断的创新动力。通过创业者的创新创业活动，不断推动新技术、新产品和新服务的研发和应用，促进战略新兴产业和未来产业的壮大。

加强"双创"教育是促进我国创新和创业的重要手段。随着全球经济发展和竞争加剧，创新和创业已成为推动我国经济增长和社会发展的重要驱动力。作为拥有庞大人口数

---

① "双创"教育，即创新创业教育，是指在教育过程中融入创新思维和创业能力的培养，旨在激发学生的创造力和创业精神。本教材内容简介中的"双创"人才则是指具备创新和创业能力的人才。

量和悠久历史的国家，中国正面临着转变经济发展方式、提高经济增长质量和效益的挑战。因此，加强"双创"教育，培养更多具有创新精神和创业能力的人才，已成为我国高质量发展的迫切需要。加强"双创"教育，不仅可以培养学生的创新能力和创业精神，还可以促进科技创新和产业升级，推动经济持续健康发展。创业是实现创新的重要途径，可以将创新成果转化为市场竞争力，推动企业不断发展壮大。因此，加强"双创"教育，不仅可以培养具有国际竞争力的创新人才，还可以促进中国企业在全球市场中获得更大的发展空间。

中国需要发展更高层次的"双创"教育。虽然中国"双创"教育取得了巨大成绩，但随着全球格局的发展变化，新产业的出现，新科技革命尤其是人工智能技术的大范围应用，中国的"双创"教育需要从大众教育转向精英教育，尤其需要加强高学历人员的"双创"教育。此外，还要将信息技术手段广泛应用于"双创"教育，提高"双创"教育效率，提升学生借助信息技术进行创新创业的能力。如何发展高层次的"双创"教育已成为高等教育的重要任务。

2. 修订本教材的原因

《大学生创新创业基础》第一版获得了多所高校学生的广泛认可，也得到了许多教师的一致好评，但随着时代的发展，教材存在一定的短板。

首先，部分案例较陈旧，已经不适应新时代高层次创新创业教育的需要。第一版中的部分案例侧重于现象总结及理论知识的传授，是特定历史时期的创新创业典型，但我国的创新创业实践是世界上最特殊且又发展最迅速的，短短几年的时间就涌现了大量创新创业公司，本次改版需要把这些案例加入教材，供学生学习、思考、借鉴。此外，一些案例局限于当时产业发展背景，缺乏对于新兴行业和新兴技术的分析，导致教学内容与时代发展脱节。

其次，第 1 版教材中的信息化手段不足，已不能适应学生碎片化学习的需要。随着互联网和移动设备的普及，学生们获取信息的途径变得更加多样化和便捷化，可以通过各种应用程序、社交媒体和在线平台来获取知识与信息，而第一版教材限于当时的条件，没有考虑学生对于即时、个性化学习的需求。同时，学生的学习时间也变得碎片化，他们可能需要在公交车或地铁上、午休时间或晚上进行学习，但传统的纸质教材无法随时随地提供学习资源。因此，新版教材借助信息化技术，将教材数字化，使学生可以随时随地通过电子设备获取学习内容，这样不仅可以提高学习效率，还可以激发学生的学习兴趣和积极性。

3. 本教材编写组分工

本教材由福建师范大学担任全校创新创业课程的教学团队负责编写，团队成员共有 13 位教师，拥有管理学、经济学、市场营销学等丰富的专业背景，具备多元化知识，能有效地形成互补效应，经过多轮头脑风暴讨论和磨合，不断打磨和优化教材框架设计，共同打造高品质教材。

本教材具体编写分工如下。教材总体设计与前言由魏国江负责，第一章由林孔团负责，第二章由王珍珍负责，第三章由罗小凤负责，第四章由唐杰负责，第五章由鄢琳负

责，第六章由雷鸣负责，第七章由方蔚琼负责，第八章由林舒负责，第九章由肖光顺负责，第十章由林翊负责，第十一章由陈妮负责，第十二章由李曙霞负责。

本教材的出版得到了清华大学出版社的极大帮助，在此表示感谢！

中国的创新创业理论和实践都在不断地发展变化，教材编著及出版耗时较长，对诸多新问题和新现象关注不够，因此难免存在不足，敬请读者提出宝贵意见，我们将不断改进。

编　者

目　　录

第一章 创新创业概述

我们已经处于一个全新的时代,"读大学、求热门专业、储备大量知识和考各种证书、找一个稳定的工作"已经成为过去,在这个新的时代里,每个人都面临变化的环境以及由此带来的机会,每个人都可以充分释放自己的创造力,利用现有的技术和平台,把想法变为现实,为他人和社会创造更多的价值。

因此,我们的人生规划也需要从过去以计划和预测为主的就业思维,转向以行动和创造为主的创业思维,从创业的视角重新设计人生方向。创业不仅仅是创办企业,任何探索问题、解决问题,把想法变成现实并创造价值的过程都属于创业。创业不仅仅是工作和职业,还应该成为一个人的思维方式、行为方式和生活方式。

(资料来源:朱燕空.创业学什么:人生方向设计、思维与方法论.)

【案例导入】

2023年8月29日,华为线上推出了新一代旗舰手机Mate 60 Pro(见图1-1),并在短时间内售罄,9月3日开启全渠道全款售卖,销售火爆,旗舰店预约至少要等一周。Mate 60 Pro为全球首款支持卫星通话的大众智能手机,即使没有地面网络,也能拨打和接听卫星电话,出行多一份安心;灵犀AI算法与灵犀天线强强联合,带来更出色的通信体验,在高铁、地铁、电梯、车库等弱信号场景下实现更稳定的网络连接;首发第二代昆仑玻璃,支持AI隔空操控、智感支付、注视不熄屏等智慧功能,并接入了盘古人工智能大模型;搭载了海思麒麟9000s芯片,预装其自主研发的HarmonyOS 4.0操作系统。华为经过多年的专心研发和攻关克难,励志创新,突破美国重重封锁与打压,取得了多个领域的"创新性"技术突破,推出了一系列颠覆性的产品和技术,使高端手机Mate 60 Pro受到国内外的广泛关注,被称为"争气机"。

图1-1 华为手机

(图片来源:https://consumer.huawei.com/cn/phones/)

华为是全球领先的ICT(Information and Communications Technology,信息与通信技术)

基础设施和智能终端提供商，创立于 1987 年，为全球 170 多个国家和地区、30 多亿人口提供服务。2024 年销售收入超过 8600 亿元人民币，过去 30 多年来，无论是遭遇地震、海啸还是战争，华为创新的产品解决方案全力保障了客户网络在各种场景下的安全稳定运行。华为高度重视技术创新与研究，坚持将每年收入的 10%以上投入到研发领域，近十年累计投入的研发费用超过 11100 亿元人民币。目前华为是全球最大的专利持有企业之一，在全球共持有有效授权专利 14 万件(90%以上为发明专利)，2023 年 PCT 国际专利申请量为 7822 件，已连续 5 年位居世界第一。截至 2023 年 12 月 31 日，华为员工总数约 20.7 万名，其中研发员工超过 11.4 万名，约占员工总数量的 55%。华为持续开放鸿蒙、鲲鹏、昇腾、云服务等平台能力，优化开发者体验，与 900 多万开发者、4 万多生态伙伴一起释放生态创造力。加强多种技术要素(芯片、软件、硬件、终端设备、网络、云计算)的协同创新，成为华为持续生存与发展的关键。

华为的创新不仅包括技术创新、产品创新，还包括商业模式创新、制度创新、组织创新等。例如，华为管理制度最大的创新就是"全员持股"，这是华为创造奇迹的根本所在。华为颠覆了传统的营销模式，由代理模式转向了直销模式。市场开发创新采用"一点两面三三制"的经典市场作战方式，华为的"重装旅"是华为公司内部的一个组织概念，它代表了一种战略预备队的形式，旨在通过实战训练和循环作战的方式，培养和输出优秀的解决方案主管和专家。"重装旅"方式，旨在提高公司的市场响应速度和竞争力，将决策权下放到一线，让最接近市场的人员能够快速做出决策，以适应市场的变化和客户需求。研发体制创新采用了"模块研发+系统集成模式""修长城+海豹突击队模式"。在企业决策机制上，华为最大的创新就是"轮值 CEO"，七位副总裁轮流担任 CEO，每半年轮值一次。轮值 CEO 制度，从体制上避免了山头问题，是对传统管理理论的颠覆性创新。

(资料来源：根据华为资料整理，https://www.huawei.com/cn/corporate-information)

华为 Mate 60 Pro 的发布不仅是华为技术自主创新的里程碑，更是中国科技企业在全球竞争中崛起的象征。华为通过持续的技术突破与多元化创新实践，展现了其在全球 ICT 领域的领先地位。

第一节　创新与创新能力

创新创业的相关
概念解析

我国未来的发展必须坚持科技是第一生产力、人才是第一资源、创新是第一动力，深入实施科教兴国战略、人才强国战略、创新驱动发展战略，开辟发展新领域新赛道，不断塑造发展新动能新优势。坚持创新在我国现代化建设全局中的核心地位。优化配置创新资源，统筹推进国际科技创新中心、区域科技创新中心建设，提升国家创新体系整体效能。培育创新文化，弘扬科学家精神，涵养优良学风，营造创新氛围。

党的二十大报告中指出，强化企业科技创新主体地位，加快推进科技自立自强，全社会研发经费支出从 10000 亿元增加到 28000 亿元，居世界第二位，研发人员总量居世界首位。基础研究和原始创新不断加强，一些关键核心技术实现突破，战略性新兴产业发展壮大，载人航天、探月探火、深海深地探测、超级计算机、卫星导航、量子信息、核电技术、新能源技术、大飞机制造、生物医药等取得了重大成果，进入了创新型国家行列。

2023 年 12 月，中央经济工作会议指出，要以科技创新推动产业创新，特别是以颠覆性技术和前沿技术催生新产业、新模式、新动能，发展新质生产力。要大力推进新型工业化，发展数字经济，加快推动人工智能的发展。2024 年政府工作报告中首次提出"人工智能+"行动。根据中国信息通信研究院公布的数据，2023 年我国人工智能核心产业规模达 5784 亿元，增速为 13.9%。赛迪研究院数据显示，2023 年我国生成式人工智能的企业采用率已达 15%，市场规模约为 14.4 万亿元。迅猛的发展态势和广阔的市场空间，为"人工智能+"行动的顺利实施奠定了坚实的基础。

一、创新的含义与方式

1. 创新的含义

近年来，科技创新呈现"井喷式"爆发。中国"嫦娥"奔月、"天问"登火、"天宫"迎客、"奋斗者"号万米深潜、C919 大飞机运营、国产大型邮轮制造、5G 技术位居世界领先水平。OpenAI 以大模型为核心开创了人工智能领域新一轮创新范式，继 ChatGPT 掀起人工智能热潮一年后，2024 年 2 月 16 日，OpenAI 发布首个文生视频模型 Sora，它能够根据文本描述生成连贯、逼真的视频内容，风靡全球，标志着 AI(Artificial Intelligence，人工智能)在视频生成领域的一次重大飞跃，成为人工智能发展的一个重要"里程碑"。我国人工智能的发展也取得很大进展，如图 1-2 所示。2024 年 12 月，中国深度求索(DeepSeek)公司推出开源模型 DeepSeek-v3，凭借性能卓越，性价比高、训练成本低等优势，引起全球高度关注，被誉为"中国 AI 开源革命的里程碑"。这一实现不仅重塑了 AI 商业化路径，更推动了中国在全球 AI 领域的竞争力提升。

企　业	平台模型	优　势	应用领域
百度	文心一言	多模态能力(文本、图像、代码生成) 用户规模大(破 1 亿)	智能客服营销、教育、医疗
阿里巴巴	通义千问	多语方支持(超 10 种)，电商物流优化能力强	电商、物流、供应链管理
华为	盘古大模型	行业精准度高(矿山、气象)>95%	工业智能化、气象预测、矿山安全
科大讯飞	星火大模型	教育、医疗领域深度优化，辅助诊断，效率高	教育(个性化学习)、医疗(辅助诊疗、医院管理)
腾讯	混元大模型	多模层生成能力强、视频生成技术领先	内容创作、影视预演、虚拟现实
字节跳动	云雀大模型	跨模态交互能力、内容创作效率高	短视频创作、直播、社交媒体
商汤科技	书生·筑梦	3D 动态场景生成、影视与虚拟现实应用广泛	影视创作、虚拟现实、智慧城市
深度求索	DeepSeek-v3	开源模型、性能比肩国际闭源模型成本降低 50%	中小企业 AI 赋能、垂直场景应用

图 1-2　中国人工智能企业与大模型

(作者整理)

AI 技术的颠覆性创新带来了一系列深远的产品创新和应用变革。2023 年被称为"人工智能元年"，2024 年被众多媒体称为"人形机器人元年"。人形机器人集成人工智能、高端制造、新材料等先进技术，有望成为继计算机、智能手机、新能源汽车之后的颠覆性产品，是我国培育新质生产力的重要产业领域，如图 1-3 所示。

图 1-3　人形机器人引领科技创新浪潮

(图片来源：https://www.msn.cn/zh-cn/news)

那么，什么是创新呢？

创新(Innovation)的概念由美籍经济学家约瑟夫·熊彼特(Jaseph Alois Schumpeter，1883—1950)在 1912 年出版的《经济发展概论》中提出：创新是指把一种新的生产要素和生产条件的"新结合"引入生产体系。它包括五种情况：引入一种新产品；引入一种新的生产方法；开辟一个新的市场；获得原材料或半成品的一种新的供应来源；采用一种新的组织形式。

创新是指以提出有别于常规或常人思路的见解为导向，利用现有的知识和物质，为满足某种需求而改进或创造新的事物、方法、元素、路径、环境，并能获得一定效益的行为。创新意味着我们要另辟蹊径，发现新的问题或者用新的方式解决问题，如理论创新、制度创新、技术创新、教育创新等。

美国哈佛大学的阿伯纳西(W. J. Abernathy)和麻省理工学院的厄特巴克(J. M. Utterback)于 1978 年最早提出了突破性创新(Breakthrough Innovation)，认为突破性创新与组织现有的创新实践完全不同，是基于对组织技术的突破而实现的组织能力提升、市场格局重构的创新。

1995 年，美国哈佛大学商学院教授创新大师克莱顿·克里斯坦森(Clayton Christensen)首次提出"颠覆性技术"(Disruptive Technologies)，其核心是"从低端市场或新市场切入，以简单、方便、经济为初始特征，随着技术性能和产品功能的不断改进，逐步取代原有技术，占领主流市场"，并在 1997 年《创新者的解答》(Innovator's Solution)中将"颠覆性技术"扩展为"颠覆性创新"(Disruptive Innovation)，认为低端市场颠覆、新市场颠覆和商业模式颠覆是颠覆性创新的核心。安德·林(Andersen)于 1998 年认为，颠覆性创新是通过改变原有技术轨道和技术生命周期，形成新的技术轨道，进而产生新兴的替代性技术。科特尔尼科夫(Kotelnikow)于 2000 年指出，颠覆性创新是一种产品、工艺或服务具备前所未有的性能特征、特征相似但性能有巨大提升及创造新产品的创新类型。颠覆性创新是一种借助全新技术或现有技术的跨学科、跨领域的融合与应用，构建高性能产品取代原有主流市场产品，最终带动全产业翻天覆地的创新(宋亮、杨磊，等，2023)。颠覆性创新涉及创造颠覆性技术、生产颠覆性产品、开辟新市场或侵入低端市场、获取新资源并建立新的商业模式等方面的内容，是一种以颠覆性打破为导向的复杂创新。从突破性创新到颠覆性创新是一个梯度演化的过程，突破性创新属于技术创新层面的概念，是基于组织战术层面的创新活动，而颠覆性创新是基于组织战略层面的创新活动，是以"颠覆性打破"为导向的复杂创新，注重技术和组织资源的深度融合，涵盖了创新的所有范畴(许佳琪、汪雪锋，等，2023)。

那么，贵州茅台与蒙牛联名推出"茅台冰淇淋"、与瑞幸咖啡联名推出"酱香拿铁"（见图1-4）、与德芙联合推出"茅小凌酒心巧克力"是不是创新？当然属于创新。

图1-4 茅台冰淇淋、酱香拿铁

（图片来源：https://baike.baidu.com/item）

【案例1-1】

贵州茅台酒股份有限公司（以下简称"茅台"）的主导产品贵州茅台酒是我国大曲酱香型白酒的鼻祖和典型代表，是有机食品和国家地理标志保护产品，是香飘世界的中国名片。2023年，茅台实现营业总收入1652.6亿元，利润总额1096.2亿元。2023年，贵州茅台品牌价值高达875.24亿美元，是"BrandZ最具价值全球品牌排行榜"全球最具价值的酒类品牌。

茅台始终牢记"酿造高品质生活"的企业使命，传承传统工法，以中华优秀传统文化和中国酒文化为丰厚底蕴，坚持守正创新，结合新时代特征，以转化、融入为手段，以创新、创造为动力，不断赋予其新时代内涵和表达形式。围绕酒主业，以茅台酒为基点，构建了包括茅台酒、酱香系列酒、保健酒、葡萄酒、蓝莓酒的美酒产品矩阵，创新开发冰淇淋、咖啡、巧克力等周边衍生产品，契合消费者品质化消费趋势，风行全国，受到新生代的青睐，成为社交爆款产品，跨界营销成功地实现了"1+1＞2"的效果。

在"2022茅台科创和人才工作大会"上，时任董事长丁雄军认为茅台"70年的发展历程，科技创新贯穿了茅台的每一个关键历史时期"，并发布了茅台70年主要的15项开创性成就。近十年来，茅台集团围绕全产业链累计投入研发经费超60亿元，开展各类科研创新项目260多项，获得授权发明专利56项。从2022年到2030年，茅台将围绕酿造原料、酿造环境、酿造微生物、工艺控制、白酒风味与品质、食品健康与安全和标准管理七大领域23个研究方向，启动200余项科技创新项目。

目前，茅台已经获得25个类别共600余株梭状芽孢杆菌，全球首次分离获得3类新梭状芽孢杆菌并获得活体菌株；成功上线运行i茅台数字营销平台，开创了行业S2B、S2C、S2B2C的全渠道数字化营销新模式，丰富了线上线下的购买渠道，以最快捷的方式触达消费群体；茅台和网易携手打造的"巽风数字世界"是茅台酒数字传播与文创产品超级平台，圈粉了一批热衷网游、元宇宙、虚拟现实等的年轻群体。

2. 创新的方式

创新的方式主要有两种：一是无中生有，就是指科学发现和技术发明，例如电的发现，蒸汽机、电灯、电话、电脑、手机、网络、移动App的发明等，这些都是伟大的创

新,改变了人类的生活;二是有中生无,就是对现有事物的改进,比如现在很多超薄笔记本电脑,与世界上的第一台电脑相比,都是有中生无的改进型。

二、创新能力的定义与构成

　　创新能力,就是产生新的想法,提出新的发现、新的发明及新的改进方案的能力。创新能力是一种综合能力,包括逻辑思维能力、无限想象能力、自我超越能力、换位共情能力、学习创新能力、方法运用能力、管理创新能力、服务创新能力、营销创新能力等。创新能力意味着产生某种过去并不存在的东西(创新思维之父爱德华·德·波诺(Edward de Boo)),这种能力人人都具有,是一种需要经过教育、培训、开发才能得以提升的潜在能力,它伴随着人们生命的存在而存在,无穷无尽。但不同的人表现却不同,有的人少年早慧,有的人却大器晚成,需要不断地开发,潜能才能不断地释放,成为创新的强者。例如,爱迪生只念了三个月的小学,一生却有 2000 多项发明、1000 多项专利,平均每 15 天就有一项发明。创新能力来源广泛,例如无知、经验、动机、完善性、错误、意外等都可能产生创新。

【案例 1-2】

全球最具创新力公司 50 强

　　波士顿咨询公司(简称"BCG")发布了 BCG 2023 全球最具创新力公司 50 强的榜单,如图 1-5 所示,苹果连续三年蝉联榜首,中国的华为和比亚迪两家公司进入前十位,分别排在第 8 名和第 9 名,小米排在第 29 名,中国石化排在第 32 名,字节跳动排在第 36 名,阿里巴巴排在第 44 名,中国石油排在第 46 名,联想排在第 48 名,向全世界展现了中国在全球创新领域的实力。

图 1-5　2023 全球最具创新力公司 50 强

(图片来源:https://new.qq.com/rain/a/20230926A035J500)

苹果公司(Apple Inc.)是美国的一家高科技公司，由史蒂夫·乔布斯(Steve Jobs)、斯蒂夫·沃兹尼亚克(Steve Wozniak)和罗纳德·韦恩(Ronald Wayne)三人于1976年4月1日创立，总部位于加利福尼亚州的库比蒂诺。苹果公司的发展历史，就是一部创新的历史，包括产品创新、理念创新、技术创新、渠道创新、商业模式创新等，通过不断地推出新的产品，实现产品创新，占据领先地位。把握微笑曲线的两端——研发和销售，鼓励员工大胆创新，根据用户的需求并超越用户的需求来设计新产品，使苹果公司的产品在设计上远超竞争对手。在销售环节，苹果公司打造用户直接体验产品环境的零售店，给用户一个互动式的体验过程，增加了用户对产品的满意度。苹果公司的创新体现在软硬结合上，优秀的硬件和软件策略打造了优异的体验。和竞争对手相比，苹果公司自己研发芯片，开发者针对 iOS 应用进行了专门优化。苹果公司凭借 iPhone、iPad、Mac、Apple Watch 和 Apple TV 引领全球创新。

比亚迪是一家致力于"用技术创新，满足人们对美好生活的向往"的高新技术企业。比亚迪成立于1995年2月，经过30多年的高速发展，已在全球设立了30多个工业园，实现全球六大洲的战略布局。比亚迪业务布局涵盖电子、汽车、新能源和轨道交通等领域，并在这些领域发挥着举足轻重的作用，从能源的获取、储存，再到应用，全方位构建零排放的新能源整体解决方案。比亚迪始终坚持技术创新，目前拥有研发人员超10万人，累计申请专利超过4.8万项。获得授权专利超过3万项。比亚迪研发投入累计超1600亿元人民币，体现了公司对于掌握核心技术，不断创新的决心，正如王传福所说的："技术研发是科技自立自强的新长征。"

长期的技术积累，强大的创新实力，迎来了爆发式增长，比亚迪先后推出刀片电池、DM-i 超级混动技术、CTB 车身电池一体化技术、e 平台 3.0、用于仰望 U8 上的易四方、云辇等多项重磅技术，打造企业的"技术鱼池"，引领全球新能源汽车产业的发展。比亚迪业绩增长强劲，2023年实现总营收6023.15亿元，同比增长42.04%；归母净利润300.41亿元，同比增长80.72%，各项核心经营数据均创历史新高。

(资料来源：作者整理)

创新精神是指人的创新意识和创新性格。创新意识中要有创新的愿望和正确的创新动机。愿望的形成需要一个良好的外部环境，如鼓励创新的环境和相应的激励制度等。创新性格的两大特征是自信和不怕失败。很多人都有自卑感，自卑成了我们最大的敌人，遏制了我们创造才能的发挥，所以我们要相信自己能行，不怕失败，要敢于去创新，从而成为创新的强者。

第二节 创新思维与创新方法

一、创新思维的概念

创新思维的
概念、过程

思维模式决定行为方式，不同的思维会引发不同的行为。在我们的日常生活中，每个人都形成了自己的思维模式，当遇到问题时就会不假思索地运用已经习惯的思维模式进行思考和处理，这就是思维定式，也称为惯性思维。常见的思维定式有：从众型、经验型、

权威型和书本型等。

从众型思维定式就是顺从多数人的意志而没有自己主见的一种心理现象，比如说过马路时，看到红灯亮时本应该停下来，但却随着人群继续往前走。

经验型思维定式就是按照以往的经验去办的一种思维习惯。

权威型思维定式就是以权威作为判定事物是非对错的唯一标准，盲目崇拜、夸大权威的思维习惯。书本型思维定式就是一味地以书本上的知识来思考问题，把书本知识夸大化，不能活学活用。

思维定式或惯性思维有助于我们日常问题的思考和处理，但却阻碍了新思想、新观念的产生。

【经典案例】

3万把共享雨伞被人抢光很心塞？其实根本是赚大了

继共享单车之后，共享充电宝、共享雨伞等新型共享经济方兴未艾，但都面临着各种问题。尤其是共享雨伞，几乎都是有去无回，而某企业负责人淡定地表示，本来就希望这样，要藏伞于民。

3万把共享雨伞，每把押金19元，半小时收费0.5元，虽然投放了没几天就全部被人拿回家，但这应该是一段经典的营销案例，必将载入中国销售史。

原因是什么呢？

9.9元一把的伞卖了19元，几天时间就卖了3万把，最主要的这还是无人销售！

(资料来源：http://tech.qq.com/a/20170709/006575.htm)

创新思维，就是以一种新的方式来处理某件事或表达某种事物的思维过程。创新思维克服了思维定式，以超常规或者反常规的视角去思考问题，提出与众不同的解决方案，创造出新思想、新观念。

【经典案例】

小故事两则

(一)

中美建交前，一位美国记者问周恩来总理："请问总理阁下，你们堂堂中国人，为什么还要用我们美国的钢笔？"面对这样一个不友好的提问，周总理庄重又风趣地回答："这是一个朝鲜朋友的战利品嘛，是他作为礼物送给我的。"周总理的弦外之音是什么呢？不声不响地回讽了那个美国记者！

(二)

周恩来总理在一次记者招待会上介绍我国的建设成就。一个西方记者说："请问，中国人民银行有多少资金？"这位记者提出这样的问题，有两种可能性：一种是嘲笑中国穷，国库空虚；另一种是想刺探中国的经济情报。周恩来总理委婉地说："中国人民银行的货币资金吗？有18元8角8分。"当他看到众人不解的样子时，他解释说："中国人民银行发行的面额为10元、5元、2元、1元、5角、2角、1角、5分、2分、1分，10种人民币，合计为18元8角8分……"话音刚落，全场立即响起了热烈的掌声。

周恩来总理在高级外交场合回答这两个问题时就运用了创新思维。如果用常规思维回答，"新中国刚成立，我们还不会制造像派克这么好的钢笔""无可奉告"或者"没有多少钱"之类的，都达不到好的效果。那位记者本想挖苦周总理：你们怎么连好一点的钢笔都生产不出来，还要从我们美国进口。结果周总理说这是朝鲜战场的战利品，反而使美国记者丢尽颜面，既教训了他的无礼行为，又维护了国家尊严。另一个回答，以"总面额"代替"总金额"，既堵住了记者的口，又不损害招待会的和谐气氛，显示出周总理机智过人的应变能力和幽默风度。

二、创新思维的基本过程

创新思维的基本过程包括以下四个阶段。

1. 准备阶段

创新思维从发现问题、提出问题开始。提出问题后必须着手准备，包括必要的资料收集、必需的知识和经验储备等。

2. 酝酿阶段

对前一阶段(准备阶段)的资料和事实进行消化吸收，明确问题的关键所在，提出解决问题的各种假设和方案。这一阶段可能是短暂的，也可能是漫长的。

3. 顿悟阶段

经过酝酿阶段对问题的长期思考，创新观念可能会突然出现，思考者有种豁然开朗的感觉，这一心理现象就是灵感。灵感的闪现也称顿悟。出现灵感的阶段就是顿悟阶段。灵感的来临，往往是突然的、不期而遇的。比如说数学家高斯，为了证明某个定理，想了两年时间却一无所获，可是有一天，像闪电一样，谜一下子解开了。

4. 验证阶段

灵感所获得的构想、得到的问题解决方案，还必须经过理论及实践的反复论证和实验，得以验证或改进，有时甚至被否定，再回到酝酿阶段。创新思维产生的四个阶段如图 1-6 所示。

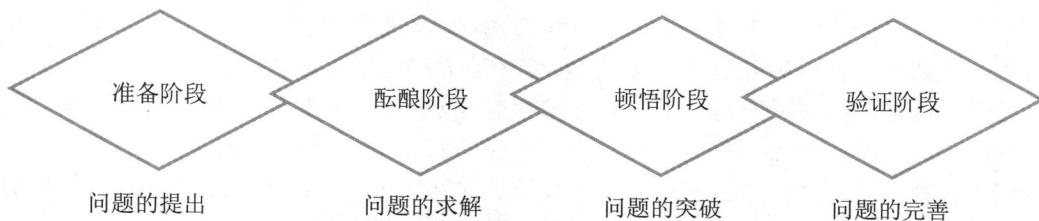

图 1-6　创新思维产生的四个阶段

【经典案例】

谷歌公司把创新思维融入员工的血液里

1996 年，两名斯坦福大学的博士生拉里·佩奇(Larry Page)和谢尔盖·布林(Sergey

Brin)开发了一个对网站之间的关系做精确分析的搜寻引擎——Back Rub，当他们准备出售时，当时的各大门户网站却不感兴趣。于是他们决定自己干，并选择了休学，于 1998 年 9 月在加州朋友的车库里成立了谷歌公司(Google Inc.)。当时名不见经传的小型创业公司，现在已经发展成为全球最大的搜索引擎公司，2022 财年收入 2828 亿美元，业务包括互联网搜索、云计算、广告技术、开发大量基于互联网的产品与服务，以及移动设备的 Android 操作系统等。2020 年 7 月，"福布斯 2020 全球品牌价值 100 强"中谷歌公司名列第 2 位。

谷歌公司把创新摆在首位，每年有大量涌现的产品做支撑，例如 2016 年推出的 AlphaGo 的人工智能技术、Daydream view VR(是一款移动虚拟现实头戴设备)、神经网络翻译、自动驾驶汽车等。谷歌公司不断地激发员工的创新能力，大到一个全新领域的开发(例如无人驾驶汽车)，小到每一个人日常工作的改进。谷歌会定期组织 Demo Day(演示日)的活动，让大家留出一个礼拜的时间，从全新的角度去考虑解决方案，考虑新产品的方向并快速写出一份雏形，展示给同事们讨论和评选，有许多下一年的新方向就是从中提炼出来的，其中产生了大量富有创意的产品。谷歌允许"犯错"，没有人会因为在程序中写了 bug 造成公司的损失而被问责撤职，但要做完整的"检尸报告"以防同样的问题再犯。员工在谷歌公司光能解决问题是远远不够的，要有发现问题、定义问题的能力。招聘员工时除了看重应聘者的基本功外，更重要的是看他的潜能，有没有去探索和挑战新事物的好奇心和激情。谷歌公司注重辩论的训练，习惯在"争吵"中让问题更加清晰，把潜在问题充分暴露，然后再去尝试解决问题，使方案更加成熟全面。在软件开发的流程中，非常注重整个设计的讨论，从讨论到文书，再到各个部门，进行反复论证。创始人的情怀往往对企业和员工的思维模式有着深刻影响，就如同佩奇宣布"死后不会把钱捐给慈善机构，而是要交给一个有创新能力的公司"，由此可见谷歌公司对创新的重视程度。

三、创新思维的方式

创新思维的方式有以下四类。

创新思维方式

1. 发散思维与收敛思维[①]

发散思维是对同一问题从不同层次、不同角度、不同方向进行思考，提出新思路或新发现的思维过程，表现为思维视野广阔，思维呈现多维发散状，如图 1-7(a)所示，如以"一题多解""一事多写""一物多用"等方式培养发散思维能力。不少心理学家认为，发散思维是创造性思维最主要的特点，是测定创造力的主要标志之一。

发散思维可以解释成天马行空，充分发挥自身创造力，如针对同一个话题，在一定时间内进行天马行空的想象，产生各种看法。心理学家曾做过一个实验，在一个黑板上画一个圆圈，问在座的同学："这是什么？"大学生的回答很一致："这是一个圆"，而幼儿园的孩子则给出了五花八门的回答："这是一面镜子""太阳""皮球"……运用发散思维，把一个话题延伸成多个不同的部分，本质上是一种求异行为。采用发散思维，常常能突破思维定式，寻找到与原来不同的方法和途径，这在经济、军事、创造发明等领域中广泛应用。

---

① 周苏，褚赟. 创新创业：思维、方法与能力[M]. 北京：清华大学出版社，2017，101-106.

收敛思维是将各种信息聚集在一起，尽可能利用已有的知识和经验，将各种信息重新进行整合，实现从开放的自由状态向封闭的点进行思考，以产生新创意的思维方法，如图 1-7(b)所示。收敛思维是求同行为，集中各种想法，取其精华，应用于在所有可行的解决方案之中，识别、选择最合理有效的方案。例如针对主题咖啡厅的具体方案，创业团队成员针对目标群体的不同喜好，提出宠物主题、动漫主题、恋爱主题，最终采用了一个 Hello Kitty 主题咖啡厅是集合各方创意的方案。

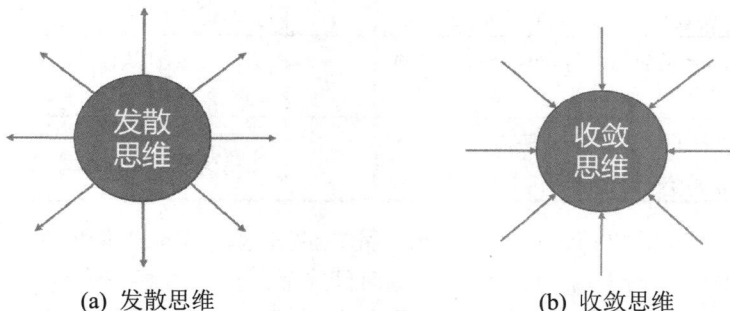

(a) 发散思维　　　　　　　　　　　　　　　(b) 收敛思维

图 1-7　思维示意图

发散思维和收敛思维相互作用、相互促进。没有发散思维的广泛收集、多方搜索，就没有收敛思维的收敛对象；没有收敛思维的系统化集中管理分析，发散思维得出的结果再多，也不会有意义。只有二者相辅相成，交替运用，一个创新过程才能圆满完成。

2. 横向思维与纵向思维

横向思维是截取历史的某一横断面，研究同一事物在不同环境下的发展状况，并通过与周围事物的相互联系和相互比较，找出该事物在不同环境下的异同。

横向思维是由爱德华·德·波诺(Edward de Bono)于 1967 年在《水平思维的应用》(*The Application of Latercal Thinking*)中提出的，横向思维从多个角度入手，改变解决问题的常规思路，拓宽解决问题的视野，从而使难题得到解决，在创造活动中发挥巨大作用。

【经典案例】

奥运会需要巨额的资金投入。1976 年蒙特利尔举办第 21 届奥运会花了 30 亿美元，亏损 10 亿美元；1980 年莫斯科举办第 22 届奥运会花费资金 90 亿美元；1984 年第 23 届奥运会，洛杉矶政府没有提供任何资金，却盈利 2.25 亿美元，成为近代奥运会恢复以来真正盈利的第一届奥运会，这归功于彼得·尤伯罗斯(Peterv.Veberroth)导演了这场奥运史上的"商业革命"。他运用横向思维，把竞争机制引入赞助营销，将正式赞助商的总数严格限制为 30 个，规定每个行业通过竞标的方式只接受一家赞助商；通过拍卖奥运会的电视转播权，出售火炬传递接力权等方式扩大了收入来源。同时，全面压缩开支，充分利用已有的设施，不盖新的奥林匹克村，招募志愿者为大会义务工作等，具体方法见表 1-1。尤伯罗斯被誉为奥运会的"商业之父"。

表 1-1　解决奥运经费问题

序号	方法及事项	序号	方法及事项
1	拍卖奥运会的电视转播权, 获得 2.75 亿美元	6	以指定的营业和做广告为条件, 募集资金 400 万美元建自行车赛场
2	30 个正式赞助商, 集资 1.17 亿美元	7	提前一年发售门票赚取大笔利息
3	出售火炬传递接力权, 收入 4500 万美元	8	以奥运会标志作为专利商品广泛出售
4	50 家奥运会供应商, 每家至少捐款 400 万美元	9	不建设豪华奥运村, 利用假期大学生宿舍作为奥运村
5	以指定的营业和做广告为条件, 让麦当劳出资 400 万美元建游泳馆	10	尽量少建新馆, 改造已有的体育场地

任何事物都要经历成长、发展、衰老、死亡的过程, 纵向思维就是对事物发展过程的反映, 按照由过去到现在、由现在到将来的时间先后顺序来考察事物。

纵向思维对未来的推断具有预测性, 预测的结果可能符合事物的发展趋势。纵向思维被广泛应用于科学和实践中, 例如, 纵向思维方法在气象预测、地质灾害预测等方面的应用广泛, 对指导人们的行为、决策具有较大作用。

3. 正向思维与逆向思维

正向思维是按常规思路, 以时间发展的自然过程、事物的常见特征、一般趋势为标准的思维方式, 是一种从已知到未知来揭示事物本质的思维方法。与之相反, 逆向思维在思考问题时, 为了实现创造过程中设定的目标而跳出常规, 改变思考对象的空间排列顺序, 从反方向寻找解决办法。正向思维与逆向思维相互补充, 相互转化。

4. 批判思维和联想思维

批判思维通俗地说就是"批判性地思考", 用于问题的识别、分析、判断和解决。例如类似以下问题: "我假定了什么?" "我的评判标准是什么?" "证据在哪里?" 。但要注意的是, "批判思维是大胆质疑而非愤世嫉俗, 是思想开放而非举棋不定, 是分析批判而非吹毛求疵", 这是美国著名批判性思维专家彼得·范西昂(Peter Facione)对批判思维实施的建议。例如, 在创业过程中, 要准确识别创业时机: "为什么我可以选择这个项目进行创业" "这个项目大概率可以成功的依据是什么?"

联想是指人们自发地在头脑中创造一个想法或者一个画面。比如当说起汽车时, 马上就能想象出各种各样的汽车形象来。因此, 想象一般是在掌握一定知识面的基础上完成的。创业者能够成就一番事业, 除了具有创造思维以外, 联想能力也是必不可少的条件。

思维从一个事物跳跃到另一个事物或者想象那些并不存在的事物是每个人都具备的潜在能力。挖掘联想能力能够帮助人们更好地理解事物的本质并建立各事物之间的联系。就创意的产生来说, 联想能力有助于人们通过在大脑的记忆库中搜寻与事物相关的信息, 在原有知识和经验的基础上发掘事物的新状态。如图 1-8 所示, 由一个圆圈可以联想出各种事物。

图 1-8 联想

(图片来源：常州信息职业技术学院《图形创意》慕课)

四、常用的创新方法

常用的创新方法有模仿创新法、类比思考法、头脑风暴法、六顶思考帽法、TRIZ 理论法。下面分别进行介绍。

常用的创新方法

1. 模仿创新法

1) 模仿创新法的概念及类型

模仿创新法就是通过模仿旧事物来创造与其相类似的事物的创造方法。根据模仿程度的不同，模仿创新法可以分为机械式模仿、启发式模仿和突破式模仿。

(1) 机械式模仿是把别人成功的经验和先进的生产方式直接吸收过来，并加以借用，所以很少独创。

(2) 启发式模仿不是在二者相同条件下进行的，而是在其他对象的启发下，借用过来做新的创造。例如在小创伤护理市场，"邦迪"创可贴给伤口止血的创伤药的优势只在胶布的良好性能，没有消毒杀菌的功能，而云南白药则认为自己的市场机会在于使小伤口可以更快地愈合，云南白药创可贴成功地模仿和超越了"邦迪"创可贴，并迅速占领市场。

(3) 突破式模仿是指与自己所模仿的东西发生质的变化，从而变成自己的东西，是一种全新的创造。

2) 模仿创新法的途径

模仿创新法的途径包括以下几个方面。

(1) 原理性模仿。按照已知事物的运作原理，构建新事物的运作原理。如人工智能(AI)就是模仿人脑神经元素设计的。

(2) 形态性模仿。根据已知事物的形态进行模仿创造事物。如军人的迷彩服是对大自然色彩的模仿性创造。

(3) 结构性模仿。模仿已知事物的结构特点，从结构上来创造新事物。如复式住宅来自对双层公共汽车的结构模仿。

(4) 功能性模仿。从某一事物的某种功能要求出发模仿类似的已知事物。如人们受智能照相机的启发，研制出全智能操作的无人汽车。

(5) 仿生性模仿。以生物界事物的生存、发展的原理、功能、形状为参照物，进行仿

生性模仿创造,包括原理性仿生、技术性仿生、信息性仿生等。

2. 类比思考法

类比思考法是由美国麻省理工学院教授威廉·戈登(W. J. Gordon)于 1944 年提出的,是指以外部事物或已有的发明成果为媒介,并将它们分成若干要素,对其中的元素进行讨论研究,综合利用激发出来的灵感,来发明新事物或解决问题的方法。

威廉·戈登发现,当人们看到一件外部事物时,往往会得到启发思考的暗示,即类比思考。这种思考的方法和意识没有多大联系,反而与日常生活中的各种事物有紧密关系。我们的不少发明创造、文学作品都是由日常生活的事物启发而产生的灵感。

类比思考法常用的方法包括以下几种。

(1) 拟人类比。将创造的对象加以"拟人化"。例如机器人的设计就是模拟人的动作,挖土机的设计就是模拟人体手臂的动作。

(2) 直接类比。从自然界或者已有的成果中找寻与创造对象相类似的东西。例如运用仿生学设计飞机、潜艇等。

(3) 象征类比。赋予创造对象一定的象征性,使它们具有独特的风格。例如设计纪念碑、纪念馆,需要赋予它们"宏伟""庄严""典雅"的象征格调;设计咖啡馆、音乐厅,需要赋予它们"艺术""优雅"的象征格调。

(4) 想象类比。充分利用人类的想象能力,通过童话、小说、幻想、谚语等来寻找灵感,以获取解决问题的方案。例如,孙悟空的金箍棒能大能小、收缩自如,有人就通过想象类比,发明了一种可以收缩的自行车把。

3. 头脑风暴法

头脑风暴法(Brain storming),由美国科学家亚历克斯·奥斯本(Alex Faickney Osborn,1888—1966)于 1939 年提出,是以小型会议形式组建头脑风暴小组,明确所讨论的问题,组织成员无限制地自由畅谈,打破常规,积极思考,以产生新观念或激发创新设想。头脑风暴法的程序如图 1-9 所示。

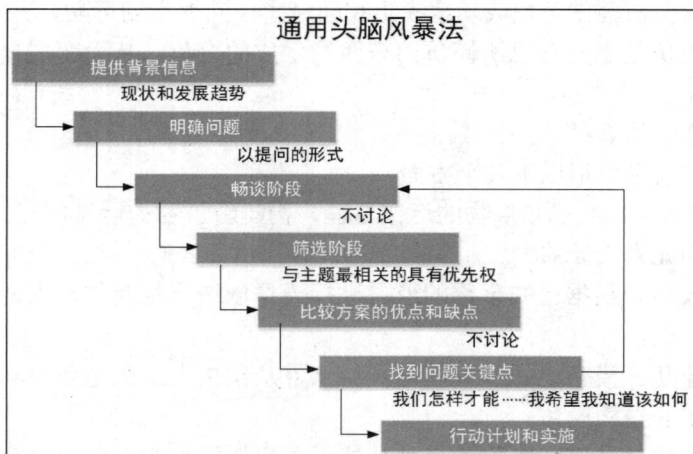

图 1-9 头脑风暴法的程序

头脑风暴法为什么能激发创新思维？根据亚历克斯·奥斯本及其他研究者的看法，主要有以下几点。

(1) 联想反应。联想是产生新观念的基本过程。在集体讨论问题的过程中，每提出一个新的观念，都能引发他人的联想，并相继产生一连串的新观念，进而产生连锁反应，形成新观念的集合，为创造性地解决问题提供更多的可能性。

(2) 热情感染。在不受任何限制的情况下，集体讨论问题能激发人的热情。人人自由发言，相互影响、相互感染，能形成热潮，突破固有观念的束缚，最大限度地发挥创造性的思维能力。

(3) 竞争意识。在有竞争意识的情况下，人人争先恐后，竞相发言，不断地开动思维机器，力求有独到见解、新奇观念。心理学原理告诉我们，人类有争强好胜心理，在有竞争意识的情况下，人的心理活动效率可增加50%甚至更多。

(4) 个人欲望。在集体讨论解决问题的过程中，个人的欲望自由不受任何干扰和控制是非常重要的。头脑风暴法有一条原则，不得批评仓促的发言，甚至不许有任何怀疑的表情、动作、神色。这就使每个人都能畅所欲言，提出大量的新观念。

4. 六顶思考帽法

六顶思考帽法是英国学者爱德华·德·波诺博士开发的一种思维训练模式，或者说是一个全面思考问题的模型。它提供了"平行思维"的工具，避免将时间浪费在相互争执上。强调的是"能够成为什么"，而非"本身是什么"，是寻求一条向前发展的路，而不是争论谁对谁错。运用爱德华·德·诺的六顶思考帽法，将会使混乱的思考变得更清晰，使团体中无意义的争论变成集思广益的创造，使每个人变得富有创造性。

所谓六顶思考帽，是指使用六种不同颜色的帽子代表六种不同的思维模式。任何人都有能力使用以下六种基本思维模式。

(1) 白色思考帽。白色是中立而客观的。戴上白色思考帽，人们思考的是关注客观的事实和数据。

(2) 绿色思考帽。绿色代表茵茵芳草，象征着勃勃生机。绿色思考帽寓意创造力和想象力。它具有创造性思考、头脑风暴、求异思维等功能。

(3) 黄色思考帽。黄色代表价值与肯定。戴上黄色思考帽，人们从正面考虑问题，表达乐观的、满怀希望的、建设性的观点。

(4) 黑色思考帽。黑色代表谨慎消极。戴上黑色思考帽，人们可以持否定、怀疑、质疑的看法，合乎逻辑地进行批判，尽情地发表负面的意见，找出逻辑上的错误。

(5) 红色思考帽。红色是情感浓烈的色彩。戴上红色思考帽，人们可以表现自己的情绪，还可以表达直觉、感受、预感等方面的看法。

(6) 蓝色思考帽。蓝色代表冷静逻辑。蓝色思考帽负责控制各种思考帽的使用顺序，规划和管理整个思考过程，并负责作出结论。

六顶思考帽是创新思维工具，也是人际沟通的操作框架，更是提高团队智商的有效方法。六顶思考帽是一个操作简单、经过反复验证的思维工具，它给人以热情、勇气和创造力，让每一次会议、每一次讨论、每一份报告、每一个决策都充满新意和生命力。

5. TRIZ 理论法

TRIZ 理论是苏联科学家根里奇·阿奇舒勒(Genrich S. Altshuller)在 1946 年创立的，称为发明问题的解决理论。

现代 TRIZ 理论的核心思想主要体现在三个方面：第一，无论是一个简单产品还是一个复杂的技术系统，其核心技术的发展都具有客观的进化规律和模式；第二，各种技术难题、冲突和矛盾的不断解决是推动这种进化过程的动力；第三，技术系统发展的理想状态是用尽量少的资源实现尽量多的功能。

现代 TRIZ 理论体系内容主要有以下几个方面。

(1) 创新思维方法与问题分析方法。TRIZ 理论中提供了如何系统分析问题的科学方法，如多屏幕法等；而对于复杂问题的分析，则包含了科学的问题分析建模方法——物-场分析法，可以帮助我们快速确认核心问题，发现根本矛盾所在。

(2) 技术系统进化法则。针对技术系统进化演变规律，在大量专利分析的基础上，TRIZ 理论总结提炼了 8 个基本进化法则。利用这些进化法则，可以分析确认当前产品的技术状态，并预测未来发展趋势，开发富有竞争力的新产品。

(3) 技术矛盾解决原理。不同的发明创造往往遵循共同的规律。TRIZ 理论将这些共同的规律归纳成 40 个创新原理，针对具体的技术矛盾，可以基于这些创新原理、结合工程实际寻求具体的解决方案。

(4) 创新问题标准解法。针对具体问题的物-场模型的不同特征，分别对应标准的模型处理方法，包括模型的修整、转换、物质与场的添加等。

(5) 发明问题解决算法。主要针对问题情境复杂、矛盾及其相关部件不明确的技术系统。它是一个对初始问题进行一系列变形及再定义等非计算性的逻辑过程，实现对问题的逐步深入分析、问题转化，直至问题的解决。

(6) 构建知识库。基于物理、化学、几何学等领域的数百万项发明专利的分析结果而构建的知识库，可以为技术创新提供丰富的方案来源。

第三节　创业与创业精神

创业通常是指创立新企业的过程，是一个具体的行为过程。创业精神是一种推动创业行为和个人成长的心理状态和价值观。本节将具体介绍什么是创业，以及创业精神和创新创业的相关内容。

一、什么是创业

狭义的创业是指创办一个新企业。随着创业实践活动的日益丰富，创业不断被赋予新的内容。创业是创新的实际运作过程，是发现一个商机并通过实际行动转化为具体的社会形态，从而获得收益的过程。创业就是开创自己的事业，而不仅仅局限于开创一个新的企业，任何探索问题、解决问题，把想法变成现实并创造价值的过程都属于创业，包括企业和其他非营利组织或公共部门的内部创业、工作岗位创业等。

【经典案例】

创业者之马云(阿里巴巴集团创始人)

马云于 1964 年 9 月 10 日出生于浙江省杭州市。13 岁时，马云因为打架记过太多，曾被迫转学到杭州八中；中考考了两年才考上一所极其普通的高中。1984 年，马云不顾家人的极力反对第三次参加高考，但总分离本科线还是差 5 分。由于英语专业招生指标未满，部分英语优异者获得了升本的机会，马云被杭州师范学院破格升入外语本科专业。

1988 年，马云从杭州师范学院外语系毕业，被分配到杭州电子工业学院(现杭州电子科技大学)任教师。之后马云发起西湖边上第一个英语角，开始在杭州翻译界打出名气。

1992 年，由于很多人来请马云做翻译，马云成立海博翻译社，请退休老师做翻译。但收入比不上开支，为了生存下去，马云一个人背着大麻袋到义乌、广州去进货，卖鲜花、礼品、药，以小商品买卖来维持运转。

1994 年，海博翻译社营收持平。其中来自西雅图的外教比尔和马云聊互联网，马云开始寻找机会创业，想利用互联网开公司。在辞职的前一天晚上，邀请了 24 个朋友来家里"共商大事"，马云整整讲了两个小时，他们听得稀里糊涂，最后 23 个人说不行，只有一个人说可以试试看。马云想了一个晚上，第二天早上还是决定要干。1995 年 3 月，马云从杭州电子工业学院辞职，自己拿出六七千元，向妹妹、妹夫借了一万多元，凑足了 2 万元准备创业。

1995 年 4 月，中国第一家互联网商业公司杭州海博电脑服务有限公司成立。

1995 年 5 月，中国黄页正式上线，马云开始与身边的朋友做生意。此时，离中国能上 Internet 还有 3 个月，人们还不懂互联网，马云到处推销他的"中国黄页"，被当作是"骗子"。三个月后，上海开通互联网，马云的业务量激增，营业额做到了几百万元，在国内打开了知名度。后来中国黄页被杭州电信收购。

1997 年，马云和他的团队受到外经贸部的邀请，到北京开发了外经贸部官方网站、网上中国商品交易市场、网上中国技术出口交易会、中国招商、网上广交会和中国外经贸等一系列网站。

1999 年 3 月，马云正式辞去公职，带着"十八罗汉"回到杭州，凑够 50 万元人民币开始了新一轮创业，开发了阿里巴巴网站。当时全球互联网的电子商务，基本上是为大企业服务的，马云却逆势而为，建立电子商务网站为中小企业服务，开创了一个互联网 B2B 新模式。但创业开始时相当艰难，每个人的工资只有 500 元，外出办事基本上靠走，很少打车，曾经因为资金的问题，到了几乎维持不下去的地步。马云和他的团队没日没夜地工作，地上有一个睡袋，谁累了就钻进去睡一会儿。

2003 年 5 月 10 日，马云创立了淘宝网，开始抢夺 eBay(易趣)的 C2C 市场。

2004 年 12 月，马云创立了第三方网上支付平台支付宝。

2007 年 11 月，马云创立的阿里巴巴网络有限公司在香港联交所主板挂牌上市。

2023 年 10 月马云以 1700 亿元人民币财富位列《2023 年·胡润百富榜》第 10 名。

创业是创业者发现机会并通过努力对所拥有的资源进行优化整合，创造更大价值的过程。在这个概念里，最突出的字眼就是资源，你有什么资源？你能整合到什么资源？你能把所有整合在一起的资源价值更大化吗？比如，说到托马斯·阿尔瓦·爱迪生(Thomas Alva Edison)，你们能想到什么？白炽灯的发明者？小时候我们就学习了他发明白炽灯的过

程,事实上,他既不是白炽灯的第一个发明者,也不是白炽灯产品做到最好的那个。早在
1801年,英国化学家汉弗里·戴维(Humphry Davy)就在实验室中用铂丝通电发光;英国电
技工程师约瑟夫·斯旺(Jaseph Wilson Snam)于1878年12月制成了以碳丝通电发光的真空
灯泡。但是,人们为什么认为是爱迪生发明了白炽灯呢?因为他是一个创业者,一个可以把
资源很好地整合在一起的人。1879年10月,爱迪生成功地制成了以碳化纤维作为灯丝的
白炽灯泡,随后大量投产,并成立公司,设立发电站和输电网等相应基础设施,使电灯在
美国被普遍使用。他还不断地改进技术,最终确定以钨丝作为灯丝,称之为"钨丝灯",
并使用至今,爱迪生也因此被公认为电灯发明者,如图1-10所示。

图 1-10　爱迪生与电灯

(图片来源:https://baike.baidu.com/item)

　　创业是一个过程,是一个从无到有的过程。创业时刻面临着不确定性,有可能成功,
也有可能失败。能够成功的总是合适的人在合适的时间地点做了合适的事情,也就是我们
说的天时地利人和都在的时候,就容易成功。例如:曾经的世界首富比尔·盖茨(Bill
Gates)(见图1-11),1955年出生在一个富裕的家庭,13岁开始自学编程,17岁卖了自己的
第一个电脑编程作品,赚了4200美元。18岁时比尔·盖茨考入哈佛,因为学习成绩不怎
么样,还爱逃课,后来干脆辍学和朋友保罗·艾伦(Paul Allen)创办了微软,这一年(1976年)
比尔·盖茨21岁,保罗·艾伦23岁。马克·艾略特·扎克伯格(Mark Elliot Zuckerberg)
(见图1-12)被人称为"第二盖茨",因为他与比尔·盖茨有着极为相似的经历,同样是年
幼便开始自学编程,同样是考入哈佛,没读完就辍学创业,2004年,才20岁的他就创办
Facebook。而且,扎克伯格比尔·盖茨更厉害的是,他在24岁时就以135亿美元的身价成
为全球最年轻的自行创业亿万富豪。

图 1-11　微软创始人比尔·盖茨

图 1-12　Facebook创始人马克·文略特扎克伯格

(图片来源:https://baike.baidu.com/pic)

我国 80 后创业"京城四少"之一的茅侃侃，小学五年级便开始玩电脑，12 岁成为江湖无敌的计算机"大拿"。14 岁开始在《大众软件》等杂志发表文章，并自行设计开发软件。17 岁时，他成为亚洲最年轻的微软三项认证获得者。2004 年正式创业，高中肄业的少年任 MaJoy 总裁。23 岁，跻身国内亿万富豪榜。2014 年担任 GTV(游戏竞技频道)的副总裁，负责视频等业务。2015 年，茅侃侃与万家文化成立合资公司——万家电竞，并出任 CEO。但是万家电竞成立后一直处于亏损状态。2017 年 11 月，万家电竞资金紧张，已拖欠员工两个月薪资达 200 万元，打算破产清算，茅侃侃虽努力挽回，但于事无补。2018 年 1 月 25 日自杀，享年 35 岁。

链接：《中国青年创业发展报告 2023》

2023 年 11 月 29 日，中国青年创业就业基金会联合泽平宏观在浙江宁波正式发布《中国青年创业发展报告 2023》。报告认为，中国市场主体发展活力总体保持稳定，创业数量可观、创服机构持续跟进、珠三角和长三角等经济发达地区创业投资活跃度较高，整体创业环境良好。根据报告课题组面向全国范围的 18～35 岁在校大学生、应届毕业生、毕业后待业人员等群体进行的 7000 多份问卷调查显示，青年创业呈现高学历、启动资金规模小的特征，创业者超九成为大专及以上学历，农林牧渔、批发零售和住宿餐饮等是青年创业的主要领域，超半数青年创业企业存在盈亏波动，超七成青年创业者能够在三年内实现盈利。48.6%的大学生创业者认为创业大赛对他们的帮助较大，新兴科技青年创业者主要来自高等院校、中小企业，超五成人希望获得政府补贴和天使投资提供的资金支持，大学毕业生成为下乡返乡创业者的主力军。

报告显示，全国创业环境不断地改进提升，创业扶持政策更加精准化。课题组从 17 个具体指标构建城市创业发展指数框架，青年创业发展指数自 2015 年至 2022 年由 100 升至 184.4，呈现持续向好的发展势头。报告指出，缺乏创业资金、成果难以转化是青年创业面临的主要困难；简化政府行政审批、减免创业税费和加大补贴力度是青年创业者的主要诉求。

(资料来源：http://www.yee.org.cn/qywwxdt/202311/t20231130_14937524.htm)

二、创业精神

哈佛大学商学院教授霍华德·史蒂文森(Howard Stevenson)将"创新精神"定义为：追寻现有资源范围以外的机遇。创业者能够把握转瞬即逝的机会，突破资源限制，吸引外部资源，进而在创新产品、设计全新商业模式、改进已有产品、发掘新客户群等方面有所作为。简而言之，创业精神是一个人突破资源限制而追求商机的精神，是创业者具有开创性的思想、观念、个性、意志、作风和品质等，表现为创新、冒险、激情、积极、领导力和雄心壮志等。

创新精神是创业精神的核心。创业作为一种创造性的活动，是对现实的超越，是一种创新。因此，创业离不开创新，创新是创业的源泉，正如美国管理大师彼德·德鲁克(Peter F. Drucker)所说："创业就是要标新立异，打破已有的秩序，按照新的要求重新组织。"创业的本质是创新，创新意味着突破。

创业充满着风险，创业者面临的风险往往有四类：

创业精神简介

第一是需求风险，消费者可能对创新产品或服务不买账；

第二是技术风险，创新方案能否得到技术支持；

第三是执行风险，创业者能否聚拢执行力强的团队；

第四是财务风险，能否合理地引入外部资金。创业者往往具有更高的冒险倾向。

创业者往往很有激情、积极性强，对创建企业有强烈欲望，能积极地思考。例如，亚马逊创始人杰夫·贝索斯(Jeff Bezos)以"每个挑战都是一次机会"为座右铭，1995年7月创立网站，两个月内就实现每周2万美元的销售额。2000年3月，网络经济泡沫开始崩溃，许多互联网公司纷纷倒闭，亚马逊股价也从100美元降至6美元。随着美国最大的书店巴诺(Barnes & Nobles)启动在线业务，一些评论家预测亚马逊将被彻底击垮。紧要关头，杰克·贝索斯及时向外界表达了乐观和信心，一一列举公司的积极因素，然后带领亚马逊不断壮大，出售从图书到衣服、玩具等各种商品，年度营收超过百亿美元，这在很大程度上得益于杰克·贝索斯的积极思考。

【经典案例】

玫琳凯·艾施的创业精神

玫琳凯·艾施(Mary Kay Ash，1918—2001，见图1-13)是玫琳凯化妆品公司创始人和荣誉董事长，她以5000美元起家，创造了年销售额超过20亿美元、拥有50万名美容顾问的跨国集团，她的公司被美国《财富》杂志列为全美国最受尊敬的最大财团公司之一，她本人也被视为当今世界最成功的女企业家。

图1-13 玫琳凯·艾施

(图片来源：https://baike.baidu.com/item)

事业从梦想开始。那时她已经45岁，刚从做了25年的直销岗位上退休，心中有一个梦想——给所有的女性提供无限的机会，帮助更多的人实现她们的梦想。为了这个梦想，她投入了全部积蓄5000美元来创建这个新公司。但是在公司开业前一个月，她的丈夫却突然去世，眼看不得不放弃这一梦想时，她的儿子理查德·罗查斯(Richard Rochas)放下自己的工作，和她一起创建新公司。

玫琳凯·艾施说："许多人开创新事业是为了赚钱，但这绝不是我的主要动机。并不是我相当富裕而可以不在乎钱，我只是认为这个事业必须成功，否则我将没有第二次机会开创自己的事业了。"

1963年9月13日，在达拉斯的一个只有45平方英尺的店面里，玫琳凯化妆品公司开

业了。玫琳凯直销的化妆品来自她从自己的美容师手中买下的一种美容配方。选择化妆品进行直销，意味着玫琳凯必然要与那时已有 25 年历史的巨人雅芳公司展开竞争。

公司开张伊始，玫琳凯·艾施就将自己所信奉的"你要别人怎样对待你，你也要怎样对待别人"的黄金法则作为公司的指导哲学和市场理念，更大力倡导"信念第一、家庭第二、事业第三"的生活优先次序，用"你能做到"(你能我能)的精神来激励其他女性加入自己的事业。在玫琳凯·艾施的大力提倡下，她所奉行的黄金法则及生活优先次序的指导哲学及市场理念随着她和她的千千万万美容顾问的身影迅速传遍全世界。玫琳凯的企业结构激励了千千万万妇女，纷纷成为小型企业经营者。在她自创的管理风格下，她以不断的精神鼓励及物质报酬来提升妇女的自尊和自信，将她个人的梦想变成了美国商业史中最成功的故事之一。

三、创新创业

创新创业是指基于技术创新、产品创新、品牌创新、服务创新、商业模式创新、管理创新、组织创新、市场创新、渠道创新等方面的某一点或几点创新而进行的创业活动。创新是创新创业的特质，创业是创新创业的目标。

创新创业是基于创新基础上的创业活动，既不同于单纯的创新，也不同于单纯的创业。创新强调的是开拓性与原创性，而创业强调的是通过实际行动获取利益的行为。因此，在创新创业这一概念中，创新是创业的基础和前提，也是创业的动力和源泉；创新的价值常常体现在创业中，创业是创新的体现和延伸，创业的本质是创新。创新和创业相辅相成，二者的动态融合及相互影响对创业的成功至关重要。

创新创业与传统创业的根本区别在于创业活动中是否有创新因素。这里的创新不仅是指技术方面的创新，还包含管理创新、知识创新、流程创新、营销创新等。

总之，只要能够给资源带来新价值的活动都是创新。在某一方面或者某几个方面进行创新进而创业的活动，就是创新创业。没有在任何方面进行创新的创业就属于传统创业。

【经典案例】

创业人物——王兴

王兴，人人网(原校内网)创始人、饭否网总裁、美团网创始人兼 CEO。王兴于 1997 年从福建龙岩一中保送到清华大学电子工程系无线电专业，2001 年毕业，拿到全额奖学金，去美国特拉华大学攻读电子与计算机工程博士学位。

创业经历

2003 年圣诞节，王兴中断学业，带着明确的创业计划登机回国。看到 SNS(Social Networking Service)网站 Friend Star 在美国的成功和这种模式在国内的空白，他前后创立了好几个 SNS 网站。

王兴做的第一个项目叫多多友，中国最早面向大众的社交网站之一，上来要注册，要公布自己的一些信息或者昵称，可以结交一些朋友，但是历经一年多才积累 2 万用户。

第二个项目叫游子图，可以让在海外的游子把数码照片发到国内，通过信用卡付费，游子图将照片冲印出来送给他们的父母。游子图是非常专业的，是针对海外的朋友，但需求有限，也失败了。

2005年秋，王兴决定专注于一块细分市场：大学校园SNS。他研究和学习美国的成功例子Facebook，总结之前的经验和教训，并结合国情开发出了校内网(如今的人人网)。发布三个月，校内网就吸引了3万用户，增长迅速。到2006年8月，校内网成为国内最大的社交网站，但是用户越多消耗越大，却融不到钱。决策团队决定卖掉校内网，2006年10月，校内网被千橡以200万美元收购。

2007年7月，王兴模仿美国流行的推特(Twitter)，推出饭否网。到了2009年7月，饭否成为国内名列前茅的微博，但却因种种原因被关闭。

2007年11月，王兴推出海内网，把社交网络从学生拓展到白领，但几个月后，同样面对白领群体的开心网推出，海内网深受冲击，节节败退，2009年7月受到饭否网牵连而退出。

从多多友、饭否到海内网，王兴的创业之路，总是比别人先行一步，却都以失败结局，被称为"史上最倒霉的连环创业客"。他是一个不张扬的高素质人才，有敏锐的互联网嗅觉，有很好的机会成功，却因种种原因全错过了。但不管外界如何评价，他还是坚持创业。2010年，团购网站在国内还很新鲜，他决定再次创业，3月4日，美团上线，立即引起广泛关注，被认为是真正意义上的团购网站先行者。美团网有着"吃喝玩乐全都有"的宣传口号，为消费者发现最值得信赖的商家，让消费者享受超低折扣的优质服务；为商家找到最合适的消费者，给商家提供最大收益的互联网推广，短短几个月就成为中国团购行业第一名。2011年和2012年，在第三方对团购网站的消费者满意度调查中，美团网连续获得第一名。

"从校内、海内、饭否到美团网，我一直在利用人际关系传播信息。只是以前做SNS(社区类网站)，现在做电子商务的应用。"王兴认为，美团网秉承了其一脉相承的创业思路，只是应用角度有所调整。

2015年10月8日，美团和大众点评联合发布声明，正式宣布达成战略合作，共同成立一家新公司，王兴任美团点评CEO。2018年9月20日，美团点评在香港交易所挂牌上市。2022年，美团入选"2022全球品牌百强榜"。2023年8月，美团以326.985亿美元营收，入选2023年《财富》世界500强排行榜，排名第467位。2023年10月，《2023胡润百富榜》公布，王兴以1250亿元人民币财富位列榜单第20位。

(资料来源：作者整理)

第二章 全球创新创业概况——以中、美、德为例

【案例导入】

Temu 何以征服全球消费者？

前不久，拼多多集团公布了 2023 年第四季度及全年业绩报告，报告显示，拼多多集团 2023 年全年营收为人民币 2476.39 亿元，同比增长 90%；调整后净利润为 678.99 亿元，同比增长 72%，表现相当突出。如果细看这份财报，Temu 的成绩不容忽视。第四季度，主要由海外业务 Temu 贡献的交易服务收入，同比增长 357.1%，达到 402.1 亿元，大幅跑赢市场预期。

目前，Temu 已经入驻全球 50 个国家和地区，Temu 的独立访客数量达到 4.67 亿，美国消费者在 Temu 上花费的时间，几乎是在亚马逊等主要竞争对手应用程序上花费时间的两倍。

跨境电商虽然是一片非常广阔的蓝海，但 Temu 在短短不到两年里的飞速成长，难免让竞争对手有些始料未及。2022 年 9 月，拼多多集团才正式开启这一项全新业务——多多跨境，主要通过 Temu 这一应用，将国内制造企业生产的日常生活用品销往海外，首站选在了美国。5 个月后，Temu 进入加拿大，并于同月登上"超级碗"，进一步打响知名度。以美、加两国为起点，Temu 开始向外拓展，进入更多新兴市场，在短短不到一年半的时间里，从英国、法国、德国等欧洲国家，到南美、中东和非洲等板块，足迹遍及全球 50 多个国家和地区。

更夸张的是在用户规模和用户黏度方面。Data.ai 数据显示，2023 年前三季度 Temu 应用超越 Amazon 等热门购物应用，在美国、英国、法国、德国和澳大利亚等多地频繁登上 App Store 下载榜首。从 SimilarWeb 公布的数据来看，截至 2023 年 12 月，Temu 的独立访客数量已达 4.67 亿，仅次于亚马逊，排名已跃升全球第二。

据网经社跨境电商台消息，在客户忠诚度和保留率方面，有 28% 的用户首次在 Temu 购买商品后，16 个月后在平台上再次交易，这个比例是沃尔玛和塔吉特的两倍，是亚马逊的近一半。

毋庸置疑，Temu 在海外蹿红的同时，也为集团带来了巨大收益，成为拼多多业绩增长公认的第二引擎。而 Temu 被看好的原因和逻辑有三点不容忽视。

首先就是全球市场的变化。观察全球电商市场，我们可以发现，与中国市场相比，海外电商的渗透率尚有显著的增长潜力。eMarketer 数据显示，2023 年中国电商渗透率为 47%，全球电商渗透率仅有 19.5%，这一趋势意味着，与国内市场的白热化竞争相比，Temu 在海外市场面临的竞争压力相对较小，这一点从其超出预期的 GMV 增长速度中便有体现。

其次是拼多多在企业战略部署和模式上进行创新。拼多多推出的全托管模式和柔性供

应模式，使自己揽下了集散质检、跨境物流、海外营销获客、售后服务等繁复的中间环节，不仅增强了品控，还极大地降低了中间成本。为商家提供了一种高效且低风险的跨境电商解决方案。

最后是其通过高度参与的方式将中国跨境电商链路的各个环节，按照降低成本增加效益的思路重做了一遍。在生产端，拼多多利用自身的流量和全托管模式，吸引具有核心制造能力的外贸工厂加入，将中间贸易商和服务商的沉没成本释放出来；在运营端，由拼多多作为平台方统一调度，包括跨境物流、仓储、末端配送、线上营销及售后等所有服务性环节，大幅降低了卖家的资金和时间成本；在销售端，在充分盘活国内制造产业带的能效后，Temu 呈现给海外消费者的印象就是价格相同的商品中的最优质、当地消费变化趋势中上新最快的平台。

作为平台，Temu 给商家和用户均提供明显的增量价值，自然也拥有了"虹吸效应"，商家、用户、物流、资金及人才资源被源源不断地被吸聚到 Temu 的生态中。更实惠、更多用户买，更好卖、更多商家卖，商家的经营效率更高，产品的创新速度更快，商品的流通成本更低，商业模型自然飞速转动，带来更多可能。

近年来，从中央到地方，推动跨境电商发展的政策接连落地。具化到 Temu 总部所在的广东省广州市，2024 年 3 月初，广州市出台了进一步推动跨境电子商务高质量发展若干政策措施，从培育建设跨境电商企业和园区等方面提出了 16 条举措，安排扶持政策资金，用真金白银助力跨境电商发展。

地方和平台的双向奔赴也使得 Temu 能够深入国内各产业带，激活地方经济活力。例如与深圳的 3C 数码、温州的鞋业、金华的保温杯等传统制造业紧密合作，将这些地区的优质产品推向国际市场。这种合作模式不仅提升了这些产业带的知名度，也促进了当地企业的技术升级和品牌建设。通过 Temu 平台，这些企业能够直接接触全球消费者的需求，快速响应市场变化，从而推动整个产业链的优化和升级。

除了国内向好的政策支持外，全球市场环境变化也让多多跨境如鱼得水。

抛开东南亚、非洲这些以发展中国家为主的地区，单看美国，全美零售联合会估计2023 年黑五购物季包括线上和线下的人均消费支出为 321.41 美元，略低于 2022 年 325.44美元的消费水平，且该数字并未经过通胀调整。咨询公司麦肯锡 2022 年 10 月公布的Consumer Wise 报告也表明，消费者的消费习惯正在发生变化，例如 79%的消费者在购物时会希望省钱。

这意味着，跨境电商这块蛋糕越来越大的同时，主打"质价比"的 Temu 能分到更多份额。但在复杂的海外形势下，Temu 遇到挑战的可能性也越来越大。

在不同国家与地区、不同扩张阶段，Temu 也需要作出变化。对于刚进入新的市场，Temu 需要适应陌生环境，围绕本土进行差异化创新。比如在日本，尽管当地消费者也在追求性价比选择，但他们对配送、售后服务提出了更高要求。因此，Temu 提供全免运送费和较快的配送时效，以及 90 天以内退货免费等售后服务。

2023 年 5 月，美国蒙大拿州出台禁令，要求自 6 月 1 日起，在该州政府及第三方公司设备上封禁 Temu、Wechat、CapCut 等中国应用软件。2024 年 3 月，美国众议院通过法案，要求字节跳动剥离 TikTok。

尽管取消豁免政策、剥离 TikTok 客观上存在难度，但 Temu 仍需防患于未然。

在拼多多财报电话会上，拼多多董事长兼联席 CEO 陈磊称，应对这些未知，我们自己能够把握的就是不断地修炼内功，以真诚的态度向消费者和市场学习，积极探索技术和模式的创新，坚持高质量发展战略。

的确，在全球化不断递进的市场，Temu 始终在探索各种方式载着各行各业卖家出海航行，为他们创造无限的机会，为消费者提供更多"质价比"产品。我们在 Temu 身上看到的不只是出海的加速度，更有抵御万难、消解不确定性的万丈光芒。

（资料来源：https://baijiahao.baidu.com/s?id=1794854963371846889&wfr=spider&for=pc，2024.03.29.）

2008 年全球金融危机后，全球经济增速放慢，就业形势也面临着严峻的挑战，当时华尔街普遍裁员，就业率经历了断崖式的下跌，即便到了 2017 年 10 月，劳动人口的就业率仍然没有恢复到金融危机之前的水平。一方面，根据国际劳工组织统计，全球失业人口在 2017 年已经超过了 2 亿。再加上 2020 年以来全球新冠疫情大流行，劳动力市场也受到了严峻的冲击，许多国家和地区的失业率都出现了不同程度的上升，因此，在经济不景气的情况下如何解决就业问题显得至关重要。另一方面，疫情的影响也使得线上教育、新零售、智能科技成为青年创新创业的新趋势。许多国家纷纷采取一系列创新创业举措来解决失业和鼓励青年创业问题。本章主要讲述典型国家(如中国、美国和德国)在创新创业方面的主要做法及一些发展趋势。

第一节　中国创新创业的现状与趋势

中国创新创业的
现状与趋势

一、历史沿革

改革开放以来，我国创业浪潮发展迅猛，在短短四十多年中，大致经历了五次创业浪潮，每一次创业浪潮都伴随着经济体制改革和新技术革命的诞生。

(一)第一次：1978 年"家庭联产承包责任制"

1978 年党的十一届三中全会的召开拉开了中国改革开放的序幕，大会决定从 1979 年起把全党工作重点转移到社会主义现代化建设上来，开始在中国大陆农村推行家庭联产承包责任制。1979 年 2 月，中共中央、国务院批转了第一个有关发展个体经济的报告，允许各地可根据市场需要，在取得有关业务主管部门同意后，批准一些有正式户口的闲散劳动力从事修理、服务和手工业者个体劳动，可以说这是中华人民共和国成立以来第一次鼓励老百姓自主创业的政策。于是农村的劳动力被解放，人口从土地中溢出，很多农民开始去做生意，掀起了中国改革开放以来的第一次创业浪潮，比如"傻子瓜子"的创始人年广久，以及使万向集团从一个小乡镇企业发展成国内最大民营企业之一的鲁冠球，就是这一时代的典型创业者。

链接：凤阳小岗村

1979 年 4 月，党中央正式确立对国民经济实行，"调整、改革、整顿、提高"的八字方针，农村改革率先取得突破，尤其是安徽省凤阳小岗村的基层干部和农民，突破体制的限制，开始包产到组、包产到户。1978 年年底，安徽凤阳小岗村 18 户农民，悄悄地搞起

了包干到户，小岗村 18 户村民以"托孤"的形式，立下生死状、按下红手印、签订大包干契约，包产到户和包干到户在安徽乃至全国产生了广泛影响。"穷则变，变则通，通则久"，40 多年前小岗村村民住的，是用泥巴和茅草搭出来的房子，村民们贫穷到要去外乡要饭维持生计，推行家庭联产承包责任制后的小岗村发展进入了快车道，小岗村闯出了一片新天地。1979 年秋天，小岗生产队获得大丰收，粮食总产量达到 6 万多公斤，相当于 1966 年到 1970 年粮食产量总和！1980 年，邓小平同志一锤定音，在全国范围内大力推广"家庭联产承包责任制"，作为我国农村改革的主要发源地，小岗村 40 多年来发生的巨大变化，是我国改革开放的一个缩影。

链接：上海嘉定的家庭联产承包责任制

1978 年，嘉定在当时上海的 10 个郊县中，率先进行了家庭联产承包责任制，1980 年 9 月中央《关于进一步加强和完善农业生产责任制的几个问题》文件下达之后，嘉定许多社队实施了经济作物和副业生产专业承包、联产到组的责任制。上海的家庭联产承包责任制取得了很好的效果，比较好地克服了"大呼隆"劳动时吃"大锅饭"的现象，调动了社员群众自觉钻研生产技术，提高农活质量，实行精耕细作的积极性，有利于促进农业增产增收。

(二)第二次：1984 年经济改革重心向城市转移

1984 年党的十二届三中全会通过了《中共中央关于经济体制改革的决定》，提出经济体制改革的中心环节是增强企业活力；建立自觉运用价值规律的加护体制，发展社会主义商品经济；建立合理的价格体系，充分重视经济杠杆的作用；实行政企职责分工，正确发挥政府机构管理经济的职能。党中央决定将经济改革的重心转移到城市，把农村承包制改革的成功经验引入到城市国企改革中。福建省政府于 1985 年 4 月 17 日颁布《关于进一步搞活企业的十条措施》，提出以扩大企业经营自主权为重点，大力推广承包经营责任制，在福建的一些大中型企业及一些行业相继试行此项制度，例如三明钢厂采用承包经营责任制那年，钢产量当年就比上一年增长了 7.5%，总产值增长了 10.8%，实现利润增长 69.3%，上交利润增长 40%。推广该措施当年，全省煤炭工业提早 40 天完成生产任务，产值较上一年增加 9.8%，劳动生产率提升 2.5%，万吨坑木原煤消耗量下降 8%。从这一点来看，实行承包经营责任制是当时国有大中型企业改革进程中较为成功的一种选择，极大地调动了企业的积极性。王石、柳传志、任正非、张瑞敏等新中国第一代企业家就是这一时期的典型代表。另外，敢于在改革浪潮中进行管理创新的当属石家庄市一塑料厂的张兴让，他在 1987 年提出的"满负荷工作法"，通过媒体的推广享誉全中国。他自己也是首个因发明管理方式而获得国家级发明大奖的创业者。"满负荷工作法"的含义，不仅是企业改革的结果，更是因为管理方式的创新已经进入了中国改革的视野，并且和中国的改革命运紧密相连。这对于中国最初的改革开放有着极为深刻的意义。

(三)第三次：1992 年邓小平南方谈话

1992 年邓小平南方谈话(指邓小平视察南方，在多地发表的重要谈话)，从武昌、深圳、珠海及上海等地，反复强调要搞社会主义市场经济，"改革开放的胆子要大一些，敢

于试验，看准了的，就大胆地试，大胆地闯"。推动了一大批敢为人先的知识分子、公务员把准时代的脉搏，下海经商，掀起中国第三次创业浪潮。据统计，1992 年有 12 万公务员辞职下海，陈东升就是其中的一员。他凭借对市场趋势的敏感，仿效苏富比创立嘉德拍卖，随后创立了宅急送，之后又创立了泰康，如今，泰康已经从一家小规模公司跻身世界500 强。对此，陈东升对创新的概括为："创新就是模仿，再在实践中创新，最终达到目标。"此外，有 1000 多万公务员停薪留职，从事房地产行业的地产商潘石屹、万达集团创始人王健林等正是这一时代的典型代表。1998 年李金钟凭着敏锐的商业直觉，进入中国涂料行业，成立亚士漆，并提出"引领中国功能型建筑涂料发展潮流"。之后他的确做到了，并自主研发了多款功能性建筑涂料，其中有多款产品填补了我国在这一领域的空白。例如，亚士漆率先研发成功的功能性弹性漆，该产品沿用至今，并被广泛运用于建筑外墙面；随后，又开发了水性耐候型涂料，开创了水性涂料完全达到溶剂型涂料涂膜效果的全国先河。中国涂料行业多年来的发展方式是以产品为中心，以技术与产品创新为导向，即消费者是被动接受厂家提供的产品。当时亚士漆提出了以"用户需求"为核心，推动整体产品与技术系统的提升。亚士漆也因此扩大了与后续品牌之间的市场领先优势，不断获得市场青睐，两次登上世界舞台，绽放了民族涂料品牌光彩。1998 年，政府还颁布了三大重要政策：取消福利分房，鼓励按揭贷款；逐渐取消外贸限制权，允许民营企业做外贸；发行 6000 亿元长期国债，发展基础设施建设。这三大政策释放了创业的活力，更多的人纷纷围绕房地产、外贸、基础设施建设这三大领域寻找机会，展开创业，推动了以房地产为主的内需消费、外贸经济为基础的出口，以及以基础设施建设为主的投资，进而推动了中国产业的大规模变化，即我们常说的投资、消费、出口三驾马车拉动经济的发展。

(四)第四次：1999 年海归回国创业

1993 年，党的十四届三中全会通过了《中共中央关于建立社会主义市场经济体制若干问题的决定》，此前党的十四大报告中首次明确提出中国经济体制改革的目标是建立社会主义市场经济体制，欢迎留学生回国，"海归"逐渐成为改革开放和现代化建设的生力军。因此，在第四次创业浪潮中，大批海外学子回国创业，尹学军就是其中一员，主要从事机械设计与高速列车轮轨振动研究的他回国创办了隔而固(青岛)振动控制有限公司。他带领着他的团队，不断地进行科技创新，并开发了一系列具有独立知识产权的高科技产品。他们的技术及产品已被广泛用于上海世博文化中心、港珠澳大桥等工程中。此外，在互联网方面也涌现了大批海归创业者，其中典型代表有邵亦波、张朝阳、李彦宏等海归及从国外考察回来的马云等人发现了互联网技术的商业价值。1999 年邵亦波回国，成立了中国第一个 C2C 网络交易平台易趣网。这一年对于电子商务来说，也是具有里程碑意义的一年，马云在杭州创立了阿里巴巴，携程初具雏形，当当网刚刚起步，邵亦波在短短几个月内，就获得了数千万美元的投资，易趣网的注册用户数量曾一度超过 300 万，在当时成为全国最大的商务网站。大家所熟悉的新浪、搜狐、网易、腾讯、阿里、百度、京东等企业也都是属于这一时期的产物。

(五)第五次：2014 年李克强总理夏季达沃斯论坛讲话

伴随着中国经济发展进入"新常态"，新一轮的创业浪潮开始兴起。2014 年 9 月，李

克强总理在夏季达沃斯论坛上指出，"在中国 960 万平方公里土地上掀起一个'大众创业'、'草根创业'的新浪潮"，形成"万众创新""人人创新"的新态势。2015 年 3 月，第十二届全国人大三次会议政府工作报告中出现了"大众创业、万众创新"的提法，李克强总理指出，打造大众创业、万众创新和增加公共产品、公共服务"新引擎"推动发展调整不减势、量增质更优，实现中国经济提质增效升级。2018 年 9 月 18 日，国务院下发《关于推动创新创业高质量发展打造"双创"升级版的意见》。这一轮的创业主要有两类代表，第一类是优客工场、美团、聚美优品、蚂蜂窝(后来称为马蜂窝)等以商业模式的革新为导向的创业；另类是像微信、小米、大疆、滴滴、云洲等以技术革新为基础的创业。微信是中国最大的社会化媒体平台之一，它以其具有创新性的移动网络服务而闻名。小米以其高性价比的产品及独一无二的市场战略，已经是中国一家非常成功的智能机制造商，同时，小米公司也进入包括智慧家庭和物联网在内的许多行业，致力于在智慧生活方面成为领先者。滴滴出行已经成为中国第一大网约车平台，在中国，特别是在城市，已经成为人们的第一选择。滴滴创始人程维以创新的共享经济模式及技术为基础，吸引更多的驾驶员、乘客加入，构建了一种崭新的出行模式。前几次的创业群体覆盖面小，而这一次大众创业的浪潮覆盖的人群多而广，尤其以 85 后到 90 后为创业的主体，戴威、孟兵等成了这一时期的佼佼者。这一时期，专业的天使投资、风险投资(Venture Capital，VC)、私募股权投资(Private Equity，PE)，多层次资本市场越来越完善，创业服务机构也越来越专业化，创业不再只是个人行为，而成为社会行为，众多对创业的支持要素构成了一个创业生态系统。新时代在创新上也取得了显著进步。中国于 2016 年成功发射"墨子号"，这是我国在量子通信方面取得重要进展的重要一步。此技术的重大突破将为我国信息安全与信息化建设提供有力的支持。刘永坦院士团队已研发出一套新体制雷达系统，可对海、空区域进行全方位的综合监控，并取得了重大突破，解决了长期存在的技术瓶颈。科大讯飞的翻译功能，可以将德语，甚至是印度口音，准确地转换为中文和英文，准确率超过 90%。广东"新时代好青年"胡东平，五岁就系统地学习机器人和编程，对科学发明充满了热情，已经研发了"家用取件消毒一体机器人"和"帮同学们爬楼梯的减肥机器人"，并获取专利。

链接：美团

美团是中国知名的生活服务平台，起初只是一个团购网站，后来逐渐扩展到外卖、打车、酒店预订等领域，成为中国最大的本地生活服务平台之一。创始人王兴从一开始就提出了"为消费者创造更多价值"的理念，通过持续创新、不断地提升服务质量，吸引了越来越多的消费者和商家加入平台。

链接：蚂蜂窝

蚂蜂窝是中国领先的旅游社交平台，提供了旅游攻略、民宿预订等服务。创始人陈罡在创办蚂蜂窝时就明确提出要打造一个全民出行的社交平台，让每个人都可以分享自己的旅行经历和见闻。通过用户共享和参与的模式，蚂蜂窝不断地吸引更多的用户和内容创作者加入。

二、典型做法

(一)政府全方位推进创新创业

一是竭力营造良好的创新创业环境，各级政府进一步简政放权，促进创新创业的活力，提升开办企业的便利度，促进企业审查事项、办事流程、数据交换等方面的标准化的建设，稳步推进公共资源的开放，促进资源的共享。比如精简和规范工商登记审批事项，在工业、工程项目中采用"证照分离"、"一窗受理"、"多审合一"、简易注销、设立"中介服务超市"，逐步放开注册资本登记条件，允许注册资本"零首付"，并由"先证后照"改为"先照后证"；建立社会信用体系，规范共享型经济的发展标准，落实责任主体，并加强对"互联网+"模式经济逐步展开监管，保障安全，促进社会稳定。

二是加大政策扶持，首先是加大财政政策的扶持力度，比如对国家级、学校科技园和符合条件的创客空间免征收房产税，为大学毕业生提供小额贷款担保等，如泉州市政府在创新创业政策扶持方面，每年选择超 50 个市级优秀创业项目，每个项目的奖励金额最高可达 5 万元。实施创业担保贷款贴息、一次性创业补贴、创业带动就业补贴、创业社保补贴等方面的优惠政策，全年为高校毕业生等各类群体创新创业发放创业担保贷款 5000 万元以上。其次是完善创新创业融资体系，引导金融机构服务创新创业的融资需求，加大对中小微企业的金融扶持力度，如广西创新"拨改担"的金融扶持方式，通过建立专门的融资担保基金，将政府有关部门原先对小微企业直接投入的财政资金，转化为政府性融资担保机构资本金，让担保的杠杆效应充分发挥出来，为小微企业提供更多的资金支持。最后是政府加大对创新创业产品和服务的采购，发挥政府采购功能，加大对核心技术产品的支持力度，如 2023 年 10 月 25 日，珠海市政府采购智慧采购云平台正式上线"珠海创新产品馆"，将创新产品列表中的商品交易从线下转移到了线上，产品的销售渠道得到了有效拓展。

三是完善创新创业的服务体系，完善"苗圃+孵化+加速"孵化服务链条，建设一批产业整合、金融协作、资源共享的创业孵化示范区，探索创业孵化新模式，如晋江市三创园科技孵化基地(科创慧谷·晋江，是国家级科技企业孵化器)，经过不断发展与完善，该园区已经逐渐演变成为一个全链条、接力式的科技创新闭环生态圈，成为众多企业创新创业的"凤凰巢"；还可以通过提供对大学生、农民工返乡人员、退役军人等的培训和服务，提升其创新创业能力，实现自主就业；完善"互联网+"创新创业服务体系。

四是推动科技创新，健全科技成果转化体制机制，引领高质量创业，实施建设"创新型国家"战略。首先是推动科技创新，坚持加大对科学技术创新的投入和支持力度，实施"中国制造 2025"战略，重点展开对工程技术人才的培育，提高国家自主创新能力，做强中国制造业。其次是健全科技成果的转化组织和体制建设，如内蒙古自治区党委、人民政府印发《关于加快推进"科技兴蒙"行动 支持科技创新若干政策措施》，鼓励各科研院所和高校建立技术转移机构并完善制度，目前上海已有 20 家高校建立了专门的技术转移机构。教育部认定为科技成果转化和技术转移基地的有 6 所高校。获批科技部赋予科研人员职务科技成果所有权或长期使用权试点单位的有 5 所高校；支持科技资源的开放共享，鼓励科研院所和企业展开广泛合作，面向企业开展技术开发和咨询，提供技术服务和培训，如重庆市农业科学院等 8 家科研院所和新型研发机构与当地 14 家龙头企业进行了面对面的深入交流。此次交流旨在实现科研成果与技术需求的无缝对接，帮助企业解决技术难题，并推动产学研协同创新。

链接：百姓少跑腿，数据多跑路

当下，杭州市"最多跑一次"改革进入纵深层面，为推动"最多跑一次"更好地服务于经济社会的发展，2017 年 9 月 1 日，在总结近年来改革成功经验的基础上，杭州市市场监督管理局在全省率先推出"1+N"+X 多证合一、证照联办系统，即商事登记一网通，首批推出多证合一事项 22 项、证照联办事项 27 项，使 85%的企业能够按"一件事"标准实现网上办事，在国内商事登记制度改革领域率先实现三大创新，有力地推进"准入即准营"。

杭州市民崔先生通过商事登记"一网通"平台进行企业设立登记，同时发起食品经营许可办理申请和银行预约开户申请；营业执照审批完成后，平台自动将企业设立的相关登记信息同步到食药监局和银行；食药监局和银行系统收到平台推送的权威数据后，立即开展相关事项的审批流程。25 天后，崔先生就拿到了申请的营业执照，紧接着，银行预约开户顺利完成。在整个企业设立与银行预约开户的过程中，崔先生只到大厅跑了一次，临柜办理时间只有 23 分钟。

(二)学校积极推进创新创业教育

一是优化创新人才培养模式。高校开展各种形式的创新创业实验班，积极探索学校和国际合作的建立，推进联合培训、订单培训模式，创新校企合作，生产教育一体化，支持学校和企业建设学院、专业、实验室等。

二是建立与数字经济发展相适应的创新创业教育课程体系。高校根据人才培养创新创业教育的要求，优化课程，培养提升大学生的数字技能，扩大素质教育资源，将创新创业教育融入传授专业知识的过程中，构建完善的创新创业教育课程体系，包括通识教育平台、专业教育平台、实践教育平台、创业培训和创业实战训练等。

三是建立创新创业实验平台。高校还要加强专业实验室、虚拟实验室和培训中心的建设，促进实验教学平台的共享。

四是提供创新创业指导服务。各高校在行政管理部门设立创新创业教育部门，负责协调和指导各专业的创新创业教育，还可以邀请成功的创业者、企业家为学生开展讲座，分享创业经验并提供专业的创业指导及建议，为自主创业的学生提供一站式服务，并进行持续帮扶。

五是建立完善的创新创业实践评估机制。通过对学生的实践活动进行定期评估和反馈，学校可以及时了解学生的实践进展和存在的问题，为他们提供及时的指导和帮助。同时，评估结果也可以作为学校改进创新创业教育的重要依据。

链接：构建新型三层次实践教学平台，支撑创新创业教育发展

西安交通大学面对新形势下深化教育教学改革和人才培养的需求，着力整合各方资源：学科层面，整合资源，夯实各级各类实验室建设；学科间，构建交叉学科实践创新平台，培养跨学科学生协同创新能力；学校层面，深化校企合作与科教融合，探索多元化联

合培养新模式，为创新创业教育的改革和发展提供了强有力的支撑。

西安交通大学积极推动校企合作和科教融合，构建了 220 余个校外实践教育、创新创业教育基地，并继续发挥 8 个国家级大学生校外实践教育基地和 6 个陕西省大学生校外实践教育基地的作用，打造兼顾多个学科门类、具备多种实践育人形式，适合多学科交叉的学生实习、实践、创新创业和就业的校外实践教育基地。

同时，西安交通大学与西安高新区政府开展全方位战略合作并共同建设国家级实践育人创新创业基地，共建 2000 平方米众创空间，投入 1 亿元天使基金，培养学生的创新精神、创业意识、实践动手能力和创新创业能力，为学生提供了训练综合技能、培养社会适应能力、实践创新思维的广阔平台，并在夏季小学期举办大学生创业训练营，邀请高新区十余位创业企业家，对 200 余名学生进行系统的创业培训，指导 28 个学生科技社团，每年开展 50 余场科普性活动，年均覆盖学生 6000 余人次。

新型三层次实践教学体系，通过学科内—学科间—校内外三个层次的系统支持，培养了学生良好的综合思维能力和创新创业能力，提高了人才培养的质量，推动了新形势新背景下教育教学的改革和发展。

(资料来源：青岛科技大学创新创业学院网站"旧站栏目"→"他山之石"中的文章《西安交通大学创新创业工作体系介绍》(2020-09-09)，https://cxcy.qust.edu.cn/info/1049/1523.htm)

(三)企业和社会高度参与创新创业

企业参与"双创"，探索了"建载体、搭平台、用资本、搞活动"等方式。

一是通过建立创业苗圃、孵化器、加速器、创新创业专业园区(基地)等企业孵化载体，提供相应服务，孵化创新创业项目，如中钢集团的星火创新工厂和汉威电子的漫威众创空间；深圳银星科技园、同富康科技创新园和招商局智慧城示范基地。深圳示范基地还积极参加"创客中国"竞赛，通过开展"一起益企""我帮企业寻市场""中小企业服务月""大众创业、万众创新"等重大活动，使深圳在安全生产、疫情防控、房租减免、园区"转供电"改造等多个领域对企业进行扶持，为企业创新创业作出了积极的贡献。

二是通过建立创新中心、新型研发机构、产业创新联盟、产业技术研究机构等创新组织和平台，或者和研究院(所)合作，促进科技成果转化和产业化。如 2023 年中国创新创业成果交易会(简称创交会)聚焦战略性新兴产业和前沿技术，助推科技成果转化落地。腾讯与敦煌研究院合作，把技术注入中华文化，赋予文化"数字生命"。"数字敦煌"的上线，促进了数字版权的保护，"数字敦煌开放素材库"助推数字化版权保护，"数字化藏经洞"带给市民身临其境的、互动的数字化文博，"寻境敦煌"数字敦煌沉浸式展览开启了文博数字化与旅游产业创新的新局面。该系列运用区块链、游戏技术等多种科技手段，打造了一批文博创新案例。世界上第一个超时空参与式博物馆，世界上第一个以区块链为基础的数字化文化遗产开放共享平台，莫高窟第一个沉浸式数字化展厅，这都是对中华优秀传统文化创造性转化和创新性发展的一项重大议题的回应。

三是通过建立创新投资基金和风险投资公司等创新投资基金，帮助初创企业迅速发展。如由联想控股成立的联想之星投资基金和壳牌公司建立的独立的风险投资子公司；恒健控股公司与中国农业银行总行共同出资 50 亿元，共同发起成立了广东省县域经济高质量发展股权投资基金，以"基金+金融资本+龙头企业资本+重点项目"的方式，吸引海内

外农业龙头企业和重大项目到广东来，促进县域产业集群发展。

四是开展创新创业大赛、内部职工创新活动、创业培训活动等，营造强大的创新创业氛围，如中国之星科技有限公司举办的创新创意大赛、中国电子集团的"i+创新创效创意大赛"及小米集团举办的黑客马拉松。

此外，大企业还探索了与"双创"形态相适应的组织管理、资源配置及机制保障措施，包括设立统筹小组、顾问委员会、双创业务部门，制定专门的双创工作方案或计划，建立持续有效的资金投入、人才激励机制等。如华为发布了《鼓励员工内部创业管理办法》，允许员工离开自己的企业，给予他们 6 个月的支持期；郑州市公共交通集团有限公司发布关于征求《郑州市公共交通集团有限公司鼓励支持职工个人自主创业实施办法》意见的通知，激发全体职工的创造力和创业活力。

企业不仅自己内部积极开展创新创业，而且也积极推动企业外部力量创新创业，比如通过校企合作，强化企业创新创业的参与功能。企业具有丰富的创新创业教育资源，是学生创新创业实践的重要阵地。企业具体有以下几种做法：首先是利用资金优势，建立种子基金、天使基金、风险投资基金与大学生创业项目对接。其次是充分发挥人力资源优势，选择一些管理精英作为创新创业的学生导师，让学生少走弯路，避免风险，并成功创业。最后是在与大学的科研互动中寻找企业技术创新的机会。

链接：校企合作

2023 年 3 月 22 日，西安职业技术学院与西安农业投资(集团)有限公司签订战略合作协议。这是我院深入开展校企合作，服务区域经济社会发展的又一次生动实践。在签约大会上，西安市教育局副局长王纲强调：西安农业投资(集团)有限公司与西安职业技术学院的签约，既标志着我市农业行业职业教育进入了一个新阶段，也标志着我市校企合作办学迈上了新的台阶，为我市职业教育改革发展注入新的活力！希望双方坚持政府引导、市场运作、院校合作、校企联动、服务社会的发展理念，积极探索校企合作新内容、新途径、新形式，创新产教结合的体制机制，不断增强我市职业教育产教融合、校企合作的实力和水平。

(资料来源：https://www.xzyedu.com.cn/info/1030/9522.htm)

链接：中国创新创业成果交易会

中国创新创业成果交易会(以下简称创交会)是以国家双创战略为指导构筑的创新型、平台型、开放型、枢纽型国际化创新创业成果品牌盛会，由中国科协、国家发展改革委员、中国工程院、九三学社中央委员会、广东省政府、广州市政府共同主办，广州市人民政府、国际数据集团承办，每年在广州举行。

创交会依托各主办单位在创新创业工作中的独特优势，充分发挥广州"千年商都""创新热土"和国际科技创新枢纽的作用，以市场为导向，以展示交易为手段，以落地转化为目标，以全方位服务为特色，汇集国外、港澳台地区、国内各省市尤其是华南地区的创新创业项目、技术、资本、人才、信息等"交易链"上全资源进行展示交易，构筑开放型、枢纽型、平台型的国际化创新创业新载体，实现"要创新到广州、要创业来广州"。

(四)学生利用网络平台进行创新创业

在数字经济蓬勃发展的时代，数字经济影响和改变着传统产业的经营模式。数字经济的产品和服务以数字化形式存在，较少受到传统限制，大学生可以关注传统产业与数字经济的融合点，发掘新的商业模式和机会，还可以通过深入了解数字经济与网络平台的优势，将所学专业知识与兴趣爱好相结合，寻找独特的创新点，开发具有竞争力的产品或服务，发掘创新点与市场机会，并利用网络平台进行资源整合与市场推广。同时，大学生需要积极提升数字技能，以适应快速变化的市场环境，为创新创业提供有力支持。在此过程中，风险管理与合规经营同样重要，大学生需要进行风险评估与防范，并遵守法律法规与道德规范，确保项目的稳健发展。总之，数字经济时代为大学生创新创业提供了无限可能，应充分利用网络平台的优势，实现个人价值与社会价值的双重提升。

链接：云南农业大学"丁同学"

用一口土味普通话推介学校的"丁同学"通过"欢迎报考云南农业大学，我们这里真的不需要天天挖地""诶，那边开机器的小点声儿"宣传视频在抖音平台引起广泛关注，爆红之后，丁习功通过短视频的形式，在学校的指导下，组织开展一系列公益活动，为一些农户、种植户及养殖户提供咨询服务。"农户养的牛或猪得了病，我会请教老师，将结果反馈给他们，直到问题解决。"对于未来的计划，丁习功表示，助力农业发展并不是喊喊口号而已，"把书读好、把地翻好"是基础，同时自己会带动更多学弟学妹加入"新农人"行列，依托学校的资源平台，为更多的农产品赋能。

三、我国创新创业的发展趋势

(一)注重创新创业生态系统的建设

在政府层面上，可以通过制定和完善创新创业政策体系(包括税收优惠、资金扶持、市场准入、知识产权保护等方面的政策)，为创新创业者提供政策保障；还可以通过设立创新创业专项资金，以及政府引导基金、风险投资等方式，为初创企业、小微企业和科技型企业提供资金支持。此外，政府还应简化审批流程，提高政务服务效率，为创新创业者提供便捷、高效的服务环境。在基础设施建设方面应加大对科技创新基础设施的投资力度，建设高水平的科研机构、科技园区和孵化器，为创新创业者提供优质的科研环境和创业服务。构建完善的创新创业服务平台，包括技术转移、知识产权服务、融资对接等，促进创新资源的有效整合和高效利用。在创新创业方面应加强与国际先进创新创业生态系统的交流与合作，引进国外先进的创新创业经验和模式。

在高校层面上，应开创创新创业相关实践项目和竞赛活动，培养学生的创新意识和实践能力；加强与企业的合作，建立产学研用一体化的创新创业教育模式，为学生提供更多的实践机会和创业资源。在科研与成果转化上，应加强基础研究和应用研究，提高科研成果的质量和水平，建立健全科研成果转化机制，促进科技成果向现实生产力的转化，为创新创业提供技术支撑。

在企业层面上，应加大研发投入，推动新技术、新产品、新模式的研发和应用，提升企业的核心竞争力和市场地位。加强与高校、科研机构的合作，共同开展技术研发和产业化应用，实现优势互补和资源共享。

在社会层面上。社会组织、中介机构等应积极参与创新创业服务体系建设，为创新创业者提供法律咨询、财务管理、市场拓展等方面的服务和支持；搭建创新创业交流平台，促进创新创业者之间的交流与合作，共同分享经验和资源；还可以通过举办培训、讲座、沙龙等活动，提升社会整体的创新创业能力和素质；加强对创新创业人才的激励和保障措施，为他们的成长和发展创造有利条件。

(二)强化信息技术对创新创业的推动作用

随着互联网技术的进一步普及应用，网络经济和传统产业深度融合，蒙牛、海尔、TCL 等就是其中的典型。经过"毒奶粉"风波，蒙牛为了确保产品质量，将世界上最好的技术、研究、经营等都进行了综合利用。蒙牛的营销方式也很有网络意识，不仅与百度进行了跨界合作，利用"精选牧场"二维码，让消费者对蒙牛的生产工艺、管理制度有了一个直观的认识；而且还与滴滴达成战略伙伴关系，双方通过一系列线上和线下的紧密合作，比如滴滴专车的乘客在乘车时就有机会品尝到蒙牛的"蒙牛牛奶"。此外，蒙牛还先后与捷安特、美国职业篮球协会、上海迪士尼等公司签署了品牌、渠道、资源等多项战略合作。蒙牛的转型为蒙牛提供了更多的跨领域合作，网络营销让蒙牛在品牌、渠道、资源乃至供应等各个层面都有了更深层次的合作。2023 年互联网 GDP 占总 GDP 的比重为54.6%，中国互联网企业的全球影响力越来越大，在全球十大互联网上市公司中占据五席。互联网不仅是一种新兴的经济形态，而且能够方便快捷地将产业链的上下游联系起来，通过数据一体化实现更加广泛的合作，同时，随着 3D 打印、开源硬件等新兴生产工具逐渐普及开来，互联网与人工智能、制造业等领域的深度融合引发传统生产方式的颠覆性变革。例如，5G 与人工智能的融合，最终使无人驾驶车辆更成熟、更可靠。以人工智能为基础的车载计算机可以采集来自车载传感器、道路设施及其他车辆(由 5G 网络传输)获取的信息，从而实现对周围环境的感知，以应对各种突发事件。无人驾驶还将成为一种新型的"移动即服务"模式。因为可以节约大量的时间和金钱来训练驾驶员并向驾驶员支付报酬，所以这种模式将会比目前的公共或私营运输方式更经济。因此，在未来创新创业的发展过程中，首先要顺应时代的潮流和趋势，充分挖掘互联网技术对创新创业的推动作用，同时注意构建基于互联网平台的标准规范，规避互联网技术所带来的市场风险。其次是强化行业信息技术对创新创业的推动，创新与创业是一对孪生兄弟，只有充满创新的创业才是高质量的、有市场竞争力的创业，因而在未来的推动创新创业发展的进程中，要建立以市场为导向的科技创新链和创业链，实现创新链和产业链的高度融合，充分发挥区域资源优势，并依托产业链来布局技术创新项目，统筹创新活动，使创新成果集成衔接，推动创业链发展；同时建立科技成果转移的体制机制，推动科技成果顺利实现市场化，从而实现高质量的创业。

(三)凸显创新创业与国家战略的深度融合

当下我国为了实现伟大的民族振兴，实施了一系列国家战略规划。战略的实施需要相应的动力加以驱动，正因为如此，战略实施也为创新创业的发展提供了合适的契机和广阔

的舞台。国家战略的实施和创新创业之间存在着相互联系、相互促进的关联机制，因而当前我国在创新创业的发展过程中要善于将创新创业和国家相关战略有机融合，利用政策的扶持，整合相关资源，形成资源聚集的优势，抓住发展的机遇，实现创新创业和国家战略的深度融合、协同发展。如成都先后获得了国家科技成果转移(成都)示范基地、国家专利保险试点城市、国家智慧城市试点示范城市、国家自主创新示范区和国家知识产权强市建设示范城市等荣誉称号，成为成都双创"第四城"的城市。成都在科技创新方面取得了长足进步，在过去 5 年中，成都的世界创新指数从 2018 年的世界 56 名上升到了 2022 年的 29 名，在科技创新等各方面都得到了国务院的"点赞"。还可以进一步将创新创业和乡村振兴战略融合，加强农村基础设施建设，优化农村的创新创业环境，培育和壮大创新创业的主体力量，支持农民工返乡创业，扶持大学生深入农村基层创业，激发乡村的创新创业活力，为实现乡村振兴这一伟大战略构建着力点。同时也可以进一步推进创新创业和"一带一路"建设有机融合，营造良好的创新创业环境，完善相应的基础设施建设，引导更多的人走出去，了解"一带一路"的发展机遇，支持更多的人抢抓"一带一路"倡议机遇，拓展创新创业发展空间，实现自我价值和社会价值的统一。

(四)营造良好的营商环境

良好的营商环境能吸引创业人才和创业企业，因此创新创业生态系统的构建最终会回归到营商环境的优化。未来政府在促进创新创业的发展方面将更加注重营商环境的优化，通过加大政策扶持，降低企业税费负担，降低企业的运营成本，降低企业获取信贷的难度和成本，拓宽小微企业融资渠道。铜川市建立了"税收+银行"一体化的税收与银税联动服务模式。铜川市与 11 家银行加强了税收和银行资源的合作，加强了税收和银行资源的集中整合，在所有的银行网点安装了自助设备，建立了"税银一体化"服务模式，扩大了办税缴费的渠道，提升了群众办事的便利性。与此同时，持续扩大银税互动合作的深度，提高以税促信、以信促贷、以贷助企的服务效能，建立了税企银三方沟通对接平台，让企业之间的融资需求实时对接，以"纳税信用"换"银行信用"，将"税银贷"发展成了破解民营中小企业融资难题的"拳头产品"，并将贷款品种增加到 15 个。

优化法律法规及政策制度环境，营造有利于实现科技成果商业价值的知识产权保护制度和转化环境，打造公平公开竞争的市场环境；利用互联网优势，简化企业投资审批，改革工程建设项目的审批制度，实现各类投资审批在线并联办理，推进政务服务标准化，提高行政服务效能，同时建设"互联网+监管"系统，加大对地方和各部门工作的监督，保障相关政策的有效落实。宝鸡市凤县通过"一窗办，一网办，简易办，容错办"的新模式，大大简化了企业注销的程序，提高了办事效率。专门成立了"企业注销一项业务"窗口，实行"一表申请，部门联动，一窗受理"，方便群众办事。同时，通过信息平台进行免费公告，公告期满后，企业可以办理注销登记，达到"网上办理，网上注销"的便利。为了进一步提高办事效率，陕西省宝鸡市凤县对简化注销登记制度进行了不断深入的探索。无债权债务或已经清偿完毕的，简易注销公告期限缩短为 20 个自然日。只要提交申请书、承诺书和营业执照，就可以办理营业执照，达到提供"简化审批，即来即办"的高效率服务。另外，凤县建立了一套完善的工作容错处理机制。对因列举、股权冻结等原因不宜进行简易注销的企业，可在"非正常"情形消除后重新办理简易注销；对不符合承诺

书内容要求的企业，可进行补正，不需要重新公示，达到"容错简办，便捷注销"的人性化服务。通过上述举措，宝鸡市凤县将更加便利和高效地为开办企业提供便利和高效的退出服务，使企业的退出成本大大降低，对优化营商环境起到了积极的作用。

(五)低门槛创新创业

数字技术的普及使得创新创业的起点大大降低。传统的创新创业往往需要大量的资金、设备和人力资源，而在数字经济时代，互联网和数字技术为创新创业者提供了强大的支持。借助网络平台和各类数字工具，创新创业者可以轻松地获取市场信息、进行产品设计、开展营销推广等，无须投入大量资金购买设备和租赁场地。数字平台为创新创业者提供了展示自我和获取资源的便捷途径。各类社交媒体、在线论坛、数字市场等平台，为创新创业者提供了展示创意和产品的机会，让他们能够与潜在投资者、合作伙伴和客户建立联系。同时，这些平台也汇聚了丰富的资源，如技术支持、人才招聘、融资服务等，使得创新创业者可以更加便捷地获取所需资源。此外，数字经济还催生了大量的共享经济、众包经济等新兴业态，为创新创业者提供了更多机会。这些新兴业态以共享、协作、开放为特点，使得创新创业者可以通过参与共享经济平台、开展众包项目等方式，实现资源的共享和优势的互补，降低了创新创业的成本和风险。

(六)创新创业绿色化

创新创业绿色化趋势正在全球范围内加速发展，这不仅体现在技术创新和商业模式创新上，也体现在政策支持和社会认知上。

(1) 在技术创新层面，绿色创新技术正逐步成为创新创业的重点。新能源技术、清洁生产技术和资源循环利用技术等的研发和应用，正在推动着产业结构的绿色转型。例如，邹平市魏桥创业集团魏桥纺织公司和东华大学联合研发的在线质量检测机器人，可替代传统人工检测，减少次品浪费和设备能耗损失，激发企业绿色发展内生动力，培育壮大绿色低碳新动能。同时，随着人工智能、大数据、物联网等新一代信息技术的快速发展，这些技术也开始与绿色创新技术融合，为绿色创新提供了更广阔的空间和更多的可能性。

(2) 在商业模式上，绿色创新也在催生新的商业模式。例如，共享经济模式通过优化资源配置，减少资源浪费，实现了绿色发展和经济效益的双赢。此外，绿色供应链管理、绿色金融服务等新型商业模式，也在推动产业链的绿色化，促进经济的可持续发展。

(3) 在政策支持方面，政府正在加大力度推动绿色创新创业。例如，为绿色创新项目提供资金支持；出台绿色税收政策，鼓励企业减少污染、提高效率。黑龙江省伊春市下辖的嘉荫县税务局就以环境保护税为主，以"六税两费""三免三减半"为辅的绿色税收政策落实机制，推动绿色标准的制定和实施，为绿色创新提供标准支持等。这些政策的实施，为绿色创新创业提供了有力的保障。

(4) 从社会认知的角度来看，绿色创新正在逐渐成为社会共识。随着大家环保意识的提高，越来越多的人开始关注绿色消费、绿色生活。同时，绿色创新也受到了越来越多的关注和认可，绿色创业者和绿色创新项目逐渐成为社会热点和亮点。

(七)创新创业多元化

在数字经济时代，我国创新创业的多元化趋势体现在技术创新、商业模式创新、参与主体多元化、跨界融合及地域分布广泛等多个方面。海尔从最初的电冰箱制造起家，逐步扩展到电冰柜、空调器、洗衣机、微波炉、热水器等多个家电产品领域，甚至涉足小家电和彩电生产。这种多元化道路使海尔几乎涉足了全部家电行业，增强了企业的市场地位和竞争力。多元化发展趋势为我国的经济发展注入了新的动力，推动了产业结构的优化升级和经济的可持续发展。

(1) 技术创新领域不断拓展。随着数字技术的飞速发展，人工智能、大数据、云计算、区块链等前沿技术不断涌现，为创新创业提供了丰富的技术资源。这些技术的应用不仅推动了传统产业的转型升级，也催生了众多新兴产业的崛起，如智能制造、智慧医疗、智能家居等。

(2) 商业模式在不断创新。在数字经济时代，商业模式的变革成为创新创业的重要方向。基于数字技术的新型商业模式(如共享经济、平台经济、订阅经济等)不断涌现，打破了传统商业模式的限制，为消费者提供了更加便捷、个性化的服务体验。

(3) 创新创业的参与主体也呈现多元化趋势。除了传统的企业、高校和科研机构外，越来越多的个人、初创企业、跨界团队等积极参与到创新创业中来。他们利用数字技术，挖掘市场需求，开发新产品和服务，为经济发展注入新的活力。

(4) 创新创业的跨界融合趋势明显。在数字经济时代，不同行业之间的界限逐渐模糊，跨界合作成为创新创业的重要路径。通过跨界融合，不同行业可以共享资源、优势互补，实现共赢发展。例如，互联网+农业、互联网+医疗等跨界融合模式，为传统行业带来了新的发展机遇。

(5) 创新创业的地域分布也更加广泛。在数字经济时代，信息技术的发展打破了地域限制，使得创新创业活动可以在更广泛的范围内进行。无论是一线城市还是二、三线城市，甚至是农村地区，只要有好的创意和技术支持，都可以开展创新创业活动。

(八)创新创业国际化

随着数字技术的快速发展，全球范围内的信息和资源得以更加高效地流通和共享。这使得创新创业活动不再局限于某一地区或国家，而是能够在全球范围内展开。通过数字技术，创业者可以更加便捷地获取全球的创新资源、市场信息和商业机会，进而推动创新创业活动的全球化发展。数字技术的普及和应用也降低了创新创业的门槛和成本。无论是初创企业还是个人创业者，都可以通过互联网平台、社交媒体等渠道获取全球范围内的用户反馈和市场数据，从而更加精准地把握市场需求和趋势。同时，数字技术的使用也使得跨境合作和资源整合变得更加容易和高效，为创新创业的国际化提供了有力支持。如宁波诺丁汉大学李达三孵化园就很好地体现了创新创业国际化，它是由"宁波帮"代表人士李达三先生捐赠建立的，园区聚集了来自港澳台地区及海外的100余名归国创业者，孵化近50个国际化创业项目。这是唯一以"国际引才"为主题的市级科技企业孵化器，以国际化创新创业高地建设推动"地瓜经济"提能升级"一号开放工程"。此外，全球经济一体化和贸易自由化的进程也在不断推动创新创业的国际化。越来越多的国家和地区加入全球贸易

体系中，形成了更加开放和包容的市场环境，这为创新创业者提供了更加广阔的市场空间和商业机会，同时也促进了不同国家和地区之间的创新交流和合作。

链接：中国数字经济创新六大趋势

数字经济创新第一大趋势：大零售整合

分散的零售领域将会继续整合，全渠道零售和按需经济、社交经济和零售供应链都将结合起来。零售和社交领域会迎来大规模的无缝整合。社交电商继续蓬勃发展，在电商成交总额(GMV)中所占比例进一步增长。提升消费者体验是这一趋势的发展方向；对便利和效率的渴望，使得按需电商和传统电商之间的差距迅速缩小。

与此同时，消费者也会继续利用其信赖的渠道获取产品信息，包括短视频、社交媒体、论坛、手机、网页和电视等渠道。交易机会变得更加直接，投在社交和品牌建设上的经费能够对 GMV 产生举足轻重的正面影响。

在抖音、哔哩哔哩等视频分享平台上，以及今日头条等以内容服务为主的平台上，内容电商将突飞猛进。虽然直播和短视频仍只占电商销售额的一小部分，但随着中国进入 5G 时代和物联网时代，这一情况或将发生改变。

大零售整合的最后一环是提高供应链的敏捷性。供应链必须要更敏捷才能满足更频繁、更多样的按需订单，并更好地预测消费趋势和需求来源。

数字经济创新第二大趋势：服务虚拟化

正如电子商务席卷整个中国一样，线上渠道服务也将逐渐步入舞台中心；其中部分原因是受疫情影响，使消费者对此的接受度大增，进而使服务领域的数字化进程加速。医疗和教育服务的虚拟化正在推进，不过在提升效率、解决资源分配普遍失衡等方面，数字创新仍有巨大潜力可挖。

与此同时，中国将继续探索如何利用人工智能创造个性化、互动性、沉浸式的学习体验。随着 5G 的普及，人工智能将实现自适应学习，即根据个体的学习方式和偏好提供更加个性化的服务。

医疗行业也是如此，数字创新才刚刚开始解决一流医生资源分布严重不均的问题。中国约有 80%的医疗资源集中在 20%的医院，偏远地区、小城市的诊所和医院缺乏高质量资源。目前，只有不到 5%的问诊通过在线方式进行，如何降低患者长途跋涉前往大城市就医的意愿，并缓解由此带来的大医院人满为患的问题，解决这些难题的过程也就是在挖掘增长机遇。

服务虚拟化的进程步履不停。一大批原本需要面对面互动的领域将开启数字化进程，政府服务和法律咨询或将追随这一趋势。如果引入公共评级系统来加大供应商透明度，则有利于激发竞争并提高标准。

由于数字化技术的支持，服务提供者可以在任何地方工作，彻底改变了服务的可及性和质量。随着各类服务机器人在以服务为导向的消费市场上登台亮相，自动化的角色将更加重要。

数字经济创新第三大趋势：出行革命

电动汽车和联网智能汽车的推广应用，将继续赋能中国高度发达的共享出行网络，全自动驾驶车队将不再遥远。随着出行解决方案背后的硬件逐步商品化，数字创新将成为争

夺市场份额的关键，这也将推动软件、解决方案和服务等方面的创新，并为敏捷而有创造力的公司带来新机遇。

中国的消费者适应能力强、对创新有热忱，这会为汽车行业带来颠覆性影响。市场新秀正在引领趋势，蔚来、理想和小鹏等本土"造车新势力"的崛起便是例证。它们不受传统商业模式和网络的束缚，确立了新的客户体验标准(例如，蔚来将客户运营制度化，并通过体验中心和换电站增加消费者互动)，即便在传统汽车企业的竞争压力下，它们也会矢志不移地推进。车载技术有望持续提升，围绕着互联性、安全性来优化智能特性，并通过空间下载技术(OTA)实现车辆升级。

在宏观层面，中国优势源于国家对智能交通的支持。今后，"汽车连接一切"(V2X)技术可能会进一步部署，这包括车辆之间的连接，以及车辆与基础设施之间的连接。地方政府通过与网约车服务商合作，分析道路使用者数据，可以利用人工智能将交通拥堵减少10%~20%。

人工智能在交通和自动驾驶领域的应用，将推动"出行即服务"(Mobility as a Service，MaaS)的加速发展。值得留意的是，北京计划到 2035 年将乘用车交通使用量减少30%。这需要发展以电动汽车为重点的 MaaS 服务商业化。中国承诺到 2030 年前实现碳达峰，到 2060 年前实现碳中和，这或将推动电动汽车 MaaS 服务再攀新高。

按照政府规划，未来十年自动驾驶电动汽车将实现规模化应用。鉴于此，滴滴与广汽埃安将共同开发一款无人驾驶新能源车型并推进量产，目标是在 2025—2030 年通过其平台运营 100 万辆无人驾驶出租车(robotaxi)。

政府的目标是到 2035 年实现无人驾驶出租车和 L5 级(完全自动化)自动驾驶的大规模部署和商业化。因此，商业化会比预期更早来临：到 2030 年，在上海、北京等一线城市，无人驾驶出租车的里程可能会占共享出行总里程的 22%。自动驾驶将催生全新的出行体验，乘客获得的不只是从 A 点到 B 点的结果，还可以在旅程中体验各种活动。将汽车当做轮子上的娱乐工作站的时代即将来临。

在电动汽车、无人机、无人驾驶货车、环保包装的共同作用下，配送速度将会加快，成本和排放都会降低，基础设施和运力也将逐步共享。这一变化将顺势推动中国零售和电商生态系统的进一步整合，使之更加智能、更有效率。

数字经济创新第四大趋势：社交生活数字化

中国消费者的社交和休闲活动日趋转向虚拟空间。越来越多的线下活动通过线上社群来组织，虚拟和现实的社交活动实现融合。生活朝着 O2O 的方向发展，更多的线下会面源于线上形成的社群和连接。这种情况在中小城市可能更受欢迎，因为当地人们的线下人际网络较为封闭。

在上海，一个靠 App 连接起来的骑行社群已经将活动拓展到其他社交领域。在虎牙、斗鱼等游戏直播网站上，人们因为对某款游戏、某种体裁或某个主播的喜爱而聚在一起，并且还将聊天室互动带到现实生活中，组织瑜伽课或跑步俱乐部。腾讯这种顶尖数字化企业正在建设融合游戏、电商和社交等元素的产品组合，创造一个去中心化、有竞争力、对创作者友好的生态系统——也可以称为"元宇宙"——这将对我们的现实生活产生实质性影响。

围绕着社交 App 将衍生更多的社群：麦肯锡最新的中国汽车消费者调查显示，生活方

式 App (包括那些帮助特定品牌车主线下联谊的应用)是第二受欢迎的增值服务,也是电动汽车车主最期待的服务——较第二名遥遥领先。

数字经济创新第五大趋势: 工业物联网/供应链数字化

随着工业物联网(Industrial Internet of Things,IIOT)的大规模部署,数字化制造、供应链发展及基于区块链的库存管理发生转型,B2B运营方面的效率提升空间是巨大的。

例如,在医药领域,2021年2月医药供应链服务平台药师帮处理了160万个订单,是2020年同期的三倍。随着越来越多的药品订单通过在线渠道完成,这类平台有望继续繁荣发展。

制造企业也越来越需要基于工业物联网的数字化制造来改善效率和可持续性。2020年,中国拥有11家"灯塔工厂",数量居全球之首。它们都是麦肯锡和世界经济论坛联合遴选的在数字化制造和工业4.0方面的全球化标杆企业。

白色家电制造商美的通过工业物联网技术改进制造流程,支持产品创新。美的基于传感器建造了"柔性自动化"生产线,不仅实现了制造流程的全面自动化,还通过动态调整来适配机器型号、流程要求和原材料等。它们利用机器视觉来探测生产流程中的错误,工业物联网设备将客户使用数据发回给研发团队,助力其提供有价值的洞见,持续推动流程创新。

中国领先车企上汽集团已在探索如何利用数字化制造来孕育全新的客户到企业(C2B)车型,借助数字化解决方案帮助买家通过3D数字汽车模拟器定制订单。汽车的配置和生产队列信息发给供应商之后,准时化顺序供应(just-in-sequence)流程随即启动,产品上市时间较之前缩短35%。在此期间,人工智能工具会持续监控生产流程,及时发现错误,将订单配置准确率提高到99.8%。目前,绝大多数"灯塔工厂"都来自汽车、消费品和家电等面向消费者的行业,但在下一阶段,这场革命有望延伸到钢铁、机械工具、制造等传统行业。

数字经济创新第六大趋势: 数字城镇化

全球近半数的智慧城市位于中国,总计约500座。智慧城市起初主要着眼于安全和交通管理,但随着5G网络、边缘计算等技术的发展,我们有望迎来城市一体化数字平台的新时代。例如,抖音在高速公路视频识别交通事故和抛锚车辆的挑战中位居第二。阿里巴巴的"城市大脑"将继续为各地政府部门提供环境分析、视觉搜索和城市规划工具。随着数字化逐步帮助解决交通拥堵、资源错配等痛点,政府服务效率或将得到大幅提升。

(资料来源: 洞见未来: 中国数字经济创新六大趋势,https://www.mckinsey.com.cn)

第二节 美国创新创业的现状与趋势

美国创新创业的
现状和趋势

一、历史沿革

美国创新创业如今走在世界前列,引领全球的创新创业潮流,其创新创业起步比较早,而后经历了一个长期发展过程,并逐渐走向成熟。从美国创新创业的历史发展过程来看,它大致可以分为三个阶段。

(一)萌芽阶段(1947—1970 年)

在此期间，由于大企业仍然主导着经济发展，创新创业并未受到政府和社会的关注。不过相比以往而言，也取得了一些突破性的进展，为后一阶段的创新创业提供了基础。谈到美国的创新创业，我们必须提到 1919 年美国商人霍勒斯·摩西创立的青年商业社，很多学生都把参加这种经商学习当作从事经商的第一步。在创新创业教育方面，1947 年，哈佛商学院的迈尔斯·梅斯教授率先建立了《新创企业管理》的创业课程，主要是通过为第二次世界大战的退伍军人提供创业教育来解决他们的就业问题。该部书被认为是美国大学创业教育的第一门课，但在当时也仅仅是作为商学院的边缘学科，并未引起足够的重视。后来，斯坦福大学、百森学院、加利福尼亚大学等也开设了相关的创业课程。总的来说，当初美国处于大工业化阶段，经济得到高速发展，但大学里的创业学科并没有得到很好的发展。

链接：青年商业社

1919 年，青年商业社成立，并一直在美国教育领域发挥重要作用。商业社的教育旨在使青少年学生在工商业界志愿人士的指导下学习实际商业知识，获得商业经验，从而自己组织和经营小型公司。几乎不可想象，霍勒斯·摩西在利用业余时间教授商业知识和参与商业实践后会在美国发挥如此大的作用。然而，自 20 世纪 20 年代以来，美国历史上十年商业繁荣的客观现实已经证明了它的巨大作用。从那时起，美国商界人士自愿在学校里参与青年商业教育。今天，多达 130 多万美国学生参与这种课程的学习，其他 26 个国家也兴起了这方面的教育，25 万余人参与其中，大多数学生把参加这种教育学习当作从事经商的第一步。

(二)起步与发展阶段(1970—2000 年)

20 世纪 70 年代以来，美国经济社会发生了前所未有的变化，不只是大公司成为美国经济的支柱，新兴的中小企业也获得了较大的发展。统计数据显示，1969 年至 1976 年，新兴和发展中的中小企业创造了美国 81.5%的新工作岗位。20 世纪 80 年代以后，新兴的中小企业创造了超过 95%的财富。中小企业在美国经济发展中的作用日益强化。为了促进中小企业的发展，美国政府、高校及社会公众都推出重要举措。首先，在政策指导方面，政府制定了一系列促进创新创业发展的政策。1980 年 12 月，美国政府通过了《贝多法案》(Bayh Dole Act)，目的在于促进高校科研成果的转化，之后政府又陆续出台了一系列配套措施并对法案进行了多次修订。可以说，《贝多法案》支撑了美国近 30 年的高科技创业。其次，高校创新创业教育迅速发展。据相关统计，1979 年至 2005 年年初，美国提供创新创业教育课程的大学数量从 127 个增加到 1600 多个。此外，越来越多的大学开始建立创新创业专业并授予学位。根据相关调查结果，有将近 142 所大学将创新创业教育列为专业领域，其中，有 49 所大学授予创业学位。最后，社会公众和媒体也更加关注创新创业的发展。为了加快创新创业研究的进程，1963 年，美国小企业管理局创办了《小企业管理》(*Small Business Management*)期刊，1975 年，《美国小企业》正式创刊，1988 年该刊物正式更名为《创业理论与实践》，1985 年正式创办《企业创业》期刊。据统计，美国

目前有 50 多种与创新创业或小企业管理有关的期刊。20 世纪 60 年代，考夫曼(Kauffman)基金会成立，这是为了通过支持创业教育和创业研究来支持美国创新创业的发展。

(三)逐渐完善阶段(2000 年至今)

在 21 世纪，美国创新创业的发展逐渐成熟。首先，根据 2008 年全球商业环境报告显示，在政府政策方面，美国政府政策极大地促进了美国中小企业的创建和发展。在美国，有限责任公司只需要 6 个程序即可完成注册和正式运营，仅需 6 天即可完成新公司注册的申请，公司创办需要的法定资本最低为零。这些政策降低了创业成本，激发了公众的创业热情。其次，高校的创新创业教育不再局限于创新创业课程的开设，几乎所有的高校都设立创业中心，举办创业计划竞赛，筹备创新创业大会，建立创业研究学术期刊，建立学生创业协会，逐步形成了独特完整的创新创业教育体系。最后，在社会上，创客运动和创客文化方兴未艾，创客群体正在成长，各种创客空间正在兴起和发展。社会各界越来越关注创新创业教育的进展，一些著名的杂志，如《美国新闻》《世界报道》《成功》《创业者》，经常会对关于创新创业的现状进行一些报道，特别是实时报道商学院的创新创业教育计划。在全球十大创业生态系统排名中，美国占了 5 个，其中硅谷稳居第一，纽约市位居第二。

链接：创客

创客(Mak-er)是指从事某种创造活动的人。这个词来自英语单词 Mak-er，是麻省理工学院微加工实验室的实验课题。其核心内容是客户中心、个人设计、个人制造，参与实验项目的学生即创客。在中国，"创客"和"大众创业，万众创新"紧密联系，是指具有创新理念、自主创业的人。他们代表新人类，坚持创新，继续实践，愿意分享，追求更美好的生活。创客表达了对生活的积极态度，同时坚信通过行动和实践找到问题和需求，并试图找到解决方案。客观地说，创客反映了理性思考。

链接：美国创业成功的案例

1. Facebook 的创始人马克·扎克伯格

马克·扎克伯格(Mark Elliot Zuckerberg)是哈佛大学的一个学生，在大学二年级时，他就开始了他的创业事业。当年他在大学的寝室中创立的 Facebook，现在已发展为全球非常大的社交网络平台之一。这个网站受到广泛的欢迎，吸引了大量用户。到目前为止，Facebook 已经有超过 20 亿的用户，并在全球范围内广泛应用。

2. 苹果公司创始人斯蒂夫·乔布斯

斯蒂夫·乔布斯(Stere Jobs)很有可能是最著名的大学未毕业的企业家之一。他创办了苹果公司，并在电子设备和计算机科技领域成为一个传奇。尽管他在很多方面有争议，但他的公司所创造的创新和技术仍然在影响和改变着整个世界。

3. 微软公司的创始人比尔·盖茨

比尔·盖茨(Bill Qates)是康涅狄格州哈特福德的一个富裕家庭的孩子，他在哈佛大学学习时遇到了保罗·艾伦(Poul Allen)。1975 年 4 月，比尔·盖茨和保罗·艾伦一起创建了微软公司，并在后来成为电子设备和计算机科技领域的主要参与者。

4. 谷歌公司的创始人拉里·佩奇和谢尔盖·布林

拉里·佩奇(LarryPage)和谢尔盖·布林(Sergey Brin)同在斯坦福大学读研时，在校园中相遇，并一起创建了谷歌公司，谷歌公司是全球最有影响力的公司之一，提供搜索引擎、电子邮件服务、云计算和其他各种在线服务。直到今天，谷歌公司仍然在不断发展，并在创新产品和技术领域拓展。

5. 亚马逊公司的创始人杰夫·贝佐斯

杰夫·贝佐斯(Jeff Bezos)毕业于普林斯顿大学，他在纽约的一家对冲基金公司工作，但他仍然对自己的未来有着强烈的愿望。在他的故事中，他把自己的金融资产投入到一家名为亚马逊的书籍销售公司，这是一家创新型公司，提供了远程书籍网络销售、云计算和其他在线服务。通过创新，杰夫·贝佐斯成为全球非常富有的人之一，同时亚马逊公司仍然在不断地发展。

（资料来源：美国成功创业故事，https://www.usplanking.com/article/219769，2023.06.04.）

二、典型做法与经验

(一)政府积极规划创新创业顶层设计

一方面，积极推进创新战略和政策。其具体表现在：一是加强科技创新战略部署。美国奥巴马政府尤其重视科技创新，其执政期间出台了《美国创新战略》，该文件重视对创新的基础要素的投资，关注私营企业创新的动力，鼓励创造有利于创新的政策环境，从而推动关键技术领域的重大突破。奥巴马时代推出了"创业工卡"规定（"International Entrepreneur Rule"），后来被特朗普总统废除，拜登政府上台后又重新恢复该规定，这对创业者来说是振奋人心的消息。二是加大研发投入和激励，重视高风险高回报。政府设定了 GDP 3%以上的总研发预算目标，并积极致力于支持基础研究和推进物理学前沿。高度重视对高风险高回报研究的支持，研发税收减免永久化且扩大研发税收减免政策的适用范围。2019 年美国创业投资市场规模达到 1350 亿美元，2023 年美国将超过 1/4 的创业投资资本投向了人工智能领域。三是支持数据的开放性，并鼓励联邦政府促进对研究结果的开放获取。政府强调要抓住数字技术带来的机遇，提出联邦数据是国家资产，要尽可能地将联邦数据面向公众开放。四是实施专利制度改革。奥巴马政府不断努力提高专利质量，缩短专利审批时间。专利与商标局积极减少大量积压的专利申请，审批时间从平均 35 个月缩短至 20 个月，且努力在 12 个月内使最有价值的专利技术能够进入市场转化环节，加快科技成果商业化步伐。五是不断优化创新环境。美国政府通过改善物理基础设施和数字基础设施等创新创业环境，使其成为吸引海外公司撤回的重要先决条件；除此之外，美国政府还不断完善知识产权制度、市场竞争规则、国际贸易规则等制度环境，进一步创造有利于企业进入国际市场的条件，从而提升企业的国际竞争力。

另一方面，高度重视创业生态系统的建设。其具体表现在：一是注重创新的包容性和草根创新。美国白宫举办美国制造周、创客周和白宫演示日，展示创客的成就，创业的成功故事，并促进联邦政府对多社区创业的支持。为响应总统的号召，联邦部门、数百个图书馆、数百所大学，以及各种企业和社会团体支持创客的创新创业。二是注重政府服务创新和平台建设。通过开放政府数据、完善政府数字服务、缩短专利审批时间，使创新和企

业更加便捷。2015年，美国发起了为期一天的创业倡议，呼吁所有国家开放网络工具，以便企业家可以在不到一天的时间内熟悉不同地方企业家的需求，并提出申请。美国专利商标局设立了一个区域办事处，为制造商和创业公司开设专用热线和其他服务。三是专注于专业咨询和培训。美国国家科学基金会(National Science Foundation，NSF)、能源部和国立卫生研究院继续探索创新创业培训的新模式，这为联邦资助的科学家和工程师提供了更有效的创新创业培训。美国国家科学基金会于2011年启动了I-Corps计划，为联邦资助的科学家和工程师安排公司指导，并为他们开展密集课程，探索从实验室研究到市场产品的需求驱动路径。到目前为止，已有约600支队伍完成了实验教育培训，其中近一半已决定成立公司。四是重点关注新企业融资和顺利进入融资渠道。2012年4月，美国创业援助法(JOBS)签署成为法律，初创企业和小企业拥有明确的资本收购法律基础。美国财政部启动了国家小企业信贷计划，该计划为各州的小企业提供15亿美元的支持，并建立了一个互动在线平台，大大地简化了贷款流程。

(二)学校高度重视创新创业教育

一是建立了全面而丰富的创新创业课程体系，包括普通教育、基础教育、基本技能培训和学生创新创业能力发展。学校通过开设多层次、独特和专业的课程，来满足不同层次和类型学生的需求。同时，创新创业教育的全过程贯穿于讨论、实践、模拟培训和现场培训，激发了学生的学习热情和创业激情。二是配备了一支高素质的创新型企业家团队，鼓励不同学科的教师加强交流与合作，例如组织企业管理和经济管理人员与工程、医学和农学的教师进行交流。同时，学校还积极聘请优秀的毕业生和创业成功的从业者作为兼职教授或讲师，结合自己的创新创业经验与学生做更多的交流与分享。三是举办各类创业竞赛，激发学生的创业兴趣。每年各个州都组织各种类型的创业大赛，大赛在为学生提供各种交流学习平台的同时，也给予部分优秀的项目一定数量的种子基金以扶持项目的发展。四是建立与大学创新创业教育相适应的创新创业实践活动的联动系统。学生选择创新创业教育课程，进入创新创业实践基地，开展实践活动(包括招标项目设计具体实施计划、论证和评估、具体实施最终成果验收)，整个过程经历了从理论学习到实践操作，再通过建立标准的评价考核体系，从而使创新创业教育收到良好的效果。

(三)企业和社会积极支持创新创业

美国投资界、商业界和非政府组织都深入参与创新创业，他们对创新创业有很大帮助。诸多非政府组织和民间资本帮助政府和非营利机构处理当地社会遇到的问题，并培养众多本地创业者服务当地经济社会的发展。如IBM、英特尔等公司通过资金投入，支持初创企业，同时联合学术界和投资界为新兴技术领域提供商业辅导及技术支持；谷歌公司不仅通过启动可以互动的全国创客地图来帮助创客寻找本地创客空间，而且还与MAKE杂志共同举办夏令营，免费教会参与者使用Google+，促进发明和探索；微软推出了一系列创意车库学生开放日，为学生提供车库及相关工具和技术，使学生充分发挥潜能。大量非营利性创客空间正在迅速发展，为创新提供各种服务，包括最新工具、软件和空间、相关培训和众筹平台。凯斯基金会和考夫曼基金会在美国建立了创业伙伴关系，旨在加强全国创业网络，并进行创业和企业家培训。同时，企业积极参与创新创业人才培养，为高校提

供专业的创新创业实践指导老师，和学校合作开发开设创新创业课程。

三、美国创新创业发展的趋势

自 2008 年以来，面临经济、金融和就业等诸多方面的危机，美国经济实力大幅度下降。为了促进经济可持续增长和高质量就业，确保社会稳定和繁荣，美国政府于 2009 年、2011 年和 2015 年先后发布了三个版本的《美国创新战略》，布局了新一轮创新创业战略，并 2023 年发布了《美国国家创新路径》，加快推进清洁能源关键技术创新。通过这些大致可以感受到美国创新创业未来的大致发展趋势。

(一)不断改进创新创业基本要素

创新创业教育和基础设施建设是创新创业的基础。首先，政府将继续确保实施科学、技术、工程和数学(STEM)教育改进计划，以及创新计划的教育。其次，政府将建立一个具有国际竞争力和创新的教育体系，以便更好地实施全球高层次人才发展和引进计划。最后，美国政府将通过开发和部署新一代无线宽带网络，发展先进的信息技术生态系统，减少城乡之间的数字鸿沟，通过建立全国智能输配电网络，支持高速网络和下一代超级计算机的研发。

(二)建立一个有序竞争的市场

未来，美国将通过资本获得、创新资助及集群发展角度推动形成一个有序竞争的市场。例如：通过实施《中小企业工作条例》，将增加新企业获得资金的机会；通过改革知识产权制度，将有效解决专利积压、高价值成果转化和保护等难题；通过实施法规，将为创新创业创造法律环境；通过优化网络环境，将有效抵制壁垒限制，保护消费者权益，促进创新创业环境的进一步开放透明。

(三)培育新一代科技力量

美国抓住技术发展的制高点，依靠引领创新潮流的尖端科技，引领未来经济发展。一是重视大数据技术革命，通过大数据发展相关产业，提升竞争优势。二是重点发展可再生能源、先进电池、替代燃料和先进汽车产业，努力在能源经济中起带头作用。三是未来将进一步加大对生物技术、纳米技术和先进制造业的支持力度，支持美国在先进制造技术方面的发展。四是开发新一代航天器，创造性地利用国际空间站及开发新一代全球定位卫星和服务，充分利用宽带、云计算和数字设备软件开发改善教育技术。

(四)不断推动创客运动

美国是世界上第一个发起创客运动的国家。2012 年，美国《连线》杂志原主编出版了《创客：新工业革命》，创客概念开始被广为宣传。2014 年，奥巴马宣布"国家创客日"是每年 6 月 18 日，以表明对创客及创客运动的支持。截至 2015 年 5 月，全球共有 1899 个创客空间，分布在 120 多个国家，其中拥有最大创客空间的国家是美国，美国也是世界

上第一个发展创客运动的国家,可以说创客运动被视为振兴美国制造业和经济创新的主要工具。以芝加哥为例,其在芝加哥公立图书馆、芝加哥儿童博物馆、伊利诺伊数学与科学学院等都成立了创客实验室、修修补补实验室、创新和探究中心等加强创客教育品牌的打造和提升其覆盖面。这些实验室或者探究中心设计了不同层次的活动项目,包括机器人课程、计算机建模、手工艺品制作、3D扫描打印等。

链接:美国最火的创业项目有哪些?

美国是全球创业活动最活跃的地区之一,每年都有无数的创业公司涌现出来。在这些创业公司中,有些项目因创新、实用、可持续和有影响力等特点而备受关注。以下是美国最火的五个创业项目。

(1) 健康科技公司:健康科技是近年来非常热门的创业领域之一。这些公司利用人工智能、大数据和机器学习等技术,为医疗机构提供更好的诊断和治疗方案,同时也帮助消费者更好地管理自己的健康。

(2) 绿色科技公司:随着全球对环保问题的关注度不断提高,绿色科技也成为创业热点。这些公司开发出许多创新技术,帮助减少环境污染和资源浪费,同时提高能源效率。

(3) 金融科技公司:金融科技是另一个热门的创业领域。这些公司通过数字化和去中心化的技术,改变了传统金融行业的运作方式,提供了更便捷、更高效的金融服务。

(4) 人工智能公司:人工智能是近年来最热门的科技领域之一,也是许多创业公司的选择。这些公司开发出许多创新技术,如自然语言处理、机器视觉和深度学习等,为各行各业提供更好的解决方案。

(5) 电子商务公司:随着电子商务的迅速发展,越来越多的创业公司选择在这个领域开展业务。这些公司通过创新商业模式和新技术,为消费者提供更便捷、更高效的购物体验。

(资料来源:美国最火的创业项目有哪些?
https://jiameng.baidu.com/content/detail/259407424005?from=search,2023.07.26)

第三节 德国创新创业的现状与趋势

德国创新与创业的现状与趋势

一、历史沿革

受各时期所处的社会、政治、经济、文化、历史等因素的影响,德国创新创业发展在不同的历史时期有着不同的发展特点。总的来说,从德国创新创业教育的发展历程可以感受到德国对创新创业的重视程度。以下将德国创新创业教育大致分为三个阶段。

(一)萌芽期:20世纪50年代至90年代初

德国的创新创业活动起源于20世纪50年代建立的模拟公司。学生可以熟悉模拟公司的所有业务运营,并了解业务部门之间的联系,此项创新创业教育的主要目的是丰富学生的专业知识,增强职业学校经济学学生的实践能力。20世纪70年代中期,德国在科隆大学等开设了与创新创业教育相关的课程和研修计划。创新创业教育开始在德国学校实施,最初仅限于一些课程和一些研究工作。20世纪80年代,多特蒙德大学成立了创新创业教

育研究中心，开展相关的研究和教学工作，它为创新创业教育的理论研究提供了平台。

(二)形成期：20 世纪 90 年代中后期

20 世纪 90 年代，受经济衰退、东西德合并等因素的影响，德国大多数公共机构和企业纷纷裁员增效，传统的就业市场萎缩，大学生失业率逐步上升。在 20 世纪 90 年代中期，失业率达到了 60 年来的最高点。创新创业在这样的情况下开始逐渐受到政府和大学的重视。政府采取了一系列措施来促进高校创新创业教育的发展。首先，在资金方面，德国于 1999 年开始在高校实施"生存计划"，以支持大学生的创新创业教育。仅在 1999—2001 年的三年间，德国政府就投入了 4000 万马克，以促进高校的创新创业教育。其次，政府为大学生创业提供全面支持，包括制定各种免税优惠政策，提供免费创业培训和咨询服务。同时，要使高校成为创业者的大熔炉。同期，25 所大学的学生将创新创业教育作为核心课程，并且 12 所大学设立创业教育学首席教授职位，每所大学的创业学首席教授职位都有 30 多个席位。在此期间，德国的创新创业教育取得了一定的进展。

(三)发展期：21 世纪以来

在 21 世纪的知识经济时代，德国政府鼓励高等教育或研究机构与业界开展产学合作，共同为大学生开设创新创业教育课程，帮助他们塑造德国企业的文化。德国联邦教育和研究部分别于 2001 年和 2006 年启动了"ExistⅡ"和"ExistⅢ"计划，旨在进一步增加财政支持，在 20 个区域覆盖了资助网络。同时，高校建立了一个更完整的创新创业教育体系，在大学传统教学文化中植入创新创业教育观念，涵盖了公司的创建、融资和管理。提供创业教育课程的大学数量从 25 个增加到数百个，创业教育学教授的职位从最初的 12 所扩展到所有创业型大学。由此，德国基本形成了健全的创新创业政策体系、完善的创新创业教育课程、科学的创新创业教育管理、浓厚的创新创业文化。

链接：Exist 计划

德国联邦教育和研究部通过实施 Exist 区域创业计划，选择了部分地区，并支持这些地区的大学与校外经济、科学和政府部门建立伙伴关系，促进大学创业活动，提高创业能力。Exist 计划的目标是：通过改善德国大学的创新创业环境，促进大学本身的改革，培养大学内的企业文化，让大学对社会更加开放，增加大学创业的数量，并确保增加新的就业机会。经过三年的实践，政府投入了 4200 万马克，使 200 多所大学得到了该项目的支持，并获得了丰富的经验和成果。其中 Exist 资助措施介绍如下：①引导大学生和青年科学家树立"企业独立性"的职业观念，引导他们创业；②在经费上保证早期业务构想的开发，寻找好的业务构想并进行具体设计；③动员 Exist 区域创业网络中一切潜在的力量支持大学创办企业。

二、典型做法与经验

(一)政府加强对创新创业的战略支持

德国联邦政府高度重视创新创业，通过采取各种措施，现已形成了一个多维度、多部

门、多学科的创新创业促进体系。一是建立支持创新创业的机构与法规。德国政府设有一个联邦卡特尔局和一个信托办公室，禁止大公司的合并和小企业的兼并。经济技术部和德国政府财政部设有专门从事促进创新创业的小型商业机构。2022年7月，德国发布首个国家级高科技战略《全面提升创业竞争力战略》，更有力地完善了德国的创业环境，尤其是注重对女性创始人的资助。2023年2月，德国政府发布了《国家工业战略2030》草案，希望通过加强国家援助，保持德国企业在未来的竞争力。二是出台支持创新创业的财政和税收支持政策。联邦政府对创业阶段实施税收减免政策，文件规定德国政府可以直接为新成立的公司提供高达5000欧元的财政补贴；对于刚毕业的大学生，他们提供高达7500欧元的免费培训课程。2022年，德国出台了《未来融资法案》草案，为初创企业进入资本市场、筹集股权资本及融资等方面提供便利。三是设立科技成长基金。目前，德国为初创企业提供融资资金，助推创新型企业更快地成长。将工业共同研究计划(IGF)资金提高至每年至少2亿欧元，通过发起"中小企业数字化攻势"项目支持中小企业数字化。2021年，德国共有174亿欧元流入初创企业(同比增长229%)。四是完善社会服务体系。德国设立了诸多中小企业服务机构，为中小企业提供法律、融资、信用担保、评估、财税咨询、人员培训等全方位的服务。五是培养创业文化。德国特别强调其工匠精神，而这种精神亦是创新创业中不可或缺的要素，它使得人们更加注重创新创业的细节与风险。

(二)学校积极开展创新创业教育

德国高校也非常重视创新创业教育的发展。一是树立了明确的培养理念和目标。德国高校注重针对中小企业的创新创业实践，力求以培养与现代工业社会相适应的创新创业型人才为目标。二是提供全面而丰富的课程，主要包括四类：创业意识课程、创业素质课程、创业知识课程和创业实践课程。三是构建了结构合理的创新创业型教师团队。这一团队既包括创新创业教育的专职教师，又包括拥有创业实践经验的企业家。四是举办丰富多彩的创新创业比赛。德国的许多大公司(如西门子和大众汽车等)经常举办创意大赛和创业竞赛，极大地提高了大学生的创新创业能力。五是注重研究成果的社会转化。德国特别注重大学，尤其是应用技术大学和企业之间的密切合作，广泛开展创业教育。

(三)企业和社会广泛参与创新创业

德国的大型公司、企业往往都配置了支持大学生创业的专项基金，每年都会定向对合作大学的创业项目进行投资。德国创新创业协会、史太白基金会(Steinbeis Foundation)及各种社会中介服务组织为促进科研成果转化、加强创新创业联系也发挥了重要作用。目前，德国支持企业孵化系统的各种服务提供商也是创新创业的主力军。德国的企业孵化系统包括三个模块：促进技术产业化的加速器，促进产品市场化的企业工厂及为初创企业提供服务的孵化器。这些管理机构的专业性很强，有效地促进了政府与资助创新项目之间的沟通。德国还通过成为欧洲初创企业国家联盟的成员推动初创企业快速发展，截至2023年4月，德国已有29家市值达到10亿美元的初创企业。

三、德国创新创业的发展趋势

(一)继续积极推进中小企业创新创业基金

德国中小企业的占比高达 99.4%,可以说得上是德国经济发展的支柱,因此德国政府高度重视中小企业的发展。2010 年,德国政府颁布了《德国 2020 高科技战略》,重点关注中小企业之间及企业与科学界之间可持续联合研发项目的融资,旨在优化创业的基本条件,竭力营造良好的创业环境,为"发明"和"创新"提供足够的"自由空间",激发企业的创新能力。《中小企业创新核心计划(ZIM)》为企业或企业与科研机构之间的合作开展科研创新项目提供资助,该计划平均每年资助 6000 个项目,2011 年,德国中小企业创新核心计划预算总额为 5.45 亿美元,为中小企业提供创新资金。政府每年为弗劳恩霍夫协会(一个主要从事资助并推动国际合作的应用性研究的协会)提供 2/3 的经费支持,其中 1/3 资金直接来源于德国中央政府,1/3 资金来源于政府签约的应用研究项目,剩下 1/3 来源于私营企业。

链接:"中小企业中心支持计划"(Zentrale Innovationsprogramm Mittelstand,ZIM)

这是联邦经济和气候保护部(BMWK)为中小企业量身定做的激励中小企业创新的"旗舰计划"。ZIM 资助计划启动于 2008 年。2015 年,联邦经济事务和能源部(现为联邦经济事务与气候保护部)将以前实施的多项资助中小企业的政策纳入新的 ZIM 计划,资助资金用于新的产品、工艺或技术服务等研发项目,显著降低了企业新产品、新技术的研发成本,把创新风险降至最低。资助起到了四两拨千斤的作用,带动了企业对创新研发的投入强度。

该计划每年资助 3000 个创新项目,2020 年的拨款总额为 5.55 亿欧元。项目包括个人(企业)项目、合作研究(由多个公司联合开发)项目和网络研究项目。项目持续时间平均为 28 个月。从资助率和资助最高限额来看,支持重点是小企业。如小型年轻企业(员工少于 50 人,成立不到 10 年)资助率为 45%,最高限额为 24.75 万欧元;小型企业(员工少于 50 名)资助率为 40%,最高限额为 22 万欧元;中型企业(员工少于 250 名),资助率为 35%,最高限额为 19.25 万欧元;员工人数少于 500 人的中型企业,资助率为 25%,最高限额为 13.75 万欧元。据报道,获得 ZIM 资助赠款的公司中 80%员工少于 50 人。

申请项目是否获批取决于创新程度及市场适销情况,须在产品和服务的功能、参数方面超越现有水平;须达到国际最先进的水平;项目存在重大但可预测的技术风险;公司竞争力将得到持久提高,能开拓新市场和增加就业机会,有适合的科技人员。自 2015 年 ZIM 计划实施以来,已累计发放超过 40 亿欧元的资助赠款。截至 2022 年,已经有 25379 个项目获得资助。2020—2021 年资助了 7547 个项目,资助金额为 13 亿欧元。

(资料来源:德国怎样资助中小企业创新,finance.sina.com.cn,
https://finance.sina.com.cn/jjxw/2023-07-03/doc-imyzmpkf5807435.shtml,2023.07.03.)

(二)强化科技界和经济界的密切联系

德国的创新体系中一直以科技界和经济界的密切联系为优势,各界力量展开多样化合

作，形成互利共赢的趋势。未来，德国联邦政府将进一步加强对科学界创新方向的指导，并通过一系列激励措施促进高等技术学院、大学研究机构和联邦政府机构的应用研究，支持其与经济界的创新联盟和企业的紧密合作；为促进科技成果转化和应用，德国联邦政府还开展了"科研创新成果潜力验证"计划，鼓励消除科学研究与经济应用之间的创新差距；为了促进创新国际化进程，德国联邦政府还鼓励科研及企业的国际化和网络化建设。

(三)营造友好的政策环境

未来，德国联邦政府将为创新创业开放市场、充足的融资机会和知识产权保护，提供了公平的国内和国际竞争环境，主要有以下几个举措：一是改善创新创业投资环境，给予初创企业补贴，为众筹和众投等融资方式提供安全的环境，为大学毕业生和研究人员提供资金创业。二是建立公共平台，为创业提供咨询服务。德国建立了由政府资助的统一信息平台，其中包括由联邦经济部设立的资金数据库，并为中小企业提供培训和咨询服务。三是简化办事流程，为企业创新减负，降低赋税，缩短项目审批时间，简捷办事流程。利用网络，建立无纸化和电子化的登记流程。四是保护知识产权，降低专利申请和维护成本，提高国际竞争力。

(四)专注于全球挑战战略性新兴产业

2010年，德国政府颁布的《德国2020高科技战略》强调关注欧洲的未来和新的战略重点，优先发展环境保护、健康、安全、气候、资源和交通。经济和科学界已经通过谈判启动了"基础研究——能源2020+计划"。2014年，《欧盟2020年计划》在领导产业发展领域的预算总额为170.16亿欧元，占计划总额的20%以上，主要投向能使技术和工业技术领先的(LEIT)领域，如新一代信息技术、纳米技术、生物技术、制造技术、空间技术等。2023年2月，德国政府发布的《国家工业战略2030》草案中将钢铁铜铝、化工、机械、汽车、光学、医疗器械、绿色科技、国防、航空航天和3D打印等十个工业领域列为"关键工业部门"。

(五)提高政府透明度和公众参与度

德国政府认识到创新创业不仅是国家和企业层面的事情，还要重视全社会的参与，只有各方通力合作，科学技术及被社会需要和认可的信息才能融入生活，科研成果才能更快地进入实践并产生作用。政府积极促进新技术的接纳和包容，创造更多的参与机会；推动公民对话，支持公众科研，加强科学普及与传播；创造透明的环境和透明的科研资助环境也有助于提高科技界、经济界、社会界的创新创业参与度。自2010年开始，德国每年11月都会举办全国范围的"德国创业周"活动，激发全民特别是年轻人的创业热情。

第三章　大学生创新创业与能力培养

【案例导入】

关于进一步支持大学生创新创业的指导意见

创新创业的提出

2021 年 9 月 22 日，国务院办公厅印发《关于进一步支持大学生创新创业的指导意见》(以下简称《意见》)。

大学生是大众创业、万众创新的生力军，支持大学生创新创业具有重要意义。近年来，越来越多的大学生投身创新创业实践，但也面临融资难、经验少、服务不到位等问题。为提升大学生创业能力、增强创新活力，进一步支持大学生创新创业，《意见》围绕八个方面，提出了 18 条细则，并具体明确了各部门的分工责任。我们整理了三个方面的主要意见。

第一，深化高校创新创业教育改革，将创新创业教育贯穿人才培养全过程，建立以创新创业为导向的新型人才培养模式。加强大学生创新创业培训，打造一批高校创新创业培训活动品牌。完善中国国际"互联网+"大学生创新创业大赛可持续发展机制，鼓励各年级各专业学生积极参赛。坚持政府引导、公益支持，支持行业企业深化赛事合作。

第二，加强大学生创新创业服务平台建设，优化大学生创新创业环境。校内各类创新创业实践平台面向在校大学生免费开放。鼓励各类孵化器面向大学生创新创业团队开放一定比例的免费孵化空间。提升大众创业万众创新示范基地带动作用，深入实施创业就业"校企行"专项行动。完善成果转化机制，做好大学生创新项目的知识产权确权、保护等工作，加快落实以增加知识价值为导向的分配政策。加大对创业失败大学生的扶持力度，鼓励有条件的地方探索建立大学生创业风险救助机制。加强大学生创新创业信息服务，及时收集国家、区域及行业需求，为大学生精准推送行业和市场动向等信息。加强宣传引导，总结推广各地区、各高校的好经验好做法。

第三，加强对大学生创新创业的财税扶持和金融政策支持。加大中央高校教育教学改革专项资金的支持力度。落实落细减税降费政策，做好纳税服务，强化精准支持。鼓励金融机构按照市场化、商业可持续原则对大学生创业项目提供金融服务，解决大学生创业融资难题。引导创新创业平台投资基金和社会资本参与大学生创业项目早期投资与投智。

《意见》要求，教育部要会同有关部门加强协调指导，督促支持大学生创新创业各项政策的落实。地方各级人民政府要加强组织领导，积极研究制定和落实支持大学生创新创业的政策措施，及时帮助大学生解决实际问题。

(资料来源：中华人民共和国中央人民政府网站，http://www.gov.cn/zhengceku/2021-10/12/content_5642037.htm)

由此可见，国家和各地方政府为了缓解大学生就业压力，三年前就把鼓励和扶持大学生创新创业作为一项重要的政府工作，并出台了一系列具体的帮扶计划和措施。各地高校和企业积极联合开展创新创业竞赛，并孵化出诸多以互联网、新媒体为背景的新兴技术和新兴产业项目，但是总体规模还是偏小，未来发展空间非常广阔。

作为在校大学生，除了了解国家相关政策外，还应正视大学生创新创业教育的现实意

义，分析大学生创新创业的优劣势，发现可能存在的问题，探索适合大学生创新创业的活动，更重要的是明确大学生应该培养哪些能力，并在日常学习生活中，认清自我，点滴践行，未雨绸缪，厚积薄发。

第一节 大学生创新创业

一、大学生创新创业的现实意义

伴随着国家"双创"政策的提出和实施，诸多高校持续强化自身创新创业教育，意在将创新创业教育理念深入贯彻和融合到高质量人才培养全过程当中，全面提升大学生的综合素养。

创业是一种人生态度。大学生在创业知识和技能的学习中，不应急功近利，而应将创业学习与职业发展规划相结合，促进自己成才观念的转变，顺利实现就业，进而创造社会财富。大学生创新创业具有以下现实意义。

(一)有利于缓解大学生就业压力

创业能力是一个人在创业实践活动中自我生存、自我发展的能力。一个创业能力很强的大学生不但不会成为社会的就业压力，相反还能通过自主创业活动增加就业岗位，缓解社会的就业压力。学习创新创业课程或参与创业竞赛和实践活动，有助于唤起大学生的创新创业意识，尽早规划自己的职业生涯。寻求就业岗位不仅是为单位工作，更应该是树立起为自己事业工作的心态。

(二)有利于实现大学生的自我价值

首先，大学生通过自主创业，可以把自己的兴趣与职业紧密结合，做自己最感兴趣、最愿意做和自己认为最值得做的事情。大学生这个年龄阶段的创造力最活跃，对创新充满了渴望和憧憬。他们思维活跃、创新意识强烈，同时所受的约束和束缚较少，渴望在社会大舞台中大显身手，最大限度地发挥自己的才能，并获得合理的报酬，谋求自我价值的实现。其次，大学生所处的环境更容易接触到一些新的发明和学术上的新成果，或者他们中的一部分人本身拥有自主产权的科研成果，这些条件为他们开创自己的创业生涯奠定了良好的基础。此外，提高大学生创新创业的比例，能大幅度提升整个社会创新创业的风气，建立"价值回报"的社会新秩序。

(三)有利于提高大学生的综合素质

创业实践可以充分调动大学生的主观能动性，改变就业心态，自主学习，懂得如何管理自己的时间和财务、善于拓展人脉关系，并能够主动调适工作心态。大学生的综合素质包括责任感、领导力、沟通力、学习能力、创新能力等，而这些综合素质能力的培养，在普通的课堂教学中很难得到锻炼，唯有在大学生创新创业实践竞赛中才能得到历练。通过对大学生创业意识、创新精神和创业能力的培养，开发和提高他们就业与创业的综合素质能力，帮助大学生以创业者的素质和心态去就业创业，将大大提高大学生的核心竞争力。

二、大学生创新创业的有利条件

基于大学生自身年龄特征、知识结构、身体素质、身心发展、社会阅历等因素，他们在创业过程中显示出明显的优势。

(一)自身条件优势

高校大学生具有本科或研究生的文化水平，对新事物有较强的领悟力；自主学习知识的能力强；接受新鲜事物快，甚至是潮流的引领者；思维活跃，敢想敢干；有自信，对认准的事情充满热情；年纪轻，身体好，精力旺盛；暂时无家庭负担，创业也可能获得家庭或家族的支持。此外，大学生将来是主要的无形资本——知识资本的拥有者，他们投身创业又将成为知识资本的运营者。他们可以运用较强的 IT 技术，通过互联网了解对创业有价值的信息进行创业；可以把知识资本折合成相当比例的有形资本，以股权占有形式参与投入创业。

(二)政策条件优待

国家鼓励大学生、研究生和科技人员兴办科技民营企业，并出台一系列政策和措施予以支持。

一是大学生在毕业后两年内自主创业，到创业实体所在地的工商部门办理营业执照，注册资金(本)在 50 万元以下的，允许分期到位，首期到位资金不低于注册资本的 10%(出资额不低于 3 万元)，1 年内实缴注册资本追加到 50%以上，余款可在 3 年内分期到位。

二是大学毕业生新办咨询业、信息业、技术服务业的企业或经营单位，经税务部门批准，免征企业所得税两年；新办从事交通运输、邮电通信的企业或经营单位，经税务部门批准，第一年免征企业所得税，第二年减半征收企业所得税；新办从事公用事业、商业、物资、对外贸易业、旅游业、物流业、仓储业、居民服务业、饮食业、教育文化事业、卫生事业的企业或经营单位，经税务部门批准，免征企业所得税一年。

三是各国有商业银行、股份制银行、城市商业银行和有条件的城市信用社要为自主创业的毕业生提供小额贷款，并简化程序，提供开户和结算便利，贷款额度在 2 万元左右。贷款期限最长为两年，到期确定需要延长的，可申请延期一次。贷款利息按照中国人民银行公布的贷款利率确定，担保最高限额为担保基金的 5 倍，期限与贷款期限相同。

四是政府人事行政部门所属的人才中介服务机构，免费为自主创业的大学毕业生保管人事档案(包括代办社保、职称、档案工资等有关手续)2 年；提供免费查询人才、劳动力供求信息，免费发布招聘广告等服务；适当减免参加人才集市或人才劳务交流活动收费；为创办企业的员工提供一次优惠的培训、测评服务。

三、大学生创业面临的困难

【经典案例】

投资 10 多万元创业失败

张铭是陕西的一名本科大学生，大学毕业后一直没有找到理想的工作。在学校时，张

铭就听说了很多大学生创业成功的故事，于是有了创业的想法。

张铭选择创业的领域与他在大学中所学的计算机专业相关。他与几位同学、朋友一共筹集了10多万元创业资金，并注册了一家提供网站建设及域名注册服务的公司。在公司开业当天，张铭与他的合伙人都信心满满，并提出了公司的宗旨，"把一件平凡的事做好就不平凡，把一件普通的事做好就不普通"。

张铭雇用了20多名的大学生员工为公司拓展业务。虽然公司看起来一切正常，有志同道合的人，有大量的创业资金，也有自己的理念，但就是这样一个初创企业，却没能存活7天，就因为资金消耗殆尽，而不得不宣告破产。

在这7天里，张铭经历了代理注册公司的跑路，损失资金1万多元；办公场所的装修装饰，消耗资金8万多元；在经历寻找后续资金支持失败后，张铭被迫向大家宣布公司"破产"。而此时，公司开业时购买的鲜花还未曾全部凋零。

在总结创业失败经验时，张铭说："这次创业失败是必然的，我们还是缺少了很多社会经验！"

(资料来源：搜狐网，https://www.sohu.com/a/229905930_463876)

从上述张铭创业失败的故事中，我们看到创业远比想象中困难：大学生的社会经验不足；创业之初没有进行详细的市场调研；缺少足够的人脉资源，人力资源管理冗余；没有得到父母、社会、政府的资金支持，资金链断裂时没有及时跟进筹措资金。正如一位大学生创业者如是说："大学生创业大部分是被逼无奈的选择，10个大学生创业者，能够活下来1个就是万幸了。"大学生既要做好充分的心理准备，还应重点克服以下几点困难，相信办法总比问题多。

(一)切入口难找

据了解，目前很多大学毕业生都有自主创业的想法，但基于找不到合适的项目，很多毕业生不知道该怎么将自己所学与经济效益联系在一起，不知道如何在社会上找到一块新的"自留地"来证明自己的能力，并创造出经济价值。

(二)资金不足

资金也是困扰大学毕业生自主创业的重大难题之一，大学生在校期间的经济来源依靠父母，而大多数家庭的经济条件是无法给孩子提供创业资金的。虽然政府有政策支持，大学生自筹资金不足部分可以按规定申请小额担保贷款，但优惠政策中的贷款金额太少、办理手续烦琐也是困扰大学生筹措资金的问题之一。

(三)社会经验少

大学生经过了十几年的学校教育，在此过程中与社会接触的机会很少，如果毕业后选择自主创业，可能在社会经验方面就有所欠缺。因此，大学生可以借助一些测评工具对自身的创业条件进行分析，比如承担风险的能力、创新的能力、决策的能力和领导的能力；还要做好市场调查与分析，准确掌握市场信息；做好市场预测，建立经营思路，设计市场进入策略等。这对于一个刚刚从"象牙塔"走出来的大学生说，也是一个不小的考验。

(四)管理能力差

虽然在很多大学生创业的企业中都有自己的管理团队，其成员中不乏名校毕业的工商管理等专业的高才生，但大多数创业公司的管理能力还是相当薄弱的。在这类公司中，组成成员多是要好的朋友，这虽有助于组织的和谐氛围，却加大了管理的难度。而另一方面，虽然团队的管理人员学历很高，却大多缺乏实际的操作经验，在短时间内无法进行有效的管理。

(五)缺乏人脉

广泛有效的社会关系是创业的保障，一个初期创办的公司，往往需要得到各方面的帮助和支持。"天时、地利、人和"，创业者需要在社会环境中调动一切有利的因素。对于大学生创业者来说，他们相比社会创业者欠缺的是广泛的人脉关系，而这也让大学生在竞争中常处于不利地位。

四、大学生创新创业的类型

当前大力推行的以"互联网+"为核心驱动的"大众创业、万众创新"的创业浪潮，推动着我国经济进一步发展，对中国的政治、经济、社会等各个领域影响深远。早期创业成功的典型案例，如阿里、腾讯、百度、华为、新浪等行业巨头，为我国的经济发展注入了新活力，改变了人们的日常生活模式。

如何培养学生的
创新创业能力

现阶段，我们需要的创业与过去的创业形式存在着重要差别。第一，能够提供更加优质的产品或服务，如 3D 打印人工永久牙齿、碳纤维辐条制作公路自行车轮组等，深度联结新老产业，聚焦生物医药、新材料等技术潮流和行业热点，拼科技、秀产品；第二，能够发掘不同消费者潜在的需求，如携程旅游、美团外卖、滴滴出行、共享空间、智学网、知乎等新创企业，都是精准地抓住了人们某些方面未被满足的需求，赢得了众多用户，为企业的长远发展奠定了基础；第三，能够灵活应用新技术，创新商业场景，如应用人工智能创造数字人，应用虚拟现实技术拓宽文体旅游、住房租赁等商业场景。以下几种大学生创新创业类型可供大家参考尝试。

(一)岗位创业

岗位创业也叫企业内部创业，是指在从事岗位工作的同时，利用自身的专业技术知识以及所掌握的资源进行创新创业活动。大学生自主创业往往受到经验、资金、人脉等资源的限制，难度大、成功率低，而岗位创业可以依托已有企业资源，较容易成功。可以说，岗位创业实际上是一种"零"成本、高回报的创业类型。

首先，提供资源。企业本身已经为员工在岗位上提供了岗位资源、人力资源、资金资源等，这些资源都不需要"创业者"四处奔波。其次，降低风险。企业创业的经验可以供员工直接拿来吸收，员工可以冒着最小的风险进行创业。当员工在工作过程中发现自己的某些技能缺失，或者存在缺陷时，企业会及时提供相应的培训与辅导，帮助员工补齐自己的短板。最后，减轻压力。在企业内部创业期间，企业会分担员工的压力。对员工而言，企业永远是自己最坚实的后盾。特别是在员工出现失败的情况下，企业会为员工买单，还

会为员工的失败提供咨询和分析,帮助员工找出失败的原因,同时帮助员工建立自信。这一点是大学生自主创业不可能获得的"优待"。

【经典案例】

积累了不少人脉关系

王先生今年29岁,是上海浦东某律师事务所的股东之一。

"我毕业于华东政法学院,25岁之前,我一直在政府部门工作,公务员,很稳定。从我上班的第一天开始,我就知道自己不会干太久,当时动力特别大,白天上班,晚上还要念经济与管理的课程。"

"25岁之后,我和我的同学们开始有了差距——那些一毕业就进律师事务所的同学还在当助理,手上的资源也很有限,我则积累了不少人脉关系,政策方面也比他们熟悉得多。当资源、人脉积累得差不多的时候,我辞职了。"

(资料来源:杜永红,梁林蒙. 大学生创新创业教育[M]. 北京:清华大学出版社,2018.1)

正如王先生所述,据了解,70%的大学毕业生都认为自己的第一职业只会维持在5年之内,只有两成的人表示会坚持下去。尽管上海的自由职业者中,年龄在20~30岁之间的只占5%左右,显然这种先就业,然后在工作中积累经验的创业方式已经受到大多数人的认同。

(二)网络创业

网络创业,是指利用互联网的简单、快捷、低成本、普遍性的优势开展的创业活动。网络环境给大学生创业提供了诸多机会,主要有两种形式:网上开店,即在淘宝网等商城注册成立网络商店;网上加盟,以某个电子商务网站门店的形式经营,利用母体网站的货源和销售渠道。网络商店创业主要有以下几方面的优势。

(1) 开设网上商店,投资小,商品价格比传统店铺要低,带来的价格优势使其具有更好的资金流动性和投资回报率。

(2) 一个面向全球的、24小时不间断营业的店铺,辅以微信和QQ等现代通信方式,支付宝等第三方支付工具,"四通一达"等物流速递业务,就构成了网上店铺的软硬件环境,只要会上网就能开网店创业。

(3) 网络创业不受店面空间的制约,只要有经营能力,就可以在网络页面上展示成千上万的商品图片。

(4) 在网上建立店铺,利用网络搜索技术的便利性,很容易获取客户信息,提供个性化的服务,建立良好、长远的客户关系。

(5) 网络创业在时间上相对灵活,大学生可以在学习的同时,兼顾打理网店。

当然,大学生不应只停留在网上开店做一些传统商品的买卖,而应该结合自身知识资本,利用互联网的优势,提供一些网上智力培训等虚拟服务,或者是一些有创意的电子商务,寻找一些边缘领域或未被发现的服务项目,这样打开市场更快一些,创业成功的可能性更大一些。比如国际贸易专业的大学生可以通过网络寻求国际订单;为传统行业提供网络销售;为中小企业提供走向国际的外部信息;建立虚拟办公服务等。

【经典案例】

从"技术宅"变成"百事通"

张小新，漳州职业技术学院计算机专业学生，总说自己是一个"技术宅"。若按专业对口，以后也许就是个程序员，但这种按部就班的生活并不适合他。

满脑子创意的张小新说，"我大一刚入学就决定建立一个面向大学生的生活服务平台，可是我选择的第一个业务是卖水果。因为我来自泉州，初来漳州上学，人生地不熟，刚开始，货源都不知道从哪找起。为了找到好的货源，我连南靖、龙海都跑过，最后辗转找到漳州水果批发市场，随后一家一家讨价还价，才确定了供应商。"

从卖水果起步，如今张小新的"春秋赞果"O2O 平台已经积累了 8000 粉丝，业务涉及大学生的学习、生活、娱乐各个方面，同时他也成为微豆全国高校自媒体联盟成员之一。张小新深有感触地说："从联系客商，到做宣传、管理团队等，创业就是一个不断处理问题，完善自己的过程，而我享受这个过程。"

（资料来源：闽南网，http://www.mnw.cn/edu/zhichang/1339479.html）

张小新的成功得益于将所学专业知识与当前互联网经济的融合，是典型的电子商务创业类型，利用互联网无时间空间的限制，低成本对接客户信息，完成信息流与商流的有机融合。

(三)技术创业

技术创业，是指创业者在高层次技术的基础上所开展的创业活动。大部分技术创业企业成长快、就业创业能力强。国家对技术创业领域特别关注，技术创业的主体可能是相对独立的研究人员，也可能是现有企业的研发人员。技术创业基于革命性技术进步或技术改善，在新时代形成了新技术创业的趋势。

新技术创业更多地体现在新技术的应用而不是新技术的创造。在我国，人口基数庞大，新技术能够孕育出很大的应用机会。除了一些特别专注于技术本身的公司，大部分企业之间的产品差异可能很大，但核心技术壁垒表现得并不明显。比如人工智能、VR/AR，真正在算法和技术创造上有所突破的非常少，大多数企业在应用、数据和场景方面的创新做得更多一些。不管是现在很火的无人驾驶、智能医疗还是物联网，绝大多数门槛不是在算法和技术本身。因此，未来的新技术创业趋势会越来越聚焦在数据和应用层面。正如当前人工智能大规模地应用在写作、制图、视频制作等，而数据的积累、底层的数据结构、算法模型的设计，深度学习的算力和数据处理才是关键的核心技术。

作为大学生，如果在某一领域有技术成果，则可以利用自己的成果走技术创业的道路。一方面充分利用学校的资源，包括技术成果、设备、老师、同学等，另一方面要将技术成果转化成商品，这是技术创业能否成功的一个重要因素。如果大学生能在自己专业技术的基础上，围绕企业技术难题展开科研课题，为企业提供长期的产品或服务，这也将为未来技术创业提供一个稳定发展的条件。大学生在技术成果应用开发方面，不一定要把眼光放在改变社会生活的大项目上，只要能找到与人们日常生活相结合的一个点，小商品也可能做成大市场。比如把食品科技成果用于休闲食品领域；把种植、养殖方面的科技成果

用于家庭种花、养宠物；把材料表面处理新工艺用于工艺品、饰品等。

(四)新媒体创业

新媒体是指现代技术所支持的一系列数字化传播手段，包括社交媒体、微信公众号、博客、短视频、直播等。新媒体创业，是指以互联网和数字技术为基础，通过以内容为驱动的创新模式，传播信息和知识。例如，知乎作为一家以问答和知识分享为核心的新媒体平台，成功地吸引了大量的用户并建立了强大的社区。知乎通过提供高质量的问答内容和专业知识分享，满足了用户对知识和信息的需求，成为人们获取有价值内容的首选平台。

新媒体行业包括内容创作、社交媒体、在线直播、短视频、自媒体等多个领域，具备巨大的创业机会和前景，但也面临着激烈的竞争。我们大学生更容易接受并适应新事物，学习能力较强，因此，新媒体创业也是不错的选择。进行新媒体创业应先通过了解行业现状、找准市场需求、选择合适的创业领域和模式、因势利导制定发展策略，以及建立个人品牌和优化自身能力，才能更好地把握机遇并实现成功的目标。同时，切记始终保持创新的精神，不断地学习和适应行业变化，才能在新媒体行业中立足并实现长远发展的目标。

【经典案例】

手握"新农具"干起"新农活"

当人们沉浸在节日的喜悦中时，有这样一批人，手握"新农具"，带领着一众网友，线上赶大集。"大家看，眼前的这些海产品都是当地渔民一早打捞上来的，这是黄翅鱼，这是巴浪鱼，买回去后可以直接水煮加酱油，这是我们当地人的做法，非常新鲜！"带领大家在微信视频号上赶集的"三农"创作者"白菜GG"，操着一口流利的闽南方言，在自己经常摆摊的农贸市场上向各位网友推介着当地的特色产品。

"白菜GG"是福建省云霄县28岁的返乡大学生林万华，因"白菜GG"这个网名，逐渐被万千网友所熟知，仅仅3个月，视频号粉丝数从17万跃升到超过160万，一条介绍虎尾轮根的视频带来了超9000个订单，单场抖音直播观看总人次曾达到170万，最高峰时，她的一条短视频的浏览量超过了1亿次。

林万华2018年毕业于闽南理工学院服装设计与工程专业，现在是漳州刀娘电子商务有限公司总经理，她的新媒体创业以渔村生活为创作背景，以自家生禽售卖摊位为固定直播场景，以"白菜GG"为网名，在抖音、快手、微信视频号等社交平台发布家乡风土人情和地域文化短视频，并结合农产品直播……截至2023年7月，"95后"返乡创业大学生林万华的全网粉丝总数达到约700万。

从个体到群像，"白菜GG"只是年轻人返乡创业的一个缩影，随着视频号这样的"新农具"日益普及，更多的年轻人加入了返乡队伍，用数字化工具助力乡村振兴。

(资料来源：中国农科新闻网，http://www.nkb.com.cn/2023/0927/460851.html)

以短视频与直播为代表的新媒体，正在成为带动乡村经济发展的重要工具。越来越多的创业者选择在短视频领域展开创业。以抖音为例，它通过提供有趣、生动的短视频内容，吸引了大量用户。创业者可以借鉴抖音的商业模式，通过制作精彩的短视频内容，吸引用户关注并获得广告收入。

(五)概念创业

概念创业即凭借创意、点子、想法进行创业。这些创业概念必须标新立异，至少在打算进入的行业或领域中是一个创新，只有这样，才能抢占市场先机、吸引风险投资商的眼球。同时这些超常规的想法还必须具有可操作性。

大学生可以发挥自己的特点，把创新概念与传统开店结合起来，开一些有创意的小店。比如创新的蔬果店、甜品店、咖啡店、工艺品 DIY 店、个性饰品店、手作文创店等。

(六)大赛创业

大赛创业即利用各种商业创业大赛，获得资金提供平台，如雅虎、网景等企业都是从商业竞赛中脱颖而出的，因此大赛创业也被形象地称为"创业孵化器"。国内具有一定规模和影响力的常见的创业大赛有以下几种。

- "互联网+"大学生创新创业大赛，由教育部等多部门联合举办。大赛官网：https://cy.ncss.cn/
- "挑战杯"赛事分为全国大学生创业计划竞赛(简称小挑，也是熟知的创青春 http://cqc.casicloud.com/)、全国大学生课外学术科技作品竞赛(简称大挑)，由团中央、教育部等部委及省级政府主办。大赛官网：http://www.tiaozhanbei.net/
- 全国大学生电子商务"创新、创意及创业"挑战赛(简称三创赛)，是教育部高校电子商务类专业教学指导委员会主办的全国性在校大学生学科性竞赛。大赛官网：http:www.3chuang.net/
- 大学生创新创业训练项目(简称大创)，分为创新训练项目、创业训练项目和创业实践项目三类，主要由本科生在大二到大三的时间里，进行主持创新性的研究调研或实践性的创业活动的过程。大赛官网：http://gjcxcy.bjtu.edu.cn/
- 中国创新创业大赛，由科技部、财政部、教育部、中央网信办、全国工商联联合主办。大赛官网：http://www.cxcyds.com/cxcyds/index.shtml

大学生参加各类创业大赛，可以培养创业意识和创新思维，激发大学生科技创业、实践成才的热情。高校重视加强大学生的创新创业竞赛，有助于全面推动大学生素质教育工作，培养具有创新意识、善于捕捉市场机会、善于开拓市场的创业者；激发和培养大学生的创新意识和实践动手能力，宣扬创业理论，将创业激情转化为创业方案。竞赛为大学生发挥创造潜能提供了一个广阔的舞台，使参赛者在创业知识技能体系、创新精神、创业能力、综合素质等方面得到全面提高，并且在团队精神、良好的创业关系网络方面受益。

第二节　创新创业能力培养

大学生需要培养
的创新创业能力
——创新能力与
创业素质

有研究表明，人的创造力在 20～40 岁最佳。牛顿发现万有引力定律时的年龄为 24 岁，爱因斯坦发表相对论时的年龄为 26 岁，比尔·盖茨创立微软公司时年仅 19 岁。"大众创业、万众创新"如今已经成为时代发展的主旋律。青年大学生作为社会中最具创造力的群体，是国家创新创业的生力军，理应用实际行动引领时代潮流。这既是自我价值实现的内在需求，也是现实经济环境下国家赋

予青年大学生的伟大使命。虽然并非每个青年大学生都能创业成功,取得辉煌成就,但如果不在创造力最旺盛的年纪去做一些自我超越与突破的尝试,难免会留下遗憾。青年大学生应科学塑造创新创业所需的素质与能力,在创业道路上少走弯路。

无论创业成功与失败,创业过程对创业者自身人格的培养、素质与能力提升都具有重要的意义。素质及能力越强,对创业资源的融合应用并转化成商业价值和社会效益的概率越高,其创业成功的可能性也越高。尽管不同时代、不同领域对创业者的素质能力要求有一定差别,但总体而言,成功的创业者具有相对共同的人格特征、素质和能力。本节主要围绕创新精神、创业素质与能力训练三方面探讨大学生创业者的能力培养。

链接:创业者

创业者对应的英文是 Entrepreneur,原意包含两层含义:一是指企业家,即我们日常理解的在一个已经成型的企业中负责经营和决策的领导人;二是指创办人,即我们平时所说的即将创办新企业或者刚刚创办新企业的领导人。

(1) 德鲁克(Derek)在 1995 年曾这样定义创业者:即视改变为一种规范的人,他们在生活中总是寻求改变、因应改变,并且视这样的改变为一种机会并加以利用,也就是说创业者是会对环境中的商机线索有所回应的人。

(2) 蒂蒙斯(Timmons)和斯皮内利(Spinelli)指出创业者的定义主要涵盖了以下几个方面的内容:首先,创业者是一个聪明人,一个希望获得所有的收益并且将所有的风险转嫁给他人的人。其次,创业者是组织资源、管理并承担企业交易风险的人。再次,创业者能够辨识市场不均衡所带来的机会,采取行动从中谋利,并且具有能够预期下次均衡将在何时何地发生的能力。最后,创业者是有强力承诺与毅力驱使的人。

(3) 目前主流的创业者定义是:发现某种信息、资源、机会或掌握某种技术,利用或借用相应的平台或载体,将其发现的信息、资源、机会或掌握的技术,以一定的方式转化、创造成更多的财富、价值,并实现某追求或目标的人。

(资料来源:杨芳. 创业设计与实务[M]. 北京:机械工业出版社,2017.)

一、创业者的创新精神

大学生在创业过程中要培养开拓创新精神,主要体现在思想创新、业务创新、技术创新和管理创新四个方面。

(一)思想创新

大学生创业,首先要解放思想,勇于开拓进取,充满朝气,不墨守成规。在行动上,要敢想敢做、敢打敢拼,不瞻前顾后、畏首畏尾。思想创新最重要的是观念创新,但不是对原有思想观念的全盘否定,而是"扬弃",要继承好的、抛弃过时的,使大学生始终站在新思潮、新观念的前列。

(二)业务创新

业务创新首先体现在对业务内容、业务范围的创新,要积极开拓新的业务内容,推出新的产品,同时,要开辟新的业务渠道,挖掘新的业务市场,不断扩大业务范围,使企业

获得更多的市场和利润。除此之外，业务创新还包括业务模式的创新，要保持对业务、对市场的高度敏感，要认真对待其间产生的热点和动向，仔细分析，积极探索业务发展的新模式。

(三)技术创新

技术创新是企业前进的"发动机"，它不仅能给企业带来更好、更新的产品，而且还能优化流程、降低成本、提高效率，从而为企业创造更大的利润和效益。此外，技术创新能革新人们的观念，改变人们的工作方式和生活方式。例如，随着科学技术的发展与进步，人们环保节能、保护生态环境的意识树立起来；新兴的电子商务技术的出现，人们享受着更方便快捷的生活方式。因此，对创业大学生来说，技术创新永远是创业道路上追求的目标之一，只有始终保持技术上的领先优势，才能在激烈的竞争中立于不败之地；只有在技术上不断发展与进步，才能持续提升企业的内在价值，获得市场的主动权。

(四)管理创新

管理创新是指把新的管理模式、新的管理方法、新的管理手段引入企业管理的系统中，以便更有效地提升管理效率，实现管理目标。管理创新首先体现在组织创新，要调整和优化新形势下的组织结构模式，建立一套高效、有序的现代企业制度。其次，管理创新还体现在制度创新。管理制度化是企业发展的根本保证，制度创新就是要将企业生产、经营、研发、设计、分配、考核等各项活动的制度设计得更加规范、合理、科学，更加与时俱进。制度创新是管理创新的最高层次和必然结果。因此，如何提升自己的管理水平、改进公司的管理体制和结构，提高管理效率，是每一个大学生创业者的"必修课"。

【经典案例】

创意与灵感的碰撞——吉列安全刀片的发明

安全刀片大王吉列在未发明刀片之前是一家瓶盖公司的推销员，而且一干就是24年。

有一次吉列到外地推销产品，早晨在旅馆的客房里自己剃胡须。天气太热，又急于出去找客户，勉勉强强地刮好胡须，下巴上已变得血肉模糊、惨不忍睹。他恶狠狠地扔掉剃刀，怨恨地说："为什么就没有更方便、更锋利的剃刀呢？难道男人活该要遭受这般没完没了的磨难吗？"

吉列的这一番怨气，倒是提醒了自己：我为什么不能开发自己想要的剃刀呢？一次推销经历给了他一个启示。那时他刚好去推销一家工厂生产的新型瓶塞。这种小小的瓶塞样子很不起眼，价钱也比较低，但很受消费者欢迎，在市场上十分畅销。吉列的推销工作做得很卖力，成绩相当突出，受到老板的赏识。吉列有点好奇地问老板："这种并不起眼的瓶塞为什么会这样好销售呢？"老板笑眯眯地告诉他："这种新型瓶塞是'用完即扔'的一次性产品，消耗得快，自然也卖得快。由于它价格便宜，人们重复购买也觉得能够承受。"这位老板无意中透露的"生意经"使吉列大受启发：既然"用完即扔"的产品如此受消费者欢迎，为什么自己不能设计一种这样的产品来赚钱呢？没准这就是自己事业的新起点！

吉列并不是一个空想家，而是个敢想敢干的人。他立即买来锉刀、夹钳、薄钢片等工具和材料，关起门来细心地研究和构思。他想，代替刀身的薄刀片可以"用完即扔"，但刀片必须能和刀柄分开。这样，刀片钝了可以更换，刀柄可以反复使用，剃须刀的成本也

会降低，用户才不会有重复购买的心理障碍。这确实是一个成功的构想。今天，我们把刀柄和刀片分开销售的模式称作"剃须刀+刀片"模式。

吉列剃刀并不出售剃刀，他出售的是 5 美分的吉列专利刀片，由于一个刀片可以使用 6~7 次，因此每刮一次脸所花的钱不足 1 美分，甚至不到去理发店所花费用的 1/10。因为剃刀和刀片分离，新刀片瞬间就可以装上，省时省力，刮时不但不会伤及皮肤，而且舒适无比，所以消费者才会愿意花钱去买。

吉列靠的是一种创意、一个灵感，所以才发明了既方便又安全的吉列剃刀!

(资料来源: 好搜百科, https://baike.so.com/doc/5646945-5859582.html)

【分析】

吉列的创业是从创新开始的。正因为他发明了安全刀片，才开始了他的创业之路。而安全刀片的发明，是源于吉列的创新精神，源于创意的思考、仔细观察产生的灵感。剃须刀片的诞生结束了人们使用剃刀刮胡子的传统，换成了使用安全、舒适、快捷、高效的刀片方式。吉列安全刀片的发明，既是一种技术创新，也是一种观念创新，它改变了人们的生活方式。

二、创业者的素质培养

创业的成功在很大程度上取决于创业者的心理素质。如果不具备良好的心理素质、坚强的意志，遇到挫折就垂头丧气、一蹶不振，在创业的道路上是走不远的。那么，成功创业要求创业者必备哪些素质要求和人格特征呢?

我国的《科学投资》杂志通过对上千个案例的研究，发现成功创业者具有多种共同的特性，将其称为"中国成功创业者十大素质"：①强烈的欲望；②超乎想象的忍耐力；③开阔的眼界；④善于把握趋势又通人情事理；⑤商业敏感性；⑥拓展人脉；⑦谋略；⑧胆量；⑨与他人分享的愿望；⑩自我反省的能力。

美国国家创业指导基金会的创办者史蒂夫·马里奥蒂(Stere Mariotti)在他的著作《青年创业指南》中指出，创业素质可以培养，成功的创业者需具备以下 12 种素质。

(1) 适应能力：应对新情况的能力，并能创造性地找到解决问题的方法。

(2) 竞争性：愿意与其他人相互竞争。

(3) 自信：相信自己能做计划中的事。

(4) 纪律性：专注并坚持计划原则的能力。

(5) 动力：有努力工作、实现个人目标的渴望。

(6) 诚实：讲实话并以诚待人。

(7) 组织能力：有能力安排好自己的生活，并使任务和信息条理化。

(8) 毅力：拒绝放弃，愿意明确目标，并努力实现，哪怕有障碍。

(9) 说服力：劝服别人使他们明白你的观点，并对你的观点感兴趣。

(10) 冒险性：正确评估风险，有勇气使自己面临失败。

(11) 理解力：有倾听并同情他人的能力。

(12) 视野：能够在努力工作实现目标时，看清最终目标并知道努力方向。

综上，本书认为，大学生在培养创业者素质方面，主要有以下几方面。

(一)强烈的冒险欲望

敢为天下先的创业者，在创业的过程中能够大胆尝试，善于在意外的失败中寻找机会，积极进取，坚信成功来自努力，乐于冒险并且善于冒险。对他们而言，冒险的过程也是实现自我价值的过程，他们绝不会因为没有先例就故步自封，也绝不会因循守旧、裹足不前。因此，创业者进取的风险意识是企业在创业过程中实现风险转化的前提。

(二)超乎想象的毅力

超乎想象的毅力包括两方面的含义，即永不言败的毅力和执着的忍耐力。具有永不言败的毅力将会对事业产生忘我的热情，而执着的忍耐力会产生顽强的斗志，这是一种承受市场失败的耐力。尤其对于新创企业而言，在创业之初，创业者个人的意志将转化为企业的意志，而初始阶段也是创业最艰难的阶段，因此，创业者是否具有足够的毅力，就成为企业是否能够在竞争中取胜并生存的重要条件之一。

(三)具有感染力的自信心

创业者不仅要对自己充满信心，而且要对他们所追求的事业充满信心，同时能够将这种信心转变为整个创业团队的信心、整个新创企业的信心。创业者通常对自己的创业目的很明确，并积极地将其量化，转变为整个企业的激励措施。为自己设立较高的目标来衡量创业过程中各个阶段的成就，依照自己的标准进行评判，才不会在别人的评价过程中迷失方向。

(四)商业敏感性

创业者的成功在于相对其他人而言具有更敏锐的企业战略识别能力，他们能够更快、更准确地寻找或捕捉商业机会。他们从来不满足于已获得的信息，通过选择更有效的信息来源，并从大量的信息中选出有价值的信息，不断地寻找更多的信息，及时进行验证，为创业过程做好信息支持系统。创业者发现机会和挑选信息的能力是伴随整个创业过程的，它是保证创业顺利进行的核心要素。

(五)同理心的商业道德

同理心的商业道德包括两方面的含义，即通人情事理、乐于分享、倾听并同情他人的理解力和以诚待人的商业诚信素质。其具体表现就是对自己、对员工、对合作伙伴以及社会具有责任心，这是一种实现企业长期发展的战略意识，是一种企业家的情怀。如果只图一己私利，那么企业发展的相对动力在运行过程中将会呈现后劲不足。只有和周围环境相适应的发展，才符合企业发展战略的长期目标要求。因此，同理心的商业道德是一个企业长期发展所必备的企业人格。

【经典案例】

创业就要敢于冒险——王石的创业故事

王石 50 多岁还去登珠穆朗玛峰，成为中国企业家中登顶世界最高峰的第一人；王石还喜欢飞伞、滑雪、航海……只要是刺激、好玩的项目，王石都喜欢。

可是，王石认为自己做这些事情并没有太多风险，因为他通过严格的专业训练和过硬的专业素质已经把风险降到最低了。

王石做过最冒险的事情还是在开始创业的时候。

那时候，王石在深圳做玉米生意。那是在 1983 年，王石第一次在深圳尝到生意成功的喜悦，可是没得意几天，媒体就报道说，香港有关部门从鸡饲料中发现了致癌物质，希望民众在食用鸡肉的时候要特别小心。

大家可以想象一下，这条报道出来以后谁还吃鸡肉？

销往香港的鸡销不出去，自然鸡饲料也就不好卖了，这就像一条完整的食物链，突然一环断了，后面的那些环自然也就散了。

此时的王石还不知道深圳的玉米已经无人问津了，他还在做着发大财的美梦。回到深圳后，王石明白一直畅销的玉米成了滞销货，饲料厂根本就不进玉米了。王石求爷爷告奶奶，才终于销出了这几千吨玉米，可是白白损失了 100 多万元，还欠下了 70 多万元的债务。

王石辗转反侧，不得入眠。他看着那张报道的报纸恨得直咬牙，可是，王石并不甘心。玉米里有致癌物质？这不是瞎扯淡嘛！

一想到玉米里面可能没有致癌物质，王石再也躺不住了，一跃而起。他决定冒一次险，再去北方贩玉米。

那些和王石一样做玉米生意的商人一听说王石还要去北方贩玉米，都说王石是不是赔钱赔出精神病来了，这时候去北方贩玉米到深圳那还不是越赔越多。就连王石一直供货的饲料厂的朋友也劝王石别冒险了，鸡都销不出，玉米还能销出去？

可是王石谁的话都不听，他只相信自己，他安慰自己说，"我就不相信香港人永远不吃鸡了，要吃鸡就要鸡饲料，要鸡饲料就得要我的玉米。"

王石来到大连，大连的粮油公司一见王石就像见了亲人一样，这时候大连粮油公司的经理也正为销不出玉米而发愁。王石一口气把大连粮油公司所有库存玉米都订购了，紧接着王石又来到天津、青岛等地，把这些地方的玉米库存都给订购了。

首批 7000 吨玉米从北方装船起运，看着这 7000 吨玉米，王石的心也是非常忐忑，他知道运到深圳的时候，香港人如果还没有开始吃鸡，那么自己真的就只能够跳海了。当装载着 7000 吨玉米的货船还有两天就要停靠在蛇口赤湾码头时，香港的那家报纸登出一封致歉信，对错误地报道鸡饲料中存在致癌物质进行道歉。

拿着这张登着新消息的报纸，王石心中的愁云散开了，这个时候只有王石手里有玉米，深圳所有的饲料厂只能向王石订货，就是这一遭生意王石足足赚了 300 多万元，后来他正是凭着这 300 多万元的启动资金成立了万科，才有了今天的成功。

(资料来源：商友圈，https://club.1688.com/article/22830309.html)

【分析】王石的商业故事，始于 32 岁，在深圳特发公司贸易部饲料组，他的第一笔单子是卖玉米饲料。因为客观原因，他先是赚了 30 万元，又亏了 70 万元，于是他孤身一人前往大连、天津、青岛把当地的玉米库存一扫而光，预判之后香港市场对玉米的需求。在一无所有的时候，凭借他的想象力、闯劲，他赌赢了，这一次足足赚了 300 多万元。但他也由此洞察赌博心理，并认为自己到深圳后的最大挑战是，如何克服过去所谓的成功模式即赌性。创业要想真正成功，仅凭赌博心理导致损失可能巨大，应该科学地分析风险、

转化风险，将风险降到最低，进而大胆尝试，锐意进取，敢于冒险。

三、创业者的能力训练

成功创业者应具备除了上述提到的综合素质外，还应重点训练自主学习、分析决策、经营管理、 组织协调、人际交往等方面的知识和能力。

大学生需要培养的创新创业能力——综合能力

(一)自主学习能力

自主学习能力主要是指自学的能力，具体包括制定学习目标和计划的能力、阅读能力、分析归纳能力、检索能力等。在创业过程中，创业者学习途径主要有两条：一是直接经验学习，通过自身积累的直接经验和经历来学习，即"边干边学"。"边干边学"可以调动各个部分的活动，将学习成果"烙印"在头脑中，指导下一步的实践。二是观察学习或者模仿学习，即观察其他创业者或企业的行为和结果以获取新知识，包括模仿他人较成功的行为，规避他人失败的行为等。

成功的创业者一般具有优异的学习能力，而且极擅长通过创造实践进行学习。他们从一切可能中学习：从书刊报纸、网络新闻中学习；从顾客、供应商、竞争对手那里学习；从员工和合作伙伴那里学习；从其他创业者那里学习；从经验中学习；从实践中学习；从一切有用、有效的东西中学习；更重要的是，他们还懂得如何从失误中学习。基于对新事物所特有的积极学习的态度和高度的创新精神，创业者可以使自身得到不断提高，增强驾驭风险的能力，提高创业成功的可能性。所以，学习能力与学习基础上的二次创新是创业者不断自我完善，进而实现创业成功的关键条件。

(二)分析决策能力

面对当今社会纷繁复杂、形形色色的商业机遇，创业者该如何决策？只有在科学分析的基础上，才能作出正确的创业决定。提高分析问题能力的方法主要有三点：一要做个有心的人，进行市场调查，在充分调查的基础上进行决策；二要养成多思考的习惯，对可能出现的结果进行分析，同时准备好应对措施；三要向同行学习，汲取他们的成功经验，学习他们独到的分析决策能力。

决策能力是各种综合能力的体现，包括前瞻性、全局性、果断性、正确性等内容。其具体表现为：一是有选择最佳方案的决策能力；二是有风险决策的精神；三是有当机立断决策的魄力。

(三)经营管理能力

创业活动在很大程度上体现在经营和管理之中。经营管理能力在较高层次上决定了创业实践活动的效率和成败。创业者必须掌握现代管理的理念和方法，能从系统整体观念出发，统筹、协调、控制和优化各项资源，将现代科技应用于生产，生产的产品或服务必须适应市场的需要。而在企业研发、生产运作、市场销售等过程中，必然会涉及资源配置、预测决策、经济分析、经济核算等一系列经济问题。同时，在激烈的市场竞争中，企业的目标是利润的最大化，而"利润=收入-成本"。在创新产品、开拓市场的同时，企业还要不断地降低各种成本，提高管理效益。

总之，要想成为一个合格的创业者，必须要精通本专业的知识，如财务、税务、人力资源管理、市场营销、管理沟通、商务礼仪、行业法律、自我管理等知识；必须掌握现代的科学管理知识，提高综合经营能力，并在实践中不断积累经验。

(四)组织协调能力

创业过程不可能由创业者一个人完成，创业者需要在创业的过程中选择并发展合适的助手，也就是说，创业者需要具有网罗人才的能力。新企业在发展过程中需要不同专业的人才，当然，在各个阶段对专业能力的需求也是有区别的。通常在创业初期，企业对专业技术能力的要求比较高，而对制度化管理的需求不是很大，在这一阶段，企业所招募的主要是技术专家；但是当企业进入规模经济阶段后，创业者将加大对市场营销专家、财务主管等管理人才需求的力度。

总之，企业的运转是由人来实现的，创业者要全面了解企业员工的技能，组织协调员工关系，合理分配任务，妥善处理上级、同级和下级之间的人际关系。而懂得组织协调员工关系、激发员工工作热情对于创业者来说十分重要。

(五)人际交往能力

创业过程需要与很多人交往，需要他人的合作与支持。要想成功创业，必须学会与他人交流合作。要想培养良好的社交与合作能力，就要做到：一要积极主动、大胆参与；二要以诚待人，信守承诺；三要平等待人，换位思考。

创业者自身拥有的社会关系和人际关系，可以对创业活动形式产生关键性的影响，创业者需要投入一定的精力去学习公共关系、人际交往等社会知识。

大量事实表明：创业者具有先天的人格素质，并可以在后天塑造得更好，某些态度和行为可以通过经验和学习学到、被开发、实践或提炼出来。因此，大学生应及早开始有针对性地阅读一些书籍，参加相关培训，注重实践，主动地培养自己的相关能力。

【经典案例】

返乡创业青年电商创业致富

姜君农业创始人丘思沛，长汀县涂坊人，现任长汀县青年电商协会会长。从没有任何积蓄和背景，仅凭自己一个人和一台笔记本电脑开始，经营起小黄姜电商生意，到现在拥有20余人的团队，面积达1700平方米的加工厂房，600多亩种植地。他身上到底蕴藏了哪些常人不具备的能力，使得他带领老乡靠网络卖姜脱贫致富？

丘思沛16岁那年初中刚毕业就在厦门咖啡厅调咖啡，因个子矮小不够帅气被调到后厨做甜点。在打工期间，他学会了修电梯的技术并取得了资格证书，获得了较高的收入。但是他想创业，想自己当老板。不久，他带着积攒的5000元进入北京最大的新华书店，在水吧的一个角落里开始了自己的咖啡营生。谁知生意刚有起色时遇到"非典"，面对社会环境导致的创业困境，他没放弃，而是把创业的梦想带回家乡——贫困县长汀，试图发现新的创业机会。

2010年10月，他开始学习打字、上网，并通过互联网认知了电子商务，在网上开了一家淘宝店，卖一些生姜、红薯干、野菜等农产品。就这样一个人的"公司"成立了，自

己采购自己打包，自己做客服自己发货，一年下来虽然赚了些钱，但实在累。他在一年的创业活动中不断思考，发现了一个小秘密：本地的小黄姜备受市场青睐。于是，他舍去了许多繁杂的买卖，专注小黄姜电商，开始大量收购并在山边挖了地窖贮存生姜，潜心研究小黄姜的特性，钻研生产、贮存和加工领域的技术。当年，他租用了一个小小的包装车间，小黄姜单项销售量达到 130 万元。随着销售量的攀升，市场上的小黄姜很快被掏空，同时价格一路飙升到 20 元，这就刺激了当地农民种植小黄姜的积极性，也给他的收购带来了更好的前景，许多农民因此受益。

2012 年，他凭借自己对网络市场销售的分析，果断决定在经营计划中添加了种植项目，以满足供货需求，保证小黄姜的生产质量。自建基地的想法固然是好，可是创业伊始，没有足够的积蓄建基地。他想到了向淘宝申请"提前预售收款"，但被拒绝了，他又找大客户说明"预付款"的优惠活动，这次奏效了。最多的一年，他拿到了 200 多万元的预售款。这样基地才慢慢地建起来。他把大客户从各地请到基地，连续几年举办"姜湖论健"大讲堂，为此打造出一个美丽的姜村，为基地申请了有机认证，做了整套的 VI 形象。他希望在"品牌+生态农业"道路上走得更长远，但短时间内看不到效果。

连续几年的快速致富，实现了个人的财富自由，但他并没有自恃才高、满足当下的优越感。他不断学习专业技术知识，思考着如何搞深加工、开发姜产品，追求生姜资源价值最大化。2014 年，他初步开发出姜粉、姜膏、姜素、姜花茶和姜丸等 16 个产品。他不断学习经营管理知识，思考着如何充实货源和提高生姜品质，2015 年他又扩大种植面积，在新桥的湖口，策武的南坑、郑坊，古城的南岩等生态较好的地方种植生姜 400 多亩，合作户 500 多亩。对于姜产品质量，同年公司花了 3 万元把他们的生姜产品带到瑞士进行检测，并且产品全数通过了检测，获得了 SGS 国际质检和中国有机认证。

他充分发挥自身拥有的社会关系和人际关系，2015 年初开始大胆尝试"网销认养"模式，先是联系 300 多客户成为他的分销商，认养他的种植地，后来选择企业、机关食堂、食品加工企业、餐饮店进行合作认养，这才有了"丘姜君恋上扁担姐"的故事。

经过 5 年的创业活动，他开始思索是继续搞产业链，还是做"第六产业"。他花了两年时间去中国台湾和日本考察品牌农业，2016 年，他建了新的标准生产线，生产数十个与姜有关的系列产品，自己没有资质生产的就委托其他工厂生产。2017 年，他的"第六产业"终于有了雏形，包括观光基地、观光工厂、观光办公楼、姜疗生活馆，其中姜疗生活馆包括姜湖论健讲堂、姜疗商品展销、姜疗室，三位一体，有机结合。现在"丘姜君"已经成为长汀农村电商最响亮的品牌，逐渐实现从卖产品到卖生活方式的华丽转型。

他个人发家致富了，但并不自私，怀着"共同致富"的社会道德情怀，分享成功经验，并创作了许多互联网创业的文章作品。2017 年 4 月 11 日中央电视台《焦点访谈》"农产品上行难？"节目采访的四家企业中，丘思沛向全国农民分享了姜君农业如何在农产品上行路上走出一条智慧解决之道。

【分析】"丘姜君"的创业过程，让我们看到丘思沛身上折射出许多成功创业者的亮点。在自主学习方面，他表现出强烈的创业欲望。他学技术、学管理、学经营、学生产、学融资、学社交，并且学而思之，不断思考，最终探索出小黄姜的农产品电商之路。面对"非典"、自建基地资金不足等不确定因素，他表现出优秀的风险抵御能力和超强的财务融资能力，顺利地渡过难关。在经营管理方面，他表现出独到的市场预测能力，利用自身

的社交能力与人际关系，通过认养模式与跨界合作，扩大市场需求；同时扩大自建基地，新建生产线，把企业规模慢慢地越做越大，在市场供需上做到了比较好的平衡。在企业战略规划方面，他有开阔的眼界，在品牌建设、产业链布局、打造"第六产业"等方面都表现出了非同常人的分析决策能力。"丘姜君"作为长汀农产品电商品牌，帮助老乡脱贫致富，回归生态农业，体现了质朴的新农人道德情怀和高尚的商业道德。需要指出的是，农产品上电商平台，不能失去原生态的味道，而是要创新方式，保持本色，让生态农业在"互联网+"的浪潮中有序发展。

四、培育大学生创新创业能力

创新创业能力不可能在短期内得以实现，需要在理论学习与实践磨炼中有意识地培育和铸就。

(一)学习知识技能

对大学生而言，创新创业能力并不是先天具备的，而是需要在学习中后天培养逐步形成的，如果缺少主动、持续的理论学习，大学生很难构建起有效、实用的创业知识体系。因此，树立正确的学习观，运用合理的学习方法，养成主动学习、持续学习的习惯，有助于大学生获取知识和技能，培育创业精神。

(二)参与实践活动

创新精神和创业素质是大学生创业者所必需的特质，需要在行为层面进行多次、反复的强化才能形成。良好的创新创业能力的形成重在实践训练，积极地投身实践既能带来及时的反馈和成就感，也能带来循序渐进、不断取得成功的喜悦。切切实实地投入到创业的实训实践活动中，有助于磨炼出大学生坚强的心理素质。

(三)借鉴成功经验

对大学生创业者而言，他人的创业行为和成长本身就是一笔宝贵的财富，成功的创业者具有一些共同的精神品质特征，包括自信、积极、独立思考、好奇和勇于探索、敢于创新、敢于竞争和冒险、专注、意志坚定、不怕挫折的精神等。从创业成功的案例中吸取宝贵的经验和教训，有助于大学生创业者构建包括创业意识、创业观念、创业责任、创业态度、创业激情和创业思维等要素的创业精神体系。

(四)优化创业环境

高校是大学生学习创业知识、践行创业理念以及付诸创业行动的重要场所，因此在大学校园内营造良好的创业环境和氛围，成为鼓励大学生自主创业、培育创新创业能力的关键前提。高校可以利用各种传播渠道和资源，树立创业榜样，弘扬创业精神；组织形式多样的创业活动，包括创新创业大赛、企业运营决策模拟竞赛、挑战杯大赛等，激发大学生的创业热情。

【问答】

哪些人不适合创业

现实中要求创业者完全具备成功创业者的素质与能力是不切实际的，也不是要求创业者完全具有这些素质与能力才能去创业，而是希望创业者自觉地学习和实践，不断地提高自身的素质和能力。而不适合创业的人的主要特征又是怎样的呢？社会心理学家研究发现10种人是不适合创业的。

(1) 缺少职业意识的人。职业意识是人们对所从事职业的认同感，它可以最大限度地激发人的活力和创造力，是敬业的前提。而有些人却对所从事的工作缺少职业意识，满足于机械地完成自己分内的工作，缺少进取心、主动性，这与激烈竞争的环境不相宜。

(2) 优越感过强的人。自恃才高，我行我素，难以与集体融合。

(3) 唯命是从、只会说"是"的人。这种人缺乏独立性、主动性和创造性。若创业，也只能因循守旧，难以开展开拓性的工作，对公司发展不利。

(4) 偷懒的人。这种人被称作"工资小偷"。他们付出的劳动和工资不相符合，只会发牢骚、闲聊，每天晃来晃去浪费时间，还影响他人工作。

(5) 片面和傲慢的人。有的人只注意别人的缺点，看不到别人的优点；有的人总喜欢贬低别人，抬高自己，总以为自己是最强者，人格方面存在很大缺陷。

(6) 僵化死板的人。这种人做事缺少灵活性，对任何事都只凭经验教条来处理，不肯灵活应对，习惯于将惯例当成金科玉律。

(7) 感情用事的人。处理任何事情都要理智，感情用事者往往以感情代替原则，想如何干就如何干，不能用理智自控。

(8) "多嘴多舌"与"固执己见"的人。多嘴多舌的人，不管什么事，他们都要插上几句话；固执己见的人，从不倾听别人的意见。

(9) 胆小怕事、毫无主见的人。这种人宁可墨守成规也不敢尝试革新，遇事推诿，不肯负责，狭隘自私，庸碌之辈。

(10) 患得患失却又容易自满自足的人。这种人稍有收获，欣喜若狂；稍受挫折，一蹶不振，情绪大起大落，极不平衡。

第三节　大学生创新创业竞赛

一、大学生创新创业竞赛的意义

如前所述的"互联网+""创青春""三创赛"等大学生创新创业竞赛(双创赛)，是指利用风险投资的运作模式，要求参赛者组成优势互补的竞赛小组，提出一项具有市场前景的技术产品或服务，并围绕这一产品或服务，以获得风险投资为目的，完成一份完整、具体、深入的创业计划书。虽然真正通过双创赛获得风险资本孵化的项目在大学生创业竞赛中的比例不高，但大学生创新创业竞赛的主要意义在于培养高素质创新人才，主要表现在以下几个方面。

(一)培养创新创业精神

在双创赛团队中,最重要的是团队成员要具备创新创业精神。创业者的激情会产生一种带动和感化作用,激励整个团队行动起来,每个团队成员必须有创新的精神,每个行为都必须为团队负责。这种创业精神是高素质综合型人才所必备的。

(二)提升学习能力

对双创赛而言,没有一个学生的知识储备是足够的,因此团队成员必须时刻准备学习新知识。可以说,较强的学习能力和学习意识是保持团队持续竞争力的重要保障。每个团队成员都应有较强的学习能力。通过双创赛,学生可以扩展自身的知识结构,提高自己的综合素质。这也是大学生双创赛的重要目的。

(三)促进知识科研成果转化

大学生努力创造具有自主知识产权的技术产品和服务,同时一些有远见的教师把自己的科研成果交给学生创业团队运营,拿出对投资家有吸引力的创业计划,这本身就是一个科研成果走向市场并转化为生产力的过程。这种通过创业计划竞赛,把大学里的新知识、新技能转化成为具有商业价值的先进生产力的崭新模式,必将为造就一批拥有自主知识产权的高新技术企业开辟新道路。

二、大学生创新创业项目案例分析

(一)项目团队与概述

【项目团队】

团队名称:"银"领未来

参赛组长:陈博洋

参赛队员:向慧鑫、阮辰昊、陈芷涵等

指导老师:林孔团、姚传好、俞建群

【项目概述】

福建师范大学"银领未来"团队将所学知识与经济社会发展紧密结合,培养和提高创新、创造、创业的意识和能力。团队独创纳米银团簇闪烁体材料,能够有效地提升 CT 扫描的成像分辨率,并降低辐射量,材料性能遥遥领先于市场现行材料,具有广阔的市场前景。团队围绕这一新型材料,申请技术专利,将技术应用快速推向市场,通过有针对性的营销推广,将产品服务于社会,解决市场痛点问题。

(二)项目简介

1. 项目背景分析

X 射线在医学诊断、工业检测、材料性能分析等领域具有广泛的应用,随着技术的不断发展,对 X 射线成像性能需求随之增加,高速度、高分辨率、多功能逐渐成为未来 X 射线相关设备的发展方向。探测器作为成像设备的主要部件之一,是决定成像质量的关键

因素。当下，为了满足应用需求，大面积、低成本、柔性探测器已成为研究的热点。闪烁成像的性能是由探测器中的闪烁体与光电传感器匹配决定，因此提高闪烁体的性能对增加设备成像性能有重要的意义和价值。

医疗领域的 CT 机是 X 射线探测器最主要的应用领域。据观研报告网发布的《2021 年中国 X 射线探测器市场前景研究报告》显示，X 射线探测器在医疗领域的应用市场份额占比高达 74%，并且随着数字化 X 摄影技术的不断进步，X 射线探测器成像质量不断提高、成像速度不断加快、辐射剂量不断降低，其在医疗领域的应用前景非常广阔。

2. 市场痛点与需求分析

目前，市面主流的 X 射线影像设备为平板探测器，需要集成薄膜晶体管阵列(TFT)、非晶硅光电转换层和闪烁体。而闪烁体是平板探测器的核心部件，可以将高能量 X 射线光子转为可见光，其性能决定着整个设备的成像灵敏度和分辨率。调研发现，目前传统医疗X 射线存在以下几个市场痛点。

(1) 国内传统闪烁体产能低，长期受国外垄断。

目前，我国高端 X 射线医学影像设备及关键元器件主要依赖于进口，从国外进口设备受到采购周期长和价格高等限制。然而，国产平板探测器包括高性能闪烁体材料在内的核心部件绝大部分也依靠进口。以 CT 领域为例，2021 年全球 CT 市场规模约 146 亿美元，预计 2030 年将达到 242 亿美元，年复合增长率为 5.8%。从全球市场来看，欧美发达国家已步入平稳增长期，包括我国在内的一些发展中国家受限于自身经济发展水平和制造业水平，导致 CT 设备主要依赖进口，中国高端医学影像设备市场也一直被外资企业垄断。

(2) 制备条件苛刻、产品稳定性差。

目前，商业化的块体材料需要高温高压合成，耗能高且危险，钙钛矿型的闪烁体必须在手套箱中、无氧环境中合成，还存在着商业化材料易潮解、稳定性差、安全性差的缺点。新型闪烁体材料之一的钙钛矿材料也存在着在空气或水中易分解的问题。

(3) 成像分辨率低。

当前闪烁体材料对 X 射线灵敏度低，发光强度不高，这是由于闪烁体材料自身的性能限制所导致的。目前的闪烁体材料在对 X 射线的吸收和发光过程中存在着一定的能量损失，导致成像分辨率不高。另外，闪烁体材料的发光效率受到材料本身结构以及制备工艺的影响，使得其发光强度无法达到足够的水平，因此导致现有设备成像质量低。

(4) 对人体危害大，致癌率高。

2017—2021 年我国健康体检人次数由 4.06 亿人次增长至约 4.88 亿人次，成年人每年做一次传统 CT 的患癌概率高达 1.9%，单次全身 CT 终生致癌概率高达 0.08%，每增加一次 CT 检测，患血管癌的风险增加 43%。传统闪烁体材料辐射剂量大，致癌率高，对人体有致癌性、影响胎儿生长发育、损伤人体器官等危害，严重威胁医护人员和患者的健康，长此以往，将影响人类的生命安全。

3. 产品市场前景分析

项目团队自主研发和合成的以银团簇为基础的 X 射线成像薄膜，所得薄膜具有低检测限、高成像分辨率和良好的辐射稳定性。这种柔性闪烁体制备方法具有前所未有的低成本和快速合成的优点，为实现弯曲物体的 X 射线成像提供了策略，为柔性大规模生产闪烁体

薄膜提供了巨大潜力。

结合本项目产品与服务自身的核心竞争力以及对市场环境的整体分析,团队将初期的目标市场定位于以福建为据点,目标顾客定位于有 CT 设备生产需求的器械厂商,待占据稳定市场份额,形成良好口碑后再扩大至全国市场。

本产品作为新一代数字 X 射线成像的一部分,后期目标市场锁定与光电倍增管结合后更广泛的应用领域。

(1) 医学:X 射线成像技术在医学领域中应用最广泛,主要包括诊断断骨、检测肺部疾病、寻找肿瘤等。常见的医用 X 射线设备包括 X 射线机和计算机断层扫描(CT)机。通过 X 射线成像,医生可以清晰地观察到患者的内部器官和骨骼结构,为诊断和治疗提供有力支持。此外,X 射线成像在心血管造影、口腔牙齿检查、肺部疾病诊断等方面也具有重要应用。

(2) 工业:X 射线成像技术在工业领域中主要用于无损检测,可以检测材料内部的缺陷、裂纹和异物等。常见的工业 X 射线设备有 X 射线透视机、X 射线探伤机和 X 射线衍射仪等。通过 X 射线成像,企业可以确保产品的质量和安全性,提高生产效率。此外,X 射线成像在航空航天、汽车制造、电子制造等行业中也有广泛应用。

(3) 科学研究领域:X 射线成像技术在科研领域中发挥着重要作用。它可以用于分析材料的晶体结构、研究物质的电子结构和化学成分。科研领域中常见的设备包括 X 射线衍射仪和 X 射线光电子能谱仪等。通过 X 射线成像,科学家可以获得关于物质的重要信息,为新材料研究、生物医学研究等领域提供有力支持。

(4) 安全检测领域:X 射线成像技术在安全检测领域中也发挥着重要作用。例如,在机场安检、海关检查、监狱监管等场合,X 射线成像技术可以用于检测行李、货物和人员是否携带危险物品。此外,在食品安全、药品监管、环保监测等方面,X 射线成像技术也有广泛应用。

4. 营销推广方案

(1) 品牌营销

注重品牌建设,通过建设国内首创的更低辐射剂量、成像分辨率更高、更易制备、稳定性更高的团簇材料形象,从而吸引消费者增加对产品的消费行为。

(2) 资源营销

鉴于本产品为国内首创的团簇材料,存在垄断特定资源或市场,可以控制价格和供应,获得稳定的利润。例如,公用事业公司在某些地区垄断电力供应,因此可以设定价格并获得稳定的利润。

(3) 生态营销

构建原料供应商、本团队与下游客户的良好生态模式。这一模式侧重于构建可持续的生态系统,通过生态系统中的多个参与者协同工作来实现销量提升。

(三)项目特色

本项目产品研发的特色之处在于材料技术领先,即以有机闪烁体材料的性能和稳定性优势超越并替代传统商用无机闪烁体,具体表现在以下四个方面。

(1) X 射线表征银簇是国内首创的团簇材料，弥补国内空白。

面对外国的技术封锁，自主创新研发是唯一出路。经过长期研究，团队成员另辟蹊径，从银团簇入手寻找灵感，制备出新型的银纳米闪烁体材料。这种闪烁体具有成像分辨率高、稳定性能好、容易合成等特点。"柔性高分辨 X 射线成像技术研究"成功地突破了传统 X 射线成像技术的固有限制，在国际上率先研发出柔性高分辨 X 射线成像技术，抢占柔性 X 射线成像产业的制高点，标志着中国在柔性 X 射线成像技术方面进入国际先进行列。此举有望推动高端 X 射线影像设备的国产化。

(2) 有效解决了 CT 设备成像清晰度差的问题。

团队从材料性能优化的角度出发，自主创新研发出的 X 射线银团簇材料能够有效地提高影像质量，使其可以呈现更清晰的组织纹理与病灶轮廓，应用到 CT 机，为影像诊断清晰度技术性改善提供了解决方案。

(3) 为生产厂商提高制备工艺性能和稳定性提供解决方案。

团队从生产厂商的角度出发，突破了传统制备工艺困难、稳定性差的问题。团队所研发的银团簇材料，制备方法简单，只需在常温常压下即可合成，无需无氧无水的环境，在空气中就能合成，不存在安全隐患，稳定性能优。银团簇在空气中放置较长时间不会分解，不会见光分解，在各种溶液中也不会分解，同时制备条件的优化也在一定程度上降低了闪烁体材料的成本，减少了资源的浪费。通过降低成本实现市场价格降低，更好地为民生创造福祉，推动人类生命健康安全发展，推动人类生命幸福指数提升。

(4) 降低射线扫描带来的辐射风险，降低患癌率成为可能。

团队从减轻对医患的健康危害程度出发，自主创新研发制备出新型的 X 射线银团簇材料，相较传统辐射剂量降低了 90%，患癌率大幅度降低。"柔性高分辨 X 射线成像技术研究"从根本上解决了传统闪烁体材料辐射剂量大、患癌率高的问题，为人类生命健康保驾护航，迈出了闪烁体材料在守卫人类生命健康上的一大步。

(四)项目点评

挑战杯以赛促学，以赛促研，为学生将所学的理论推广实践提供了重要渠道。"银"领未来团队能够想到纳米银团簇制作闪烁体材料这项具有潜力的技术项目，展现出学生出色的创新、创意、创造、创业的意识和能力。项目将解决 CT 机设备实现高质量国产替代的难题，展现了学生对社会问题的深切关注。团队从现实问题出发，逐步探讨如何研发技术、如何展开实践、如何拓宽销售等问题，通过默契的配合提升了当代大学生的团队合作和服务精神，为学生的创新、创业、就业增加了砝码，为更多的师生提供了创新创业赛事相关经验，也为高校教学和培养人才提供了新的思路和方法。

【案例分析】

三个大庆"00后"，从"破烂"里找到财富密码

"我是大庆旧物界的'破烂王'，你家有闲置物品，打个电话马上到……"说话的人，名叫赵山岩，中等身高、偏瘦、爱笑，经常穿件旧棉袄，一脸青涩的他自称"破烂王"。他曾是一名男护士，还是名出色的焊接技术人员。怀揣梦想的他，找来两名小伙伴组团创业收旧物，拍视频、搞直播，事业干得挺红火。

学: 农村小伙当护士

2023 年 11 月 11 日 9 时许,记者在龙凤区冠庆小区见到赵山岩时,他正忙着从货车上卸货,库房里摆满了沙发、衣柜、健身器、洗衣机等旧物。

别看赵山岩身板小,干起活来一点也不含糊,冰箱、衣柜扛起来就走。一车货卸完,他已是满头大汗,累得气喘吁吁,可他依旧是一脸笑容。

电话响起,赵山岩熟练地掏出纸笔,认真地记录下来;有顾客要买旧物,他也是热情接待,把性价比最好的旧物推荐给对方。

赵山岩说: "我家住让胡路区喇嘛甸镇宏伟村,爸妈都是本分的农民,家里条件一般。为了奔个好前程,我上了中专,学的是护理专业,毕业后当护士,村里人都夸我有出息。别人都认为,男护士吃香,各大医院抢着要,工资待遇也好,可实际情况是,活挺多、常加班。女朋友是我家后屯的,我俩是中学同学,也是一名护士,因为我俩都常年倒班,忙起来的时候,几个月见不上一面。"

为了爱情,也是为了生计,赵山岩忍痛向单位提出辞职。他想快点赚钱、想多陪陪女朋友,更是为了两个人能有个更好的未来。

闯: 学习焊接赚高薪

"别人都说,男孩得先立业再成家,我也是这么想的。身边人都说,最好学门手艺,只要有一技之长,将来就能养活一家人。在家人的建议下,我再次返回学校,在技校学焊接。因为我是农村户口,学校免除了我的学费,还给我提供了实习的机会。"

说起往事,赵山岩语调不高,但脸上始终带笑。他说,不管工作有多苦,一定要微笑面对,只有这样才能更好地生活。

肯吃苦,爱钻研,技校学习两年,赵山岩掌握了焊接技巧。因为技术好、心细、干活认真,很快成了一名焊接能手,外地公司想聘用他,老师也推荐他去南方发展。经再三考虑,他认为大庆有发展,他选择留在大庆,还找了份收入不错的工作。

"刚上班时,一天挣 150 元,后来收入翻番,还经常出差,我也算赚高薪了。虽说是技术工,可我岁数太小,没人愿意伺候我,只能自己扛钢管、搬钢筋。繁重的体力活,再加上枯燥的焊接,说实话,我干够了。焊接夏天活多,可入冬后没事干,这也是我决定放弃的原因。"

敢: 组团创业收旧物

"我一直想创业,琢磨干点啥,想趁着年轻,闯出点名堂。开店资金不够,做买卖没本钱,这让我打起了退堂鼓。我哥是干旧物回收的,我经常去帮忙,一来二去我发现,收旧物有商机。旧物不单是纸壳、矿泉水瓶,还包括旧家具、旧家电等,市场大,利润不小……"

得知赵山岩的想法后,很多人都摇头反对,认为收旧物与捡破烂没啥区别,整天跟"垃圾"打交道,又脏又累太丢人。

赵山岩听后也不恼,认真讲解相关政策,详细分析旧物回收的前景,尽管很多人认同收旧物赚钱,但仍然无法接受。

后来,赵山岩找到好朋友大彭和翠花,三名"00 后"一拍即合,决定一起创业收旧物。大家说干就干,凑钱买了辆二手货车,张贴广告开始收旧物。翠花接电话,大彭开车,谁家卖旧物,几个人上门服务,冰箱、衣柜扛不动,几个人就一起搬。

赵山岩说："刚开始难,东西搬不动,价格掌握不好,也不会拆卸,好多东西弄得稀巴烂,几乎就是天天赔钱。摸索出经验后,生意也逐渐红火了起来。"

拼：借助网络寻商机

在抖音,大家经常会刷到赵山岩等人的短视频,赵山岩身穿绿色的旧棉袄,毫不掩饰地告诉大家自己收"破烂"。

收旧物以来,赵山岩等人不断尝试,寻求新的经营方式,大家从互联网上嗅到商机。拍摄日常工作,发到朋友圈里,产生了不错的效果。看到短视频发展火爆,小伙伴们注册了"收旧物的翠花"抖音号,至今已发布 354 个作品,收获了 5793 名粉丝,1.2 万获赞。

"旧家电、办公设备、电子产品、餐桌餐椅和旧衣服都收,只要你家有闲置物品,一个电话,我们 24 小时上门回收……"打出口号后,赵山岩等人更忙了,每天 9 时开始忙,经常忙到半夜,尽管很辛苦,但大家干劲十足。

赵山岩说："我们不全是旧物,还有挺多新货,比如商场库存、品牌积压等。卖得多,买得也多,旧货市场发展空间巨大。我们还年轻,有冲劲儿,打造线上线下旧物收购销售平台,争做大庆旧物界的'破烂王'。谁想从事此行业,可随时找我取经,我可以免费分享经验,帮助更多人创业。"

(资料来源：澎湃新闻,https://www.thepaper.cn/newsDetail_forward_25279987)

【思考】

(1) 三位"00 后"收旧物创业,会遇到哪些困难?

(2) 线上线下收购销售平台项目是否适合大学生创业,可以做哪些创新?

(3) 赵山岩他们是否具备了创业者的素质特点、必备能力、知识结构?

第四章　市场机会识别与创业项目选择

【案例导入】

这些是可行的创业项目吗

这些是好的市场机会吗?

很多学生在上课期间都与老师交流了他们的创业创意，其中不乏令人心动的项目，我们先来听听他们的创意。

1. 猫咪主题咖啡厅

【背景】咖啡文化开始流行，年轻人越来越需要交流沟通的专属空间，大中城市咖啡厅数量每年在以 30%左右的速度增长，但产品和服务较为雷同。根据统计，我国大约有 8000 万只宠物猫，一只宠物猫后面带着一个爱猫的潜在消费家庭。以猫咪为主题开设咖啡厅，能够提供差异化的服务，且目标群体较大。

【行业】餐饮和宠物行业。

【需求】喝咖啡是其次，主要的是与猫咪、朋友一起休闲，缓解压力和孤独感。

【人群】年轻的上班族、咖啡发烧友、爱猫人士、单身人士。

【模式】三种备选模式：①猫咖商场店(店中店)，开设在成熟商业中心，面积 50 平方米左右，提供咖啡+简餐+猫主题衍生品(如明信片、书、宠物用品)。②猫咖商街店(标准店)，开设在成熟商业街区临街店面(见图 4-1)，面积 200～300 平方米，提供咖啡+餐饮+猫衍生品+猫生态活动(比如猫喂养、摄影)。③猫咖会所店(旗舰店)，开设在城市老建筑或商务会所，面积 400 平方米以上，提供咖啡+餐饮+猫衍生品+猫生态活动+猫线下社区(猫友社交、猫领养)。

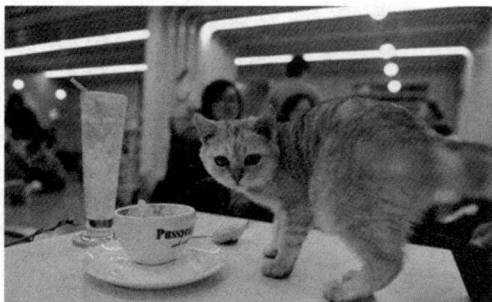

图 4-1　猫咪主题咖啡厅

2. 校园爱情工作室

【背景】根据《2016 中国大学生恋爱白皮书》对 36741 名在校大学生的调查，83%的毕业生认同大学期间恋爱，80%的在校大学生有恋爱经历，但其中 63%的被调查者在毕业时结束了大学期间的恋爱关系。与此同时，虽然恋爱相关消费日益增长，但大学生消费能力较为有限，当前婚恋相关市场的产品和服务价格较高，不能满足他们的消费需求。

【行业】婚恋周边行业。

【需求】丰富大学生生活，记录恋爱过程。

【人群】在校大学生。

【模式】无店铺线上微店模式，提供摄影服务、订制专属礼品和纪念品、策划恋爱纪念活动。

3. VR 体验馆

【背景】2016 年被认为是中国 VR 产业的"元年"。中国正迅速成为极具发展潜力的 VR 制造基地和消费市场，大批科技巨头和创业公司的 VR 产品争相上市。但是，一款真正的 VR 设备价格不菲，很多感兴趣的消费者对购买都持观望态度。VR 体验馆可以帮助消费者花较少的钱感受虚拟世界的魅力。VR 体验馆可能成为整个 VR 产业的推手，类似当年的网吧。

【行业】游戏产业、VR 产业、影视产业。

【需求】以满足 VR 各类体验和尝鲜需求为主，销售 VR 设备和内容为辅。

【人群】科技产品爱好者、游戏爱好者、新奇产品爱好者、VR 企业应用客户、青年男性、宅女。

【模式】两种备选模式：①独立店模式，自行购买 VR 设备和内容，开设于人流量大的商场中，以个体消费者为服务对象，初期提供游戏和电影体验为主，可不设店铺(见图 4-2)；中期开设独立店铺，以租赁设备和游戏为主，后期增加销售 VR 各类产品和周边。②厂家授权店模式，与 VR 厂家合作，面向个体和企业客户，提供娱乐、生产、服务各类 VR 体验，推动 VR 设备和内容销售。

图 4-2　VR 体验馆

上述三个项目都是大学生自己策划并开展过市场评估的创业项目，它们听起来十分有趣且时代感很强，因为它们都试图抓住当前市场中的机会。但我们也会产生这样的疑问：如何才能够想出这样的项目？这些项目是否真的能抓住市场机会？如果我有很多创意，我要如何选择？本章我们就利用这三个案例，来逐个解答这些问题。

第一节　市场机会的识别

机会的特征

一、机会的特征

创办猫咪主题咖啡厅、爱情工作室、VR 体验馆，听起来都是好创意，能够吸引人们的注意力。但一个好创意是否等于一个好的创业机会呢？好创意是你灵感迸发的想法，你

可以试图把创意转化为创业项目，但前提你需要识别并判断它是不是一个好的商业机会。因此，我们畅想创业创意之前，往往要识别市场可能的机会，在此基础上再去思考可能的创业创意。不管你是想要开发一项产品还是提供一项服务，机会的识别并非看上去那么容易。你需要跳出自己的喜好和意愿，着眼于大众的需求和意愿，去寻找他们想要购买什么样的产品和服务。如果你已经对某个市场有了大致的了解，如图 4-3 所示，你可以通过这些特征来判断你的创意是不是好的机会。

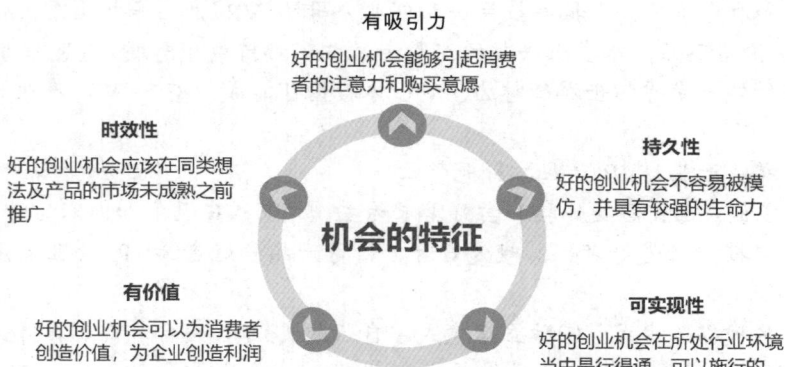

图 4-3　机会的特征示意图

二、发现机会的途径

如果你还没有得到关于市场机会的信息，可以通过以下三种途径去发现它们。

(一)分析市场趋势

优秀的创业者往往具备别人更敏锐的观察能力，他们能从市场趋势的变化中嗅到创业机会的蛛丝马迹。你需要同时考虑多种趋势，包括人口、经济、社会、技术、监管、自然六大方面。这些趋势的变化可能会改变消费者的购买习惯，从而影响未来需求的变化，给机会的产生提供肥沃的土壤。

(1) 人口趋势：群体规模的变化可能隐藏着对某种产品/服务需求的变化，从而带来创业机会。如一些国家人口老龄化现象严重，这意味着老年人的产品/服务的需求将大幅增加。

(2) 经济趋势：收入水平和经济总量的变化反映整体经济发展的好坏。经济情况影响人们对许多产品和服务的购买花费，因此，分析未来经济变化的趋势能够让你确定机会可能存在的领域。例如，当经济增长停滞时，人们对未来收入的信心下降，此时那些能够帮助人们节省开支的企业就能抓住消费者的心，而高档消费(比如奢侈品和高级餐厅)和大额消费(比如汽车、房屋)的机会就会减少。如果经济增长的情况稳定，那么就会出现相反的市场机会。

(3) 社会发展趋势：一种产品/服务的需求快速增长的原因有时候是社会的发展。社会方方面面的发展使得人们的生活方式、消费习惯和价值理念发生改变，从而引起对某些产品/服务需求的改变，带来市场机会。例如随着生态环保理念的深入人心，人们的生活方式会发生改变，使得人们对可回收、二次循环利用产品的态度改观。这些环保产品并不是满

足消费者传统意义上对产品实用性的需求，而是社会发展引发的人们对生态环保的新需求。这种代表社会发展趋势的变化能够带来许多新产品和新服务的市场机会，同时那些高能耗、一次性产品的市场机会则会减少。

(4) 技术趋势：技术的发展往往会与经济和社会的发展一起创造市场机会。分析技术变化趋势，你需要把关注点放在技术如何满足人们的需求上。比如移动互联网技术和智能手机的普及，创造了大量线上与线下服务相结合的市场机会，这是外卖配送和共享经济发展的技术基础。

(5) 监管趋势：政府出台的法律和政策会影响需求，造成新的业务和产品机会。分析政策制度变化也有助于发现潜在的创业机会。例如限塑令的出台为环保产品的流行创造了机会，政府出台新能源汽车提供购置税补贴政策会刺激消费者需求，扩大新能源汽车的市场机会。

(6) 自然趋势：环境变化也会影响某些消费需求，减少或新增一些创业机会。比如，全球变暖形势的日益严峻，使得开发和利用清洁能源成为众多企业竞相追求的目标。

【链接】潮流和趋势的区别

许多创业新手经常会因为混淆潮流和趋势而导致创业失败。潮流是当下的状态和形势，不一定能够持续，通常也不能提供好的机会，而趋势是未来的发展方向，能够在较长的时间内持续提供好的机会。比如，服用某种减肥茶是潮流，而注重饮食健康是趋势。

(二)寻找市场中尚未满足的需求

创业者应该站在消费者角度，分析消费者关注什么或者想要什么，才能提供满足需求的产品/服务。日常生活中消费者面临的问题往往暗含消费者亟待满足的需求，如果大量消费者都存在相似的需求，就意味着存在一个好的创业机会。

【经典案例】

iPad：满足市场需求与错失市场需求

苹果公司推出的 iPad 系列产品是当前平板电脑市场中销量最好的产品，这得益于苹果公司最早发现了市场中尚未满足的需求，而它们在发展的过程中也曾错失一些市场机会。2010 年，苹果公司推出了第一代 iPad，显示屏幕大小达到 10 英寸，是定位于手机与笔记本之间的一种可移动数码设备。从外观上看，它就是大一号的 iPhone。当时，许多市场分析人员并不看好 iPad 的市场前景，他们认为潜在的消费者已经拥有了笔记本和手机，不再需要一个夹在中间的产品。但苹果公司的市场主管敏锐地发现，许多消费者使用可移动数码设备是为了娱乐，他们需要一个能够提供比手机更好的视觉和娱乐体验、比笔记本更方便移动和操作的设备。iPad 很好地满足了许多消费者的这一需求，因此销量火爆，4 年卖出超过 2 亿部。

iPad 也曾经遇到强有力的挑战。苹果公司的竞争对手谷歌公司发现，iPad 的体积仍然较大，比较合适家庭娱乐，外出携带并不方便。于是，谷歌公司在 2012 年 6 月推出了 7 英寸的平板电脑 Nexus 7，大小介于 iPad 与手机之间，便于携带。Nexus 7 一经推出，马上得到了许多用户的追捧。

你可以采用下面的方法对消费者需求进行分析(见图 4-4)，去发现潜在的创业机会并开发满足消费者需求的产品/服务。

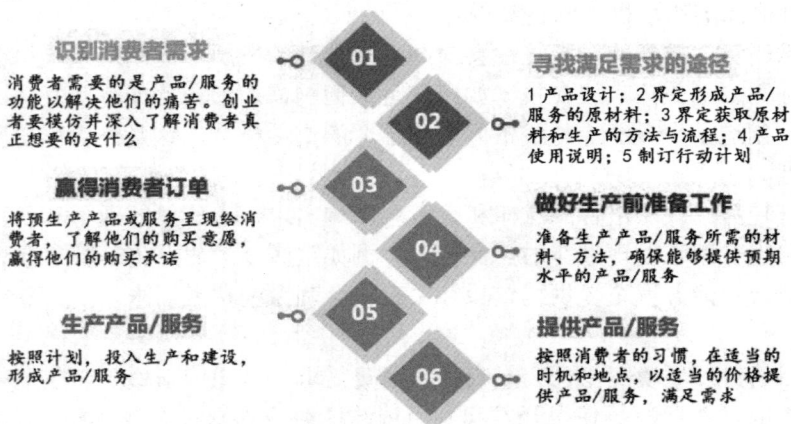

识别消费者需求
消费者需要的是产品/服务的功能以解决他们的痛苦。创业者要模仿并深入了解消费者真正想要的是什么

寻找满足需求的途径
1 产品设计；2 界定形成产品/服务的原材料；3 界定获取原材料和生产的方法与流程；4 产品使用说明；5 制订行动计划

赢得消费者订单
将预生产产品或服务呈现给消费者，了解他们的购买意愿，赢得他们的购买承诺

做好生产前准备工作
准备生产产品/服务所需的材料、方法，确保能够提供预期水平的产品/服务

生产产品/服务
按照计划，投入生产和建设，形成产品/服务

提供产品/服务
按照消费者的习惯，在适当的时机和地点，以适当的价格提供产品/服务，满足需求

图 4-4　消费者需求分析图

(三)寻找蓝海市场

现存的市场可以分成两类：红海市场和蓝海市场。红海市场是已知的市场空间，而蓝海市场则是未知的市场空间。当人们在现存市场中找不到相应产品/服务解决他们的痛苦、满足他们的需求并且多数人对此痛苦深有同感时，就存在蓝海市场，也是没有竞争的市场机会。识别蓝海市场并开发相应的产品/服务满足消费者需求，往往会产生全新的产品/服务。你需要注意到的是，当你发现一个蓝海市场，开发出相应产品/服务并声称该产品/服务能够满足消费者需求时，你就必须对你所作出的承诺负责。因为消费者通常对新产品/服务的要求较为苛刻，如果他们发现新推出的产品与预期的承诺落差较大，很快就会离开。

那么该如何发现蓝海市场呢？你可以通过以下几个步骤(见图 4-5)开展工作。

瞄准特定消费群体
选定你所瞄准目标消费群，如青年消费群

识别消费群体特殊需求
调查消费者最亟待满足的需求

是否存在蓝海市场
若无相应的产品/服务满足他们的特殊需求，归纳消费群体需求是否存在共性

分析可行性
如果存在某一共同的需求亟待满足，分析能否开发相应的产品/服务来满足他们的需求

购买意愿调查
开展购买意愿调查并判断特定消费群使用该产品/服务满足他们需求的频次

开发相应的产品/服务
对满足该特定消费群痛苦的产品/服务进行开发

图 4-5　寻找蓝海市场步骤示意图

第二节　创业项目的产生

生活处处充满创意，如何抓住机会是发挥创造力的最佳切入点。本节主要讲述如何运用创造思维产生项目创意。

一、创意的来源

【经典案例】

药不能停——让你永远不会忘记吃药的水杯

来自 SUWU 设计工作室的创意设计——让你不会忘记吃药的水杯(见图 4-6)，爸爸妈妈再也不用担心我忘记吃药啦！

这款水杯的瓶盖是其最大闪光点。瓶盖与市面上大部分瓶子匹配，但可以充当药盒，提醒使用者记得吃药。只要拿起水壶喝水，它就在提醒你："该吃药啦！"另外，此设计也适用于那些经历灾难的人，救援人员可以同时提供水和药品，提升了救援效率。

图 4-6　SUWU 创意水杯
(图片来源：中关村在线，
https://www.zol.com.cn)

(一)创造性思维

创意是指具有创造性的意识、理念或主意，是创造性思维的结果，创造性思维是产生创意的前提。在创业过程中，创造力的初步呈现方式是解决问题的想法，即创意或解决方案，正是这个想法指导着创业项目的推进。产生创意的创造思维在创业的初始阶段就发挥着重要作用，比如发散思维、收敛思维、批判思维和联想思维等。

(二)商业理念创新

除了通过基础的思维训练来提升创造力外，了解当前商业经营的新理念也是催生创意的有效途径。许多具有创造力的商业活动本身并不涉及高精尖的技术或新奇的发明创造。麦当劳风靡全球依靠的是标准化和授权经营这两大法宝，沃尔玛依靠的是天天低价和购物体验，阿里巴巴依靠的是全球供应链生态，腾讯依靠的是社交、游戏、生活一体化的平台。这些都曾被贴上创新标签的跨国企业，它们的发展史与技术革新或是发明创造并没有直接的联系，而是依靠思维方式的彻底转变，设计出打破常规的颠覆性规则和商业方案，从而带来深刻且迅猛的创新，开拓了蓝海市场，创造了消费者的需求，同时也难以被竞争对手模仿。

创新的商业理念往往有三个方面的显著特征。

(1) 颠覆性，是彻底改变原有社会的经济理念和商业模式，而不仅仅局限于原有规则的修改或更新。

(2) 全球性，一旦具备了理念创新的技术、经济和社会基础，理念创新就会迅速地在全球蔓延，而不仅仅局限于某个国家或地区。

(3) 系统的创造性，在颠覆传统的基础上，创造出新的规则和价值，其影响力会延伸到社会生活的方方面面，而不仅仅局限于某些企业或产业。

这些创新的商业理念往往能够在众多行业衍生出许许多多的具体形式，从而催生各类创业项目。

(三)新时代的新理念

1. 无国界经营——全球的互联互动

全球越来越多的财富开始在无国界限制的经济体内创造、消费和再分配，苹果公司的iPhone手机就是典型例子。苹果公司的总部在美国，也被公认为是一家美国公司，但全球绝大部分的苹果iPhone手机都是从中国出口到美国和世界各地的，而其中大部分零部件并不在中国生产制造。据估计，一部iPhone14 pro max手机的生产成本大约为500美元，其中美国制造的零部件成本占32%，韩国和日本制造的零部件成本分别占25%和11%，中国制造的零部件成本占比也达到了4%，而中国工人的组装成本仅仅不到2%，剩余的成本则来自苹果美国公司的设计费用以及遍及全球的零售费用。苹果公司及其各类产品的生产和销售体系已经构成了一个在全球范围配置资源的无国界经济体。

随着中国劳动力成本的提升，世界制造产业的全球化配置将进一步扩散。许多跨国企业的制造工厂已经转移到越南、泰国等东南亚国家，西欧的企业则将工厂转移到东欧的罗马尼亚、土耳其等地。而英国与印度、法国与北非地区国家等原有的历史渊源和语言圈也成为这些发达国家转移工厂的理想场所。未来，随着中国、印度等新兴国家的崛起，无国界经济体的生产、经营、销售将进一步在全球各个国家分散配置。

2. 共享经济——协同合作的范式革命

共享经济最初被称为"协作型消费"，是指个体共享社会资源，以"使用而不拥有"的形式享有资源。互联网时代的共享早期以音乐和数字影像为代表，虽然因为盗版问题被传统的供给方深恶痛绝，但时至今日已经彻底改变了影音行业的发展模式，被广泛认可为影音传播的新方式。这种颠覆性的经济理念，很快被应用到其他各个领域，并开始改写全球经济格局。

房屋租赁软件爱彼迎(Airbnb)就是其中的佼佼者。爱彼迎是一家成立于2008年的在线社交共享住宿的服务平台。平台允许房东在其网站上列出自己的房屋出租服务，旅行者可以直接与房东进行沟通以确认预订。除了为房屋短租提供便利之外，平台还建设了爱彼迎社区，帮助房屋供给者为需求者提供家的感觉。这种运营方式更能体现共享理念下的双赢、开放、平等与自由。在我国，共享符合中国特色社会主义的本质要求。在过去的十年中，共享经济已经深刻地改变了中国人的消费习惯和市场格局。一开始是出现了如滴滴出行这样的共享打车平台，迅速地改变了公共出行的方式。随后，共享单车、共享充电宝在城市中遍布，为民众生活提供了便利。除了交通领域外，共享经济还渗透到了其他多个领域。例如，外包、云计算、快递、家政、教育培训、个人服务、新闻、广告、医疗等需求和供给双方在空间上相对分散而供给资源相对稀缺的行业，也被认为将成为共享这种新理念的优质实践土壤。

值得注意的是，与西方国家相比，中国的共享经济发展得更加迅速和全面，这一方面

得益于中国庞大的互联网用户基数和移动支付的普及，另一方面得益于我国政府对创新技术和商业模式的支持。共享经济的协作方式符合党的二十大"五位一体"建设理念，能够更好地推动我国社会高质量发展。

3. 免费经济——近乎零边际成本下的新盈利模式

"天下没有免费的午餐"是工业时代的信条之一。但在边际成本近乎为零的数字时代，人们使用装有免费的 Windows 10 系统的笔记本电脑，免费的 Chrome 浏览器，免费的 WPS 文字编辑软件，免费的电子信箱和微信，以及覆盖越来越广的免费无线网络。免费似乎已经成为理所当然的事情。原来作为营销伎俩的"免费"时至今日已经成为一场涉及各行各业商业革命的起点。但免费并不是因为资本家的慈善，而是实打实的新商业理念。

要想理解免费的商业逻辑，就要将免费的产品和服务放在整个服务体系中看待。免费提供的某一种产品或服务是为服务体系开凿入口，创造整个需求的世界。通过免费，能够改变顾客对产品或服务的心态，打破固有的隔阂，贴近消费者，从而创造新的市场。例如腾讯的微信、百度的搜索是免费的，而那些增值的部分，例如微信的支付、搜索结果的排名则是要收费的。

事实上，在全球范围的互联网产品和服务中几乎没有出现过一开始就收费并获得成功的案例，用免费的产品和服务去吸引用户，然后再对增值服务和产品收费，已经成为许多互联网企业成长壮大的经验。

4. 跨界整合——构筑开放的平台生态圈

互联网时代的产业边界日趋模糊，企业跨界经营现象普遍出现。Google(谷歌)由互联网广告和增值服务跨入汽车、机器人、智能家居等与制造业有着紧密关系的领域。Amazon(亚马逊)从在线书店发迹，目前已跨界提供消费性电子产品、生鲜、电子书和云计算、旅游订房等多项服务。阿里巴巴由电商向支付、物流和餐饮等领域延伸。腾讯依靠QQ 和微信从社交服务进入移动通信、新能源、房地产和医疗金融领域。这类企业均围绕着特定高活跃度的消费群体(比如阿里巴巴的购物用户，微信的社交用户，谷歌的信息搜索用户)，构筑开放性的平台，吸引众多不同领域的企业加入他们的平台中，整合各类资源，形成关系紧密的价值网络，并建立促进多方交易和价值创造的基础架构和规则。

5. 游戏化思维——未来商业的驱动力

在工作、健康、友谊、社交、创新等几乎所有方面，快乐都可以带来更高的效率和更好的效果。但世界大型企业联合会的调查显示，只有 45%的员工在工作中感到快乐，而抑郁症患者的比例却比 20 世纪 60 年代增加了 10 倍。这正是越来越多的经济学家尝试通过游戏化的设计来为工作和生活增添乐趣的原因。

据游戏调研机构 Newzoo 发布的报告，2022 年全球游戏产业规模达到 1844 亿美元，其中中国游戏产业规模达到近 380 亿美元，有 6.6 亿游戏玩家，超过美国成为全球第一大市场。有趣的事实是，这些参与游戏的人们，不需要给他们任何物质的奖励，他们也会投入无数的资源和巨大的精力去实现虚拟的、无形的目标。除了增长趋势和庞大的覆盖人群外，大量无形的认知努力、情感联系和团队协作也都慷慨地从现实世界转移到游戏的虚拟世界之中。经济学家爱德华·卡斯特罗瓦(Edward Castronova)将其称之为"大规模迁

徙"。在普通大众担忧这种迁徙所带来的时间精力的浪费时,那些站在时代前沿的企业家却在思考如何利用人类对于游戏的这种无法抗拒来创造价值。

链接:谷歌公司 70/20/10 时间分配法则

创意往往来自不经意间的灵感迸发,所以世界著名的创新型企业都十分注重在日常工作中专门腾出时间来进行思维的训练和思想的激活。谷歌公司的 70/20/10 时间分配法则就是其中之一。谷歌公司就是鼓励他们的员工将 70%的时间用于核心工作中,然后将 20%的时间用于核心相关的周边业务中。最后,将 10%的时间花在那些全新的与现在的工作完全无关的事情上。在谷歌公司的发展过程中,许多创新性的产品都是他们的员工在那不受限制的 10%的时间中想出来的,比如在同类产品中市场占有率最高的 Gmail 邮箱和 Chrome 浏览器。

二、产生创意的方法

除了积极训练创造性的思维方式和掌握当今前沿的商业理念,一个好创业项目,从创意的产生,到项目的雏形,再到策划出具体方案,还需要运用多种恰当的方法。本节我们将介绍几种在创业项目产生过程中常用的方法。

(一)头脑风暴法

【介绍】将创业团队的成员、潜在消费者、相关行业从业人员、创业导师等聚在一起,在宽松的氛围中,围绕特定的市场机会,开动脑筋,畅所欲言,征求各种抓住机会的可能创意。

【用途】当创业者刚刚发现市场存在的机会,但还不知道应该用怎样的商业手段去抓住它们,适用于征集方案或初步了解各方利益代表对创意或项目的看法。比如如何开一家与众不同的咖啡厅?

【步骤】见图 4-7。

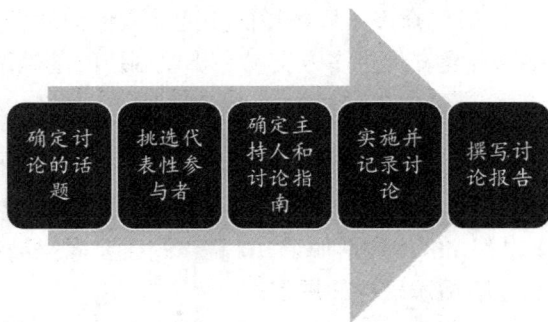

图 4-7 头脑风暴步骤示意图

【注意事项】人数以 6~10 人为宜,考虑性别、年龄、职业差异,尽可能邀请不同群体的代表参与。可根据不同对象组织多场,每场 1~2 个小时。参与者各自发表意见,不必深思熟虑,越多越好。鼓励独立思考、奇思妙想,不评论其他人的想法。主持人要善于倾听和引导,在讨论过程中尽量减少发表自己的观点,在讨论的最后归纳各方观点并鼓励

补充完善已有的想法。

【辅助工具】当头脑风暴的开展过程需要进行观点归纳时,可以采用"扇形概念图"。如图 4-8 所示,按照从右到左"如何解决这个问题"或者从左到右"为什么是这样"的思路,记录和归纳各种想法。

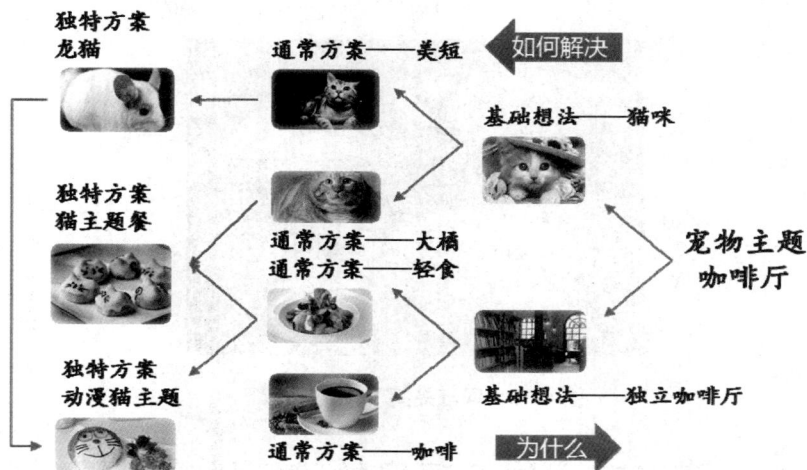

图 4-8 扇形概念图

(二)德尔菲法

【介绍】向某个领域的专业人员寻求帮助,针对某个创意或主题进行深入对话并撰写正式书面建议,征求具体问题的解决方案。

【用途】当创意已经形成,需要深入探讨它是如何具体策划和开展时采用。比如猫咪主题咖啡厅应该开在什么位置、多大面积、提供哪些产品和服务?

【步骤】见图 4-9。

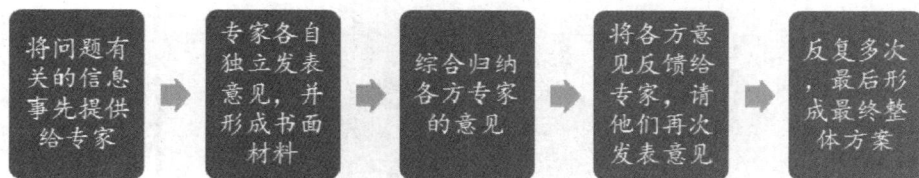

图 4-9 德尔菲法步骤示意图

【注意事项】征求意见的范围应该尽可能包括各个利益相关群体。

链接:创业项目都要有高科技吗

近几年,我们总能够看到一些互联网创业者的励志故事,比如饿了么、今日头条、抖音……这些企业利用移动互联网、人工智能、大数据等前沿科技,开创前所未有的商业模式。但对大部分创业者而言,他们并不掌握这些核心科技。有一些创业项目,没有什么高科技含量,也不是卖弄互联网思维,而仅仅是由于对身边一些产品和服务"不满意"所孕育的，即针对市场的空白、混乱或不足。网红品牌"彼此的茶"(见图 4-10)创始人张子骅认为，街边传统奶茶店缺少社交属性和线下体验感。当下的年轻人希望在喝茶时能有一个舒适的实体空间。因此"彼此的茶"在传统奶茶店和茶楼之间找到一个切入空间，打造了一个面向都市年轻人的茶品牌。2018 年"彼此的茶"已拓展 30 多家渠道客户，在上海、南京、武汉、厦门、芜湖、昆明开设了 11 家直营店。

图 4-10 网红品牌"彼此的茶"

第三节 创业项目的可行性评估

一、可行性评估的内容

你一定听过这样几句话："谋定而后动""三思而后行""人无远虑，必有近忧"。这些话都指向同一个道理——做事要谋划周到，之后再行动。创业同样如此，当你已经将一个商业创意发展成具体的创业项目时，还要对这个项目是否能够真正实施运作进行详尽分析，这就是可行性分析。可行性分析是在明确目标消费群体的基础上，通过各种市场调查了解创业项目的市场价值和接受度，从而对项目进行细化和修改。通常而言，可以从以下四个方面审视项目的可行性(见图 4-11)。

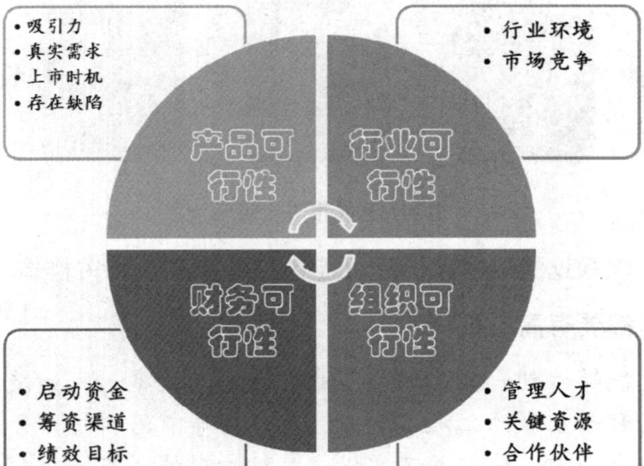

图 4-11 可行性评估的内容

(一)产品/服务可行性

如果你曾钓过鱼,就会知道,要想引得鱼儿上钩,绝不仅仅只是放饵、抛竿、蹲守那么简单。有经验的钓鱼者往往会事先考察天时、地利和鱼种,据此选定适当的时间、地点和饵料,然后才会抛下鱼竿。我们也可以按照这个思路考虑项目产品/服务的可行性。

(1) 明确你的目标消费群体,也就是目标市场。

(2) 思考你所提供的产品或服务凭什么吸引消费者。也就是目标消费者的真实需求——他们想要的是什么?只有满足了消费者的需要,为他们提供愉悦或消除痛点,消费者才会买单。

(3) 等待最佳的上市时机。你很容易想象到,人饥饿时对食物的渴求与吃饱时是完全不同的,消费者对于产品和服务的需求也会如此。

(4) 了解产品或服务可能的缺陷。一方面这将有助于后续改善产品或服务,另一方面在产品或服务推出市场时尽可能规避凸显缺陷的因素。

(二)行业可行性

行业可行性分析包括行业环境和市场竞争两方面。前者是指行业整体的发展情况,考察其是否具有足够的消费群体和发展前景。行业的整体规模和增长潜力越大,那么项目的可行性就越高。后者是市场中相关行业的竞争情况,竞争越激烈,那么项目的可行性就越低。

行业可行性

(1) 评估市场规模及市场增速。即同类产品当前市场需求总量的估计和未来的增长情况,从而判断市场的当前和未来的规模。

(2) 评估市场竞争情况。包括市场上的商品竞争、服务竞争、价格竞争的情况。如果已经有大量竞争者提供与你相似的产品和服务,那么市场可能就处于供过于求的状态,意味着你的项目可行性较低。例如当前国内奶茶市场"一点点"、"喜茶"、CoCo 等多个连锁品牌形成的市场竞争格局。

(3) 评估行业吸引力。行业吸引力如何,在很大程度上取决于五种力量:新进入者的威胁、替代品的威胁、供应商的议价能力、购买者的议价能力和同业竞争者的竞争程度。你需要搜集数据对这五种力量进行评估,以便得出关于行业吸引力的综合结论。

(三)组织可行性

组织可行性是评估当前的创业团队是否具有足够的管理和运营能力、关键资源以及合作伙伴来创办实现预期产品和服务的企业。

组织可行性

(1) 评估你所组建的创业团队的才智或能力,包括管理团队对商业创意的实现是否抱有足够的热情,以及团队成员对即将进入市场的熟悉程度。如果项目团队能够吸纳在行业中拥有良好人脉资源和关系网络的成员,能够在很大程度上提升项目的组织可行性。

(2) 评估是否拥有或能够获得关键资源以支持项目的实施和发展。关键资源是能够保护你的项目不会轻易被竞争对手复制或模仿的屏障,将可能是你项目的王牌。关键资源的具体形式很多,可能是抽象的技术专利、外观形式、服务方式,也可以是具体的土地、店铺、人才或承接项目。

(3) 如果你的团队不具有独特的关键资源，那你需要评估是否能够寻找到业务、资源与你们互补且志同道合的合作伙伴。许多成功的创业者在回首自己的创业经历时都发现自己受益于合作伙伴的帮助。例如猫咪主题咖啡厅的创始人可能难以拥有独特的关键资源，但如果他们能够找到合适的宠物商店和食品供应商开展合作，就提升了项目的组织可行性。此外，行业协会成员和专业律师也是你需要的合作伙伴。

(四)财务可行性

财务可行性

最后，你需要对财务的可行性进行简单的估计。在项目试运行之前，严格的财务分析是不必要的。你需要考虑的是以下三个方面。

(1) 估计项目能够运营的启动资金总额，主要包括所需设备采购、人员雇佣和日常开支，这是你起步的基础，也是项目为了达成第一笔交易所必需的资金。

(2) 明确启动资金筹措的渠道。当你的项目正式运营之后，就会产生能够维持后续投入所需的现金流，所以你至少要保障启动运营资金是充足的。如果资金主要来自借款，还要制订还款计划。

(3) 预计创业项目的回报和现金流，这是团队创业的动力所在。这个估量虽然会比较主观，但也需要综合多方面因素进行考量。

【经典案例】

西米网：梦想的成本黑洞

西米网是小成本创业的典型企业，它以8000元的启动资金，在1年之内迅速做到700万元的收入。2008年，创业者刘源大胆提出了"办公室零食"的概念，把200多种女孩子爱吃的干果、蜜饯等零食聚集在一起，组成了一个有相当冲击力的零食网站——西米网，把价格都统一定为10元或20元。随着办公室白领间病毒式口碑传播以及大众媒体的报道，从2009年开始，西米网在北京开了四家线下的实体店，考虑线上与线下相结合的发展模式，线上增设了新鲜水果、茶饮品等频道，最终成为一个专业的食品B2C网站，并且选择了自建物流和仓储，在北京主要商圈承诺2小时送达，极大地提升了消费者的购物体验。

遗憾的是，2011年10月西米网挂出公告，宣布"谢幕"。刘源表示，休闲零食的每公斤价值太低，物流成本高，导致销售额很高却一直无法盈利。"西米"死亡原因，可以总结为过快地陷入了"成本黑洞"，不管是贸然自建物流和仓储，还是开设实体店和引入易耗的果品等品类，都快速增加了企业的运营成本，让公司的现金流无法满足运营的需要。

(五)猫咪主题咖啡厅的可行性分析

根据上述可行性分析的框架，我们来尝试分析本章开篇所提到的猫咪主题咖啡厅创意是否可行。

首先是产品及服务可行性。猫咪主题咖啡厅的特点在于人们在喝咖啡或社交的同时能和猫咪一起玩耍以缓解压力和孤独感。与一般咖啡厅和餐厅的不同之处在于有动物陪伴，能在人们用餐和社交的同时迎合目标人群的特殊心理需求。猫咪主题的咖啡厅不受季节限

制,但受地点及动物性情的影响。其缺点在于部分人群可能会讨厌动物,比如对动物毛发过敏,或者怕被弄伤,从而缩小了消费受众群体。而且动物的管理将带来成本的增加。

其次是行业可行性。不论是咖啡业还是宠物相关行业的竞争对手较多且进入门槛很低,使得市场竞争的压力较大。咖啡、蛋糕等各类餐饮,产品的替代品都较多,各类宠物的引入也很容易。所以相关行业新进入者威胁、替代品威胁及同业竞争情况皆不理想。

再次是组织可行性。猫咪咖啡厅的管理关键除了涉及传统餐饮的管理知识之外,关键是要考虑如何对动物进行有效管理,团队成员中是否具备了解猫性情的成员,在餐厅的管理上能否做到各司其职、井然有序等问题。由于行业进入门槛低,缺乏难以替代的关键性资源,如果项目团队在组织管理方面没有特别的优势或者缺少优秀的合作伙伴,那么这个创意的组织可行性也较低。

最后,创立猫咪主题咖啡厅,需要考虑的费用主要是店面租金及店面装修费、动物购买及饲养费,还有餐食原材料等费用,这些费用都构成创建咖啡厅的必备费用。如果考虑资金投入最低的"店中店"模式,由于所在区域的差异,初期的启动资金大约在 20 万~40 万元(包括 5 万~15 万元租金,20 万~25 万元装修费,1 万元动物及饲养,2 万~3 万元餐饮设备,2 万~3 万元人员雇佣费)。

你还可以遵照可行性分析框架,尝试分析校园爱情工作室及 VR 体验馆是否可行。

二、可行性评估的方法

纸上得来终觉浅,创业者要想更准确地评估项目的可行性,往往需要开展多种形式的市场调查。创业者早期通常没有足够的资金聘用专业机构开展市场调查和项目评估,需要创业者自己掌握基本的调查方法。这些方法并不难,但会很有帮助。上述各类评估所需信息,你都可以利用几种简单的市场调查方法来获得。

(一)二手资料调查

【方法介绍】二手资料调查是最常用的,也是最快速了解创业项目所在行业相关信息的调查方法。通常围绕一定的调查目的,通过查看、检索、阅读、购买、复制等手段,收集并整理现有市场的各种信息。二手资料调查能够帮助创业者了解项目的行业可行性、财务可行性和组织可行性。二手资料调查没有严格的程序,关键是了解资料来源的渠道,明确资料信息的要求,并掌握搜索引擎使用的技巧。

【调查目的】了解行业环境、市场竞争、市场需求和市场趋势;发现需要后续一手调查的具体问题和调查对象。

【资料要求】有价值的二手资料要求全面、准确、时效性强并且针对性强。

【资料来源】见表 4-1。

表 4-1　获取行业数据的常见来源

咨询公司	数据公司	专业媒体	其　他
艾瑞	友盟	36氪	上市公司年报
易观	IDC	天下网商	行业协会报告
麦肯锡	AppAnnie	好奇心日报	券商研报
		199IT	政府报告
			微博舆情分析

表 4-1 的组织或网站能够提供较为可靠的二手资料，但它们所提供的信息也会有相对不足，创业者需要对此有清醒的认识。如图 4-12 所示，我们从客观性、易获性、时效性、信息量和前瞻性五个方面对几种典型的二手资料的优缺点进行了对比。

【搜索技巧】搜索引擎已经成为我们获取二手资料最重要的工具，掌握表 4-2 中的技巧，能够帮助你更加快速、准确地找到相关信息。

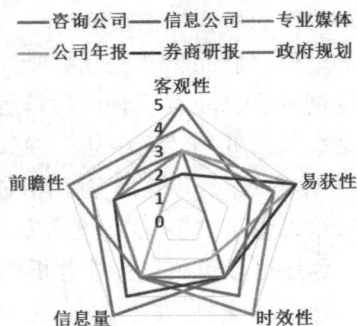

图 4-12　典型的二手资料优缺点对比图

表 4-2　搜索技巧

名　称	用　法	范　例	注意事项
减法	关键词1+空格-关键词2	"苹果-手机"，检索结果是水果，而不会出现苹果手机的信息	"+"无须输入，"-"需输入，下同
或者	关键词1+空格+OR+空格+关键词2	"四级 OR CET4"，搜索会同时显示两个关键词检索结果	某些搜索引擎要求 OR 大写
限定网址	关键词+site+：网站后缀	"CET4 site:edu.cn"，在教育网中查找有关 CET4 的信息	冒号后无空格
标题检索	intitle+：+关键词1+空格+关键词2	"intltle:qq 免费下载"，只显示标题含有关键词的网页	检索语与关键词间不可以有空格
文件检索	filetype+：+文件类型+空格+关键词	filetype:docx 餐饮业，检索出所有包含餐饮业的 Word 文档资源	关键词在前在后均可

注：各主要搜索引擎均支持这些搜索技巧。

【辅助工具】一些新兴行业的分析报告可能难以找到，因此当你搜索到这些行业的各类碎片化信息时，你可以通过构建行业框架来梳理信息。例如开篇案例中涉及的 VR 体验馆，你可以构建如图 4-13 所示的行业框架。

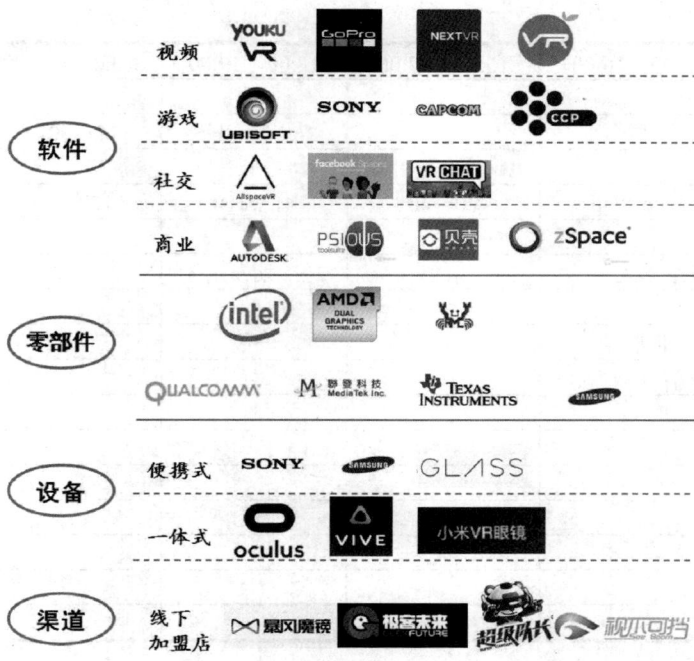

图 4-13　VR 行业框架

(注：限于篇幅，行业框架并不完整，仅供参考。)

(二)观察调查

【方法介绍】创业者在现场通过自己的感观或借助影像摄录器材，直接或间接地观察和记录正在发生的市场行为或状况，以获取第一手真实资料的一种实地调查方法。观察调查能够帮助创业者了解市场可行性并帮助评估财务可行性。观察调查的具体实施手段很多，我们以"猫咪主题咖啡厅"这个项目为例，运用不同的观察方式来获得各类信息。

【观察准备】通过创业团队的集体讨论，确定观察对象、观察地点、观察方式、观察时间和观察目的。根据观察目的设计包括具体观察内容的观察表。

【初步观察】观察对象与地点：在某商业街猫主题咖啡厅。选取平时和周末的 15:00～17:00 和 18:00～20:00，由不同的观察员观察数次。观察方式：参与式观察、非公开观察和结构式观察，即观察者参与到消费过程中，但并不影响观察对象的正常行为，并拟定结构化的观察内容表。观察目的：了解当前同行业的经营方式、经营状况和服务水平，主要消费者的特征和消费过程。根据观察目的设计包括具体观察内容的观察表(见表 4-3)。

表 4-3　结构式观察所采用的观察表

观察类别	观察人员：　　观察地点：　　观察方式：　　观察时间：
产品	种类，价格，特色
服务	配置、效率、流程
其他备注	需要记录的其他信息、可改进的环节、可提供差异化服务的环节

客流量 (人)	15:00—16:00	16:00—17:00	18:00—19:00	19:00—20:00	
消费者 (人)	男	女	16 岁及以下	17～30 岁	30 岁以上
消费金额 (桌)	20 元以下	20～40	41～100	100 以上	
消费人群 (次)	单人	情侣	2～3 朋友结伴	家庭	朋友聚会
评价	非常好	比较好	一般	不太好	非常不好
选址					
装潢					
灯光					
音乐					
服务					
卫生					
饮品					
餐食					

【间接观察】如果创业项目缺少可供直接观察的对象，或受限于人力成本，难以长时间、多次观察，可采用间接观察的方式，即通过观察消费者事后留下的信息来获得所需信息。例如，在大众点评、美团、百度地图等主要餐饮类 App 应用中查找代表性的猫咪主题咖啡厅，分析消费者点评信息，可制作类似的观察表格，对咖啡厅的位置、风格、产品，以及消费者的评价、喜好、消费金额等内容进行统计分析。

【跟踪观察】在初步观察基础上或项目已经开始运行的初期，创业调查者可以选择典型的消费群体进行跟踪观察，比如针对结伴而来的消费者，统计他们的消费金额、消费产品、消费决策过程、消费时间，从而获取改进产品和服务的最直接信息。

(三)问卷调查

【方法介绍】问卷调查是创业者事先根据项目调查的目的和要求，设计由一系列问题、说明以及备选答案构成的调查问卷，通过发放、回收问卷并统计结果来收集特定信息的方法。常见的问卷调查目的包括消费者购买意愿调查、消费者满意度调查、消费者购买动机调查等。这些问卷能从不同的角度反映项目产品和服务的可行性。

【用途示例】当创业者已经对项目的产品或服务有了比较具体的概念和描述，希望进一步了解消费者购买产品或服务的意愿时，可以采用问卷调查的方法。

【问卷设计】典型的调查问卷包括引言、主体和背景三个部分，引言主要说明调查的发起者、调查目的、填写方式和保密性。主体部分是根据不同目的设计的问答题目。背景部分是调查消费者的年龄、性别、收入、职业、教育水平等个人信息(避免过多调查不必要的个人信息)。

【问卷发放】问卷调查应该发放给潜在的消费者(不能是项目成员或参与项目其他调查的人)，并至少回收超过 30 份有效的问卷。创业者可以通过在线问卷调查平台发放电子问卷或现场拦截的方式发放纸质问卷。

【注意事项】由于问卷设计缺陷和发放对象的偏差，造成的误差可能达到 20%～30%。如果创业者能够对产品或服务提供较为具体的描述，比如模型或视频，就能提高调查的准确性。

【调查问卷示例】

关于购买爱情纪念品的调查

亲爱的同学：

您好！我们是来自××大学的学生，正开展一项关于购买定制爱情纪念品的调查，万分感谢您能在百忙中接受我们的调查。问卷信息将会被严格保密，您的私人信息不会被泄露和体现。谢谢您的配合！每题只能选择一项，请在相应空格中画"√"。

1. 您有多大可能性购买我们设计的爱情相册：

不会买□；可能不会买□；不一定□；可能会买□；会买□

2. 您有多大可能性购买我们设计的爱情漫画书：

不会买□；可能不会买□；不一定□；可能会买□；会买□

3. 您有多大可能性购买我们设计的刻字情侣手环：

不会买□；可能不会买□；不一定□；可能会买□；会买□

4. 您有多大可能性购买我们设计的爱情纪念对杯：

不会买□；可能不会买□；不一定□；可能会买□；会买□

5. 您觉得一个好的爱情纪念品最重要的特征是：

纪念性强□；方便收藏□；实用性□；独一无二□；美观□

6. 您倾向于在哪里购买爱情纪念品：

网络商城□；购物商场□；校园店铺□；纪念品店□；个人定制店□

7. 您购买爱情纪念品的预算是：

50 元以下□；50～100 元□；101～300 元□；300～500 元□；500 元以上□

8. 您是否购买过定制专属的爱情纪念品：

没有□；1～2 次□；3～5 次□；6～10 次□；很多次□

9. 您的性别：

男□；女□

10. 您所在的年级：

大一大二□；大三大四□；硕士生□；博士生□

11. 您每月支出大约是：

500 元以下□；500～1000 元□；1001～2000 元□；2001～3000 元□；3000 元以上□

12. 您对我们提供私人定制爱情纪念品的想法有什么建议吗？

第三节 创业项目测试与选择

一、核心数据的估算

(一)市场规模

市场规模是指你所提供产品/服务在现有市场可以或期望覆盖的消费者人群规模。我们

再以猫咪主题咖啡厅为例，介绍初步估算市场规模的方法根据图 4-14 的估算方式，如果咖啡厅定位的是区域市场而不是全国市场，那么可以以区域市场的常住人口数量作为估算的起点，就能够获得相对准确的市场规模。当然你还可以根据店铺宣传所能覆盖的人群规模和可能重复消费的意愿，进行更进一步的估算。

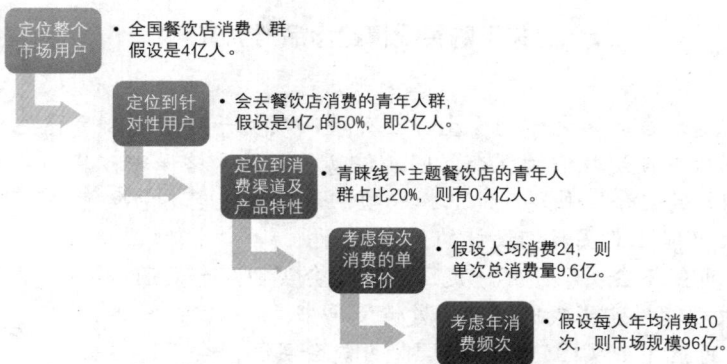

图 4-14　初步估算市场规模的方法示意图

(二)市场增长率

在开始创立一个项目之前，需要考虑未来市场可能增长或萎缩的变化趋势。因此，我们需要通过同类产品/服务销售情况确定未来该市场的增长率，例如借助同类产品服务的销售额数据估量未来市场增长率。其具体计算公式：

市场增长率=[比较期市场销售量(额)–前期市场销售量(额)]÷前期市场销售量(额)

示例：如果你通过二手资料调查或者实地走访，了解一家"海贼王"主题的二次元餐厅 2023 年的销售额是 900 万元，2024 年销售额是 800 万元，则主题餐厅市场增长率即为(900–800)/800=12.5%。

二、项目选择的判断清单

如果你已经通过二手资料调查、观察调查、问卷调查等方式对产品或服务的吸引力及潜在市场有了一个初步判断，但你对创业项目的可行性还是缺乏把握，那么试着通过表 4-4 分析创业项目为你带来预期收益的潜力。

表 4-4　项目选择的判断清单

根据你目前对创业项目的预估，对下列的每个条目给予你最恰当的答案			
第一部分：产品及服务相关事项　　　　　　　　　　　　　得分：	-1	0	1
1. 消费者对创意产品/服务感兴趣程度	不佳	一般	良好
2. 消费者对市场现有类似产品/服务满意程度	不佳	一般	良好
3. 将产品/服务推出市场时机	不佳	一般	良好
4. 产品/服务是否解决了消费者痛苦或为他们带来愉悦	没有	一般	有
5. 获得消费者关注的难易程度	难	中	易
6. 目标消费者的购买能力	低	中	高

第二部分：市场/行业相关事项	得分：	-1	0	1
1. 预计购买该类产品/服务潜在消费者数量(市场规模)		少	中	多
2. 消费者花费在该类产品/服务的钱数		少	中	多
3. 预计未来可吸引新增消费者的购买量(市场增长率)		少	中	多
4. 是否有迹象表明该类产品/服务未来会受到消费者追捧		无	少	多
5. 进入该行业难易程度		易	中	难
6. 材料/服务供应商议价能力		强	中	弱
7. 消费者砍价能力		强	中	弱
8. 消费者选择替代产品/服务倾向		不会	有可能	很可能
9. 现有竞争者		无	少	多
10. 行业整体发展情况		成熟	成长	初现
第三部分：管理团队相关事项	得分：	-1	0	1
1. 创建者的行业经验		不佳	一般	良好
2. 创建者与供应商、消费者、同行业竞争者关系网		不佳	一般	良好
3. 团队成员共同经营新创项目的可能性		不可能	一般	很可能
4. 团队内组织开展活动方式的有效程度		低	一般	高
5. 团队拥有或能获(关键)资源数量		少	中	多
第四部分：财务相关事项	得分：	-1	0	1
1. 初始可获资金投入能力		低	中	高
2. 预期收入情况		低	中	高
3. 预期开始实现净盈利时间		1年内	1~2年	2年以
4. 同类产品/服务盈利情况		不盈利	盈利少	盈利多

整体潜力评估如下。

第一部分共有 6 个条目，得分介于-6~6 之间；第二部分共有 10 个条目，得分介于 -10~10 之间；第三部分共有 5 个条目，得分介于-5~5 之间；第四部分共有 4 个条目，得分介于-4~4 之间。分数仅作参考，不严格限定高、中、低潜力的划分范围，可根据你的判断对创业项目的每个部分划分等级。

三、项目选择的方法

如果你的创业团队充满了创意和活力，你可能面临多个可行的项目机会。但正处于初创期的你们显然没有足够的资金和精力发展所有的项目，此时你和你的团队就需要对各个项目机会进行详细比较并作出选择，将有限的资源投入到更好的项目中，以确保创业团队的后续发展。项目选择对创业团队的发展具有战略意义，为确保项目选择的合理性，本节提供三种项目选择的方法。

(一)名义小组技术

【介绍】通过项目评估小组成员的独立思考，对项目的选择进行投票，最终得到集体决策的结果。

【用途】集体决策中，如果团队各成员对问题的意见分歧严重，可采用名义小组技术来作出决策。

【步骤】

(1) 团队的管理者先选择一些对要解决的问题有经验的人作为小组成员，并向他们提供与决策问题相关的信息。

(2) 小组成员各自先不通气，各成员独立思考，每个人尽可能把自己的备选方案和意见写下来后，再依次陈述自己的方案和意见。

(3) 代表不同意见的陈述完毕后，小组成员对提出的全部备选方案进行投票，根据投票结果选择最终方案。

(二)成就效果图

【介绍】一种通过征求群体对项目的花费和收益的意见，并在简易图上展示和比较，来选择最优项目的方法。

【用途】当你需要从多个备选项目中选出最优项目时，可采用成就效果图法(见图4-15)。

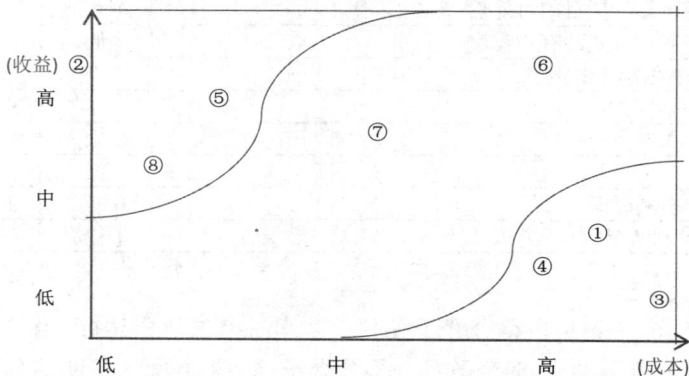

图 4-15　成就效果图

【步骤】

(1) 组建一个6～10人的小组。

(2) 小组各成员对各备选项目所花费的时间、金钱等成本与预估收益以"高""中""低"三个等级进行评级，各备选项目必须满足收益大于投入的条件。假设需从8个备选项目中择最优，可使用坐标图对备选项目进行列示。

(3) 当所有备选项目或方案已经在图表中确定好后，从花费最少、获益最大的项目开始对各备选方案进行优化排序。如图4-16所示，以左上方的方案为起点(如②号方案)，若试行该方案不顺利，则向左下方项目靠近(如⑧号方案)。根据实际情况，尽量远离右下方选择，确保收益的最大化。

(三)配对比较法

【介绍】一种通过群体两两比较，从而选择最优项目的方法。

【用途】当你需要对多个备选项目进行主次排序时。

【步骤】

(1) 组建一个1～15人的小组并任命一位计分员和一个协调员。

(2)　假设需对 1～8 个备选项目进行主次排序，将这 1～8 个项目列在表格中。

(3)　从最上面一项开始，依次向小组成员提问选择 1 是否优于选择 2，得到答案后标记在后。随后向下依次两两比较选择 1 与选择 3、选择 4，直到第 8 项孰优与否，并在每一次提问后将答案标记在后。

(4)　从选择 2 开始两两比较其与下面选择(3～8)孰优并标记。随后每个选择都要重复这个过程。最后合计每个选择旁边的标记数，按标记数多少排列各选择，标记数最多的选择即最优选，这种方法可依成员喜好快速选出最优选择。

链接：创业是高风险低回报吗

2016 年，真格基金与零点公司联合对 1017 位中国创业者开展调查。结果显示：83.7%的创业者认为即使创业失败也是值得的，因为创业历练了他们的"心智"，个人的信心、能力和魅力得到大幅提升，各方面社会资源也得到大量积累。在创业失败后再就业的人群中，进入高级管理者行业的创业者比原先增加了一倍，而有 50%的普通员工创业者再就业后晋升为部门管理者。从这方面来看，创业对个人的回报还是很丰厚的。

（资料来源：36kr.com/p/172121309184/）

第五章　商业模式设计与创新

理发店 QB House 商业模式

很多男同学都有这样痛苦的理发经历：结束一天繁重课业的我们来到了一家理发店，可是忙碌的理发师们并没有空搭理我们，打发洗头小弟帮我们洗头。洗完头后，人仍然很多，我们不得不耐着性子玩手机。在等待了很久以后，终于坐到理发师的椅子上。理发师好像从来都不会认真地好好理发。他们在理发过程中和我们套近乎，热情地推销各种产品，比如他店的年卡；推销他们的染发剂，用了他们这些染发剂不但白头发变黑了，简直可以包治百病。或者说我们直直的头发配不上我们帅气的脸庞，强烈推荐我们烫发；而如果我们的头发恰好是卷发，又说这卷发和我们智慧的脸不怎么搭。于是理这么一个憋屈的头发，运气好的时候可能一个小时左右能搞定，如果人多或被忽悠的话，几个小时就这样过去了，而且最后结账的数字，绝对是既超出他们的广告宣传又超出我们的想象。而我们想要的，只不过是快点把头发剪短一些。

这样既浪费金钱又浪费时间还特别不爽的理发经历，很多人即使不断换店也无法幸免，因为绝大多数理发店的商业模式就是这样。

1996 年，还在做医疗器械经销商的小西国义因为有着同样很不爽的理发经历，于是他思考是不是只有自己厌烦这种过于"殷勤"的服务？如果有位置方便、收费合理的单剪理发店，能够节省更多的时间、金钱，大众是不是也会和他一样愿意买单？他为此进行了一次市场调查，询问被访者"如果有一间发廊，10 分钟理发，收费 1000 日元，感兴趣吗？"。小西一边调查一边想："只要有 10%的人感兴趣，就可以去做！"市场调查结果显示有 43%的人感兴趣！

于是，小西国义来了信心，当即在东京人流密集区创办了 QB House，并制定了"十分钟，令人焕然一新"的宗旨！此时，他已年近 50。为了实现"十分钟"的承诺，小西国义剔除了洗发、吹发和刮胡子等顾客自己就能完成的服务，只提供"顾客自己做不到的剪发服务"。而且店铺面积小，只有几平方米，两三个座位，但空间却被有效地利用起来。随后的十余年，QB House 一直从顾客快捷、便宜出发，减少剪发以外的所有步骤，体现了真正为客户服务的精神。而看似简单的单剪生意，让 QB House 在创立的第 5 个年头获利 40 亿日元(约 2.9 亿元人民币)。《华尔街日报》报道称"QB House 进行了一场日本理发行业的革命"。

下面我们就以 QB House 理发店案例出发，一起来学习什么是商业模式及内涵，商业模式九大要素，以及如何设计及创新商业模式。

第一节　商业模式的概念与内涵

商业模式的概念
与内涵

一、商业模式的提出

对"商业模式"(Business Model)概念的较早关注是在 20 世纪 50 年代，当时，施乐公司开发出了高质量的复印机，但是由于价格昂贵，很难打开销路。后来，施乐公司采用了租赁服务的商业模式，从而培育出了巨大的市场，由此迅速成长为一家知名的大公司。世界级管理学大师彼得·德鲁克说："当今企业之间的竞争，不是产品和服务之间的竞争，而是商业模式之间的竞争"。目前，中国企业的"低成本竞争时代"已经彻底终结，中国企业的竞争将不可逆转地进入到"商业模式"的竞争！如果我们把商业模式比喻成一架钢琴，一个差的商业模式，即音质非常差的钢琴，即使再有能力的企业经营者也难弹奏出美妙的乐章。因此，对于创业者、投资者、企业经营者，都必须认真思考和设计商业模式。简言之，商业模式是公司通过什么途径或方式来赚钱。商业模式的概念有很多版本，它们之间有着不同程度的相似和差异。商业模式包含并远远大于"盈利模式"，"盈利模式"只是"商业模式"的一小部分。"盈利模式"涉及企业怎样赚钱，而"商业模式"事关企业怎样赚到 10 倍的超级利润、怎样赚到 10 年的长期利润。商业模式的关键价值在于自己可以复制自己(实现快速持续扩张)，别人很难复制你(实现 10 倍利润持续 10 年)，这看似相互矛盾，但却恰恰是商业模式的魅力所在、价值所在！

【经典案例】

施乐复印机"剃须刀+刀片"

20 世纪 50 年代中期，美国商业复印市场上有两种成熟的复印技术，一种叫光影湿法，另一种叫热干法。这两种复印方法产生的复印品的质量都很低，例如总是把复印品弄得很脏，平均每台复印机每天只能复印 15～20 张复印件，复印件也不能持久保存等。当时复印机厂家盛行的做法是采用"剃须刀+刀片"模式：对复印机设备用成本加上一个适当的价格卖出，目的是吸引更多的客户购买，而对配件和耗材则单独收费，并且通常会在其成本之上加高价以获取高额利润。当时典型的办公用复印机的售价为 300 美元，而市场上 90% 的复印机每个月的复印量都少于 100 张。

后来有一个叫切斯特·卡尔森(Chester Carlson)的人发明出了一项在当时可以称得上是令人惊奇的复印新技术，这项被叫作"静电复印术"的新技术的基本原理是利用静电把色粉印在纸上。用这种技术复印出来的复印件是干的，而且页面既干净又整洁，复印的速度也非常快，每天可以复印数千张，远远高于当时采用前两种技术的复印机。卡尔森找到了当时 Haloid 公司总裁乔·威尔逊(Joe Wilson)，并希望他能够将这项技术商业化。威尔逊认为这种新技术在办公复印市场上具有极大的价值和远大的发展前景，于是两人一起发明了一台利用静电复印技术复印的样机。但后来发现虽然每张复印件的可变成本与其他技术生产的复印件的可变成本(配件成本、耗材成本等)可以保持相同，但每台复印机的生产成本却高达 2000 美元！如何才能让客户为这种全新但高质量的技术支付这么贵的复印机价格呢？

经过一番思考，威尔逊决定为这台被命名为 914 型号的复印机寻找强有力的市场合作

伙伴。其条件相当优惠：如果合作伙伴提供制造和营销服务的话，他们将提供这种新的技术作为回报。他们向包括柯达、通用电气、IBM 在内的大公司发出了邀请。有趣的是，IBM 公司还为此专门委托了一家享有盛誉的咨询公司——ADL 公司进行了认真、负责并且具有高度专业精神的市场分析。其基本结论是：尽管静电复印技术在很多方面都很先进，但是"以更高的成本获得更好的质量"并不是一个可以取胜的诉求，"因为 914 型号复印机具有很多种功能，所以与其他同类设备相比，要想判断出它通常最适合的用途是非常困难的……，也许缺乏特定用途是 914 型号复印机最大的缺陷，也是唯一的缺陷"。另外两家公司也独立地作出了相似的结论。这三家领导型公司都认为静电复印技术没有多大的商业价值，因此回绝了该邀请。

但威尔逊凭感觉认为这几家公司的判断是完全错误的，经过努力他最终设计出了一种全新的模式来开发 914 型号复印机的价值：为了克服复印机高昂的价格问题，Haloid 公司于 1959 年 9 月 26 日开始以提供租赁服务的方式将 914 号复印机推向了市场。消费者每个月只需支付 95 美元就能得到一台复印机，在每个月内如果复印的张数不超过 2000 的话，则不需要再支付其他任何费用，超过 2000 张以后，每张再支付 4 美分。Haloid 公司(后来不久就改名为施乐公司)则同时提供所有必需的服务和技术支持。如果客户希望中止租约，只需提前 15 天通知公司即可。

令人难以置信的事情发生了：用户的办公室一旦安装了 914 型号复印机后，由于复印质量很高而且使用方便(不像湿法复印技术那样会在复印品上弄上脏手印，也不像热干法复印技术那样使用的热敏纸会慢慢变黄甚至卷曲起来)，用户每天要复印 2000 张！同时这种用量使 Haloid 从月租的第二天起，绝大多数复印机每多复印一张，就可以为 Haloid 公司带来额外的收入。在随后的十几年里，这种模式使公司的收入增长率一直保持在 41%，其股权回报率(ROE)也一直长期稳定在 20%左右。到了 1972 年，原本一家资本规模仅有 3000 万美元的小公司已经变成了年收入高达 25 亿美元的商业巨头——施乐公司！

(资料来源：百度，https://mbd.baidu.com/ma/s/CXOFzv/U)

二、商业模式的定义

商业模式一词于 1957 年首次出现在论文中。近几年，商业模式已经成为企业界、理论界经常讨论的热点问题。对于一家公司价值的评价、发展前景的评估，风险基金、创业精英和网络媒体已经不仅仅满足于盈利水平、资产状况、股价表现等信息，他们越来越关注公司是否拥有良好的商业模式。

虽然实践中对商业模式的应用越来越普遍，但是理论界并没有形成一个统一完整的定义。表 5-1 列出了一些有代表性的关于商业模式的定义。

表 5-1　商业模式的定义

学者(时间)	定义或解释
Timmers (1998)	商业模式是产品、服务和信息流的体系，描述了不同参与者和他们的角色以及这些参与者潜在利益和最后受益的来源
Pigneur(2000)	商业模式是关于公司和它的伙伴网络，给一个或几个细分市场顾客以产生有利可图的可持续的收益流的体系

学者(时间)	定义或解释
Amit&Zott(2001)	商业模式是利用商业机会的交易成分设计的体系构造，是公司、供应商、辅助者、伙伴以及雇员连接的所有活动的整合
Alexander Osterwalder & Yves Pignewr(2002)	定义为一个公司提供给一个或几个细分顾客和公司架构体系及合作伙伴网络的价值，公司创造、营销、传递这些价值和关系资本是为了产生盈利性的可持续的收益流
Rappa(2002)	将商业模式描述为：清楚说明一个公司如何通过价值链定位赚钱
Magretta (2002)	商业模式是说明企业如何运作
Seddon & Lewis(2004)	商业模式是对一组活动在组织单位中的配置，这些单位通过在企业内部和外部的活动在特定的产品和市场上创造价值

简言之，商业模式(Business Model)指企业实施其赖以生存的业务活动的方法。当你准备创业时，你只需要回答这个问题，即"你能提供一个什么样的产品，给什么样的用户创造什么样的价值，在创造用户价值的过程中，你用什么样的方法获得商业价值"。如果能够准确地回答，那么就基本上阐明清楚商业模式了。

三、商业模式的三个基本问题

(一)如何为顾客创造价值

商业模式的第一个基本问题是如何为顾客创造价值即顾客价值主张问题，也就是在既定价格上向顾客提供所需要的产品或服务。商业模式的出发点是必须真正了解顾客的需求。很多时候我们的企业或者设计师以为我们知道顾客需要什么，但实际上并没有真正了解顾客的需求。日本"二战"失败后大力发展汽车工业。之前做纺织机的丰田公司转行做汽车业，于 1955 年推出第一款名为"丰田宝贝"的汽车，因为看中了美国这个巨大的消费市场，故将其推向美国市场。第一款汽车推出后没几个月，这些汽车就被退了回来，因为它们的质量非常糟糕，生产量很大，却都不符合美国的质量要求。被退回来之后，日本请来了一个美国人，开始大面积开展"全面质量管理"。之后，丰田公司推出了第二款汽车，叫"丰田皇冠"，"丰田皇冠"推出后在美国市场仅卖了 288 辆。日本人为此觉得很纳闷，就派技术人员和专家到美国去考察，考察之后得出两个结论。第一个结论就是美国人喜欢靠前开车，而日本人是靠后开车，空间上不适合；另外，美国人比较豪放，喜欢踩油门，而日本车没有考虑到这点。第二个结论就是美国很多家庭都在买第二辆车，汽车在走向平民化，所以如果汽车卖得很贵，就不符合美国消费市场这一特点，很难打开销路。在了解了这些情况之后，丰田公司又开始了全面的汽车改造，推出了第三款汽车。丰田公司 1955 年推出第一款汽车到美国市场后，曾有这样的评论："日本人要想把汽车推向美国市场，至少得 10 年时间之后；要想超越福特、通用，至少得 20 年之后。"可是丰田只用了 10 年时间，于 1965 年成功地将"丰田花冠"这一款产品打入美国市场，并且这款车成为世界上有史以来卖得最好的车，全球总计卖出 3000 万辆。这个案例是想告诉大家，丰田推向美国市场前期是失败的，是真的因为质量不好吗？还是因为不了解客户的质量标准？日本人认为日本车质量很好了，可美国人与日本人的质量衡量标准一样吗？你觉得你

为客户很努力付出了，可你的付出与客户的需求相符合吗？这是需要认真思考的问题。你认为你付出很多了，可你所认为的付出与客户的需求是不一样的，这就需要去调整、去改善。所以第一步是了解顾客真实需要，然后在既定的价格上向其提供能够满足其需求的产品和服务。

(二)如何为企业创造价值

商业模式的第二个基本问题是如何为企业创造价值，即企业价值主张问题。企业不是慈善机构企业可持续发展的前提是要有足够的利润，也就是在为顾客创造价值的前提下，如何为自己创造价值。因此就要考虑很多问题，如收益模式、成本结构、资金成本等。近几年，随着网络经济的流行，我们经常看到免费的商业模式，如360免费杀毒软件。那么免费模式的核心又是什么呢？免费模式是让顾客充分占便宜，以此吸引大量的客流，通过延长利润链条，实现后端盈利。通俗地讲就是"东边不亮西边亮"。大家都知道很多电视电影的拍摄地点是横店影视城，横店影视城其实是横店集团打造的一个超级项目。他们在横店建造了大量的仿古建筑，投入了大量的资金。按照一般人的思路，耗费巨资建设这么多建筑，那么对于想拍影视的剧组应该是收费才能赚钱吧。对于影视剧组来说，到这里拍摄，剧组付钱也是合理的，因为一般的拍摄基地也是按日收租金的模式。但是横店采用的是免费方式，所有的剧组都可以免费来拍摄。采用这种模式，自然吸引了大量的剧组来这里拍摄影视。那么建设这么多建筑花费了大量的资金，现在免费使用，靠什么盈利呢？答案是其他的配套产业。剧组来这里拍影视，吃喝拉撒是避免不了的，这时候就会产生很多消费，他把这些配套产业出租给一些当地的居民来经营，对于当地的居民来说，获得了收益，对于没有经营生意的人来说，可以去当群演。那么对于横店影视集团来说还有另外一个赚钱点，这里是影视城，明星这么多，很多人想去看一看，收门票每人280元，一年一千多万人，这个门票收入十分喜人。所以无论从任何一个角度来看，他们这种免费的模式对于任何一方来说都是受益者。

(三)如何将价值在企业和顾客之间传递

为顾客和企业都设计好了良好的价值，但这种价值如何进行传递，这是商业模式的第三个基本问题。关键还是要看有没有独特的资源(顾客资源或产品渠道)和能力作为支撑，否则很难形成商业模式。创业者需要审视自己已经拥有的资源、还没得到的资源，以及如何通过适当的方式和成本获得需要的资源。当然有的创业者不是万事俱备才开始商业运作，而是往往掌握一到两个关键资源就开始运作。

从上述三个基本问题可以看出，商业模式本质上是要回答一些问题：你凭借哪些关键资源，又如何以合理的价格为顾客提供价值，并从该业务中如何赚钱。

四、商业模式的逻辑

商业模式就是一个企业如何赚钱的故事。这个故事的逻辑表现在层层递进的三个方面，如图5-1所示。

商业模式的逻辑

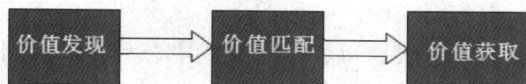

图 5-1　商业模式的逻辑

(一)价值发现

价值发现是商业模式逻辑的起点，它要求企业深入洞察市场、了解用户需求，挖掘出潜在的商业价值。这个环节的关键在于对市场趋势的敏锐把握和对消费者心理的深刻理解。企业需要通过市场调研、用户访谈等方式，收集并分析大量数据，以发现那些尚未被满足或尚未被充分满足的需求。

在价值发现的过程中，企业需要关注的不仅仅是产品或服务的物理属性，更重要的是它们所能带来的情感价值、社交价值和文化价值等。这些价值往往是决定消费者购买决策的关键因素，也是企业构建差异化竞争优势的重要来源。

【经典案例】

百度

李彦宏 1999 年从硅谷回国创业，创办了百度，开始了搜索引擎的开发。刚开始是为门户网站提供搜索服务，但 2001 年网络泡沫破灭，门户网站经营困难。此时百度从后台走向前台，设立了自己的网站，并向搜索引擎付费点击模式鼻祖 Overture 学习，进行商业模式的创新。对使用百度搜索服务的网民免费，采用"企业竞价排名"方式向企业收取费用。企业因为想在搜索结果页面上优先排序，必须向百度支付费用。因为百度提供的数据搜索结果既精准又快速，所以很快网民习惯了有事问"度娘"企业也通过竞价排名的方式，找到了自己的潜在目标用户。百度的搜索技术没变，但通过价值发现，2005 年百度公司在美国纳斯达克挂牌上市，以上市首日收盘价计算，百度市值达到了 39.58 亿美元。

如果绕过价值发现的思维过程，创业者很容易陷入"如果我们生产出产品或者提供服务，顾客就会来买"的错误逻辑，这是许多创业实践失败的重要原因之一。

【经典案例】

功夫熊

2014 年，持续处于风口的到家 O2O 服务，如提供在线预约美甲、按摩、美容、厨师服务平台，才热闹半年时间就开始"退烧"。曾经号称"全国最大上门推拿按摩平台"的"功夫熊"创造过业内融资奇迹。到家服务靠烧投资人的钱来打价格战，比到店还便宜，没有真正提升行业的效率。更重要的是到家服务如美甲、按摩、美容、厨师等都是低频次的服务，用户需求完全是靠补贴"养"着的，一旦补贴停止，消费就会立刻掉下来。被资本吹起来的生活服务业 O2O 经历了洗牌期，以上门推拿为主要服务的"功夫熊"平台业务已经停摆。

(二)价值匹配

价值匹配是商业模式逻辑的核心环节，它要求企业将所发现的价值与自身的资源和能

力进行匹配，创造出符合市场需求的产品或服务。这个环节的关键在于对资源的合理配置和对能力的有效利用。企业需要根据市场需求和竞争态势，结合自身的技术、人才、资金等资源，明确合作伙伴，设计出具有竞争力的产品或服务。同时，企业还需要关注用户体验和反馈，不断地优化产品或服务的功能和性能，以满足用户的期望和需求。

在价值匹配的过程中，企业需要注重创新和差异化。只有通过不断创新和打造独特的产品或服务，企业才能在激烈的市场竞争中脱颖而出，赢得用户的青睐和信任。

【经典案例】

戴尔

戴尔公司与供应商、托运企业、顾客以及其他许多商业伙伴的合作，使戴尔公司的商业模式成为可能。例如，如果戴尔的供应商不愿意在即时原则的基础上向它供应新式零部件，戴尔公司就要付出很高的库存成本，就不可能向顾客供应高品质产品或进行价格竞争。戴尔公司与供应商密切合作，不断地激励它们参与进来。通过与戴尔公司合作，也有助于供应商经营获利，因为戴尔的订单规模占了供应商很大部分的生产份额。戴尔公司以对供应商忠诚、对供应商的快速支付而闻名，这些都很重要。

【经典案例】

可口可乐

可口可乐2022年第三季度财报显示业绩增长迅猛。第三季度总营收为110亿美元，同比增长10%；净利润为28亿美元，同比增长14%。事实上，可口可乐的业绩只在2020年受到了疫情的短暂冲击，之后强劲复苏。可口可乐在充满不确定因素的外部环境中，展现出了强大的韧性和高度的灵活性。

为什么可口可乐这么能打，不管经济如何潮起潮落，可口可乐能始终保持高利润，旱涝保收呢？一个重要原因是，可口可乐设计了一个巧妙的商业模式——瓶装授权体系。即可口可乐公司自己不生产和销售可乐，它只生产浓缩糖浆，再把糖浆卖给经过授权的独立瓶装商，由他们将糖浆兑水、灌装成成品销售。

瓶装商的利润很高，可口可乐公司为什么要给瓶装商留出高利润？其实，瓶装授权体系是可口可乐公司能够穿越周期，并且在全球快速扩张的关键。在瓶装授权体系下，可口可乐能够一直保持轻资产。直到20世纪末，它也仅仅有8座浓缩糖浆厂，为全球几千家授权瓶装商供货。遇到经济衰退、政治动荡等因素，可口可乐可以很容易地调整它的糖浆产量，主要市场风险由瓶装商去承接。后来可口可乐干脆连糖浆都不生产了，只向瓶装商提供无糖浓缩粉，让瓶装商按照规定比例自己加糖，这样就把国际糖价波动的风险也全部甩给了瓶装商。

更重要的是，各地瓶装商是帮助可口可乐快速打开本土市场的利器。由于瓶装商的高利润，大家都想来抢这个生意，可口可乐每到一个新市场，就会授权当地最有实力的企业来做瓶装商，比如在日本就找三菱等大公司、在印度就找当地的宗教领袖等。借助他们的资源和影响力快速打开市场，也容易协调与当地的关系。

所以可口可乐不仅是营销厉害。比营销更强的是，它通过商业模式的创新，构建起一个强大的"合作伙伴生态"，从而实现快速扩张。

(三)价值获取

价值获取是商业模式逻辑的最终目标，它要求企业通过有效的营销和销售策略，将产品或服务转化为实际的经济收益。这个环节的关键在于对市场的精准定位和对用户的深度理解。企业需要制定合适的定价策略、推广渠道和销售渠道，以确保产品或服务的顺畅流通和有效转化。同时，企业还需要关注用户反馈和市场变化，及时调整策略，以保持市场竞争力和盈利能力。

在价值获取的过程中，企业需要注重长期利益和可持续发展，不能仅仅追求短期的利润最大化，而忽视了品牌声誉、用户关系等长期价值。只有通过持续地为用户提供优质产品和服务，赢得用户的信任和忠诚，企业才能实现长期的稳定发展和持续增长。

综上所述，商业模式的逻辑是一个系统而复杂的过程，它要求企业在价值发现、价值匹配和价值获取三个环节中不断迭代和优化，以实现商业价值的最大化。同时，企业还需要保持敏锐的市场洞察力和创新精神，不断地适应市场变化和用户需求的变化，以保持竞争优势和持续发展。

【经典案例】

字节跳动

字节跳动公司成立于2012年3月，短短几年间就发展得如火如荼。它的旗舰产品——今日头条，一推出就受到了广大用户的喜爱，通过海量信息采集、深度数据挖掘和用户行为分析，为用户智能推荐个性化信息。不仅如此，字节跳动还积极拓展海外市场，旗下的抖音和TikTok在全球都赢得了极高的声誉和市场份额。

价值发现：字节跳动通过深入洞察互联网时代的用户需求和行为变化，发现了短视频和个性化内容推荐的巨大市场潜力。公司运营人员认识到，随着智能手机的普及和移动互联网的快速发展，用户对高质量、个性化内容的需求日益增强。

价值匹配：字节跳动运用先进的大数据分析技术和算法，为用户提供高度个性化的内容推荐，精准匹配用户需求。其推出的抖音、今日头条等产品，不仅满足了用户娱乐、获取信息的需求，还通过智能化推荐，提高了用户的使用黏性和满意度。

价值获取：通过广告变现、电商引流等方式，字节跳动实现了价值的获取。其广告系统能够精准定向目标用户群体，提高广告效果；同时，通过与电商平台合作，引导用户进行购物，实现流量变现。

字节跳动公司通过深入洞察市场需求、精准匹配用户价值、有效获取商业价值，实现了企业的快速发展和持续增长，为中国其他企业提供了有益的借鉴和启示。

第二节 商业模式要素模型

世界上有很多公司是靠商业模式赚钱的。例如，优步(Uber)几乎不拥有出租车，却是市场上最大的出租车公司；爱彼迎(Airbnb)几乎不拥有任何一家酒店，却在全球范围拥有大量的房源。这些公司没有产品，就靠纯粹的商业模式赚钱。那么，到底什么是商业模

式？理论界对这个问题做了诸多探讨，形成了各种各样的门派，如二要素模型、三要素模型、四要素模型、六要素模型、九要素模型。

一、商业模式二要素模型

商业模式二要素模型是最简单最朴素的模型，它强调的是创造一种交易结构，这种结构首先必须确保顾客能够获得价值，同时企业也要从中获得价值。也就是说，这个模型追求的是顾客价值和企业价值的双重实现。并不是一件容易的事。当然，商业模式并不仅局限于二要素模型，还有其他更复杂的模型。不过，对于初学者来说，掌握好二要素模型已经是一个很好的开始了。

【经典案例】

泡泡玛特

泡泡玛特，这个潮流文化娱乐品牌，成立于2010年，短短十余年间便成为行业内的一颗璀璨明星。

首先，从顾客价值的角度来看，泡泡玛特通过其独特的产品定位和创新的营销策略，成功地吸引了大量消费者。其产品以潮流玩具为主，设计新颖、可爱，深受年轻消费者喜爱。同时，泡泡玛特通过推出盲盒销售模式，增加了产品的收集难度和趣味性，进一步刺激了消费者的购买欲望。此外，泡泡玛特还构建了潮玩社区，让玩家可以分享自己的开箱视频、交流玩法心得，从而增加了用户黏性和活跃度。这些举措都极大地提升了顾客价值，使消费者愿意为泡泡玛特的产品和服务买单。

其次，从企业价值的角度来看，泡泡玛特通过创新的商业模式实现了快速扩张和盈利增长。其线上线下的多渠道销售策略，使得产品可以覆盖更广泛的消费者群体。同时，泡泡玛特还通过与商场联办IP主题展等方式，提升了品牌知名度和影响力。这些举措不仅增加了企业的销售收入，还为企业积累了大量的忠实用户和口碑。此外，泡泡玛特还注重与IP方进行合作，通过引入热门IP形象，丰富了产品线，进一步提升了企业价值。

综上所述，泡泡玛特的商业模式二要素模型在顾客价值和企业价值方面都取得了显著成效。通过不断创新和优化产品、营销策略和渠道布局，泡泡玛特成功地打造了一个具有竞争力的潮玩品牌，实现了企业和消费者的双赢局面。

【经典案例】

蜜雪冰城

蜜雪冰城作为茶饮行业的佼佼者，其商业模式二要素模型在顾客价值和企业价值方面均表现出色。其高品质、低价格的茶饮形象和创新的商业模式，使得蜜雪冰城在竞争激烈的茶饮市场中脱颖而出，实现了持续稳健的发展。

首先，从顾客价值的角度来看，蜜雪冰城成功地打造了高品质、低价格的茶饮形象，深受消费者喜爱。其产品种类繁多，从奶茶、果茶到冰淇淋、咖啡，满足了不同消费者的口味需求。同时，蜜雪冰城注重产品的品质和口感，通过精选食材、严格把控生产流程，确保每一杯茶饮都能达到顾客的期待。此外，蜜雪冰城还通过线上线下多渠道销售，使得

消费者可以更加方便地购买到心仪的产品。这些举措都极大地提升了顾客价值，使消费者愿意选择蜜雪冰城作为他们的茶饮品牌。

其次，从企业价值的角度来看，蜜雪冰城通过创新的商业模式实现了规模化扩张和成本优化。其采用的加盟模式，使得品牌可以快速覆盖更多的市场，实现规模化效应。同时，蜜雪冰城注重供应链的优化和管理，通过核心食材规模化生产、原材料规模化采购等方式，不断降低成本，提高了企业的盈利能力。此外，蜜雪冰城还通过精准的市场定位和营销策略，吸引了大量的年轻消费者和下沉市场的用户，进一步提升了企业价值。

二、商业模式三要素模型

商业模式三要素模型，这是一个更细致和深入的探讨。通常，商业模式的三要素主要包括价值主张、关键资源和关键流程。

（1）价值主张是商业模式的核心，它描述了企业为其客户提供的产品或服务，并解释了为什么这些产品或服务对客户有价值。比如，某家电商平台的价值主张可能是提供便捷、安全的在线购物体验，以及丰富的商品选择。

（2）关键资源是企业为提供价值主张所需的重要资产。这些资源可以是物理资产，如工厂和设备，也可以是知识资产，如品牌和专利。例如，一家科技公司的关键资源可能是其独特的技术、专利和研发团队。

（3）关键流程是企业如何利用其关键资源来提供价值主张的步骤。这些流程涵盖了企业的运营、销售、服务等方面。以一家制造企业为例，其关键流程可能包括原材料的采购、产品的制造、质量的控制以及市场的销售等。

这三个要素相互关联、相互作用，共同构成了企业的商业模式。一个成功的商业模式需要在这三个方面都做到出色，从而确保企业能够持续地创造价值、实现盈利并保持竞争优势。

当然，商业模式并非一成不变，随着市场环境的变化和企业自身的发展，商业模式也需要不断地进行调整和优化。因此，企业需要时刻保持敏锐的市场洞察力和创新能力，以便在竞争激烈的市场中立于不败之地。

【经典案例】

滴滴出行

滴滴出行作为国内领先的一站式出行平台，它涵盖了出租车、专车、快车、顺风车等多种业务，简直就是出行界的"全能选手"。它连接了无数的用户和司机，让出行变得更加便捷、高效。滴滴出行其商业模式三要素模型说明如下。

（1）价值主张：滴滴出行提供便捷、安全的出行服务，解决了人们出行难的问题。它通过技术创新，提高了出行的效率和舒适度。

（2）关键资源：滴滴的关键资源包括其庞大的司机和用户群体、先进的数据分析能力和算法技术。这些资源使得滴滴能够精准匹配供需，优化出行路线，提高服务质量。

（3）关键流程：滴滴的关键流程包括司机招募、用户注册、订单匹配、服务评价和支付结算等。它通过智能化的订单匹配系统，提高了司机和乘客的匹配效率；同时，通过严格的司机审核和评价体系，确保服务的安全性和可靠性。

通过深入理解这些要素，企业可以更好地设计自己的商业模式，实现持续的价值创造和竞争优势。

三、商业模式四要素模型

商业模式四要素模型是指一个商业模式由四个核心要素组成，这四个要素分别是价值主张、客户群体、渠道和收益模式。

(1) 价值主张：指的是企业所提供的产品或服务与其他竞争对手不同的特点，即企业能够满足客户需求并为客户带来价值的核心点。价值主张的成功与否，直接决定了商业模式能否吸引并留住客户。

(2) 客户群体：涉及企业所面向的客户群体，包括他们的需求、购买力以及购买习惯等。深入理解客户群体，有助于企业更精准地定位产品与服务，以满足客户的期望。

(3) 渠道：指的是企业用来销售产品或服务的途径，如直销、代理商、零售商，线上还是线下渠道等。选择合适的渠道对于提升销售业绩至关重要，因为渠道的选择直接影响到客户的购买体验和企业的成本收益。

(4) 收益模式：这涉及企业如何通过销售产品或服务获得收益，包括售价、利润率、订阅费、广告费等。一个有效的收益模式可以确保企业在满足客户需求的同时，实现盈利和持续增长。

这四个要素共同构成了商业模式的基本框架，彼此之间相互关联、相互影响。企业需要通过不断优化和调整这四个要素，以应对市场变化、提升竞争力并实现可持续发展。请注意，虽然四要素模型被广泛接受和应用，但商业模式的设计和实施还需根据具体情况进行灵活调整和创新。

【经典案例】

苹果公司

苹果公司是一家总部位于美国加州的全球知名科技公司。由史蒂夫·乔布斯(Steve Joes)等人于1976年创立，起初专注于个人电脑的设计与制造。如今，其产品线已扩展至智能手机、平板电脑、可穿戴设备等多个领域，其中最著名的产品包括iPhone、iPad和Mac电脑等。苹果公司以创新和高品质闻名，不断引领科技潮流，为全球消费者提供卓越的产品和服务。苹果公司的商业模式四要素模型说明如下。

(1) 价值主张：苹果公司以其设计精良、用户友好的电子产品和操作系统而著称。其产品和服务提供出色的用户体验，满足了消费者对高品质、高性能产品的需求。

(2) 客户群体：苹果公司主要面向追求高品质、注重设计和创新的中高端消费者。其粉丝群体忠诚度极高，且愿意为苹果的产品支付溢价。

(3) 渠道：苹果公司采用直接销售和间接销售相结合的方式。其官方网站和零售店提供直接购买渠道，同时与全球各地的授权经销商合作，扩大了销售网络。

(4) 收益模式：苹果公司主要通过销售硬件产品获得收益，包括智能手机、电脑、平板等。此外，其应用商店内的数字内容销售、订阅服务以及配件销售也是重要的收入来源。

【经典案例】

网飞(Netflix)

Netflix 是一家全球领先的流媒体娱乐平台，提供丰富多样的电影、电视剧、纪录片等高质量内容。用户可以通过在线订阅的方式，随时随地观看自己喜爱的节目。作为流媒体市场的佼佼者，Netflix 以其优秀的原创内容、用户友好的界面和出色的观看体验，赢得了全球众多用户的喜爱。Netflix 公司的商业模式是四要素模型，几个要素说明如下。

(1) 价值主张：Netflix 提供丰富的影视内容，并通过其流媒体平台为用户提供便捷的观看体验。其无广告、按需观看的特点深受用户喜爱。

(2) 客户群体：Netflix 面向广大影视爱好者，尤其是年轻人和家庭用户。其用户群体具有高度的黏性，且愿意为优质内容支付订阅费用。

(3) 渠道：Netflix 主要通过其自有的流媒体平台提供服务，用户可以通过网站、手机应用等多种方式访问。此外，Netflix 还与部分智能电视和机顶盒厂商合作，将服务集成到更多设备中。

(4) 收益模式：Netflix 采用订阅制收益模式，用户需支付月费以享受其服务。随着用户规模的扩大和内容库的丰富，Netflix 的订阅收入持续增长。

四、商业模式六要素模型

商业模式六要素模型是一种用于解析和构建企业商业模式的思维工具，该模型强调从定位来理解企业的运行机制，并最终体现企业价值。这六个要素如下。

(1) 定位：企业确定用什么样的产品或服务来体现客户价值，这涉及对目标市场的深入理解和对客户需求的准确把握。

(2) 业务系统：业务系统是指达成定位所需要的业务环节、合作伙伴角色以及利益相关者之间的合作与交易方式。这包括企业内部各部门的协同工作，以及与外部合作伙伴之间的合作机制。

(3) 关键资源能力：关键资源能力是指让业务系统得以运转的重要资源和能力。这些资源可能包括技术、专利、人才、资金等，而能力则涉及企业的运营管理能力、创新能力等。

(4) 盈利模式：描述企业如何获得收入、分配成本以及赚取利润。这涉及产品的定价策略、销售渠道的选择以及成本控制等多个方面。

(5) 自由现金流结构：关注的是企业的现金流状况，即现金收入与现金投资之间的关系。良好的现金流结构是企业稳健运营和持续发展的基础。

(6) 企业价值：体现的是企业的投资价值，其中"自由现金流的贴现值"是一个重要的评价指标。企业价值不仅反映了企业的当前状况，还预示着其未来的发展潜力。

这六个要素相互影响、相互支撑，共同构成了一个有机的商业模式体系。通过对这六个要素的深入分析和优化，企业可以构建出更加高效、稳健的商业模式，从而实现企业价值的最大化。

【经典案例】

亚马逊(Amazon)

亚马逊是全球最大的网络电子商务公司，总部位于美国华盛顿州西雅图。该公司创立

于 1995 年，起初仅经营网络书籍销售业务，现已扩展至广泛的产品领域，成为全球商品品种最多的网上零售商和领先的互联网企业。此外，亚马逊还积极拓展其他业务，如云计算、人工智能等，持续创新并引领行业发展。亚马逊公司的商业模式六要素模型说明如下。

(1) 定位：亚马逊将自己定位为全球最大的在线零售商，提供从图书、电子产品到日常生活用品的广泛选择。通过便捷的在线购物体验和快速的配送服务，满足消费者的购物需求。

(2) 业务系统：亚马逊构建了一个庞大的电子商务生态系统，包括自营业务、第三方卖家平台、物流配送、云计算服务等。这些业务环节相互协同，形成了一个高效的商业闭环。

(3) 关键资源能力：亚马逊拥有强大的技术实力和数据分析能力，通过大数据和算法优化用户体验、提升销售效率。同时，其高效的物流系统和仓储管理也是其核心竞争力之一。

(4) 盈利模式：亚马逊主要通过销售商品和服务获得收入，同时，其亚马逊网络服务(AWS)也带来了可观的利润。此外，亚马逊还通过 Prime 会员制度、广告收入等方式增加收入来源。

(5) 现金流结构：亚马逊在运营过程中注重现金流的管理和优化，通过合理的投资和融资策略，确保现金流的稳定和充足。

(6) 企业价值：亚马逊以其创新的商业模式和强大的竞争力，成为全球最具价值的公司之一。

该案例展示了企业在商业模式六要素方面的实践和创新，通过优化定位、业务系统、关键资源能力、盈利模式、现金流结构以及提升企业价值，实现了商业模式的成功运作和持续发展。

五、商业模式九要素模型

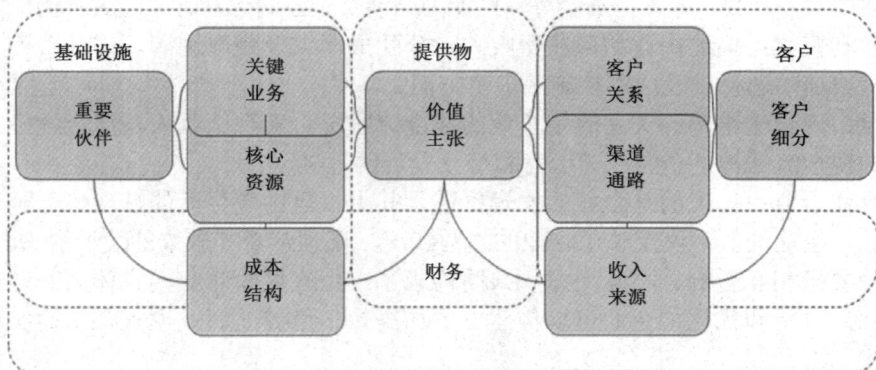

商业模式九要素模型如图 5-2 所示，是一个全面分析企业商业模式的框架，它涵盖了企业运营中的关键方面。

商业模式九要素模型

图 5-2　商业模式九要素模型

(资料来源：亚历山大·奥斯特瓦德，伊夫·皮尼厄. 商业模式新生代[M]. 北京：机械工业出版社，2011.)

这九个要素分别如下。

(1) 价值主张：指企业为客户提供的产品或服务的价值所在，它解决了客户的哪些问题并满足了哪些需求。价值主张是企业与顾客之间的核心契约，它决定了顾客是否愿意购买和使用企业的产品或服务。

(2) 客户细分：指企业所服务的目标顾客群体。明确客户细分有助于企业更精准地定位市场，制定有针对性的营销策略，从而更好地满足顾客需求。

(3) 渠道通路：描述企业如何与目标客户交流并传递价值。这包括线上和线下的各种渠道，以及企业与客户的接触点，它决定了企业如何有效地将产品或服务传递给顾客。

(4) 客户关系：涉及企业与特定客户之间建立的关系类型以及如何维护这些关系。良好的客户关系有助于增强客户忠诚度、提高客户满意度，从而为企业带来长期的商业利益。

(5) 收入来源：指企业从提供的产品或服务中获得的经济回报。理解收入来源有助于企业制定合理的定价策略和财务计划，确保商业模式的可持续性。

(6) 关键业务：指企业为了实现其商业模式所必须执行的核心业务活动。这些活动包括研发、生产、销售、售后服务等，它们共同构成了企业的运营体系。

(7) 关键资源：指企业为了执行其商业模式所需要的核心资源，包括人力资源、技术、设备、资金等。这些资源是企业成功运营的基础，对于实现商业目标至关重要。

(8) 关键合作伙伴：指企业在实现商业模式过程中需要与之合作的伙伴，如供应商、分销商、战略投资者等。与合适的合作伙伴建立紧密的合作关系有助于企业降低运营成本，提高运营效率，增强市场竞争力。

(9) 成本结构：指企业在运营过程中所产生的各项成本，包括原材料成本、人工成本、运营成本等。优化成本结构有助于企业提高盈利能力，实现可持续发展。

这九个要素相互关联、相互影响，共同构成了商业模式的整体框架。企业需要仔细分析和调整这些要素，从而找到最适合自己的商业模式，实现商业成功。

【经典案例】

瑞幸咖啡

瑞幸咖啡是中国知名的连锁咖啡品牌，自 2017 年首家门店在北京试运营以来，迅速在全国范围内扩张。瑞幸咖啡不断创新，结合现代科技与传统咖啡文化，打造独特的咖啡文化氛围，成为中国现制咖啡店市场的领军企业之一。瑞幸咖啡的商业模式九要素模型展开如下。

(1) 价值主张：瑞幸咖啡的价值主张在于提供高品质、便捷创新且价格亲民的咖啡体验。它注重咖啡的口味、品质以及消费环境的舒适度，致力于为消费者带来与众不同的咖啡享受。此外，瑞幸咖啡还通过推出各种新品和季节性限定产品以及联名产品，满足消费者的尝鲜需求，增强品牌吸引力。

(2) 客户细分：瑞幸咖啡主要面向年轻白领、商务人士、学生以及追求品质生活的消费者群体。这些群体对于咖啡的品质和口感有一定要求，同时注重消费体验和生活品质。瑞幸咖啡通过精准的市场定位和差异化的产品策略，成功地吸引了这些目标消费者。

(3) 渠道通路：瑞幸咖啡通过线上平台和线下门店相结合的方式，实现多渠道销售。线上平台包括自有 App、官网、微信小程序等，为消费者提供便捷的在线点单、支付和配

送服务。线下门店则覆盖购物中心、写字楼、商业街等区域，提供舒适的消费环境和现场体验。此外，瑞幸咖啡还与第三方外卖平台合作，拓宽销售渠道，提高品牌曝光度。

(4) 客户关系：瑞幸咖啡注重与消费者的互动和沟通，通过会员制度、积分兑换、优惠券等方式，增强客户的归属感和忠诚度。同时，瑞幸咖啡还积极收集客户反馈，不断优化产品和服务，提升客户满意度。此外，瑞幸咖啡还通过社交媒体平台与消费者进行互动，分享品牌故事和产品信息，增强品牌形象和客户黏性。

(5) 收入来源：瑞幸咖啡的收入主要来源于咖啡销售、食品销售以及会员费等。通过提供多样化的产品和服务，以及吸引更多的会员，瑞幸咖啡实现了稳定的收入来源。同时，瑞幸咖啡还通过优化成本控制和提高运营效率，实现盈利增长。

(6) 关键业务：瑞幸咖啡的关键业务包括咖啡豆采购、烘焙、产品研发、门店运营以及线上平台运营等。这些业务环节共同构成了瑞幸咖啡的核心竞争力，确保了产品品质和服务的稳定性。

(7) 关键资源：瑞幸咖啡的关键资源包括优质的咖啡豆供应商、专业的烘焙设备和技术、高效的物流配送体系以及优秀的门店运营团队。这些资源为瑞幸咖啡提供了稳定的产品供应和优质的服务保障。

(8) 关键合作伙伴：瑞幸咖啡与咖啡豆供应商、物流服务商、广告代理商等建立了紧密的合作关系。这些合作伙伴为瑞幸咖啡提供了稳定的供应链支持、高效的物流配送以及有效的品牌推广，共同推动了瑞幸咖啡的发展。

(9) 成本结构：瑞幸咖啡的成本结构主要包括原材料成本、人工成本、运营成本以及营销成本等。为了降低成本并提高盈利能力，瑞幸咖啡通过优化采购渠道、提高生产效率、降低库存等方式，实现了成本的有效控制。

综上所述，瑞幸咖啡通过精准定位目标消费者、优化产品和服务、拓宽销售渠道以及降低成本等方式，实现了商业模式的创新和成功。

第三节　商业模式设计的一般过程

在学习了第二节商业模式的构成要素之后，接下来我们将结合本章引例"不走寻常路"的理发店——快美屋(QB House)，了解商业模式设计的一般过程。商业模式的设计过程不是一蹴而就的，可能要经历多次修改。

商业模式设计的
一般过程(一)

一、确定目标顾客

商业模式设计的第一步是确定你的顾客是谁，这也是最重要的一步。初次创业者最常犯的错误要么是不知道顾客是谁，要么是认为所有人都是你的顾客。如果一个创业项目想服务所有的人，那一定会失败。所以你一定要认真想清楚你的顾客是什么样的人，他为什么会买我的产品或服务。在识别目标顾客时，我们可以参照以下几个步骤：①描述目标顾客的基本特征。比如年龄、性别、城市、婚否、教育水平、收入水平、兴趣、爱好、平时的消费习惯等。②创业者自行详细列出顾客可能的问题，并按重要程序顺序排列出来。③确认问题。这需要创业者先找 5～6 个符合要求的目标顾客聊天，确认每个顾客的问题

所在。在这个过程中，会删掉一些我们认为有但实际不存在的问题，也可能会增加他们真正的问题。带着这个问题清单，再和 20~30 个人面对面聊天，再一次确认哪些问题是普遍的问题，同时也对他们的付费意愿做初步的调查。然后进一步做更大范围的消费者问卷调查。④调查市场。拿着问题清单去做市场调查，包括竞争性产品或服务有哪些，当前的市场价格如何、上下游关系切入容易与否等。

以 QB House 为例，通过以上步骤，确认男性为目标顾客，特征是讨厌排队、讨厌在理发过程中听理发师不断地推荐各类护发、洗发产品、烫染或做造型等。他们只想安静、快速地将头发剪短，且不需要额外服务，如洗发、吹发、刮胡子和按摩等。

二、定义并检验价值主张

价值主张是商业模式的基础，即我们通过什么产品或服务向既定的目标顾客传递什么样的价值。起源是我们的目标顾客有没有一种没有被发现或者被发现了但没有被充分满足的需求。创业团队必须反复问自己几个问题：你的产品是什么？能为用户创造什么价值？你的产品解决了哪一类用户的什么问题？你的产品能把价格从贵变成便宜甚至免费吗？能把复杂变成简单吗？创业团队可以通过头脑风暴方法思考可能的价值主张。价值主张必须是简单明晰，并且可以实现。

以 QB house 为例，在 QB House 门店的墙上，可以看到这样的字句："我们的使命是提供'时间'的价值""时间产业 = 旨在追求效力，以'至短'时间提供服务"等等。时间价值是小西国义区分目标客户与崇尚休闲享受式理发客户的分界线，这间理发店从顾客对快捷、便宜的单剪发要求出发，减省剪发以外的所有步骤，让美发师以最佳的效率为顾客提供服务。

怎样保证 10 分钟理发的实现呢？一般人在单纯的理发环节，所需时间大概为 10 分钟到 15 分钟。而动辄几十分钟甚至几个小时的时间，大多消耗在清洗、设计发型、烫染等其他服务上。QB House 提出，不清洗、不设计、不烫染，只剪发，将时间仅用在目标顾客最需要的服务上。一般人的头发一个月后会长大概 10~12 毫米。在 QB House，理发师会为客人修剪掉过长的部分，在不大幅度改变现状的同时，为客人维持个人风格提供最佳发型，这个过程不需要设计，却依赖发型师对业务的熟练技巧和专注。

三、设计营收模式

设计营收模式即结合我们所确定的目标顾客及价值主张，设计可能的收费对象、收入来源及定价，继而确定此商业模式可能的营业收入来源及规模。按收费对象可以分为 to B(企业)，to C(终端消费者)。如百度不向 C 端(搜索服务的使用者)收费，而转向 B 端(企业广告主)收费。按收入来源可以分为广告收入、佣金收入、会员费收入、销售商品收入、劳务收入、利息收入、租金收入、股利收入、知识产权收入、特许经营权收入、专利权收入等。既可以按时间来收费，如按小时、日、月、年来收费，也可以按服务的次数收费，甚至还有基础服务免费，增值服务收费等。这些方式的组合就构成多种多样的收入模式。设计收入模式的时候也必须兼顾成本结构。成本可以分为固定成本与变动成本，如果是在网络产业，这个定义与制造业有很大的不同。对一个网络公司来说，产品开发人员的成本往往是固定成本，而获得用户的成本才是变动成本。因为即使短期内产品的毛利是负的，你

不可能把产品部门裁撤，否则毛利将永无转正的一天。相对来说，当某个营销渠道的效率很低，如花巨额补贴买来的客户，如果没有相对应的营收贡献值时，可以考虑停止在这个渠道购买广告。

而最终的目标，当然是让"收入-支出>0"，当一个商业模式做到了这件事情，并且有高度可规模化的、大量的潜在客户，而所有其他区域也能跟着规模化，则我们称为这是一个有前景的商业模式，也是所有初创业者追求的目标。

以QB House为例，虽然由于在服务上删繁就简，使QB House的定价远低于传统美发厅(在日本，理发通常需要3000～5000日元)。每位客人10分钟，收费1000日元的定价是QB House价值主张的完美体现。低价省时带来了大量的用户，虽然客单价低，但客人数量多，所以收入规模上也是不小的数字。为了做到"收入-支出>0"，所以成本上要尽量降低，但又不能给顾客简陋、低价、服务随意的低端美发厅的感觉，此时需要小心地设计关键流程和资源。

四、设计关键流程和资源

在目标客户、价值主张及营业收入模式确定后，就必须考虑支持这些所需要的关键活动、关键资源是什么。

商业模式设计的一般过程(二)

关键活动也就是身为一个创业团队，你务必要完成的工作项目。如果你连产品都还没有，那"开发产品"当然就是你的关键活动。但开发什么产品？绝对不是你自己有兴趣做的，更不是为了酷炫而做的产品。你要开发的产品，是基于前面研究了目标客户共同痛点，因而决定提出的价值主张，然后再根据你假设的顾客关系和渠道，所得出来的一个产品。所以关键活动就是去实际做出这样的一个产品。这里面因为有太多假设，所以产品是否真的能够解决上述客户的问题、客户是否真的有这些问题，往往必须在产品与客户接触的那一瞬间，才有办法验证。而创业团队的时间、金钱有限，所以大概没办法花半年、一年的时间做一个大产品，然后才在最后跟客户一拍两散。所以你必须要很快地开发完成，低成本试错。除了把不需要的功能删掉之外，产品开发的流程也要变得更有效率。而当产品开发完成，并且发现产品和市场之间存在适配关系之后，则你的关键活动也会开始变多。业务、客户服务、商务发展、质量控管，只要会帮助整个公司进步的，都必须要放入商业模式的"画布"里面加以追踪，并且想办法不断演进。

关键资源是根据前面所有的假设与定义，这个商业模式需要什么资源。如果提供的是为女性提供特卖服务的"唯品会"，那你的关键资源当然是"买手团队+价格低廉的大牌"。因为少了这些"买手团队+价格低廉的大牌"，那你开发再完美的电商系统也没用。如果你是提供家政服务的线上预订平台，如"好慷在线"，那关键资源就是保洁阿姨的服务质量。

当然，千万别忘了，创业团队的成员也是重要的关键资源。所以建立一个合适的制度来保持团队决策的高效性也是非常重要的。最后，对于创业团队来说，资金一定是非常重要的关键资源，尤其当你想要加速成长的时候。

关键伙伴就是提供你关键资源的那些伙伴，如以网络零售平台来说，关键伙伴是为你提供营销渠道、正品货源、快递服务、电子支付的企业等。

以QB House为例，刚开业时，这是一间规模很小的理发店，设立于日本东京的人流

密集地区，获客成本比较低。店铺只有几平方米，两三个座位，店铺的设计灵感来自帆船的船舱，令空间可以更有效地得以运用。为了满足十分钟快捷剪发的效率需求，小西国义充分发挥了日本人善于利用空间的特点，专门开发了一套不同于传统美发店的美发"系统"——剪发组合柜：柜子正面是操作台和安放消毒柜、毛巾、梳子、镜子、发剪等所有剪发必需用品的隔断，各种物件都有自己的卡槽，各安其位，整洁干净；柜子背面，则被用来放置客人的衣物。每个柜子就是一个美发师的工位，配以尺码明显小于传统理发店的椅子，用以整洁收纳和节省空间。

另一项发明是被称作 air washer(空气清洗机，在理发店里，也可认为是一种吹风机)的小型筒状电器，顶端附有软毛，用以吸附和清理顾客理发后留在头上和颈部的碎发。这也是"免洗"的核心所在，不洗头，却保障客人不会为碎发所困扰。

在 QB House，为了保障服务的品质，几乎所有的用具都是特别定制的。除了组合柜之外，还有为了放进组合柜而定制的微型消毒柜、给客人使用的一次性围巾、用后可以给客人拿走留作纪念的梳子等。所有非一次性用具，甚至理发师的手，都是必须一客一消毒，小西国义是想用这样的企业标准告诉大家：廉价和简捷，并不意味着低质，相反，客人可以在这里享受到精心的服务，而这些服务，恰恰又是客人全部都需要的，没有一样多余。

在这小小理发店的整体创新体系中，还有一个重要的环节是等位指示。QB House 在店面的等位处，设置了一个由红黄绿三种颜色组成的信号灯，用来向客人指示店铺的繁忙程度。绿色表示立刻可以提供服务，黄色表示需要等候 5～10 分钟，红色表示需要等候 15 分钟以上。客人可以依据自己的时间，选择要不要继续等待。更智能的是，理发座椅下都有传感器，可以自动将顾客数据传输到后台系统中，总部可以对各家店铺的客流情况了然于胸。

为了让理发师更专注于理发服务，QB House 的所有店面都可以不收现金，而是设置了不设找赎的刷卡机。这种设计便捷了顾客，也可以避免工作人员收银找零的麻烦，使店面的服务全部聚焦于剪发服务上。

最后，商业模式是一个动态的系统，九大要素之间是互相影响的，而没有绝对从属关系。要素间必须要巧妙、和谐地共事，经常需要动态的调整才能够达到系统的目的。"大胆假设，小心求证"，一步步搭建起一个可规模化的商业模式。

第四节　商业模式的创新与进化

商业模式创新
的定义、阻力
和动力

互联网的出现改变了基本的商业竞争环境和经济规则，使得大量新的商业实践成为可能。一批基于它的新型企业应运而生，如雅虎(Yahoo)、亚马逊(Amazon)及易贝(eBay)等，在短短几年时间里，就取得巨大发展，并成功上市，造就很多千万富翁甚至亿万富翁，产生了强大的示范效应。它们的赚钱方式，明显有别于传统企业，于是，商业模式一词开始流行。这些基于互联网的新型企业的出现，对许多传统企业也产生深远冲击与影响。如亚马逊仅用短短几年就显示出强大的生命力与竞争力，很快就发展为世界上最大的图书零售商，给传统书店带来严峻挑战。1998 年以后，美国政府也因此对一些商业模式创新授予专利，以给予积极的鼓励与保护。无论对准备创业的人，还是已有企业的人，

这些都激励他们在这个经济变革时期从根本上重新思考自己的企业商业模式，商业模式创新开始受到重视。

2001 年互联网泡沫的破裂，许多基于互联网的企业虽然可能有很好的技术，但由于缺乏良好的商业模式而破产倒闭。而另一些尽管它们的技术最初可能不是最好的，但由于好的商业模式，依然保持很好的发展。人们认识到，在全球化浪潮冲击、技术变革加快及商业环境变得更加不确定的时代，决定企业成败最重要的因素，不是技术，而是它的商业模式。2003 年前后，创新并设计出好的商业模式，成了商业界关注新的焦点，商业模式创新被认为能带来战略性的竞争优势，是新时期企业应该具备的关键能力。

一、什么是商业模式创新

商业模式创新是指企业对其价值创造提供的基本逻辑进行变革，以满足顾客不断变化的需求，并为企业开拓新的市场，吸引新的客户群。这种创新不仅涉及产品或服务的提供方式，更包括企业如何与合作伙伴、客户及市场进行互动和连接。

从内涵来看，商业模式创新意味着对现有商业模式中的各个要素进行重新审视和组合，以创造出更高效益和竞争优势的新模式。这包括对价值发现、价值匹配和价值获取三个核心环节的重新思考和优化。价值发现要求企业深入洞察市场趋势和消费者需求，挖掘出潜在的商业价值；价值匹配则需要企业将所发现的价值与自身资源和能力进行匹配，创造出符合市场需求的产品或服务；价值获取则关注如何将产品或服务转化为实际的经济收益，实现企业的盈利目标。

商业模式创新的内涵还体现在其开放性和合作性上。越来越多的企业开始采用开放的商业模式，通过与其他企业、组织或个人进行合作，实现资源共享和价值共创。这种合作不仅可以降低企业的运营成本、提高运营效率，还可以帮助企业获取更多的市场信息和资源，从而更好地满足客户需求，提升竞争力。

总之，商业模式创新是企业实现可持续发展的关键途径。它要求企业不断地适应市场变化，创新产品和服务，优化价值创造过程，从而在激烈的市场竞争中保持领先地位。

【经典案例】

华为智能充电网络

2024 年 4 月 25 日华为召开了智能充电网络战略与新品发布会，在会上升级款的全液冷超充博得了所有人的眼球，其最大的特点就是充电的速度非常快，喝一杯咖啡的时间就可以满电出发，300 公里的续航仅仅需要短短的五六分钟，和加个油没有什么差别。另外一个特别吸睛的地方就是华为的超充，所有的电车都可以使用，而不是像以前各个品牌找各个品牌的桩，非常麻烦。华为的想法很简单，也很务实：让有路的地方具有高质量的充电桩，让桩进得了城、上得了山、下得了乡。

华为这个全液冷超充平台的构建整体思路到底是什么呢？电车车主一直有续航焦虑，于是车企就加大电池。电池大了，续航是上去了，可是车价也涨上去了。而且充电的时间变得更久了，最终的结果其实是伤害了用户的利益和体验。华为另辟蹊径，找到了一个"突破口"，思路是打造一个开放平台，联合上下游的产业链伙伴为所有的电车车主打造

1～2 公里的充电圈。通过华为技术的创新，在 5 分钟以内充满电，这样做的好处是充电桩到处都是，充电又充得很快，车就不需要那么大的电池了。电池小了，造车的成本自然就下来了，这一圈转下来各利益相关方都感觉很满意：从用户的角度，既能买到便宜的车，又能够得到快速的充电服务，还能解决续航焦虑；从运营商的角度，超充桩使用效率提升了，投资回报率就高了，就更加愿意投入成本去建设充电桩了；而从车企的角度，车载的电池变小了，车价就更有竞争力了；从电网的角度，可以节省电能又可以增强持续性。可以说华为的这套解决方案不但是在充电性能上把国产的电桩拉到了一个前所未有的高度，更重要的是它引导了整个数字能源生态产业的发展趋势，尤其是在细分领域数字电力能源的产业方向上。之前很多充电桩，从外观上看都长得差不多，但其实内部的数字化控制做得很差，这就导致电的分配涝的涝、旱的旱。华为是把数字化技术和电力电子技术做了结合，一方面它是对电力进行实时的监控和管理，另一方面是引导电力进行有序的分配和流动，从而实现"充电的精准投放和控制"，这就意味着浪费和损耗减少了，那折算到车主身上就等于变相地让大家更省钱了，另外华为的超充在这个绝缘和燃爆的风险上，也是做了大幅度的安全性能的提升。纵观华为，它一直以来的定位都是产业链背后的解决方案的供应商，主要是做开放平台。那现在要推动地域这么广、密度这么大的一张充电大网，就需要联合更多的伙伴加入进来，所以这次它正式发起了超充联盟，目前包括阿维塔、北汽、理想、奇瑞、比亚迪、小鹏、赛力斯等 11 家车企和多家 TOP 级的运营商加入进来，后续将会有更多家。截至 2024 年 6 月，华为和他的伙伴们已经完成了 2 万智能充电桩的建设，预计到 2024 年年底将超过 10 万家。

二、商业模式创新的动力和阻力

(一)商业模式创新的动力

商业模式创新的动力和阻力是企业在推动创新过程中需要面对的关键因素。动力主要来源于以下几个方面。

(1) 技术推动：新的突破性技术的出现，能够推动企业进行商业模式创新。科学技术是第一生产力，历史上的科技革命都极大地推动了人类社会的进步，也带来了商业模式的变革。

(2) 需求拉动：消费者需求的变化也是商业模式创新的重要动力。随着社会经济的发展和消费者需求的变化，企业需要不断地进行产品和服务的创新，以满足消费者的需求。

(3) 竞争逼迫：竞争者之间激烈的竞争也是推动企业进行商业模式创新的动力。当面临激烈的外部竞争时，企业的领导者往往会被迫寻找一种新的商业模式，以保持自己的竞争性地位。

(4) 政府促进：政府在企业商业模式创新中也发挥着重要作用。政府可以通过政策引导、财政支持等方式，鼓励企业进行商业模式创新。

【经典案例】

永辉超市的"农改超"模式

永辉超市的"农改超"模式是一种将传统农贸市场与现代超市经营理念相结合的创新

商业模式。该模式的实施旨在改变传统农贸市场的购物环境,提升农产品质量和服务水平,满足消费者对于高品质生活的追求。

首先,永辉超市摒弃了传统的摊位分租做法,采取统一采购、统一服务的规范标准。这样做避免了假冒伪劣商品的流入,确保了商品质量。同时,超市实行商品上架超市化、经营理念超市化、销售服务超市化、购物环境超市化、售后结算超市化,彻底改变了原先农贸市场的"脏乱差"形象。在生鲜经营方面,永辉超市尤为重视。它们通过标准化改造来规范经营管理,如家禽柜台采用透明封闭的方式经营,水产柜台使用统一印制的马甲袋,以及设立简易检测站对农产品进行抽检。这些措施都大大地提高了农产品的质量和安全性。在采购和销售环节,永辉超市也有其独特之处。它们实行循环采购,驻场采购人员随时了解市场行情,以确保商品的新鲜度和价格优势。此外,永辉超市还积极与农户、专业合作社等对接,通过"超市+代办"和"超市+专业合作社"的方式,建立稳定的供货渠道,确保农产品的品质和供应稳定性。在营销策略上,永辉超市坚持以生鲜产品为最大特色,用新鲜且低于同行业的大众化农产品吸引消费者。它们将生鲜区经营面积占总体的一半,提供丰富的生鲜农副产品种类,满足消费者的各种需求。同时,永辉超市还通过市场定位策略分析,将"生鲜农贸市场"建设成为"生鲜超市",以吸引更多消费者。

政府在这一过程中也发挥了重要作用。福州市政府通过媒体宣传、整顿市场秩序、推动网点改造等措施,为永辉超市的"农改超"模式提供了有力支持。企业与政府的紧密合作,使得"农改超"模式得以顺利实施并取得了显著成效。综上所述,永辉超市的"农改超"模式通过统一采购、标准化改造、与农户对接以及精准营销策略等手段得以实施。这一模式的成功实施不仅提升了企业的竞争力,也为整个零售行业树立了创新标杆。

(二)商业模式创新的阻力

商业模式作为一种创新形态,在实施过程中,会遭遇到来自组织内外的多种阻力,具体如下。

(1) 法律法规约束:某些创新的商业模式可能受到现有法律法规的限制或约束,增加了创新的难度。

(2) 市场不确定性:新商业模式的市场接受度和盈利前景往往存在不确定性,这可能使企业在创新时持谨慎态度。

(3) 资源限制:企业在推进商业模式创新时,可能会面临资金、技术、人才等资源的短缺。

(4) 组织惯性:企业可能由于长期形成的组织结构和运营惯性,难以快速适应新的商业模式。

为了克服以上这些阻力,企业需要具备前瞻性的战略眼光、灵活的组织结构、充足的资源储备以及应对市场不确定性的能力。同时,企业也需要密切关注法律法规的变化,以确保创新的合法性和合规性。

凡是创新一定会有很多阻力,商业模式的创新也不例外,只有当创新的动力冲破阻力时,商业模式的创新才有可能启动。商业模式的创新近些年来被广泛地应用,无论是哪个阶段或类型的企业都需要商业模式创新。比如,新创企业为了生存,需要根据企业的资源条件及竞争环境不断地调整商业模式；大企业为了企业焕发新的活力，也需要寻求新的商业模式，甚至公益机构也需要注入新的商业模式。

【经典案例】

索尼公司的 Walkman

20 世纪八九十年代，索尼公司的 Walkman(随身听)曾经在全世界风靡一时，带来了一场音乐收听方式的革命。其便携式和个性化的特点让随时随地听音乐成为可能，改变了人们听音乐的习惯，并创造了"耳机文化"这一概念。之后虽然索尼公司研发部门已经研制出以 MP3 为代表的数字音乐格式，但由于公司的强势部门是为公司挣得绝大多数利润的 Walkman 部门，在公司资源分配方面，新的研发被排挤，不被重视，没有获得足够的资源支持。之后互联网逐渐普及，年轻人选择从网络下载音乐，而不是去商店购买磁带和 CD，随身听的主流地位也逐渐被 MP3 播放器所取代。尽管后来索尼公司也随着时代的需求陆续推出使用闪存的数字机型随身听，但是，由于一开始没有积极投入 MP3 的市场开发，曾经是创新代名词的索尼逐渐从随身听市场的开拓者和领导者降为市场的追随者。

三、商业模式创新的路径

不断创新是企业保持生命力的唯一途径，在变幻莫测的商业环境中，企业必须随时调整自己的商业模式。设计再好的商业模式也不可能永恒。商业模式必须根据客户需求的变化，以及市场竞争形势而做出调整和变化。其创新路径因创业者的资源及视角、竞争压力不同而不同。下面列出 6 种再造商业模式的途径。

商业模式创新
的路径

(一)通过量的增长扩展现有的商业模式

通过量的改变，增加回报。比如将现有的业务推广到新的地域、新的使用场景或增加产品线和服务种类，以便吸引更多的用户。向老客户提供增值服务与向新客户提供成熟业务就是一种常用的方式，如酒店管理集团、百货零售管理集团、连锁加盟经营等一类以管理为主营业务的公司。最近我们在部分机场发现，原有的普通椅子部分改成了有按摩功能的椅子。用户通过扫描二维码，支付 3～6 元钱，就可以享受 6～15 分钟的按摩服务，以及 30 分钟免费手机充电服务，既打发了时间又能消除了疲劳，吸引了大量等候者，增加了企业的收入。也可以将使用场景进一步扩大，如汽车客运站、大型商业综合体等各类场所。

(二)通过不断迭代保持商业模式的独特性

这种途径注重更新的是企业向客户提供的独特价值，借以抵抗价格战带来的竞争压力。如苹果手机，在全球智能手机价格普遍下降的情况下，苹果手机价格不降反升，通过快速更新换代、提供优质的设计感和完美体验，以此提高企业竞争门槛，为商业模式注入活力。

(三)在新领域复制成功模式

有些情况下,企业用现成手法向新市场推出新产品,等于在新条件下复制自己的商业模式。比如,美的企业将空调领域的成功复制到小家电、烟机、灶具、洗碗机、消毒柜、洗衣机领域,拼多多把多多买菜的成功经验推向海外。

【经典案例】

Temu(拼多多海外版)低价的秘密

2023年11月28日,拼多多交出了一份远超市场预期的财报:2023年三季度,总营收688.41亿元,同比增长93.89%;归母净利润155.37亿元,同比增长46.74%。随后,股市作出了反应。当天晚些时候,拼多多美股股价暴涨。等到了11月29日晚间,又一度涨超4%,市值达到1921亿美元。拼多多市值一度超越阿里,成为美股市值最大中概股。到底是什么推动了拼多多这样的增长?普遍认为和Temu超出市场预期的表现密切相关。

Temu是拼多多的跨境电商平台。2022年9月1日,Temu正式上线,之后的一年多时间里,Temu在全球48个国家上线。它的App被下载了超过2亿次、打开超过1.2亿次。Temu上的商品价格,更是便宜到夸张。可是,它是怎么做到这么便宜的呢?这么便宜,还能有利润空间吗?是因为卖的都是商家们急着甩卖的积压多年的清仓货,还是因为低质量的商品,又或只是"疯狂"的补贴,是"赔本挣吆喝"的低价?

某个在Temu上贩卖的梳子,售价为0.89美元/把,而同款产品在北美其他几个电商平台上的售价最低为3.99美元/把,在北美几个线下折扣店的售价是1.6美元/把。

拼多多创始人黄峥曾描述过一个经典的商业模型:"比方说,有一千个人在夏天的时候就想到在冬天的时候要买一件某种样子的羽绒衣,他们一起写了一个联名的订单给到一个生产厂商,并愿意按去年的价格出10%的订金。这种情况下,很有可能工厂是愿意给他们30%折扣的。因为工厂从他们的联名订单里获得了一个工厂原来不具有的一种需求的确定性。"

反季节销售带来更多的订单,或低价带来的更多订单,生产工厂给Temu的供货价比其他客户低一半以上。不仅如此,Temu采用"全托管模式",Temu把分散的销售环节集中起来,降低运营成本;把分散的物流环节集中起来,降低物流成本;把分散的广告环节集中起来,降低投广成本。在海外,拼多多又一次找到了低价的秘密。

(四)增加业务活动角色,完善商业模式

增加业务活动角色,可以是新建或者购买等方式。淘宝成立之初,买方不信任卖方,卖方不相信买方,影响了交易的达成。由于中国没有像美国那样的商业信用环境,在中国的交易需要有支付担保功能,即把购买商品的钱由具有信用的第三方进行托管,一旦发生交易纠纷,不至于造成货款损失,以此消除买卖双方对诚信的顾虑。支付宝的诞生便很好地解决了买卖双方交易瓶颈问题,完善了淘宝生态的商业模式。

也有的企业是通过购买增加业务活动角色来完善已有的商业模式定位。在2018年4月4日,美团CEO王兴发布了内部信,正式宣布全资收购摩拜单车。在内部信中,他表示:"此次摩拜的加入,不仅基于双方团队对创造美好生活的共同理念,也源于双方投资

人对摩拜和美团生态融合的巨大潜力的信心。作为创新的绿色出行解决方案，摩拜将是我们生态的重要组成部分。摩拜单车是城市三公里出行最便捷的工具，将成为美团到店、到家、旅行场景的最佳连接，既为用户提供更加完整的闭环消费体验，也极大地丰富了用户的消费场景。'让自行车回归城市'是摩拜的初心和愿景，我坚信摩拜的加入，将更好地帮助我们实现'让大家吃得更好，生活更好'的使命。"

(五)发掘现有能力，增加新的商业模式

有些公司围绕自身独特的技能、优势和能力建立新的商业模式，以实现增长。比如，阿里巴巴坐拥数个交易平台，如支付宝、淘宝、天猫、阿里 1688 网站，所积累的数据涉及时间多达近 20 年之久。利用这些平台产生的大量数据，阿里金融基于大量的客户信用数据和行为数据，建立了网络数据模型和一套信用体系。基于这套信用体系，阿里巴巴平台上的商家可以在短短几分钟时间获得信用贷款，而不需要任何抵押品。目前阿里金融已经成为阿里系中很有前景的板块。

(六)根本改变商业模式

根本改变商业模式意味着对企业原有的经营方式、收入来源、价值创造和传递方式等进行全面而深刻的变革。这种改变不仅仅是表面上的调整或优化，而是涉及企业运作的核心理念和策略，使得企业在市场中以全新的方式竞争和发展。具体来说，根本改变商业模式可能涉及以下几个方面。

(1) 收入来源的变化：企业可能从传统的产品销售或服务收费转向基于订阅、广告、数据交易、平台分成等新的收入来源。

(2) 价值创造方式的转变：企业可能从单纯提供产品或服务，转向提供解决方案、平台生态或构建产业链，通过整合内外部资源，创造更大的价值。

(3) 客户关系的重塑：企业可能从传统的买卖关系转变为长期合作伙伴关系，甚至与客户共同创造价值，实现共赢。

(4) 运营模式的革新：企业可能采用数字化、自动化、智能化等技术手段，优化生产、供应链、销售等环节，提高效率和降低成本。

(5) 合作伙伴关系的拓展：企业可能通过与不同行业、不同领域的合作伙伴进行跨界合作，共同开拓新市场、新机会。根本改变商业模式需要企业具备前瞻性的战略眼光、强大的创新能力和敏锐的市场洞察力。

同时，企业还需要敢于面对风险和挑战，勇于尝试新的经营模式和商业策略。这意味着对整个企业进行重塑，从组织、文化、价值主张、营销、收入模式、客户关系诸要素入手，用全新的互联网思维改造商业模式。这种情况在新经济领域比较多见，比如小米公司、360 公司等。

【经典案例】

360 杀毒软件

360 杀毒软件最早的盈利模式主要是基于安全管家服务和销售专业版国外杀毒软件。当时，360 公司通过内置卡巴斯基等国外杀毒软件的最低端版本，并以较低的价格销售给

用户，同时提供安全管家服务。随着用户基数的扩大，360公司也通过向搜索引擎带流量获得大笔的收入，这成为其早期的重要盈利来源。

然而，随着市场环境的变化和竞争的加剧，360公司开始改变其商业模式。一个重要的转变是推出了"免费杀毒"策略，这一策略彻底改变了杀毒行业的游戏规则。通过免费提供杀毒软件服务，360公司吸引了大量用户，进而在软件界面和对话框中展示广告，从而获取广告收入。这种"免费+广告"的盈利模式为360公司带来了稳定的收入来源，并使其在市场上取得了领先地位。

随着时间的推移，360公司的商业模式得到进一步发展和完善。除了广告收入外，360公司还开始提供软件管理功能，通过分发软件(特别是游戏分发)获得收入。此外，360公司还进军了浏览器市场，通过提供360导航和360安全浏览器等服务，进一步扩大了用户基数和广告展示渠道。

近年来，360公司的盈利模式进一步多元化。除了传统的广告收入和软件分发收入外，360公司还开始为企业提供安全解决方案和咨询服务，通过收取服务费用获得收入。此外，360公司还通过投资其他公司来获得收益，进一步拓宽了盈利渠道。

360杀毒软件的盈利模式经历了从销售专业版杀毒软件和通过搜索引擎带流量获得收入，到提供免费杀毒服务并依赖广告收入，再到多元化盈利模式的转变。在这一过程中，360公司不断适应市场变化，创新商业模式，从而实现了持续的发展和盈利。

四、商业模式的进化

在不确定环境下，商业模式的进化变得尤为重要。这种不确定性可能来源于市场的快速变化、技术的不断创新、消费者需求的多样化以及全球经济的波动等多个方面。为了应对这些挑战，企业需要不断调整和进化其商业模式，以保持市场竞争力和可持续发展。

(1) 不确定环境要求企业更加灵活和敏捷。传统的商业模式往往建立在稳定的市场环境和消费者需求之上，但在不确定环境下，这些基础可能随时会发生变化。因此，企业需要能够快速识别市场变化，并灵活调整其战略和业务模式。例如，一些企业开始采用平台化、生态化的商业模式，通过搭建开放的平台，吸引合作伙伴和创新资源，以共同应对不确定性带来的挑战。

(2) 不确定环境也推动了商业模式的进化。在高度竞争的市场中，只有不断进化的企业才能脱颖而出。企业需要不断探索新的价值主张、客户细分、渠道通路和收入来源等，以创造独特的竞争优势。例如，一些企业开始尝试采用订阅制、共享经济等新型商业模式，以满足消费者对于个性化、便捷性等方面的需求。

(3) 企业还需要加强与关键合作伙伴之间的协作。在不确定环境下，企业很难单独应对所有的挑战和风险。因此，建立紧密的合作伙伴关系，共同应对不确定性带来的挑战变得尤为重要。企业可以通过与供应商、渠道商、技术提供商等建立战略合作关系，共同开发新产品、拓展新市场、降低成本等，以实现共赢。

(4) 企业还需要注重数据驱动和智能化决策。在不确定环境下，企业需要依靠数据来洞察市场变化和消费者需求，以便作出精准的决策。同时，企业还需要借助人工智能、大数据等先进技术，提高决策效率和准确性，以应对快速变化的市场环境。

不确定环境下商业模式的进化是一个复杂而持续的过程。企业需要保持灵活性和创新

精神，加强与合作伙伴之间的协作，并注重数据驱动和智能化决策，以应对不确定性带来的挑战并实现持续发展。

【经典案例】

小米造车

小米公司最初以智能手机起家，通过提供高性价比的产品和创新的营销策略，迅速在市场上获得了成功。然而，随着智能手机市场的饱和和竞争的加剧，小米意识到需要寻找新的增长点。这时，造车成为一个具有巨大潜力的领域。

小米造车的商业模式进化可以从以下几个方面来看。

首先，小米充分利用其在智能硬件和互联网领域的积累，将智能化和互联网思维融入汽车制造中。通过自主研发和合作，小米推出了具备高度智能化和互联功能的汽车产品，满足了消费者对智能化出行的需求。

其次，小米在商业模式上进行了创新。它采用了轻资产、重研发的策略，通过合作和外包的方式，将汽车制造过程中的非核心环节交给合作伙伴，而自己则专注于核心技术和产品的研发。这种模式降低了小米的进入门槛和风险，同时也提高了其灵活性和响应速度。

此外，小米还通过打造生态链，将汽车与其他智能设备相连通，形成了一个完整的智能出行生态系统。这不仅提升了用户体验，也为小米带来了更多的商业机会和收入来源。

最后，小米在营销和渠道方面也进行了创新。它利用互联网和社交媒体等渠道，通过线上线下的方式，与消费者进行互动和沟通。这种营销策略不仅提高了小米品牌的知名度和美誉度，也促进了销售和服务的提升。

总的来说，小米造车的商业模式进化展示了企业在不确定环境下如何通过创新和调整来应对新的挑战和机遇。小米的成功经验可以为其他企业提供有益的借鉴和启示。

第六章 创业计划书制作

【案例导入】

北京大学生创赛银奖作品："七彩校园软件策划书"目录

从《七彩校园软件策划书》目录中可以看出，这份计划书的组成十分完整，条理清晰。对那些有意投资的风险投资者或者对创业计划感兴趣的其他人来说，计划书内容覆盖了他们所希望了解的新创公司的基本情况：执行概要、产品(服务)、市场概况、竞争分析、营销策略、经营管理、组织架构、财务预测等内容。对于新创公司来说，一份好的创业计划书就是一个好的开始。然而，撰写创业计划书前期准备工作有哪些？计划书每一部分内容应该如何撰写才能更好地吸引投资商？撰写过程中有哪些注意事项？读者们可以通过对本章内容的学习进一步了解创业计划书的撰写过程。

第一节　创业计划书概述

创业计划书的
概述

一、创业计划书的概念

党的二十大报告指出："发展是党执政兴国的第一要务。没有坚实的物质技术基础，就不可能全面建成社会主义现代化强国。"扎实推进共同富裕，离不开发展这一前提和基础，需要弘扬勤劳致富精神，鼓励劳动者通过勤奋劳动、创新创业实现增收致富。在创业过程中，创业计划是创业者叩响投资者大门的"敲门砖"，是创业者计划创立的业务的书面摘要，一份优秀的创业计划书往往会使创业者达到事半功倍的效果。创业计划书是一份全方位的商业计划，其主要用途是递交给投资者，以便于他们能对企业或项目作出评判，从而使企业获得融资。它是用以描述与拟创办企业相关的内外部环境条件和要素特点，为项目的发展提供指示图和衡量项目进展情况的标准。通常创业计划是市场营销、财务、生产、人力资源等职能计划的综合。

二、撰写创业计划书的理由

为什么需要撰写创业计划书？并非所有的创业者都需要撰写创业计划书，是否需要撰写创业计划书在很大程度上取决于创业活动的性质。对生存型创业而言，创业的目的是谋生，业务相对简单，资源需求较低，行动往往比计划更重要，撰写创业计划书并没有太多的用处。对机会型创业而言，创业目的是把握机会，业务往往是具有一定的创新性和前瞻性，撰写创业计划书可以迫使创业者系统地思考新创企业的各个因素。此外，机会型创业对资源需求较高，对这类企业来说，创业计划书就是企业的推销性文本，撰写创业计划书可以为新创公司向投资者、商业加速器和孵化器、供应商、潜在的合作伙伴及其他人士提供一种展现自我的途径，以求获得认可和资源的支持。

三、创业计划书的基本内容

创业计划书、执行概览或者是一组对计划概括而形成的 PPT 文稿是最典型的创业推荐材料，它们将给那些有意投资的风险投资者或者对创业计划感兴趣的其他人阅读。

1. 创业计划书的结构

为了博得最好的印象，创业计划书应当遵循传统的结构，如表 6-1 所列的那样。尽管一些创业者富有创造性，并不想看到那种千篇一律的创业计划书，但是偏离传统创业计划书的基本结构往往是错误的做法。

表 6-1 XX 公司创业计划书目录

目录表		
章序号	名 称	页 码
1	执行概览	×
2	公司概述	×
3	行业分析	×
4	产品(服务)介绍	×
5	市场分析	×
6	营销计划	×
7	运营计划	×
8	管理团队与公司结构	×
9	财务规划	×
10	风险管理	×
附录 A	可行性分析概述(包括顾客对产品或者服务的反应情况)	
附录 B	支持产业发展的研究	
附录 C	管理团队成员简历	

创业计划书撰写者最常见的问题是："需要写多长和注意什么样的具体细节呢？"关于最优的页面数，不同的专家有不同的观点，但多数还是建议在 25～35 页范围内。基于数据和事实，创业计划书必须表现出新创企业的可预测性和激动人心的一种感觉，这种任务能够由企业的创业者很好地完成。

创业计划书的外表看起来应当像是内行人制作的，但又不能给人一种在此花费了大量钱财的印象。那些阅读计划书的人知道，由于创业者资源有限，因此期待获得行动上的支持。采用边线装订，包括透明的封面和封底来支撑计划书是一种好选择。在写作创业计划书时，要避免对设计要素失去控制，包括文字处理方案，如粗体字、斜体字、字体大小和色彩等。所有的创业计划书都应当坚持的一个重要标准是，所要完成的创业计划传递的是一个清晰易懂，以及应当如何计划去达到的故事。许多创业者并不擅长这一点，从而削弱了他们计划的潜在影响力。

2. 创业计划书的内容

就像表 6-1 中所描述的创业计划书提纲一样，多数创业计划书分为若干部分，它们分别代表着新创建企业活动的重要内容。尽管多数创业计划书遵循相当标准化的格式，但不同的计划书各部分的标题也存在差异。当然，不同创业计划书之间的差别，还体现在写作质量、创业计划的本质以及计划是否能够令读者信服的程度上。这种信服程度可以从商业机会是不是激动人心，是不是具有可行性和合乎情理性，启动新企业是不是在创业者能力范围之内来加以分析。当创业计划书完成后，创业者应当对拼写、语法等内容进行核实，确保没有重要的信息被遗漏，如创业者联系方式。在整个创业计划期间，不同的创业者渴望获得多少反馈信息也存在着差异。一般来说，在撰写创业计划书时，最好尽可能多地向潜在顾客和其他人士传输信息，并尽可能多地获得信息反馈。

3. 识别导致创业计划发生改变的因素

撰写创业计划书时要认识到计划并不始终像书面写的那样，总是会发生改变。通过与潜在顾客进行自然状态下的交流，就可以很好地领悟到关于这一方面的内容。可行性分析是决定商业创意是否切实可行的过程，它通常处于创业计划书的撰写工作之前。其目的在于在花时间和精力撰写创业计划书之前，评估商业创意的价值大小。创业计划书应该是鲜活的、富有生命力的文献，而不应像是石刻的一样。"深思熟虑"地写作创业计划书非常有必要，它提供了新创企业可以遵循的详细而准确的蓝图，但与此同时，人们应当采取"突然出现"式的思维。这种思维方式是指对变革的开放态度，并且它深受市场现实情况的影响。

第二节　撰写创业计划书的前期工作

撰写创业计划书的前期工作

一、确定创业计划书的编写人员

很多创业者认为写创业计划书是一项非常需要技术的工作，所以他们愿意外包给别人写。但通常，雇人写创业计划书对于创业者来说，不是一个好主意。因为他无法取代你的领导角色，只有你最了解公司，当你在面对投资者的时候，你会淹没在一大堆问题之中，你回答问题的能力非常重要，你需要清楚地解释营销计划和运营计划。因此，最好的做法就是：创业者自己动手。创业计划书的编写可以由专业技术人员、市场调查人员、营销策划人员、财务分析人员、公关执行人员及创意表述人员等创业团队成员共同参与，最后由创意表述人员执笔完成创业计划书。

二、确定创业计划书的读者

要想撰写一份优秀的创业计划书，首先要明确的是，创业计划书主要给谁看？他们所关心的问题是什么？站在读者的立场描述创业，以读者的心理需求为基准，从视觉、心理、思维上迎合读者口味与兴趣，并引导其思考、做出一定行为。创业计划书的读者主要有以下几类。

1. 投资者

针对投资者，创业计划书应该是一份招股说明书，预示着前方有巨大的利益。为了迎合这一类群体的读者，创业计划书必须实事求是，不能盲目自信。许多投资者通常很忙，但是他们一般喜欢阅读创业计划书，只要创业计划书能够清楚、简明、明白无误地解释创业活动。需要提醒的是，投资者或者银行家可能会得到许多创业计划书，多数会被束之高阁。如果要让你的创业计划书引起注意，那就寻找到认识银行家和投资者的人，请他推荐。

2. 商业合作伙伴

商业合作伙伴是创业计划书的另一类外部读者，在商业活动中，创业者要选择好的合作伙伴，让自己更加省心省力。对商业合作伙伴而言，创业计划书更像是一份"征婚启事"，创业者要将企业拟进入的产业情况、企业将面临的竞争数量、企业目前的资源状况、对商业合作伙伴有什么需求等情况进行分析说明，看大家能否共同"过日子"。

3. 团队成员

对团队成员，创业计划书应该是一份颇具吸引力的宣言和战略檄文，它需要伙伴共同加入，为事业而奋斗。一份清晰的书面创业计划书，对企业的远景和未来计划都作出了陈述，在团队成员共同致力于完成如此重要项目的过程，有益于形成一支强大的、充满凝聚力的团队。同时，这一过程还可以发现团队中潜藏的问题。

三、创业计划中的信息收集

撰写创业计划书需要收集大量的相关信息，信息搜集的一般流程如下：首先，需要确定与创业计划有关信息搜集的目的，明确要解决的问题。其次，制订创业信息搜集计划，明确搜集的内容、选择的信息媒介、通过的渠道、运用的方法。再次，设计必要的表格和提纲。最后，组织实施、安排具体的时间、地点，加强搜集过程的信息沟通，保证信息搜集的质量。党的二十大报告中对促进我国创新创业和经济发展作出了重要的论述，在创业计划信息收集过程中，应"坚持守正创新，坚持问题导向，坚持系统观念"，采用多种方法，包括实地调查、亲自询问；线上问卷调查；阅读专业书刊，如行业期刊、特定行业杂志、行业报告、行业协会定期发布的资讯，可从中收集信息。

第三节　撰写创业计划书

一、创业计划书的封面、目录及公司概述

撰写创业计划书
（第一、二部分）

创业计划书应该遵循常规的格式，这样可以给读者留下好印象。

1. 封面

封面应包括企业名称、地址、电子邮件地址、电话号码(座机与手机)、日期、主创业

者的联络方式以及企业网址(如企业有自己的网站的话),这些信息可集中置于封面(底)页(见图 6-1)。如果企业已有徽标或商标,就把它置于封面页正中间。如果拥有正面反映企业的微信或微博账号,也可以把它们置于封面页顶部。如果已有产品或服务的设计简图或照片,且比较美观的话,可将图片印在封面上。有时可以利用图片库中的图片,如果自己没有图片库,许多网站提供图片下载。封面上最重要的一项是计划书撰写者的联络方式,应该让计划书的读者能够轻松地联系到你。

图 6-1　创业计划书封面设计

(图片来源:360 图片)

2. 目录

目录紧接封面页后,列出计划书的主要章节、附录和对应页码,目的是便于查找计划书的内容。有些计划书相关页上还贴上标签,更方便直接查找章节。设计仔细的目录表能让读者注意到创业者想强调的内容。

3. 执行概览

执行概览是创业计划书的第一项内容,它浓缩了创业计划书的精华,能让忙碌的读者迅速对新创企业有一个全面的了解。许多时候投资者先看执行概览,觉得不错,才会愿意看完整的创业计划书。撰写者要充分意识到:执行概览不是创业计划书的引言或前言,而是对整个创业计划书的概括。概览要涵盖计划要点,以求一目了然,以便读者能在最短的时间内评审计划并作出判断。

执行概览,是计划书内容的浓缩各部分应与计划书正文一致。因为要把整个计划书内容浓缩成两页纸,所以执行概览必须简洁明了。每部分标题应用粗体字突显。执行概览一般包括以下内容:公司介绍;主要产品和业务范围;市场概貌;营销策略;销售计划;生产管理计划;管理者及其组织;财务计划;资金需求状况等。每个部分都要实事求是、认真撰写,不回避失误,中肯的分析往往更能赢得信任。要避免使用专业术语,除非读者是专业人士,如专业领域的天使投资人。最后,还要介绍一下创业者自己的背景、经历、经

验和特长等，企业家的素质对企业的成绩往往起关键性作用。概览要尽量简明、生动，一般两页纸就够了。

4. 公司概述

创业计划书的主体部分从公司概述开始。虽然乍一看这部分没有其他部分重要，其实并非如此。公司概述能体现创业者是否善于将抽象的创意转换成具体的企业。因此有许多需要深思熟虑、认真计划的问题，如企业使命和企业法律地位等。

公司概述应该从简介开始，先介绍企业概况和创业原因，以及一些基本信息，包括创建者姓名、企业总部地址、创业领袖联络方式等。在整个描述过程中，撰写者应该涉及 5 个要素：历史、使命陈述、产品/服务、现状、法律地位和所有权。创业者准备撰写计划书时，有两点需要注意。第一，计划书的核心问题是描述商业机会，创业者将如何利用机会，以及企业打算如何向顾客传输价值理念、如何展开竞争与盈利。这个写作主线在计划书中应该非常明显。如果计划书描述不连贯，或者整个计划书只是一些零散资料的大杂烩，这份计划书就是无效的。第二，要用事实与调研支持你的假设，才能获得读者的信任。

二、产业分析

产业分析是企业对特定行业的市场结构和市场行为进行调查与分析，为企业制定科学有效的战略规划提供依据的活动。创业计划书中需要对企业所处的行业进行描述，一个行业的特征和背景对制定创业计划具有重要的影响。对于产业分析，通常采用的是美国著名的战略管理学者迈克尔·油特(Michael E. Porter)的"五力"模型分析法，在创业计划书中，产业分析需要向投资者展示以下重要的信息。

1. 产业特征

由于产业(行业)之间在特征和结构方面有很大差别，因此创业计划书在阐述产业分析的时候应该首先从整体上把握产业中最主要的特征。

(1) 产业规模：讨论现有产业或拟进入产业的规模，可用生产总值或产出量表示。产业规模需要适度，规模过大会导致产能过剩，造成资源浪费；规模过小，不易形成规模效应，在一个完全竞争的环境中不易形成竞争优势。

(2) 产业的性质：即从理论上对社会上的大多数行业划分，根据行业中从事的业务、对社会的贡献程度等，划分不同行业。一般而言，受商业周期波动影响大的行业，繁荣时期有很大的超额收益，在衰退期收益可能减少甚至消失。除公用事业外，有些行业，特别是那些向大众提供低价非耐用消费品的行业，因消费需求具有刚性，在繁荣时期销售额和收益不会大幅度上升，而在衰退期则比一般行业情况好得多。因此，产业性质不同，在商业周期不同时期发展轨迹不同。

(3) 产业稳定性分析：不同的产业其销售和收益的稳定性很不相同，产业稳定性是衡量投资风险的重要尺度。显示一行业稳定性的主要指标有：销售和收益周期波动的幅度，增长率或所处的行业生命周期阶段，行业内部和行业间的竞争程度，竞争对手，劳资关系和工资政策，价格和存款价值，税收和其他政治影响等。

(4) 行业的寿命周期分析：是处于初始发展阶段、快速成长阶段、成熟阶段、停滞阶段还是衰退阶段？产业处于不同的成长周期，对投资者的吸引力大不相同。

(5) 增长速度：快速增长的市场会鼓励其他公司进入；增长缓慢的市场使市场竞争加剧，并使弱小的竞争者出局。市场增长速度的描述可以使用财务信息来介绍，如产业销售额增长率，需要以多年度的形式呈现出来，易于探究趋势，同时需要注明数据引用的出处。

当做产业分析时，可以使用数据描述，其关键是解释清楚你所提供的数据，以及通过合适的方法来展示，这样可以提高计划书的可信度。可以结合图表展示你所要传达的信息，这将使你的创业计划书引人注目。在信息传递过程中，要避免只提供相关产业的积极信息，这样做可能会降低你的创业计划书的可信程度；另外，所提供的数据一定要结合一定的背景，许多一般性的产业都存在产品或服务缺口，为新进入者提供了诱人的机会。在产业分析的"趋势"部分，可以为你的公司为什么能在全行业中脱颖而出做好铺垫。

2. 产业的竞争结构

迈克尔·波特教授将产业中的竞争力量划分为五种，创业计划书可以借助这一工具系统地分析市场上主要的竞争压力，并判断每一种竞争压力的强大程度。撰写的过程中可以按照"五力"模型逐条展开分析(这部分内容在本书其他章节有较详细的介绍，本章不再赘述)。

3. 产业趋势

产业分析的最后一部分讨论有关产业趋势，是产业分析中重要的内容。产业趋势分析中可以就下列问题进行阐述：产业成长的潜力如何？产业市场上的竞争力量将如何变化？产业的盈利水平受到当前主要驱动因素的影响是有利还是不利？未来的风险和不确定性程度如何？……需要指出的是，产业分析中还应该就你对产业长期前景的看法做一个简短说明。描述中不需要提供什么新的信息，而是从之前的产业分析中找出信息支持你的结论。

三、市场分析与营销计划

在一份创业计划书中，产业分析之后通常是市场分析。产业分析关注企业所涉及的更广泛的商业领域，市场分析将产业进行细分，并瞄准企业所涉及的具体细分市场(或目标市场)。实际上，大多数企业并不致力于服务整个产业，它们只关注如何为产业中的某个具体市场提供更好的服务。

撰写创业计划书
(第三部分)

创业计划书中的市场分析部分与营销计划部分大不相同。市场分析重点在于描述一个企业的目标市场，它的顾客、竞争者；如何展开市场竞争；它的潜在销售额和市场份额。与此相对，营销计划重点在于介绍有助于企业销售产品的典型营销职能，包括定价、促销、渠道。

1. 市场分析

创业计划书中的市场分析部分极其重要，它将有助于确定企业业务的性质以及计划书的其余部分。市场分析首先需要界定目标市场在哪里，是既有的市场已有的客户，还是在新的市场开发新客户。不同的市场、不同的客户都有不同的营销方式。在确定目标市场之

后，才能决定怎样上市、促销、定价等，并且做好预算。

1）　市场细分

在很多时候，企业在其创业计划书的产业分析部分已经描述了它所在产业的细分情况。如果你也处于这种情况，只要在这一部分重述以上分析即可。如果你是从头开始，你需要解释清楚，市场细分就是把市场按照同样表现或相似需要划分为不同的子集。市场可以通过许多方式进行细分，如地理因素、人口因素、行为因素和产品种类。有时，为了更好地服务于其独特的细分市场，企业通过不止一个维度对具体的细分市场进行深度细分。通过市场细分，企业可以更有效和更高效地通过符合细分市场消费者需求的产品和服务来开发这些市场。

2）　选择目标市场

在评估过不同的细分市场之后，企业必须决定要锚定哪个或哪几个目标市场。在评估不同细分市场的过程中，企业必须考虑三个因素：细分市场的大小和成长性、细分市场的结构吸引力，以及企业的目标和资源。如果企业对其目标市场没有一个预先的打算，通常它会选择一个最有前景的细分市场进入。有时，这个最有前景的细分市场(以销售增长率和盈利率来看)也可能不是最终选择，因为它与创业者的爱好/企业核心竞争力并不一致。在进入一个具体目标市场之前，企业应该评估该市场的规模，研究影响市场发展的趋势，以确保该市场足够规模、足够健康，能实现企业的目标。

3）　购买者行为

在市场分析中，专门对目标市场消费者的行为进行分析十分必要。绝大多数公司都在通过更详细的调查来分析消费者的购买行为，回答他们买什么、在哪里买、买多少、何时买和为什么买的问题。一个新企业对其目标市场消费者了解越多，越能使自己生产产品的特性迎合他们的需求。在创业计划书中需要将目标消费者的需求信息在这部分分析中加以反映。此外还需要根据企业的性质，就购买者的行为方面进行交代。

4）　竞争者分析

竞争者分析是对企业面临竞争的详细分析，分析现在和将来的竞争对手、他们的优势和劣势，以及相应的本公司的优势和战胜竞争对手的方向。它有助于企业了解主要竞争对手所处的位置，掌握在一个或多个领域获得竞争优势的机会。竞争者分析也向创业计划书的读者表明，你对企业所面临的竞争环境有了全面的掌握。竞争者分析首先需要确定竞争者是谁，你应该列出你的直接、间接、潜在竞争对手，应用波特"五力"模型对竞争范围和强度做一个简要的估计，最后还需要说明你的竞争优势。

5）　年销售额和市场份额预测

市场分析的最后一部分主要是计算企业年销售额和市场份额的预测值。在许多创业计划中，这一分析在计划书后半部分的财务计划中提供。在这里给出预测值的好处就是它有助于支撑计划书的其余部分。预计销售额的方法有多种，对于新企业来说，没有一种方法是准确的。如果可能的话多用几种方法，但最重要一点就是得出的结果要建立在合理的假设基础上，看上去既现实又可行。

2. 营销计划

创业计划书中还应包括一个主要的营销计划。营销计划中应列出本企业打算开展广

告、促销以及公共关系活动的地区等相关信息,明确每一项活动的预算和收益。创业计划书中还应简述一下企业的销售战略:具体展示清楚由谁来卖出产品,整个销售过程是如何运作的?企业打算使用的销售方法,是直接采用销售人员,还是使用分销商、批发商?是通过与经营互补商品厂家的联合,还是使用其他一些渠道?如果企业打算培育自己的销售力量,需要介绍清楚打算如何训练销售团队,他们的工作安排以及薪金待遇问题。此外,创业计划书还应特别关注一下销售中的细节问题。当读者发现你对这些问题都已了如指掌,也会提升他们对创业计划书的信心。创业计划书中的营销计划部分包含四部分内容:总体营销策略、定价策略、促销组合以及营销渠道与销售。

    1)   总体营销策略

一份创业计划书的营销计划部分由介绍营销策略开始较好,因为它为整个部分定下了基调。它也使读者了解到,各种各样的营销活动都在总体营销计划下展开。每一个企业在制订营销计划和进行销售活动时都会受到资源的限制,所以有一个总体的营销指导思想和操作方法,使得企业在资源使用上更具有目的性和连贯性,这点至关重要。企业的营销策略是企业对其目标市场理解的反映,同时也是在产业分析和市场分析的基础上得到的。

    2)   定价策略

在创业计划书中应该交代如何给生产的产品或服务定价。价格是一项重要因素,它决定了公司获利的多少。在这一部分,需要交代计划如何对产品或服务定价,以及简要地对总体定价思想的理由进行解释。无论你采用市场营销学中哪种定价方法,价格都需要根据市场的现实状况合理制定。需要提醒的是,一方面,新企业不要试图利用低廉的产品定价去换取市场份额,这种做法会赢得销量但不会赚得利润。另一方面,多数消费者在考查产品价格时会作出价格质量归因,这意味着消费者想当然地认为高价格的产品也是高质量的产品。如果企业对产品定价较低,不管实际情况是否如此,给消费者传递的信号就是产品的质量较差。

    3)   促销组合

促销组合是指企业在市场营销活动中有计划、有目的地把人员促销和非人员促销两大类中的人员推销、广告、营业推广和公共关系这些具体的促销方式结合起来,综合运用,形成一个完整的最佳促销策略。促销组合是一个策略系统,创业计划书在描述促销组合时应该着眼于产品或服务的优势而不是特征,系统地阐述企业全部促销活动如何互相配合、协调一致,最大限度地发挥整体效果,从而顺利实现企业目标。

    4)   营销渠道与销售

渠道,在商业领域,是指由一些独立经营而又互相依赖的组织组成的增值链。产品和服务经过渠道的增值变得更具有吸引力和可用性,能更好地满足用户的需求,使得最终用户得以满意地接受。创业计划书应该清楚地表明你的渠道和销售计划,说明由谁来完成销售。新企业必须清楚你的目标市场客户通常在哪里消费,然后以最经济、最有效的方式选择好渠道来展示你的产品。渠道与销售计划中应该清楚表明公司是否打算培育自己的销售力量。如果你打算招募销售人员,应该交代需要的初始人数,公司壮大过程中人数的变化以及这些员工的报酬问题。对于新企业来说,有可能不一定采用传统的渠道和销售办法,如果选择一些特殊渠道和销售策略,那么在创业计划书中需要就此进行讨论。

四、管理团队和公司结构

撰写创业计划书
（第四到七部分）

许多投资者及其他阅读创业计划书的人首先会查看执行概览，然后直接阅读管理团队部分，评估企业创办者的能力。把一个思想转化为一个成功的企业，其关键的因素就是要有一支强有力的管理队伍。在相互竞争的创业计划书中，胜出者往往不是依靠思想或者市场计划，而是靠着准备更好地执行其计划的管理团队获得融资。

1. 管理团队

在创业计划书中展示你的管理团队，应首先描述一下整个管理队伍及其职责，然后再分别介绍每位管理人员的特殊才能、特点和造诣，细致地描述每个管理者将对公司所做的贡献。在组建初期管理团队和撰写创业计划书的这一部分内容时，需要避免一些常见错误，这些错误会损害创业计划书的可信度。

- 将不称职的朋友或家人安排到重要的管理岗位。
- 提出一种"由一个人组成的团队"哲学，意味着一个人(或者一小组人)大包大揽而未有计划地支撑一个团队。
- 雇用高级经理人员却不分享企业所有权。
- 没有披露管理团队技能或能力空缺。
- 对已经披露或明显存在的技能或能力空缺的填补计划模糊不清。

新企业中可能还会有董事会、顾问委员会以及其他专业性人士，这些相关人员也需要在创业计划书中予以介绍说明。如果你的公司拥有一个董事会，在创业计划书中应该列出董事会成员并提供每个董事会成员的简短个人经历。大多数新企业都没有顾问委员会，实际上，听取有经验的个体的建议非常有用，特别是在创业者缺乏经验的领域。因此，使你的新企业脱颖而出的一个方法是建立一个顾问委员会，在创业计划书中应该提及顾问委员会并提供每个成员的简要经历。有时候，其他专业性人士对于新企业的成功起到了重要作用，这些人士可以包括律师、银行家、投资者、大学教授和业务顾问，在创业计划书中也需要提供简短的个人经历。对于一些重要材料，如关键人员的简历，可以置于整个创业计划书的附录中。

2. 公司结构

创业计划书中还应明确管理目标以及组织结构图，概括公司当前如何组织，当公司不断成长时将会如何组织，使公司的内部组织结构可行和信息交流与责任线索清晰很重要。公司结构的描述还会使阅读创业计划书的人放心，你知道如何将商业创意转变成正常运营的公司。公司结构是涉及公司内部相互作用和影响的细节问题，然而它确实是企业家必须认真对待以使公司平稳运行的关键问题。

五、运营计划与产品(服务)开发计划

运营计划与产品/服务开发计划是每份创业计划书都应该出现的重要部分，集中讨论如何生产产品或服务，以及企业如何经营。这两个主题要求你在充分地描述主题和避免过多地陷于细节之间寻求平衡。你的读者需要了解企业运营和产品开发的整体情况，但他们一

般不会需要详细的解释，最好保持每一部分简短而干脆利落。如果你提供的信息太多，读者可能认为你过多地关注于企业经营的细节而没有看到企业经营的大局。

1. 运营计划

创业计划书的运营计划(operational plan)部分概括了新企业将如何运营和产品服务将如何产生，一般包括运营模式、商业区位、设施与设备、运营战略和计划。

(1) 运营模式主要是说明企业的运营细节。通常没有必要逐条描述企业将如何经营，但主要问题必须被包括。你可以对最重要的是关系成败的细节做出重点说明，可以在创业计划书中以运营流程图的方式来表述。

(2) 商业区位描述了企业的地理位置。有些情况下，区位是一个极其重要的问题，如一家经营早餐的餐馆一般需要位于早晨具有较大客流量的街道一边。而在其他情况下，区位却不重要。因此，你需要在创业计划书中描述清楚你选择企业区位的理由。

(3) 创业计划书中应该列出最重要的设施和设备，并简单地描述如何获得这些设施和设备，是购买、租赁或是通过其他手段。如果你的设施难以描述，可以在创业计划书中以平面布置图、效果图以及照片来说明。

(4) 运营策略和计划是一个长远的战略性问题。你可能需要根据运营流程图解释你已经作出的选择或将要作出的计划。许多公司在构建运营流程图(或供应链)时，采用的模式是自行承担它们特别擅长的业务而寻找业务伙伴完成其余业务。虽然这种方法听起来简单，但实际上寻找可靠的业务伙伴并且管理好运营流程可能非常复杂。因此，如果你要大量地依赖业务伙伴生产产品或提供服务，你应当解释整个过程如何运行。此外，在描述的过程中需要体现你的运营策略能明确地支持企业的战略。

2. 产品/服务开发计划

如果你正在开发一种全新的产品/服务，在创业计划书中你需要包括集中讨论开发状况的部分。许多看起来有发展前景的初创企业永远都没有什么进展，因为它们的产品开发停滞不前或者产品/服务的实际开发远比预想的更困难。此外，在许多情况下，建立一种产品的制造原型还不够，初创企业还必须拥有增加产品生产以达到融资计划中销售估计量的可靠计划。产品/服务开发计划一般包括开发状况和任务、挑战与风险、成本以及知识产权。

(1) 开发状况和任务部分描述了开发的现状。你应当明确地描述产品/服务的关键所在并制作描述其余步骤的时间表。在撰写总的产品/服务开发计划时，要注意描述距实际产品/服务的批量销售还有多远，这与产品/服务开发计划的读者了解企业风险有多大之间通常有某种直接联系。

(2) 挑战与风险部分披露了将产品推向市场涉及的任何重大预期的设计和开发挑战与风险。事实上，你的读者会预期到存在的一些挑战和风险，他们想知道这些挑战和风险是什么，以及会想看到你知道各种挑战和风险的证据。因此，你应当在创业计划书中讨论揭示的挑战和风险对产品开发、成本以及产品推向市场的时间表可能产生的影响，还应该讨论如果这些挑战和风险发生，你计划怎样避免或应对。

(3) 成本部分是将产品/服务推向市场所需要的设计和开发预算，包括劳动力成本、原材料、咨询费、产品成型、可用性测试等。你可能需要向行业中有经验的人请教以获得精确的估算，尤其是如果你的设计和开发进展不大时。大多数情况下，超过设计和开发预算

可能是前面挑战和风险部分披露的风险之一。你应当讨论超过预算对初创企业的总现金流和财务稳定可能产生的影响。

(4) 知识产权部分是描述你已经保护或计划保护的与正在开发的产品/服务有关的专利、商标、版权或商业机密。如果你的初创企业仍然处于公司发展的早期阶段，还没有对知识产权问题采取行动，你应当获得法律咨询意见，使你能够在最低限度内就这个领域讨论你的计划。但是，披露公司多少潜在知识产权是一个难点，初创企业可以在创业计划书中提供足够多的信息吸引读者想知道更多，然后逐个向有关各方披露更多信息。

六、财务计划

财务计划是用金融术语来表述你制订的创业计划书。阅读创业计划书的人可能主要对你公司经营的潜在财务成果感兴趣，投资者通常对利润规模和公司如何快速成长感兴趣，银行家则对公司财务成果的可预见性和稳定性以及公司会如何使风险最小化感兴趣。因此，向这些人提供投资决策所需要的财务信息是非常重要的。创业计划书中通常包含的财务信息有：投资/融资计划、财务报表(预计利润表、预计资产负债表、预计现金流量表)。

1. 投资/融资计划

投资/融资计划是一份罗列一个公司具体需要多少资金、这些资金从哪里来以及用这些资金做什么的文件。通常，初创企业的启动资金一部分由创始人或者初始管理层提供，一部分由早期投资者捐赠。创业计划书中应该对资金需求多少进行预测；以什么样的融资方式实现，细节问题是如何规定的；企业未来的资本结构如何安排，创业者和投资者对企业的所有权如何安排；资金如何使用，如何向投资者披露财务报告；投资者收益将如何安排；投资者如何介入企业的经营管理活动，有哪些控制权和决策权等问题进行描述。

2. 财务报表

财务报表是创业计划书中财务部分的核心，也是投资人最敏感的问题，所以清晰明了的财务报表是对创业企业最基本的要求。

(1) 预计利润表。预计利润表反映公司在给定时期预测的运营结果。它记录公司在给定时期内所有预测的销售额和费用，并说明公司未来是盈利还是亏损。利润表一般以月、季度或年为基础编写。对于初创企业而言，按月编制利润表很重要，至少在最初两年里要按月编制。大部分预计利润表按多年格式编制，使人容易发现利润表的发展趋势。净销售额、销售成本和运营费用是预计利润表中最引人注意的三个数据。

(2) 预计资产负债表。预计资产负债表是对企业在特定时点上资产、负债及所有者权益的预测。资产负债表的上半部显示企业的资产，下半部则列明负债及所有者权益。投资者可以利用资产负债表中的数据得到的比率指标来衡量企业的经营状况以及可能的投资回报率。创业计划书的读者将会评估预计资产负债表，以此了解企业是否有足够的短期资产清偿其短期负债，了解企业整体财务状况是否健康。

(3) 预计现金流量表。流动现金是企业的生命线，创业计划书的许多读者会认为预计现金流量表是财务报表中最有价值的部分。现金流量表提供公司是否能够保持足够的现金

余额以扩大业务规模并且经营成功的一种证明。

创业计划书应尽可能准确、符合实际地编制公司的所有预计财务报表。如果你的创业计划书确实要抓住投资者和银行家的注意力,你的财务报表可能被非常仔细地检查。

七、风险分析

企业风险是指某一对企业目标的实现可能造成负面影响的事项发生的可能性,企业在制定和实现自己目标的过程中,会碰到各种各样的风险,所以需要进行风险管理。新创公司也不例外,因此可以在创业计划书中通过这一部分来向读者展示公司制定了系统的管理策略来应对风险。这些风险一般可以包括市场风险、技术风险、管理风险、营销风险和财务风险。创业计划书可以针对以下内容进行描述。

- 你的公司在市场、竞争和技术方面都有哪些基本的风险?
- 你准备怎样应对这些风险?
- 就你看来,你的公司还有一些什么样的附加机会?
- 在你的资本基础上如何进行扩张?
- 在最好和最坏情形下,你的五年计划表现如何?

如果你的估计不那么准确,应该估计出你的误差范围到底有多大。如果可能的话,对你的关键性参数做最好和最坏的设定。实际上,风险分析的这些内容也可以在创业计划书的相关部分进行描述,因此,有的创业计划书中没有单列出风险分析的部分。

链接:创业计划书保密约定能保护利益吗

在创业计划书里,有些创业者在创业计划书的封面或扉页上,或简单或详细、未经同意写上了"保密"条款,这主要是创业者出于保证自身利益,担心对方看过创业计划书后没有投资,却剽窃了项目的独特创意或者技术秘密。事实上,创业者不能这样未经许可,把保密义务强加给投资人。另一方面,由于国内的相关知识产权法律不够完善,创业者又急于拿到风险投资的资金,处于相对弱势地位,所以实际上,这个保密约定常常是一纸规范严谨的空文。那么创业者在找投资者的时候,如何保护自己的技术和专利不被模仿呢?第一,尽量不要在创业计划书里写具体的技术路线,而是具体地谈;第二,商业模式的创新,具体的创意策略,建议创业者先做出具体的成果,让它有一定的进入门槛,再去找投资者。如果没有成果只有一个创意,实际上被剽窃又无须担责任的概率很高,保密约定也就起不到什么作用。

(资料来源:360 个人图书馆整理,http://www.360doc.com/content/17/0202/08/32626470 625940920.shtml)

第七章　组建创业团队

【案例导入】

史上最牛创业团队

给你一个 13 人的团队开始创业，努力 28 年，你能干成什么呢？如果坚持实现创业梦想要付出毕生精力，甚至以生命为代价，你还会坚持到底吗？1921 年，在内忧外患的中国，13 人的"创业团队"——中国共产党在上海正式建立，当时全国仅 50 余名党员；28 年后，中华人民共和国成立；如今，中国共产党已拥有 9000 多万名党员，中国成为全球第二大经济体，并长期保持稳步增长，做到了"艰苦奋斗再创业"，实现了"逆生长"。

中国共产党创的是共产主义的业，其愿景就是要在中国实现共产主义。组织发起人的初心和使命就是"为中国人民谋幸福、为中华民族谋复兴"，对处于风雨飘摇之中的旧中国实施再造。但是，对于初创的组织而言，面对内外环境的挤压，这支创业团队也经历了从不成熟到逐渐成熟的过程。在中国共产党"一大"上，13 位发起人共同推举陈独秀、张国焘、李达为这个创业组织的"直接经营者"，此后，核心"经营者"几经变更。

大浪淘沙始见金，初始创业团队一部分成员为了组织事业的发展呕心沥血、牺牲在残酷的斗争中；也有一部分成员经不起竞争对手的利诱收买而倒向对手一方；还有一部分意志坚定、对组织忠诚的成员坚持了下来。到了 1945 年的"七大"时，组织初创团队基本成熟，形成了核心的团队成员：毛泽东、刘少奇、周恩来、朱德、任弼时和陈云。

在中共七大这支领导团队确定之前，党内召开了一次具有重要转折意义的会议——遵义会议。在此之前，毛泽东并未纳入党的核心领导人队伍。但由于毛泽东领导红军三次反围剿的胜利，由于他的卓越政治智慧和丰富经验，由于他总结的正确战略战术和军事原则，以及为红军制定的一系列战略战术，已经被遵义会议所接受、被中共中央所肯定，因此，遵义会议后毛泽东在中共中央已处于核心地位。遵义会议的历史意义不仅在于确立了毛泽东在中共中央的领导地位，而且还在于形成了以毛泽东为核心的坚强的中央领导集体。这个领导集体完全有力量有能力承担起历史的重任，引导中国革命走向胜利。从此，群龙得首，群英荟萃，中国革命实现了历史性转折。

在社会主义建设探索阶段，身为中央领导同志之一的邓小平在"文革"中受到错误批判而被打倒。1972 年 1 月 10 日，毛泽东在参加陈毅元帅的追悼会上，追忆往事，在一一列举陈毅、刘伯承等开国元勋的功绩时，也提到邓小平，说邓小平的问题是人民内部矛盾。思维敏锐的周恩来，示意陈毅的亲属把毛泽东的这个评价传出去，为邓小平的复出制造舆论。复出后的邓小平大力支持周恩来总理的工作。1975 年 1 月，周恩来在全国人大四届一次会议上重申在 20 世纪内，全面实现农业、工业、国防和科学技术的现代化的宏伟设想。为了实现这一宏伟目标，邓小平开始了大刀阔斧地全面整顿以改变受损严重的国民经济困局。

乌云遮不住阳光，真理终究会战胜邪恶。粉碎"四人帮"后，邓小平同志表现出他敏锐的政治头脑、丰富的政治经验和高超的领导艺术。党的十一届三中全会重新确立了解放思想、实事求是的思想路线，并作出把党和国家工作的中心转移到经济建设上来，实行改

革开放的重大决策。邓小平也由此成为党的第二代中央领导集体的核心。在邓小平这位改革开放的总设计师以及后续几代领导团队的努力下，中国共产党领导下的中国经历着从富起来到强起来的变化。

2012年，中共十八大召开，选举产生了新一届中央领导集体，此时的团队实力更强大，面临着更重要的挑战。以习近平同志为核心的党中央挺立时代潮头，引领"中国号"巨轮，向着实现中华民族伟大复兴的光辉彼岸前进。从"两个一百年"奋斗目标到"中国梦"，从统筹"五位一体"总体布局到协调推进"四个全面"战略布局，从把握中国经济发展新常态到牢固树立五大发展理念……党中央治国理政的新理念新思想新战略不断发展，推动着中国特色社会主义不断迈向新境界。以习近平同志为核心的党中央领导全党全国各族人民，取得了举世瞩目的成就，解决了许多长期想解决而没有解决的难题，办成了许多过去想办而没有办成的大事。时至今日，中国也跃升为世界第二大经济体，综合国力得到显著提升，人民获得感显著增强，"中国号"这艘巨轮，必将在中国共产党的带领下驶向更加美好的明天。

(资料来源：引自 https://mp.weixin.qq.com/s/YOjbW4Q0YGig2B9o660nfQ，有删改)

【思考】党的百年创业历程给新时代的创业者组建创业团队带来哪些启示？

中国共产党被誉为"中国史上最牛创业团队"，这支创业团队善于"自主创新"，始终站在时代的"风口"；这支创业团队定位清晰，不忘初心：为人民服务；这支创业团队不惧失败，百年来一直"撸起袖子加油干"；这支创业团队严于律己、自我管理净化力超强。党的百年创业历程充分证明了构建一支优秀创业团队是创业长青的强大保障。

第一节　创业团队概述

创业团队概述

当下是最好的创业时代，创业能否成功，创业团队的好坏关乎一切。没有优秀的创业团队，再好的创业机会也很难让创业的原始推动者成为成功的创业者。一个优秀的团队既能够生产出优秀的产品，也能够发现市场风口，还可能设计出独特的商业模式，更可以将企业经营得风生水起。面对复杂多变的竞争环境，组建一个优秀的创业团队是任何创业者迈向成功的第一步，也是关键一步。

一、认识创业团队

当创业者作出决定"我要去创业"，而且已经有了切入市场的产品或点子后，创业者最重要的任务就是建立起一个共同创业的团队。

(一)什么是创业团队

创业团队是指由两个或两个以上处在新创企业高管位置的、具有一定利益关系的，彼此间愿意分享认知、共担责任、合作行动的人组成的联合体。只有那些有共同志向、共同价值观的创业者才可能构建强有力的创业团队。与个体创业相比，团队创业具有多方面的优势，创业团队是使机会、资源、行动、市场回应四者得以协调的中枢力量。

(二)创业团队的特点

创业团队不同于一般团队。创业团队是在企业初创时期建立的，目的在于成功地创办新企业，而一般团队的组建只是为了解决某类或者某个特定问题，创业团队相对于其他类型的团队来说有自己的显著特性。

创业团队的特征及重要性

1. 开创性

创业团队的目的是开创新的局面，而不是去完成已经被实现过的目标，这往往意味着开发新的技术、开拓新的市场、应用新的经营管理思想、创立新型的组织形式等。

2. 组织的变动性

在创业过程中，创业团队的人员构成和组织架构往往经常变动。组织的变动性从短期看，可能会增加创业风险。因为团队资源遭到破坏，导致创业资本、技术、人才等创业资源流失。但从长期看，组织变动不可避免，在变动过程中可能会形成结构更合理、更具战斗力的创业团队。

3. 团队的平等性

创业团队往往都具有高度的平等性，但是这种平等并不意味着股权和各种权力上的绝对平等，而是立足于公正基础上的平等，是在团队内部客观评定各个成员对于团队的贡献程度的基础上的平等性。事实证明，绝对的平等不仅不利于企业的发展，反而会阻碍企业的发展，权力的过分分散会导致公司在营运过程中丧失良机。

4. 能力结构的全面性

创业团队面对的是不确定的市场环境，机遇和风险都可能在各个方面出现，这就要求创业者需要具备一定的素质，对机遇有较高的敏感性，因此创业者团队成员的能力应各有所长、彼此互补，具有一定的全面性。

5. 紧密协作性

由于创业团队的风险和机遇可能来自任何方面、任何时间，这就要求创业团队不可能完全通过事先分工把守的方法进行工作。同时，也由于创业团队的个人能力的专擅性和团队成员总体能力的全面性，更要求创业团队的成员紧密协作以应对多种挑战。

6. 创业团队成员的高凝聚力和强烈的归属感

由于创业团队能够最大限度地实现个人价值追求，一旦成功则意义非凡。同时，团队成员之间的素质高，关系平等密切，合作紧密，创造氛围浓厚，这一切都使创业团队拥有很高的凝聚力，团队成员对创业团队有很强的归属感，对于团队事务尽心尽力、全方位地投入。

(三)创业团队的分类

根据不同的角度、层次和结构，创业团队可以划分为不同的类型。依据创业团队的组成者不同，可以分为向心型创业团队、网状创业团队和家族式创业团队三种类型。

创业团队的分类

1. 向心型创业团队

向心型创业团队一般是在一个核心人物有了创业的想法后，根据其设想建立的创业团队，主导人物在组织中的行为对其他个体影响巨大。

2. 网状创业团队

网状创业团队成员一般在创业之前都有密切的关系，比如同学、亲友、同事、朋友等。他们在交往过程中，共同认可某一创业想法，达成共识后一起创业。在创业初期，没有明确的核心人物，大家根据自己的特点自发地进行组织角色定位，各位成员基本上扮演的是协作者或者伙伴角色。

3. 家族式创业团队

全世界90%以上的小企业有80%是家族企业，甚至在《财富》杂志排名前500家的大企业中，就有1/3的企业由某个家族控制。家族式创业团队是一种团结、利益一致、有着共同向心力的团队。

二、创业为何需要组建团队

现代创业活动早已不是一种纯粹追求个人英雄主义的行为，成功的创业个案大多与团队作战和有效发挥团队运作密切相关。多项调查研究显示，团队创业成功的概率要远远高于个人独自创业。在创业成功的公司中，有70%属于团队创业。

在创业过程中，团队意味着一切，团队是创业成功的灵魂。正如"跟谁学"的投资人吉冬梅所说，她投资就看重三个要素：第一是团队；第二是团队；第三还是团队。

1. 创业成功离不开团队

创业成功的六大核心要素，分别是商业模式、商业战略、人才聚引、文化氛围、绩效考核和完美执行。①商业模式，是你要做什么，通过什么途径或方式来使得公司在为客户实现价值最大化的同时获取利润，并获得长期持续稳定的发展；②商业战略，是你要怎么做，你选择做什么和不做什么，你用什么样差异化的方法最后取得不一样的成功；③人才聚引，是你让谁来做，不仅你自己要成为A+人才，成为标杆和榜样，更重要的是你还要能够找到和你一样甚至是比你还优秀的A+人才，A+人才和A+人才叠加，才有可能产生连接和更大场景；④文化氛围，是大家在一起到底怎么做，怎么样定好规矩，大家用一种什么样的方式相处，在共同追逐梦想的过程中，每个人怎么样认知自我的定位；⑤绩效考核，是让优秀者得到更多的回报，让自我激励的潜能自然而然地发挥出来，并且能够让更多优秀的人才加入进来，同时怎么样才能让不太优秀的人重新寻找位置和让糟糕者尽快出局，在任何组织中，最昂贵的是组织里的人，通过绩效本身，可以发展、提拔和培养人才；⑥完美执行，是说要能够快速果敢地行动，不怕失败，怎么样把真正伟大的创意和想法快速落地并做到最好、做到极致。总体来看，这六个核心要素中的每一个要素都与团队休戚相关，都与团队的组建、发展和成长密不可分。放眼创业圈，成也团队、败也团队的案例屡见不鲜。

2. 长远发展离不开团队

现代企业，需要的是少走弯路，从一开始就选择规范化管理的道路。因此，创业者在注册公司时就应该组建创业团队。一个好的创业团队对新创企业的成功起着举足轻重的作用。新创企业如何打破创始人的自有资源限制，从私人投资者和风险投资机构手中吸引资本，与其管理团队的整体素质密切相关。一个喜欢独立奋斗的创业者固然可以谋生，而一个团队的营造者却能够创建出一个组织或一家公司。创业团队的凝聚力、合作精神、立足长远目标的精神会帮助新创企业渡过危难时刻，加快成长步伐。另外，创业团队成员之间的互补、协调以及与创业者之间的补充和平衡，对新创企业起到了降低管理风险、提高管理水平的作用。一项针对 104 家高科技企业的研究报告指出，在年销售额达到 50 万美元以上的高成长企业中，有 83.3%是以团队形式建立的。

第二节　创业团队的组建

一、创业团队的构成

(一)从成员所起作用的角度来看——四种成员类型

狭义的创业团队是指追求共同目的、共享创业收益、共担创业风险的一群创建新企业的人。广义的创业团队则不仅包括狭义的创业团队，还包括与创业过程有关的各种利益相关者，如风险投资人、专家顾问等。

一般而言，按照其成员所起的作用，我们可以将广义的创业团队成员分为以下四类。

(1) 初始创建者：通常指企业的发起人。

(2) 核心员工：通常指新企业成立后引进的骨干员工，主要来源包括招聘、熟人介绍等。

(3) 董事会：主要指利益相关者，是由公司股东选举产生以监督企业经营管理的个人小组，一般由内部董事和外部董事构成。其主要作用是提供指导和增加资信等。

(4) 专业顾问：主要指部分与新企业保持紧密联系的外围专家以及利益相关者，包括顾问委员会、投资人和贷款方、咨询师等。不同的专业顾问可以为企业提供经营指导、财务咨询和监督以及专业指导，也可以提高企业资信。

(二)从成员的角色分工来看——成功团队中的九种角色

创业团队的角色分工，组建程序

被誉为"团队角色理论之父"的英国团队管理专家梅雷迪思·贝尔宾(Meredith R. Belbin)在观察与分析成功团队时发现，一个结构合理的团队应该由三大类、九种不同的角色组成。依据成员所表现出来的个性及行为特征来划分，这九种角色分别是完成者、执行者、鞭策者、协调者、团队工作者、外交家、智多星、专家、监控者，他们分别负责行动导向(执行团队任务)、人际导向(协调内外部人际关系)、谋略导向(提供创意)三类任务，如表 7-1 所示。

贝尔宾团队角色理论认为，世界上没有完美的个人，但是可以有完美的团队。该理论可以帮助创业者在建构团队时确保每个职位的逻辑性与完整性，并帮助团队成员正确分析

自我能力与自我特质，找准自己在团队中的定位，同时不断优化自己的能力，形成优势互补，实现"1+1＞2"，从而塑造一个完美的创业团队。

表 7-1　创业团队角色与分工

创业团队角色		
类型	角色	角色描述
谋略导向 (提供创意)	智多星	解决难题，富有创造力和想象力，不墨守成规
	专家	专注于自身专业知识的探索
	监控者	冷静，有战略眼光与识别力，倾向于三思而后行
行动导向 (执行团队任务)	鞭策者	能激发人，充满活力，有进取心和克服困难的动力、勇气
	执行者	纪律性强，值得信赖，有保守倾向，办事效率高，执行力强
	完成者	勤勤恳恳，尽职尽责，积极投入，找出差错与遗漏，准时完成任务
人际导向(协调内外部人际关系)	协调者	成熟、自信，是称职的主事人，凝聚力量向共同目标努力
	团队工作者	性格温和、善于交际、防止摩擦，是在团队中广受欢迎的一类人
	外交家	外向、热情、健谈，发掘机会，增进联系

【经典案例】

创业团队分工要明确
——美团网王兴

王兴，美团网创始人，估值 70 亿美元，曾创办校内网，后被迫出售。2003 年冬天，在美国读博的王兴向导师请了一个长假，回国创业。在经历了几次失败的项目之后，王兴发现学生之间的熟人社交是一个可切入的点，于是便着手打造校内网。

在网站界面上，他们抄袭了 Facebook，被大家所诟病，但由于 Facebook 的设计十分人性化，所以作为借鉴这一优势设计界面相对独立的校内网，它的用户体验是最好的。这为他们留住了很多用户。当时北京地铁不方便，去火车站坐车十分麻烦。所以在放寒假期间，王兴在清华、北大、人大发起了一个注册校内网，免费乘大巴去火车站的活动。同一时刻同一地点，凑足 50 人便发车。为了凑足人数，学生到处宣传，拉老乡注册。更有些男生为了与一位姑娘认识，不坐地铁也要坐大巴去火车站。凭借此举，校内网弄来了 8000 种子用户，大家开始在这个网站上活跃起来了。

但是，由于初次创业，王兴并没有形成自己的理论，对互联网的认识并不深入，同时缺乏明确的盈利模式，资本方并不看好校内网这个项目。最后资金链断裂，内部团队产生争执，王兴只能被迫将其出售。

项目的失败给了王兴很多启发：第一，创业团队必须分工明确，CEO 必须解放出来，关注整个业界、时代、社会发展的潮流。第二，快速推广很重要。第三，不需要盲目地自我创新，可以快速学习别人的优点。第四，应该尽早接触资本，放低姿态，做一些妥协。第五，必须和信任的人一起创业，唯有信任才能在遇到低潮的情况下，让团队成员坚持，从而稳固创业团队。

(资料来源：引自 http://www.xuexila.com/chuangye/zhunbei/998697.html，有删改)

二、创业团队如何组建

(一)创业团队创建的基本步骤

创业团队究竟应该如何组建呢？一般可以参考以下五个基本步骤来进行，如图 7-1 所示。

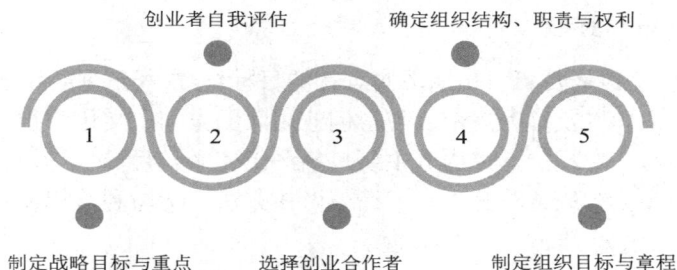

图 7-1　创业团队组建流程

1. 制定战略目标与重点

明确自己事业的方向与工作重点至关重要。这对于选择创业合作者以及后期整个团队章程的制定等，都起着决定性作用。

2. 创业者自我评估

创业者自我评估主要是指根据创业者的各项能力、素质以及现有的资源进行自我测评，明确自己的优势与劣势，为后期寻找相似或者互补的团队成员(创业合作者)、寻找补充性的资源，提供重要参考依据。

3. 选择创业合作者

图 7-2 列出了创业者是自己独自创业还是合伙创业的决策过程。创业者评估自己是否缺乏重要的经验能力、社会关系和资本资源。如果缺乏，需要判断是否有必要在创业阶段就补足这些资源和能力。如果需要，这时就需要引入创业合伙人。选择创业合作者，要注重两个核心问题：一是注重互补性技能组合。在挑选团队成员时，要努力保证所找的对象有助于形成互补性的技能组合；二是注重人员规模。创业团队的人数一般初期不宜过多，以便于股权的分配、内部统一集中管理、达成一致以及高效率的执行。

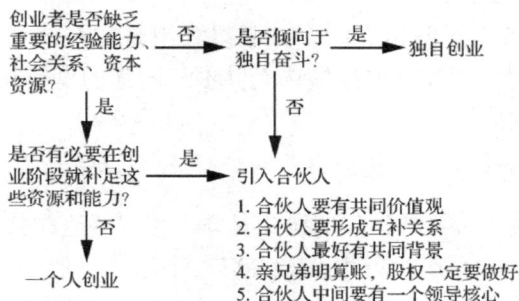

图 7-2　创业合伙人

4. 确定组织结构、职责与权利

进行初期内部的组织结构设计，简单、高效、便于沟通交流与操作执行即可，同时，明确各自的职责与权利，具体包括组织所赋予的职责与权利范围，以及团队成员的授权范围。在这个过程中应注意：职责的安排不应该是一成不变的。可以在某一时间进行职责轮换，也可以指定几名成员在整个创业过程中共同承担某些职责。

5. 制定组织目标与章程

制定组织目标(尤其是要突出初期现实可行的目标)与章程，主要目的是统一创业团队的努力方向、价值取向以及行为规范，使得创业团队的方向、文化和行为达成一致，确保创业发展不偏离轨道。章程的具体内容主要包括：①使命与目标。②团队文化。③决策原则。④团队行动纲领。⑤职责与分工。⑥绩效考核方法。⑦与利益相关者的沟通及关系处理。⑧团队成功的度量标准。

(二)创业团队创建技巧

1. 选择创业合作者的六大技巧

(1) 彼此互补。这一点非常重要，贝尔宾团队角色理论的立足点就是九种角色的优势互补。因此，在选择创业团队成员时，首先要考虑的就是彼此之间是否具有各种不同的技能，以便形成互补型技能组合。2010年雷军创办小米前，花了很长时间找合伙人，最终加盟的其他6位联合创始人和雷军形成很强的互补关系。

(2) 彼此相似。彼此的相似性是指创业团队成员之间往往具有相似的价值观、兴趣爱好、背景等，这样有利于达成共识、促进彼此互补。

(3) 创造价值。创造价值是指找寻创业合作者时，应该重点考虑对方是否能够帮助你解决眼前的棘手问题，或者未来是否可以为实现团队目标创造巨大价值，这些人通常在某些专业领域具有特殊的才能。

(4) 经验成熟。候选人是否具有团队工作经验也非常重要。如果你找寻的创业合作者具有类似领域、类似合作方式的团队工作经验，那么后期的团队磨合工作就会轻松很多，工作效率也会很高。

(5) 身边找人。身边找人是指向你身边的朋友或者同事解释你的战略目标，要求他们推荐可靠的人选，这样可以增强彼此的信任感、认同度，并减少后期考察对方、彼此磨合的时间成本。

(6) 取得共识。"道不同不相为谋"，取得共识是一个创业团队高效运作、快速成长、走向成功的根本前提。因此，如果候选人并不认同你的价值观、战略目标、商业计划等，你需要考虑是否立刻换人。

2. 提高创业团队绩效的九个关键行动

(1) 选择创业团队成员时要特别强调彼此互补、相似并达成共识。

(2) 明确团队目标与任务，遵循SMART原则，即明确性(Specific)、可衡量性(Measurable)、可实现性(Attainable)、相关性(Relevant)、时限性(Time-based)。

(3) 制定团队章程，包括确立价值观、行为规范等。

（4）以绩效考核与评估来确保各阶段团队目标与任务的实现，具体包括团队绩效和个人绩效。

（5）多采用正向激励办法(例如正面的反馈意见以及奖励办法)。

（6）不断引入新的思想、信息和事件，创造挑战性和激发创新能力。

（7）培养优秀的组织学习能力，提高判断与决策力以及反应能力，以应对环境变化带来的挑战。

（8）对团队中可能出现的任何问题保持高度警觉，及时、有效地解决团队问题并促使团队关系融洽，同时不断为团队注入精神动力。

（9）努力形成"集体精神、分享认知、共担责任、协作进取"四维结构的优秀企业文化。

(三)组建创业团队应注意的问题

1. 不能盲目照搬成功创业团队的组建模式

创业团队的组建基本可以分成三种模式：关系驱动、要素驱动和价值驱动，如图 7-3 所示。

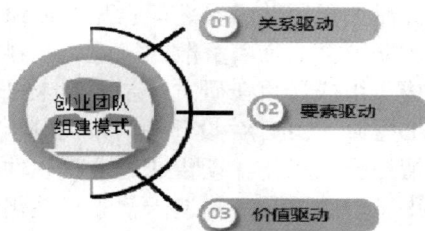

图 7-3　创业团队组建模式

（1）关系驱动是指以创业领导者为核心的人际关系圈内的成员构成团队。他们因为经验、友谊和共同兴趣结成合作伙伴，彼此发现商业机会后共同创业。

（2）要素驱动是指创业团队成员分别贡献创业所需的创意、资源和操作技能等要素。由于这些要素完全互补，团队成员之间处于相对平等的地位。

（3）价值驱动是指创业成员将创业视为一种实现自我价值的手段，他们的使命感很强，成功的欲望也很强。

不同的组建模式适用的条件不尽相同。如果盲目照搬照套某种组建模式，可能会给企业带来巨大的风险。当前关系驱动模式的应用最广泛，它比较契合中国文化特点，其团队稳定性相对较高。但是，关系的远近亲疏也可能演化成为制约团队发展的瓶颈。要素驱动模式比较符合西方文化特点，很多互联网创业团队属于这种模式，如果成员之间顺利磨合，可以缩短企业成功所需时间，如果不顺利则容易带来解散风险。价值驱动模式中的团队成员虽然是为了追求自我实现组合在一起，一旦产生分歧，却很难有妥协的余地。

2. 避免团队成员选择的随意性和偶然性

创业团队是要将个体的力量整合为集聚的攻击力，并保持这种攻击力的持久性。但是，在组建初期，由于规模和人数的限制，创业团队在成员选择方面考虑得不够全面，过

于随意和偶然，甚至只是因为碰巧谈到创业问题而一拍即合，所以不可能具备完美团队的九种角色，之后又没有及时进行补充，或是在团队中承担某种角色的人才过多，团队成员之间的角色和优势重复，这些都会引发各种矛盾，最终导致整个创业团队散伙。西安海星集团作为一家民营高科技企业，最初的创业团队是海星集团现任总裁荣海和他的大学室友以及学长，两年多的时间里海星集团创造了 30 万元的盈利，但是创业团队却面临着大分裂，每个人都认为自己有能力挣钱，这与其成员能力和优势重复以及利润分配不合理有着密切关系。

3. 缺乏明确一致的团队目标

心理学家马斯洛指出：杰出团队的显著特征是具有共同的愿景与目标。凝聚人心愿景与经营理念，是团队合作的基础。目标则是共同愿景在客观环境中的具体化，能够为团队成员指明方向，是团队运行的核心动力。

事实上，在创业初期，创业团队的目标一般并不十分清晰和明确，可能只是一个朦胧的发展方向，有些人甚至不明白自己为什么会走上创业的道路。而且即使创业领导者的目标明确，也不能保证其他成员都能够真正、准确地理解团队目标的含义。随着创业进程的推进以及外界环境的变化，团队成员可能会发现原先确定的目标和现实之间存在差距，必须对目标进行适当的调整，此时如果团队成员之间意见难以调和，或是个人目标与组织目标出现较大的不一致，那么团队就会面临着解散的风险。某科技公司"创新先锋"团队，由来自不同专业背景的多名成员组成，旨在研发一款面向未来教育市场的智能教学辅助软件。团队成员包括软件开发工程师、UI/UX 设计师、市场分析师、产品经理及一名项目经理。项目初期，团队满怀激情地投入工作，期望通过这款软件改变教育行业的面貌。在项目启动会议上，产品经理提出了一个愿景：打造一款集个性化学习、游戏化互动、高效评估于一体的智能教学软件，旨在提升学生学习兴趣与效率。而市场分析师则基于市场调研数据，强调产品的首要目标是快速占领市场份额，建议优先开发易于推广、成本效益高的基础功能。这一差异导致团队在核心功能的优先级和整体定位上产生了严重分歧。随着项目的深入，团队内部目标不一致的问题，严重影响了项目的进度与最终成果。

4. 激励机制尤其是利润分配方式不完善

有效激励是企业长期保持团队士气的关键。如果缺乏有效激励，团队成员的使命感很难长久，有效激励的重点是给予团队成员合理的"利益补偿"。根据一项面向 200 多位在职工商管理研修班学员进行的"创业管理调查"结果显示：影响中国现阶段创业团队散伙的前两个主要原因是团队矛盾(26%)和利益分配(15%)。团队矛盾的背后或多或少也存在利益的影响，可见，利益分配关系着创业团队的长期持续发展。

实际上，在团队组建初期，由于企业前途未卜，各成员在创业企业中的作用和贡献无法准确衡量，因此团队无法给出一个明确的利润分配方案，可能只是简单地采取平均主义的方法。这样，随着企业的发展和利润的增加，团队成员在利润分配时就会出现争议，从而导致创业团队解散。无锡尚德太阳能电力有限公司在创业初始的两年里一直处于亏损状态，后来业务稍有起色，就因为利润分配方案不健全等原因，五个人的创业团队走了四人，只剩下施正荣支撑尚德公司，而且离开的四人后来均进入了光伏电池行业，成为施正荣的竞争对手。

【经典案例】

创业初期，如何组建一支合适的团队
——分清先后，量力而为，各取所需

通常的说法是，你需要三个人来创立一个企业。

● CEO/创始人：负责产品未来总体发展方向，擅长营销和销售。

● 首席技术官 CTO：用编码将想法变成现实产品。

● 设计师：让代码产品看上去更有吸引力。

这通常是最初阶段的创业团队人员配置，当初创企业度过了这一时期，获得首轮甚至几轮融资之后，产品具有了市场需求，也开始有了实际收入，初创企业就需要进行进一步的调整。在这种情况下，企业不仅需要提升产品功能或是扩大用户群，更需要创建一个团队来帮助企业更快地实现增长目标。

对于初创企业来说，如何创建一个团队是一个关键问题，因为企业资金有限，但同时又想招聘到最合适、最具忠诚度的人才，他们要真正关心产品，而不只是单纯地想要一份朝九晚五的机械式工作。与此同时，对于名不见经传的初创企业来说，要将顶尖的人才揽入麾下，并承担高额的薪酬支出具有很大的挑战性。所以，在探讨如何创建一个强大的团队之前，需要先研究一下员工选择进入初创企业工作的原因，这样也有助于企业负责人去锁定正确的职位候选人，并投其所需。

莎拉·皮尔里(Sara Peary)现任多尔公司(Dohr)的 CEO，同时也是房地产咨询机构鲁姆奢侈品营销(RUHM Luxury Marketing)的总经理，之前在辉瑞公司工作过，她离开辉瑞待遇丰厚而又稳定的工作，选择当地的营销机构，主要是出于以下几方面考虑：一是每日行为决策对于初创企业来说具有更大的实质性影响力。所以，相比较在大企业机制内工作来说，在初创企业工作会更有成就感；二是初创企业更加灵活，决策更快、整个审批过程更高效、每日行动措施更多，而不必单纯地为了开会而开会；三是初创企业有更多的尝试和实验空间。

对于初创企业来说，要创立一个强大的团队，需要寻找这样一类候选人：喜欢日常挑战性工作，能够适应高节奏、有组织性的纷杂工作氛围，并且个人独立工作与团队协作同样高效。当然，企业负责人也有必要向候选人讲清楚在初创企业工作的一些现实状况，例如：工作时间可能很长、CEO 周末晚上有可能随时打电话联系，甚至没有年度奖金等。

正如语境媒体(Context Media)公司的高管伊曼·贾利勒(Iman Jalali)所言："初创企业的工作环境就像高压锅，不要单看员工着装休闲，办公室环境愉悦就觉得工作轻松。对于新企业而言，不进则退，每一步都关乎企业能否存活发展下去。所以如果企业不能及时推出可用的产品和服务，公司就会倒闭，薪水打水漂，成员直接面临失业问题。"

所以，初创企业在招聘团队人员时，首先要确认的就是他们的工作期望比较现实，贴合初创企业初期的情况。

(1) 确定你需要招聘的职位。

虽然很多团队成员最终都会发展成为全能型人才，但在创立团队之初，在面试之前，确定好团队职位结构是十分必要的，也有助于将预算控制在合理范围之内。如是否真的需要额外雇用公关和集客营销专业人员？因为从团队整体考虑，由最有经验的人来负责这些工作效果就相当不错。

(2) 对招聘职位划分优先顺序。

应该最先招聘哪一职位？这一问题的答案在很大程度上取决于企业当前的业务目标以及投资者设定的基准。举例来说，如果目前你们公司的 iOS 产品版本尚不完美，那根本就没有必要招聘安卓开发人员。如果企业当前的目标是要将收入额翻一番，那当务之急应该是扩大营销和销售团队。因此对于初创企业而言，最重要的是结合当前需求进行专业人员的招聘，而不能仅仅是由于在某个领域找到了一个看似不错的潜在雇员。

(3) 聘用还是合作。

这个问题也是职位优先顺序的一个考虑部分，有必要所有岗位都是全职吗？如果这个职位工作量并不规律，那是否还需要招聘一个支付"规律"薪酬的全职人员呢？在这种情况下，将这一工作外包对于企业来说不失为一种更加灵活的处理方式，既能够利用到本地没有的人才技能，同时又帮助公司节省了成本。

(4) 全职还是合同职位。

全职雇用员工对于企业而言意味着一项重大承诺，合同工则留有更大的调整空间。所以企业在最开始，可以提供一些合同职位的工作，在试用期之后可转为全职性质。毕竟，现在自由职业人群正在稳步增长。

(5) 寻找人才的途径。

拓展人际网。参加本地初创企业、自由职业者活动，编程马拉松及相关会议，从而有机会接触到潜在的自由职业者或者远程合同职位员工。

向其他创始人取经。可以询问是谁帮助开发了他们的应用程序、负责设计或营销活动等，大多数情况下，他们并不介意与你分享一些信息。

通过 LinkedIn 与更多的人联系。寻找企业所在地区具有所需技能的专业人员，以及那些已经拥有初创企业工作人员的专业人士。

(资料来源：引自 https://3bkr.com/p/1721261998081，有删改)

第三节 创业团队的管理

在创业团队组建之后，如何有效地管理团队、引领团队成长是推进创业成功的加速器。创业团队管理的重点是在保持团队稳定性的同时充分发挥团队成员的优势，要以明确的目标领导团队，重视团队文化建设，做好冲突管理，实施有效激励机制，开展创业团队绩效评估，注重学习与创新，只有全面梳理和把握创业团队管理的关键要点，才能管理和打造高效创业团队。

一、以明确界定的目标领导团队

明确界定的目标就好比一座灯塔，永远照亮团队前行的方向与道路，激励着团队不畏艰难险阻地去实现预期目标。无论是确定团队的工作目标还是个人的工作目标，无论是大项目还是小任务的目标，都应该遵循 SMART 原则。要有长远的战略目标与切实可行的短期目标，同时要制订具体的行动计划，并按人员分工、时间进度对目标进行合理的分解。

团队在运行过程中难免会遇到一些障碍，例如组织大环境对团队运行缺乏信任、成员对团队目标缺乏足够的信心等。在决定团队目标以后，尽可能地对团队目标进行阶段性分解，树立一些过程中的里程碑式目标，使团队每前进一步都能给组织以及成员带来惊喜，从而增强团队成员的成就感，为一步步完成整体性团队目标奠定坚实的基础。

在组建团队的过程中，可以运用团队组建工作表等工具。团队组建工作表(见表 7-2)列出了团队建设过程中的关键工作项目以及具体内容要求，可以帮助团队管理者快速、高效地进行团队组建工作。

表 7-2　团队组建工作表

公司：　　　　　　　　　　　　　　填表人：
部门：　　　　　　　　　　　　　　填表日期：

工作项目	工作内容
目标确立(遵循 SMART 原则)	长期：团队愿景，长远战略目标
	短期：近期可实现的目标
职权明晰	团队所赋予的职责与权利范围(包括明确授权范围)①
期限明确	目标实现的时间期限，根据阶段目标合理分解
计划制定	为实现目标的具体行动计划与实施方案
结果预期	期望获得的成果，包括业绩以及团队建设方面的成果
资源分析	对能够支撑团队目标实现的人力、技术、资金、硬件等资源进行分析，是否已经具备，还缺什么资源
风险分析	目标实现存在的障碍或者困难，尤指发展受限的因素以及潜在的风险问题
能力分析	团队完成目标所需的知识、经验和技能，具体包括专业知识、个人综合素质、解决问题的能力与决策能力、人际关系能力、团队技能等
人员规划	团队所需人员规模、人员素质与能力要求以及具体的职责分工。侧重于满足"技能组合"需求
章程制定	(1)使命与目标。 (2)团队文化。 (3)决策原则②。 (4)团队行动纲领。 (5)职责与分工。 (6)绩效考核方法。 (7)与利益相关者的关系处理。 (8)团队成功的度量标准③
任务分解	团队讨论，对团队共同目标与任务按人员分工、时间进度分别进行分解，且明确责任人、具体的时间期限
个人计划	团队成员根据团队目标与任务分解要求，拟订个人计划并付诸实施

注：① 这里主要指组织赋予某部门或者项目团队的职责与权利。
　　② 具体可分为多数原则、一致原则、小组决策、领导者参考他人意见作出决策几种类型。
　　③ 针对团队成功与否的常用绩效考核指标有目标达成度、顾客满意度、成本控制、产品或服务质量、利润、市场反应速度、团队凝聚力、团队执行力。

对于团队成员的角色分工问题，可以运用团队角色分工讨论表来开展。表 7-3 列出了团队角色分工讨论内容，要求每一位团队成员填写本表，然后对各成员的回答进行比较、分析，并将其作为团队对角色分工讨论的重要内容。它可以帮助团队管理者快速、高效地进行角色分工。

表 7-3　团队角色分工讨论表

公司：　　　　　　　　　　　　　　填表人：
部门：　　　　　　　　　　　　　　填表日期：

团队成员角色分工拟定(讨论之前由团队领导者填写)

团队成员姓名	职务	工作职责

角色分工模糊部分

本人角色分工中的模糊内容：

他人角色分工中的模糊内容：

重叠或冲突的角色及说明：

团队成员需共同承担的责任：

团队需承担的其他责任：

二、建立优秀的创业团队文化

在创业阶段能否树立共同的价值观、建立优秀的创业团队文化，通常会决定一个创业企业能够走多远。正如《基业长青》的作者詹姆斯·柯林斯(James Collins)在其书中总结："高瞻远瞩的公司能够奋勇前进，根本因素在于指引、激励公司上下的核心理念，亦即核心价值观和超越利润的目的感。"优秀的创业团队文化理念包括凝聚力、合作精神、完美主义、绩效导向、追求价值创造、平等中的不平等、公正性、共同分享、共同担当等元素，具体可以通过团队讨论、章程制定、文化手册等形式确定下来，文化理念及文化践

行内容包括愿景、使命、价值观、管理理念、行动纲领等。当然，更重要的是一以贯之地执行大家所认同的文化，并努力形成"集体精神、分享认知、共担责任、协作进取"的优秀创业团队文化。

三、时刻在创业团队内部形成高度一致

无论是明确界定的目标还是优秀的企业文化，只有在团队内部形成高度一致，才能够发挥其无穷的力量。因此，在创业过程中，核心领导对此必须保持高度的警觉，时刻"掌好舵"，以确保团队朝着"总体一致"的方向前进。例如，在团队内部要形成沟通坦诚开放、相互批评与支持的氛围，鼓励成员分享不同的观念与意见，促使团队成员在思想观念、行动方式等方面形成高度一致；一旦出现内部矛盾，核心领导应该及时有效地协助团队成员解决冲突，促使其达成一致；作为团队的掌舵手，核心领导还应该带领大家努力，使创业的进程与目标保持高度一致。

在管理团队的过程中，可以运用团队成型评估表来考察团队是否完整成型(见表 7-4)，即是否为一个真正的团队。通过评估和检查，可以帮助团队管理者找出关键问题，并提出相应的改进方案。还可以运用团队目标评价表评估团队目标的科学性与可行性(见表 7-5)，通过对成功目标特征进行评价，既可以帮助团队管理者准确判断团队目标是否科学合理、现实可行，同时还可以通过评估发现问题并提出改进方案。

表 7-4 团队是否成型评估表

公司： 填表人：
部门： 填表日期：

评估内容	是	否	存在问题
(1)目标是否明确、有激励性并得到团队成员的共同认同？			
(2)目标与任务是否在团队内部得到合理的分解？			
(3)团队各自角色的职责分工是否明确、合理？			
(4)在决策制定、知识技能、问题解决、人际关系、团队经验等能力方面，团队成员之间是否形成了互补性的技能组合？			
(5)是否经常组织召开会议或者沟通交流会，共同分享认知，并进行坦诚、开放的互动讨论？			
(6)团队成员是否彼此高度信任、相互支持？			
(7)团队是否能够高效地完成近期布置的工作任务？			
(8)团队成员是否愿意共同承担责任，并保持振奋向上、协作进取的精神？			
(9)是否形成了大家共同认同的内部文化、行动纲领？			
(10)是否有清晰一致的工作方式并充分发挥了各成员的能力？			

改进方案：

表 7-5　团队目标评价表

评估人: _____　　　　评估日期: _____

部门: _____　　　　　　职务: _____

评估指标	分数	达成度					得分
		100%	80%	60%	40%	20%	
(1)团队目标与公司战略目标匹配,并能够促进公司战略目标的实现	10						
(2)团队目标由团队共同建立且一致认同	10						
(3)团队目标清晰、简明	10						
(4)团队目标分为长期的远大目标与近期可实现的目标	10						
(5)团队目标已经转化为具体的、可衡量的绩效目标	10						
(6)团队目标已经按时间进度、人员分工进行了目标分解,大家一致认同	10						
(7)团队目标按轻重缓急排列,且大家认同	10						
(8)分解目标或者关键里程碑充分反映了团队目标实现过程中的关键点	10						
(9)团队目标需要每一位成员都作出努力,且能够充分发挥各成员的能力优势	10						
(10)每位成员能够正确理解团队共同目标以及个人的分解目标	10						
合计							
评估意见							
存在问题							
改进方案							

四、加强创业团队冲突管理

创业团队的成员在创业过程中总会发生矛盾,总的来说,由此引发的冲突可以分成认知性冲突和情感性冲突。认知性冲突是指团队成员对有关企业生产经营管理过程中出现的与问题相关的意见、观点和看法不一致。一般情况下,认知性冲突有助于改善团队决策质量、提高组织绩效,能够促进决策在团队成员中的接受程度。情感性冲突是基于人格化、关系到个人导向的不一致。情感性冲突会阻止人们参与影响团队有效性的关键性活动,团队成员普遍不愿意就问题背后的假设进行探讨,从而降低了团队绩效。

创业团队管理

高效创业团队的塑造过程,其实就是创业团队成员之间不断磨合、相互扶持、共同改进的过程。因此,创业过程中出现冲突是必然的。发生冲突的原因有很多:利益分配不均、信息沟通不畅、个人价值观与企业价值观的背离、员工个性差异等。99%的创业团队分裂源于冲突,所以创业者有必要对冲突进行科学有效的管理,"和而不同"可能是最好的态度。首先,冲突是不可避免的,而且也并非坏事,创业者要营造人人敢说真话的大环境。其次,冲突发生了千万不要回避,让各方充分表达各自的观点,在尊重各方利益的基

础上追求双赢或者妥协，逃避或者粗暴的方式不能有效地化解问题。如何有效地解决各种冲突问题，对于创业团队走向成熟、实现创业目标是极其重要的。

有人统计，美国创业团队成员的"分手率"要高于"离婚率"，由此可见，团队管理的不易。虽然有诸多不易，团队组成与团队运作水平对创业融资与创业成败都具有关键影响力，因此创业者在创业过程中必须重视创业团队的冲突管理，及时发现问题，减少因冲突带来的各种负面影响。

五、实施有效的激励机制

如何合理地激励创业团队，是创业者在创业的过程中始终需要考虑的一个问题，也是创业团队成员极为关注的问题。有效的激励机制，可以提高团队成员的积极性、优化组织结构，并形成良好的竞争氛围，同时为后期建立科学的公司治理机制奠定基础。激励机制的设计应该坚持注重团队整体、业绩导向、差异化以及灵活性四项原则，具体内容包括股权激励、薪酬激励、授权激励、精神激励等。

对于激励团队，李开复给出的建议是发放股权，因为"股权的激励大于薪水"，蔡文胜也认为"对于公司来讲，股权激励是最好的办法"。股权给予不要一次性到位，让其有所期待、有所挑战才不失激励本色。创业初期就明确提出合理的股权激励方式，不可模棱两可或者存在潜在的"不公平性"，避免后期出现"扯皮"现象，而且最好不要选择均等股份的形式(尤其是两人团队，更加不合适)。股权激励对于创业团队的长期发展起着重要作用。股权激励不仅有利于凝聚创业团队的人心、增强团队吸引力和留住稀缺人才，而且还能有效地将员工的个人利益与公司的长远发展目标紧密结合起来。通过股权激励，员工能够直接参与到公司的经营成果中，从而激发他们的积极性和创造力，提高工作效率。此外，股权激励还能作为一种有效的风险共担机制，让员工在公司面临挑战时更愿意与公司共渡难关，共同推动公司走向成功。这种机制有助于构建一个更加稳定和有凝聚力的团队，为公司的持续发展和创新提供坚实的人力资源支持。

当然，激励团队不能简单地以经济利益驱动，而忽略了创业团队的个人价值以及归属需求。激励方式要重视物质、精神"两手抓"。通过授权激励、精神激励，提高团队成员的参与感和使命感也不失为有效的办法。

六、开展创业团队绩效评估

有效的团队绩效评估，可以帮助团队领导者从结果、过程两方面全面评估团队建设的绩效以及个人的绩效，同时查找问题出现的原因，并提出相应的改进方案。同时，绩效评估结果也是实施激励机制的重要依据。针对个人绩效，主要评估指标包括创业思维、商业计划准备、敬业精神和风貌、工作技能和关系、岗位职责等；评估方式以团队内部成员互相评议、用户满意度、管理层评估三种方式为主。针对团队绩效的评估，可以运用团队建设工具——团队建设绩效评估表来执行和落实，如表7-6所示。

团队建设绩效评估表主要用于评估团队绩效并检查团队建设过程中存在的问题，具体考核指标包括结果导向类与过程控制类两类指标，可以帮助团队管理者从结果、过程两方面全面评估团队建设的绩效，同时查找问题的原因，并提出相应的改进方案。其中各项评估指标权重，企业可根据团队实际情况进行调整，例如服务行业性质的企业，对顾客满意度的权重分数设计应该相对较高(说明：高效团队评分应在 90 分以上)。

表 7-6　团队建设绩效评估表

评估人：_____　　　　　　评估日期：_____
部门：_____　　　　　　　职务：_____

评估指标	分数	达成度					得分
		100%	80%	60%	40%	20%	
结果导向类指标	60						
(1)完成业绩目标	20						
(2)如期完成工作目标	10						
(3)工作质量达标	10						
(4)顾客满意	10						
(5)团队整体素质和能力水平提高	10						
过程控制类指标	40						
(1)团队对愿景、使命、价值观、组织结构、组织章程以及规章制度有书面说明	2						
(2)团队拥有清晰、共同认可的目标	2						
(3)团队章程符合实际，且大家认同	2						
(4)团队拥有一致认同的价值观	2						
(5)团队为实现目标制订了行动计划	2						
(6)团队对目标及任务按照成员分工、时间进度进行了合理分解	2						
(7)团队成员权限清晰、职责分明	2						
(8)团队成员清楚地知道加入团队的益处	2						
(9)团队成员职能角色实现了定期轮换	2						
(10)团队按照共同约定的授权范围以及决策原则制定每一项决策	2						
(11)团队制定的决策得到成员的一致同意	2						
(12)团队制定了科学完善的规章制度、工作流程，并及时检查遵守情况、持续改进	2						
(13)团队始终致力于改进绩效、优化团队内部技能组合的支撑力	2						
(14)团队会议定期召开且效率高	2						
(15)团队成员间沟通开放、坦诚、相互促进，协同性强	2						
(16)团队拥有高效解决内部冲突问题的机制与方法	2						
(17)团队成员乐于接受新的思想、观念与信息，保持较强的创新力与变革力	2						
(18)团队能够建设性地解决各种难题	2						
(19)团队根据培训需求制订并开展持续的培训计划	2						
(20)团队成员参与性强，凝聚力高，追求卓越，渴望取得成就	2						
合计	100						
评估意见							
存在问题							
改进方案							

七、注重学习与创新

学习与创新，是创业团队实现自我成长、适应不确定性环境并最终达成未来目标的唯一途径。创业团队要加强学习与创新，需要建立学习型组织、鼓励跨界思维、培养开放心态、重视实践创新、搭建创新平台、加强知识管理和持续改进学习。这些措施有助于提高团队的综合素质和创新能力，在打造高效创业团队的同时推动组织不断地发展壮大。

创业团队应该积极构建一个学习型组织，通过不断的学习和更新知识，提高团队整体的素质和创新能力。可以通过定期组织内部培训、参加行业会议、寻求外部专家意见等方式进行学习。通过体验式培训，培养学习者的团队精神和合作意识，改善人际关系，形成积极向上的组织氛围对于改进组织内部的沟通与信息交流等都大有裨益。如通用电气(GE)、IBM、摩托罗拉、诺基亚、联想集团、北大方正等国内外知名企业都把这种培训作为凝练团队的必修课。创业团队应该鼓励成员从多领域、多角度思考问题，跨界思维能够带来新的视角和创意。可以组织跨部门、跨领域的交流和合作，激发创新思维。要保持对新技术和新趋势的敏锐度和好奇心，积极探索新的商业机会和发展方向。

创业团队应该注重实践创新，通过实际操作来验证创新想法的可行性和有效性。在实践中，要勇于尝试和接受失败，从中吸取经验和教训，不断优化和改进方案。创业团队可以搭建一个创新平台，鼓励成员提出新的创意和解决方案，并对其进行评估和实施。同时，要营造一个鼓励创新和容忍失败的文化氛围，培养开放心态，接受和尊重不同的观点和想法，激发团队成员的创新热情和创造力。加强知识管理、持续改进学习，建立完善的知识管理体系，包括知识库、知识分享和知识培训等。通过知识管理，可以积累和传承团队的知识和经验，提高团队的创新能力。创业团队应该秉持着持续改进学习的态度，关注行业动态和市场变化，不断优化自身的商业模式、产品和服务，及时调整战略和策略，与时俱进，提高竞争力和创新能力。

第八章　创业营销管理

【案例导入】

创办于 2013 年 6 月 6 日的"小红书"，通过用户创造内容的方式，创办购物分享社区，短短 4 年成长为全球最大的消费类口碑库和社区电商平台。目前，小红书已经成为年轻人聚集的生活方式社区。在小红书 2.6 亿的月活用户中，90 后占比达 70%，社区保持年轻化态势。用户的主动分享、笔记阅读、搜索行为以及搜索人数等数据也在不断提升。在 2023 年小红书用户使用频率中，超八成用户表示每天都会使用小红书，超五成用户表示每天会多次使用小红书。用户使用频率高，社区平台日均活跃。

小红书通过什么方式赢得消费者的心，并迅速成为超级"独角兽"公司中的一员呢？

1. 贴近用户需求，定位明确

随着中国年轻一代消费能力的提升，很多人希望在海外找到一些更匹配自己生活方式和符合自己对生活认知的商品，但是缺乏相应的购物知识，2013 年创立的小红书正是满足了大家这样的一个需求，通过社区分享形式，让之前去过海外购物的用户或者住在国外的人提供购物经验，从而打破海外购物的信息不对称。小红书联合创始人瞿芳介绍，相比其他跨境电商，小红书花了一年时间去做社区。最开始切入的是海外购物场景，从而抓住了一批高质量和对生活品质有追求的核心种子用户，奠定了小红书社区的基础。"电商只是提供了一种方式，让用户可以直接买到，体验闭环更加完整。准确来说小红书做电商并不算是转型，社区始终是战略重点，在产品上也可以看到，小红书社区被放在第一屏位置，福利社在第三屏。"

小红书用户以女性群体居多，女性用户天生对购物、时尚话题无法抗拒，优质的购物分享，很容易就形成自发的传播。90 后人群对互联网依赖度更高，他们对新事物更敏感，愿意尝试。留学生们具有国际视野、主见较强，追求生活品质，也很乐于分享，是笔记生产的主力军。此外在小红书的用户中，"辣妈"也是典型用户之一，她们对母婴用品有大量需求。

2. 营销方式多样

口碑营销： 区别于传统电商，小红书的用户们把不被人所知的国外品牌带回国内。通过发现式购物、闺蜜式推荐的方法，用户写出的真实评价受到了大众的喜爱。小红书坚持用户分享，用户的口口相传和各种热情洋溢的留言扩大了小红书的影响力。据小红书联合创始人曾秀莲介绍，小红书的转化率平均数据为 8%，最高可达 20%，而天猫仅仅是 1%～2%。小红书这样的口碑式营销，转化率是行业里最高的。

社会化营销： 从 2017 年年底开始，小红书在营销策略上发生了明显变化，动作更加积极主动。2018 年 1 月，小红书将自己的 slogan 由"全世界的好生活"，更改为"标记我的生活"。各类明星入驻和赞助《偶像练习生》和《创造 101》，都吸引了粉丝涌入，小红书的社会化营销之路，似乎每一步都触到了用户的痛点。

(资料来源：网易、猎云网、36 氪等网站)

链接：独角兽公司

独角兽公司一般是投资界对于 10 亿美元以上估值，并且创办时间相对较短，还未上市的公司的称谓。

小红书通过明确的市场定位，聚集一批高质量的种子用户，鼓励他们自发分享高质量的海淘经验，从而吸引更多具有一定消费能力、追求高品质产品的女性消费者，从这些女性用户的需求痛点入手，一一攻破，运用口碑营销及社会化营销，在短时间内迅速发展为国内领先的跨境电商。小红书的成长经历说明，创业企业的成功，是建立在分析消费者需求，并根据消费者需求进行市场营销的基础上的。

对于创业企业而言，顾客非常重要，如果顾客无法接受创业产品，创业企业将无法生存。企业要了解顾客的需求，在顾客需求的基础上生产产品和销售产品，这就需要企业开展营销管理。企业以市场营销研究为基础，为了满足消费者现实和潜在的需要，实施以产品、定价、地点、促销为主要内容的市场营销活动。营销管理的本质是需求管理，它的任务是影响消费者需求的水平、时间和内容。

第一节　明确创业企业的目标市场

要想成功创业，创业者必须回答以下重要问题：谁是我们的顾客？我们为谁服务？如何吸引他们？想要解决以上三个问题，必须做到以下三点。

明确创业企业
的市场目标

(1) 市场细分区别消费者。

(2) 选择目标消费者市场。

(3) 在目标市场中建立独特定位吸引消费者。

一、在市场细分过程中寻找顾客

市场细分是创业企业营销成败的关键，它是指按照消费者需求的差异性，把某一产品(或服务)的整体市场划分为若干个有相似需求的子市场的过程。

对于创业企业而言，只有在充分了解不同消费者的购买能力、潜在需求、满意程度等的基础上，通过市场细分来发掘未满足的消费者需求，深入研究这些消费者需求的具体特点，寻找有吸引力的、符合自己目标和资源的营销机会，生产出满足目标市场需要的产品，才能在市场竞争中脱颖而出，获取竞争优势。

需求是有差异的：来自不同成长背景、不同性别、不同年龄段的消费者，有不同的需求差异性。如日常我们的洗发护发，根据不同的发质，会产生不同的消费需求，有些消费者可能需要减少头皮屑，有些消费者喜欢天然环保，有些喜欢让头发柔顺飘逸。消费者根据自己的需求去购买商品，不同的消费者需求使得企业需要进行市场细分。

需求也是有共性的：在相同地理条件以及社会文化背景下，相对类似的世界观、人生观和价值观使得消费者具有大致相似的需求。正是因为消费需求在某些方面的相对同质，市场上绝对差异的消费者才能按一定标准聚合成不同的群体。消费者需求的绝对差异性使得市场细分变得有必要，消费者需求的相对同质性则使市场细分有了实现的可能性。

链接：消费者需求

市场营销重要概念之一，是指人们愿意而且能够购买某个具体产品的欲望。

除了性别、年龄、所处地区、文化背景、职业等变量外，还有以下市场细分变量。

(1) 地理环境因素。消费者所处的地理环境和地理位置，包括地理区域、地形、气候、人口密度、生产力布局、交通运输和通信条件等。按照地理环境细分市场称为地理细分。由于地理条件的不同，会形成不同的消费习惯和偏好，同时，市场潜力和营销费用也会因地理位置的不同而有所不同。

(2) 人口和社会经济状况因素。包括消费者的年龄、性别、家庭规模、收入、职业、受教育程度、宗教信仰、民族、家庭生命周期、社会阶层等。按年龄细分是各种市场细分中最一般的方法，其适用范围比较广泛。

(3) 商品的用途。一要分析商品用在消费者吃、喝、穿、用、住、行的哪一方面；二要分析不同的商品是为了满足消费者的哪一类需要(生理、安全、社会、自尊、自我实现)；从而决定采用不同的营销策略。

(4) 购买行为。主要是从消费者购买行为方面的特性进行分析，如从购买动机、购买频率、偏爱程度及敏感因素(质量、价格、服务、广告、促销方式、包装)等方面判定不同的消费者群体。

二、创业企业的目标市场与营销策略选择

将市场细分之后，创业企业需要确定目标市场，也就是企业决定进入的、具有共同需求或特征的消费者集合。企业通过市场细分选择了自己的目标市场，专门研究其需求特点并针对其特点提供适当的产品或服务，制定一系列有效的营销策略。

创业企业可以开展三种目标市场营销策略。

(一)无差别营销策略

企业只追求需求的共性，面对所有的市场，用单一的营销策略开拓市场，即只提供一种产品，采用类似的市场营销方案吸引尽可能多的消费者，如早期的可口可乐，对市场只提供相同的可乐，采用统一的广告主题。这种营销策略的优点在于大批量生产，可以减少生产、研发成本，降低营销费用，提高利润率。其缺点在于忽视了需求的差异性，某些细分市场部分需求得不到满足。

(二)差异性营销策略

企业根据每个细分市场的需求特点，设计不同的产品，采取不同的市场营销方案，满足各个细分市场上不同的需要。被视为实行无差异营销典范的可口可乐公司，面对百事可乐强大的竞争攻势，也不得不改变原来策略，一方面向非可乐饮料市场进军，另一方面针对消费者不同的需求推出多种类型的新可乐，如适用于减肥人群的零度可乐等。这种营销策略的优点在于适应了各种不同的需求，能扩大销售，提高市场占有率。其缺点在于市场营销成本的上升。

(三)集中性营销策略

企业选择一个或少数几个子市场作为目标市场，为该市场提供产品，集中力量为之服务。其优点在于目标集中，能更深入地了解市场需要，提供市场所需要的产品，在目标市场上建立坚实的地位；同时由于实行专业化经营，可节省生产成本和营销费用，增加盈利。其缺点在于市场区域过于集中，企业不仅发展容易受限，而且风险较大，一旦目标市场发生变化，如消费者需求发生改变、强大竞争对手的进入、新的更有吸引力的替代品出现，都可能使企业因此陷入困境。

【思考】你的企业适合哪种目标市场营销策略？为什么？

第二节 创业企业的市场定位

一、 创业企业如何进行市场定位

创业企业市场定位

链接：什么是市场定位

企业根据市场环境与消费者需求，选择适合自己的细分市场，适当地确定企业产品在市场上的位置，根据所处位置为产品设计和塑造鲜明的个性或形象，并通过一系列营销活动把这种个性或形象生动地传达给顾客，在目标消费者心中树立起产品独特的形象。

企业通过市场分析以及与竞争者的对比分析，了解自己的长处和短处，可以从产品特色、产品功能、产品质量、消费者利益、使用者、价格等方面进行定位思考。

创业企业的市场定位工作可以采用图 8-1 所示的框架(史蒂夫·费舍尔(Steven Fisher)，2017)。

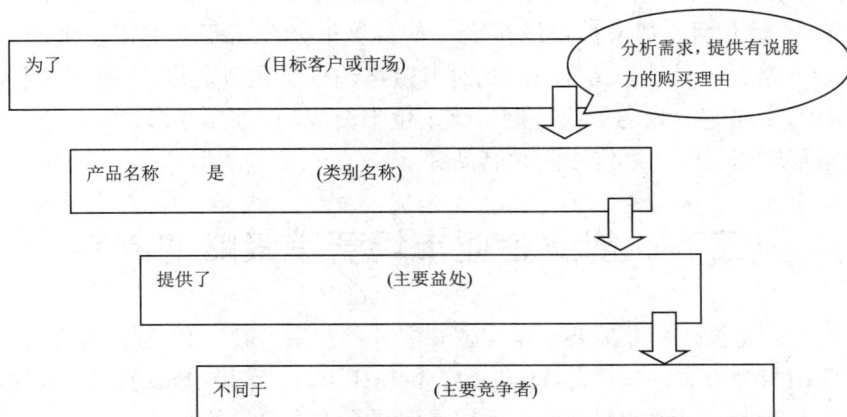

图 8-1 创业企业的市场定位

二、创业企业可以选择的定位

(一)创新定位

创新定位是指寻找新的尚未被占领但有潜在市场需求的位置，填补市场上的空缺，生

产市场上没有的、具备某种特色的产品。如共享单车的诞生，在互联网支付的基础上使低成本、短距离交通变得可能，受到我国民众的普遍欢迎。

(二)迎头定位

迎头定位是指企业根据自身的实力，为占据较佳的市场位置，不惜与市场上占支配地位的、实力最强或较强的竞争对手发生正面竞争，而使自己的产品进入与对手相同的市场位置。其优点是竞争过程中往往相当惹人注目，甚至产生所谓轰动效应，企业及其产品可以较快地为消费者或用户所了解，易于达到树立市场形象的目的。其缺点是具有较大的风险性。

(三)避强定位

避强定位是指企业力图避免与实力最强的或较强的其他企业直接发生竞争，而将自己的产品定位于另一市场区域内，使自己的产品在某些特征或属性方面与最强或较强的对手有比较显著的区别。避强定位策略的优点是能使企业较快地在市场上站稳脚跟，并能在消费者或用户中树立形象，风险小。其缺点是避强往往意味着企业必须放弃某个最佳的市场位置，很可能使企业处于最差的市场位置。

(四)重新定位

企业在选定了市场定位目标后，如定位不准确或虽然开始定位得当，但市场情况发生变化时，若遇到竞争者定位与本公司接近，侵占了本公司部分市场，或由于某种原因消费者或用户的偏好发生变化，转移到竞争者方面时，就应考虑重新定位。重新定位是以退为进的策略，目的是实施更有效的定位。如莫里斯(Morris)公司旗下的万宝路(Malboro)香烟，早期定位是女士烟，却未被市场接受，使得莫里斯公司不得不停止生产；"二战"后，著名策划人李奥·贝纳(Lco Burnect)对万宝路进行了重新定位，通过美国西部牛仔的品牌形象，将万宝路定位为男子汉香烟。该定位十分成功，定位后第二年，万宝路在美国香烟品牌中销量迅速上升，最终成为知名品牌。

第三节　创业企业市场营销策略的制定

企业进行产品定位之后，需要根据定位开展各种营销方案。4P营销组合为企业提供了较为完善的营销组合方案，即产品(Product)、价格(Price)、渠道(Place)、促销(Promotion)。企业可以在此基础上，思考如何从四个不同方面组合形成自己的营销策略。

一、创业企业产品策略

(一)什么是产品

产品仅仅局限于市面上琳琅满目的商品吗？这种看法过于狭窄。

创业企业产品策略

现代市场营销学认为：产品是指向市场提供的能满足人们某种需要的任何东西，包括有形物品和无形服务。

链接：产品的分类

有形产品：实物产品。

无形服务：如运输、通信、保险以及咨询、修配、金融等服务，以及随同实物出售、能满足消费者需求的服务。比如，消费者购买空调，是为了满足生活舒适化的需求，因此，消费者除了希望买到价格合适、质量较好的空调之外，同时还需要卖方能给予送货、安装、调试并实行"三包"等服务。

(二)产品的整体概念

产品的整体概念包括五个层次的含义，即核心产品、形式产品、期望产品、延伸产品和潜在产品，如图8-2所示。

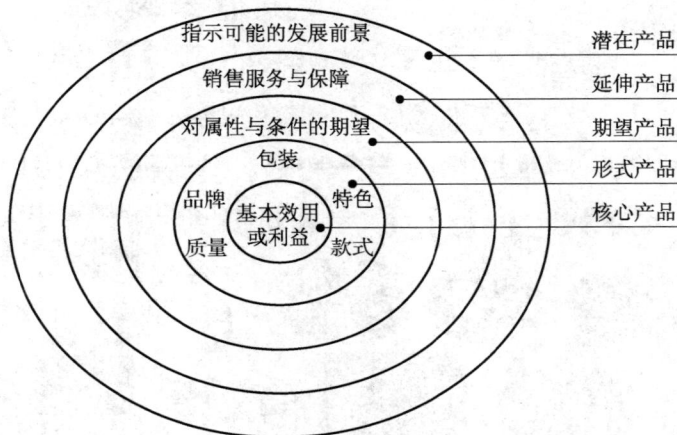

图8-2 整体产品概念

(1) 核心产品是指产品提供给顾客的基本效用或利益，是消费者需求的核心内容。比如，手表的核心功能是满足计时的需要，电冰箱的核心功能是满足制冷、储存食品的需要，化妆品的核心功能是满足人们护肤和美容的需要等。

(2) 形式产品是指产品的具体实体和外观，是核心产品的外在表现形式，一般由产品的质量、款式、特色、品牌和包装等五个要素构成。

(3) 期望产品是指消费者在购买产品时通常希望和默认的属性和条件，如在购买空调时希望操作简单、无噪声、省电、不得空调病等。

(4) 延伸产品是指顾客在购买产品时所得到的附加利益和附加服务的总和。企业只有向消费者提供具有更多实际利益、能更好地满足其需要的附加产品，才能在日益激烈的竞争中取悦顾客，赢得胜利。

(5) 潜在产品是指现有产品可能发展成未来状态的一种趋势与前景，如电视机可能发展成电脑终端。

产品是营销最基本的条件，产品策略是营销组合策略之首，正确理解产品整体概念有

利于创业企业贯彻市场营销观念，更好地满足消费者需求；有利于开发适销对路产品，制定产品策略；有利于树立创业企业良好形象、提升竞争能力。

(三)创业企业的产品品牌设计

美国市场营销协会(American Marketing Association，AMA)对品牌的定义是：品牌是一种名称、术语、标记、符号或设计，或是它们的组合运用，其目的是借以辨认某个销售者或某群销售者的产品或服务，并使之同竞争对手的产品和服务区别开来。在市场上可见到琳琅满目的品牌，如图 8-3 所示。

图 8-3　市场上的品牌

1. 品牌的设计要求

(1) 简洁醒目，易懂易记。如麦当劳的"金拱门"。

(2) 构思巧妙，暗示属性。如 eBay、淘宝等。

(3) 内涵丰富，跨越文化。若将 Sprite 直译成"妖精"，又有多少中国人乐于认购呢？而译成符合中国文化特征的"雪碧"，就比较准确地揭示了品牌标定产品的"凉""爽"等属性。

(4) 避免雷同，强调差异。品牌设计的雷同是实施品牌运营的大忌，不仅无法区分，还会侵权。

在营销实践中，许多企业不惜重金设计品牌。

美国埃克森(Exxon)公司为了给自己的产品创出了一个能够通行于世界、为全世界消费者所接受的名称及标志，曾动用了心理学、社会学、语言学、统计学等各方面的专家，历时 6 年，耗资 1.2 亿美元，先后调查了 55 个国家和地区的风俗习惯，对约 1 万个预选方案几经筛选，最后定名为 Exxon，堪称是世界上最昂贵的品牌设计。

2. 品牌的命名方法

(1) 功能命名——以产品的主要性能和功效命名，便于消费者理解与记忆，如胃必治、康必得等。

(2) 产地命名——用商品的产地命名，可反映商品传统特色和优越性能，如茅台、鄂尔多斯等。

(3) 人物命名——以历史人物、传奇人物、制造者以及对产品有特殊偏好的名人姓名命名，以衬托和说明产品品质，提高产品身价，如李宁、张小泉、老干妈等。

(4) 制法命名——多用于具有独特制造工艺或有纪念意义的研制过程的商品，表明制作精良以提高产品威望，如北京二锅头等。

(5) 好兆命名——以吉利的词句、良好的祝愿命名，既暗示商品优良性能，又迎合消费者美好愿望，如可口可乐、红双喜等。

(6) 形象命名——用动物形象或外文字母为产品命名，以增强感染力，如小天鹅、TCL 等。

(7) 数字命名——用阿拉伯数字命名，简单易记如 555、999 等；也有的是数字的谐音暗含一定的意义如 3388、888、520 等。

(四)产品包装的含义、种类与作用

1. 包装是什么

包装是指对某一品牌商品设计并制作容器或包扎物的一系列活动，其构成要素如下。

- 商标、品牌——是包装中最主要的构成要素，应占据突出位置。
- 形状——是包装中必不可少的组合要素，要有利于储运、陈列及销售。
- 色彩——是包装中最具刺激销售作用的构成要素，对顾客有强烈的感召力。
- 图案——在包装中，其作用如同广告中的画面。
- 材料——包装材料的选择，影响包装成本，也影响市场竞争力。
- 标签——含有大量的商品信息，如印有包装内容和产品所含主要成分、品牌标志、产品质量等级、生产厂家、生产日期、有效期和使用方法等。

链接：包装的作用

(1) 保护产品，便于储运。保证产品从出厂到消费整个过程中不致损坏、散失、溢出或变质。不仅要保护产品本身，还要注意环境安全保护。包装便于商品装卸，节约运力，加速流转，保护质量。

(2) 推销产品，便于销售。美观精致的包装可以增加产品的识别率，刺激消费者的购买欲望，以及抬高产品的身价。图 8-4 所示是可口可乐的包装变化，1915 年经典弧线瓶的推出，推动了可口可乐销量的提升。

图 8-4 可口可乐的包装变化

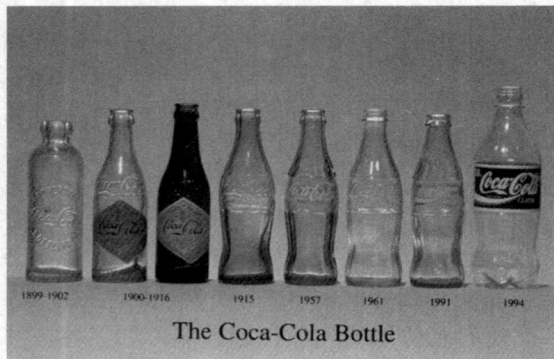

左图中为可口可乐的包装，其中 1915 年的可口可乐的玻璃瓶为可口可乐经典弧形瓶，该设计造型美观，如亭亭玉立的少女，容量又恰好一杯，且从外表看上去给人多于一杯容量的印象，使之形象深入人心。可口可乐公司在 2015 年举办了"庆祝弧形瓶诞生 100 周年"的庆祝活动，包括全新的主题广告、主题歌曲及一系列可口可乐弧形瓶艺术展。

2. 包装的设计原则

(1) 保证产品以及使用者的安全。

(2) 适用于运输，便于保管与陈列，便于携带和使用。

(3) 美观大方，突出特色。

(4) 与商品价值和质量水平相匹配。

(5) 尊重消费者的宗教信仰和风俗习惯。

(6) 符合法律规定，兼顾社会利益。

二、创业企业如何制定定价策略

定价策略是指企业根据市场中不同变化因素对商品价格的影响程度采用不同的定价方法，制定出适合市场变化的商品价格，进而实现定价目标的企业营销策略。

创业企业如何
制定定价策略

(一)新产品定价策略

新产品的定价是营销策略中一个十分重要的问题。它关系到新产品能否顺利地进入市场，能否站稳脚跟，能否获得较大的经济效益。目前，关于新产品的定价策略主要有三种，即取脂定价策略、渗透定价策略和满意定价策略。

1. 取脂定价策略

取脂定价策略，又称撇油定价策略，是指企业在产品寿命周期的投入期或成长期，利用消费者的求新、求奇心理，抓住激烈竞争尚未出现的有利时机，有目的地将价格定得很高，以便在短期内获取尽可能多的利润，尽快地收回投资的一种定价策略。其名称来自从鲜奶中撇取乳脂，含有提取精华之意

2. 渗透定价策略

渗透定价策略，又称薄利多销策略，是指在产品上市初期，利用消费者求廉的消费心理，有意将价格定得很低，使新产品以物美价廉的形象吸引顾客，占领市场，以谋取远期的稳定利润。

3. 满意价格策略

满意价格策略，又称平价销售策略，是介于取脂定价和渗透定价之间的一种定价策略。采用取脂定价法的定价过高，对消费者不利，既容易引起竞争，又可能遇到消费者拒绝，具有一定风险；采用渗透定价法的定价过低，对消费者有利，对企业最初收入不利，资金的回收期也较长，若企业实力不强，将很难承受。而满意价格策略采取适中价格，基本上能够做到供求双方都比较满意。

(二)差别定价策略

所谓差别定价，也叫价格歧视，就是企业按照两种或两种以上不反映成本费用的比例差异的价格销售某种产品或劳务。差别定价有四种形式。

1. 顾客差别定价

顾客差别定价即企业按照不同的价格把同一种产品或劳务卖给不同的顾客。例如，某汽车经销商按照价目标示价格把某种型号汽车卖给顾客 A，同时按照较低价格把同一种型号的汽车卖给顾客 B。这种价格歧视表明，顾客的需求强度和其拥有的商品知识有所不同。

2. 产品形式差别定价

产品形式差别定价即企业对不同型号或形式的产品分别制定不同的价格，但是，不同型号或形式产品的价格之间的差额和成本费用之间的差额并不成比例。

3. 产品部位差别定价

产品部位差别定价即企业对于处在不同位置的产品或服务分别制定不同的价格，即使这些产品或服务的成本费用没有任何差异。例如剧院，虽然不同座位的成本费用都一样，但是不同座位的票价有所不同，这是因为人们对剧院的不同座位的偏好有所不同。

4. 销售时间差别定价

销售时间差别定价即企业对于不同季节、不同时期甚至不同钟点的产品或服务也分别制定不同的价格。

【经典案例】

互联网厂商的差别定价

电影票：有网友称，自己在某电影票订票平台上用新注册的小白账号、普通会员账号和高级别的会员账号同时选购同场次电影，最便宜的是小白账号，其次是普通会员账号，而高级别的账号一张票要比小白账号贵出 5 元以上。另外，自己下半年开始，该网友自己的电影票平台价格显示均价 30～40 元，而前一年的均价为 20 元。

打车费：一位网友发现，用苹果手机比用安卓手机打车贵。这位网友认为是苹果收取手续费所致。此外，某些视频网站也会根据手机不同型号给出不同的收费待遇。以腾讯视频为例，开通 VIP 会员，安卓用户 1 个月、3 个月和 6 个月的价格分别 20 元、58 元、108 元，年费是 198 元，而苹果用户购买则要贵出 5～35 元不等。对于存在价格差异的原因，

客服表示是因为其中包含苹果收取的手续费。

飞机票：一位网友表示，自己在某在线旅游平台订机票，选好的那班每次看时价格都会上浮；而当自己选好该机票后取消，再选那个机票时，价格会立刻上涨甚至翻倍，在自己觉得"不买会更贵"而匆忙下单后，发现该航班价格又恢复到最初的低价。

(资料来源：中国青年报，http://baijiabao.baidu.com/s?id=15958139918839188313&wfr:spider & for=pc)

(三)心理定价策略

心理定价策略是针对消费者的不同消费心理，制定相应的商品价格，以满足不同类型消费者的需求的策略。心理营销定价策略一般包括尾数定价、整数定价、习惯性定价、声望定价、招徕定价和最小单位定价等具体形式。下面简单介绍其中几种。

1. 尾数定价策略

尾数定价又称零头定价，是指企业针对消费者的求廉心理，在商品定价时有意定一个与整数有一定差额的价格。这是一种具有强烈刺激作用的心理定价策略。心理学家的研究表明，价格尾数的微小差别，能够明显影响消费者的购买行为。尾数定价法会给消费者一种经过精确计算的、最低价格的心理感觉；有时也可以给消费者一种是原价打了折扣、商品便宜的感觉。尾数定价法在欧美常以奇数为尾数，如 0.99，9.95 等，这主要是因为消费者对奇数有好感，容易产生一种价格低廉、价格向下的感觉。我国由于 8 与"发"谐音，在定价中 8 的采用率较高。

2. 整数定价策略

整数定价与尾数定价相反，针对的是消费者求方便心理，将商品价格有意定为整数，由于同类型产品，生产者众多，花色品种各异，在许多交易中，消费者往往只能将价格作为判别产品质量、性能的指示器。同时，在众多尾数定价的商品中，整数能给人一种方便、简洁的印象。

3. 习惯性定价策略

某些商品需要经常、重复地购买，因此这类商品的价格在消费者心理上已经定格，成为一种习惯价格。许多商品尤其是家庭生活日常用品，在市场上已经形成了一个习惯价格。消费者已经习惯于消费这种商品时，只愿支付往常的价格，如买一块肥皂、一瓶洗涤灵等。对这些商品的定价，一般应依照习惯确定，不要随便改变价格，以免引起顾客的反感。

三、创业企业市场销售渠道与方式选择

(一)什么是渠道

营销渠道是商品和服务从生产者向消费者转移过程的具体通道或路径。

创业企业市场销售渠道与方式选择及促销策略

链接：渠道有哪些类型

多级渠道：制造商→代理商→省批发商→市批发商→……→零售商→消费者。

三级渠道：制造商→代理商→批发商→零售商→消费者。

二级渠道：制造商→批发商→零售商→消费者。

一级渠道：制造商→零售商→消费者。

零级渠道：制造商→消费者，也叫直销。

对于消费者而言，渠道能有效地把各种产品提供给消费者，以满足其需要，方便购买。对于生产企业而言，合理的销售渠道有利于生产企业降低营销费用，扩大销量，提高供给能力和经济效益；帮助企业掌握市场供求信息，扩大服务项目，提高市场占用率，有效地平衡供求关系。

(二)企业营销渠道的发展趋势

1. 零售商的优势日趋突出

随着科技发展、经济全球化以及现代零售商业的发展，厂商的营销渠道环境发生了极大的变化，零售商逐渐处于举足轻重的地位。以沃尔玛为代表的跨国零售巨头，把自己的销售网络扩大到世界各地，带动了生产商开拓国际市场的能力。

2. 营销渠道从多层次长渠道向扁平化转变

销售渠道扁平化，即销售渠道越来越短、销售网点则越来越多。企业通过减少环节、缩短渠道、绕过批发直供零售，简化了销售过程，缩减了销售成本，使企业有较大的利润空间。

3. 营销渠道电子化的出现和发展

随着网络广泛普及，电子商务开始兴起，开创了全新的营销渠道。与传统渠道方式相比较，网络营销具有效率高、成本低、市场无限性、方式多样性等诸多优势，是现代企业在信息社会开发新产品、发展新市场和扩大合作的最有力手段。

(三)适合创业企业的网络销售渠道

1. 通过知名平台发布信息

创业企业可以通过淘宝、京东、抖音、拼多多等知名平台发布销售信息，借助快递来实现物流环节。

其优势如下。

(1) 减少经销环节，平台管理、订单管理人力投入少，成本低。

(2) 可以有稳定的客户来源和确切的消费者资料，容易通过服务提升忠诚度。在线支付可以加快企业资金周转。

(3) 企业有完全自主的定价权，同时也可以更精确了解在线活动的促销效果。

(4) 可以获得客观及时的销售数据、更简洁的库存管理。

(5) 跨地域、销售更为便捷。

其劣势如下。

(1) 平台提供的附加服务，增加企业成本。

(2) 订单处理和财务流程处理有风险。

(3) 平台竞争激烈，不利于小型商户的发展。

2. 企业自建平台、自行推广

创业企业也可以自己建设网上销售平台，自己推广运营，利用全国的营销网络实现配送或者配送业务外包给第三方。

其优势如下。

(1) 经销环节减少，获得更大利润空间。
(2) 对渠道和经销商的依赖程度将降低，在与渠道的谈判中更有优势。
(3) 营销费用降低。
(4) 加快资金周转，减少财务流程。
(5) 充分利用数据挖掘技术，获取准确的市场数据和客户信息辅助决策。

其劣势如下。

(1) 搭建自营平台投入较大，而且维护不善极易遭受损失。
(2) 容易引起实体分销渠道价格体系混乱。
(3) 消费者投诉问题如果解决不当，负面信息对品牌的影响巨大。

【经典案例】

三只松鼠电子商务有限公司 2012 年成立于安徽芜湖，是一个以互联网为依托，利用天猫、京东、当当等 B2C 平台销售经营坚果、干货、茶叶等森林食品的公司。三只松鼠登录天猫旗舰店仅 65 天，销售额就已经在天猫坚果类目中跃居第一位。三只松鼠只做互联网销售；在明确产品定位后，明确产品设计的主题是森林食品，对原材料进行筛选、按需求进行产品的生产；店铺店长负责对店铺形象进行页面设计、维护，对流量进行统计，对运营数据进行分析；同时利用天猫、淘宝等平台的活动制定合适的主题促销方式。

2015 年，三只松鼠开始进行线下实体店的经营。三只松鼠创始人章燎原认为，这是一个 2.5 次元的空间，是线上二次元和线下三次元的纽带。它的定义是城市的歇脚地。也许很多人会把线上线下的打通归为老生常谈的 O2O 模式，章燎原却有自己的想法：O2O 的核心在于线上和线下如何互动起来，过去的 O2O 强调功能性，即线上下单、线下配送或提货，这是物流形成的 O2O。而三只松鼠的 O2O 是基于品牌的 O2O，当品牌在线上产生销售功能以后，品牌在线下存在的使命就是展示和体验。

(资料来源：三只松鼠官司网，http://3songshu.com/about_us.html)

四、创业企业的市场促销策略

促销是营销组合的基本策略之一，是指企业通过人员推销以及广告、营业推广、公共关系这些非人员的方式，把产品和服务的有关信息传递给顾客，以激起顾客的购买欲望，影响和促成顾客购买行为的全部活动的总称。

(一)促销的总体过程

1. 明确目标受众，确定促销沟通目的

在产品定位的基础上，确定谁是目标客户(是老人？儿童？男性？女性？高收入者？低收入者？)并根据目标客户的需求，确定促销沟通目的。

2. 设计促销信息，选择沟通渠道

促销信息内容可以根据顾客诉求进行选择，可以是理性诉求、感性诉求或者道德诉求。

信息沟通渠道包括人员沟通与非人员沟通，企业可以通过促销人员、专家或社会群体进行人员沟通，也可以通过现场气氛、大众传媒和特殊事件(如记者招待会)等进行非人员沟通。

3. 明确促销组合，编制促销预算

在了解人员推销、广告、公共关系和营业推广四种促销方式的基础上，综合运用，从而形成一种组合策略，并明确企业的促销预算。企业可以选择以下任意一种预算方式。

(1) 量力支出法。企业以本身的支付能力为基础确定促销活动的费用。这种方法简单易行，但忽略了促销与销售量的因果关系，而且企业每年财力不一，因此促销预算也经常波动。

(2) 销售额百分比法。即依照销售额的一定百分比来制定促销预算。

(3) 竞争对等法。主要根据竞争者的促销费用来确定企业自身的促销预算。

(4) 目标任务法。企业首先确定促销目标，然后确定达到目标所要完成的任务，最后估算完成这些任务所需的费用，这种预算方法即为目标任务法。

链接：理性诉求、感性诉求和道德诉求

(1) 理性诉求的重点是产品能够产生的功能效用及给购买者带来的利益。如洗衣液宣传去污力强、不污染环境等。

(2) 情感诉求通过使受众产生正面或反面的情感，来激励其购买行为的一种诉求方式。如使用幽默、喜爱、欢乐等情感促进购买和消费，也可使用恐惧、羞耻等情感促使人们去做应该做的事(如刷牙、健康检查等)或停止做不该做的事(如吸烟、酗酒)等。

(3) 道德诉求，通过诉求于人们心目中的道德规范，促使人们分清是非，弃恶从善，如遵守交通规则、保护环境、尊老爱幼等。这种诉求方式特别适用于企业的形象宣传中。

(二)人员推销

人员推销是指企业通过派出销售人员与一个或一个以上的潜在消费者通过交谈，做口头陈述，以推销商品、促进和扩大销售的活动。推销可以对单个顾客推销，也可以对采购小组进行推销。通过洽谈会、研讨会以及国内外的展销会等进行产品宣传，也是推销的重要方式。

要如何才能做到完美推销呢？

首先，需要做好访问准备。要知道谁是你的推销对象；竞争者是如何推销他们的产品的；你的推销目标和计划是什么。推销对象可以通过以下方式进行寻找。

(1) 向现有顾客打听推销对象。

(2) 培养其他能提供推销对象线索的来源，如供应商、经销商等。

(3) 加入推销对象所在的组织。

(4) 从事能引起人们注意的演讲与写作活动。

(5) 查找各种资料来源(工商企业名录、互联网等)。

做好准备后，正式推销才开始。向推销对象介绍商品，不能仅限于让其了解产品，最

重要的是要激起他们的需求，产生购买的行为。养成 JEB 的商品说明习惯，能使推销事半功倍。其含义说明如下：首先说明商品的事实状况(just fact，J)，然后将这些状况中具有的性质加以解释说明(explanation，E)，最后再阐述它的利益(benefit，B)及带给客户的利益。熟练掌握商品推销的三段论法，能让推销变得非常有说服力。

在推销过程中，还需要学会如何应对各种不同意见。面对顾客争议，既要采取不蔑视、不回避、注意倾听的态度，又要灵活运用有利于排除顾客异议的各种技巧。要注意观察顾客的各种变化，当发现对方有购买的意思时，要及时抓住时机，提供一些优惠条件，促成交易。

成交之后，还必须做好售后的服务跟踪工作，如产品质量维护以及顾客的培训、访问等。对于 VIP 客户，特别要注意与之建立长期的合作关系，实行关系营销。

(三)广告策略

企业的产品需要进行不断的、积极主动的推广，其中一种重要的方式就是广告。广告是企业以付费的方式，通过媒体有计划地向公众传递其产品信息，影响受众的态度，进而诱发或说服其采取购买行动的一种大众传播活动。广告的表现形式有很多，广播、电视、报纸和杂志是传统的四大大众传播媒体，互联网被称为第五大大众媒体。除大众传播媒体以外，还有招牌、墙体等户外媒体，车身、车站等交通媒体，信函、传单等直接媒体等众多种类。企业可以在国家法律法规的基础上，考虑产品的定位、目标市场特征、广告的具体要求、竞争者等因素，选择一种或者多种广告媒体。

对于创业企业而言，广告是让消费者快速了解产品的一种重要方式，要如何才能把广告做得最有效果呢？

首先，需要有一个独特的主题和创意，广告主题是广告所要表达的中心思想。广告主题应当显示产品的主要优点和用途以吸引消费者。只有广告内容迎合目标受众的需求，广告表现具有独特性，广告才能引人注意，并给目标受众带来美好的联想，并促进销售。广告的创意来自生活，也来自创意者的联想与积累。

来自生活的创意，可以表现人们在日常生活中对产品的满意，使用产品产生的满足感；也可以强调产品如何体现生活方式。创意也可以来自幻想，设计出一种幻想意境和气氛，为产品制造可以引起某种联想的氛围，如德芙巧克力"丝一般的顺滑"。创意也可以将产品人格化，创造一个人物或拟人化的形象来代表或象征某产品，比如米其林轮胎的卡通形象。巨能钙的广告创意如图 8-5 所示，将我国老百姓熟知的油条比喻成骨头，广告文案是"假如它支撑你的身体"，强调补钙的重要性。

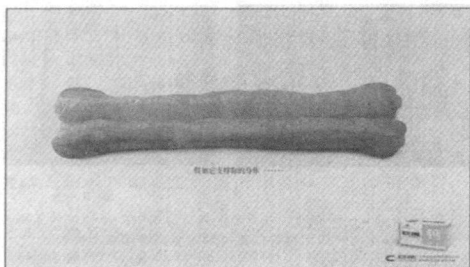

巨能钙产品广告作品的创意：油条骨头(获第七届中国广告节全场大奖)。
此创意以油条比喻骨头，强调补钙的重要性，画面简洁，喻意恰当，诉求明确。

图 8-5　巨能钙广告创意

其次，需要一个好的广告文案。广告信息的载体就是广告文案。对广告文案的评价标准有许多，但一般要符合三点要求：其一，具有吸引力，即广告信息首先要使人感兴趣，引人入胜；其二，具有独特性。即广告信息要与众不同，独具特色，而不要人云亦云；其三，具有可靠性。

戴比尔斯钻石供应商的"钻石恒久远，一颗永流传"；铁达时手表的"不在乎天长地久，只在乎曾经拥有"；统一润滑油的"多一份润滑，少一份摩擦"；M&M 巧克力的"只溶在口，不溶在手"；中国移动动感地带的"我的地盘听我的"等广告，既简明扼要，又朗朗上口，用不同的表现风格加以表现，取得了意想不到的效果。

(四)销售促进(SP)策略

销售促进，即促销，是指刺激消费者迅速购买商品而采取的各种促销措施。促销能迅速增加销量、刺激人气，很适合创业企业。

创业企业可以选择的销售促进工具包括：赠送样品，吸引消费者使用；降价促销，如买一送一等；通过微信、微博、小红书、抖音等互联网平台进行抽奖、有奖转发、积分累计等；在直播平台如抖音、淘宝直播等展示产品，分享与产品有关的生活经历，通过吸引观众注意进行促销。

链接：京东利用直播平台举办了一场规模宏大的直播购物节。他们邀请了多位明星和网红参与直播，推荐和展示了各类产品。活动期间，京东通过直播观众参与互动和抽奖，促进了销售额的大幅增长。这个直播购物节成为京东年中最成功的促销活动之一。

创业企业需要懂得如何制定合理的销售促进方案。一个完整的销售促进方案必须包括以下内容。

1. 促销的目的

企业是为了什么目的进行促销，是鼓励消费者使用，还是刺激消费者再次购买？需要企业在促销之前有一个明确的目标。

2. 促销对象和媒体的选择

企业需要对促销对象的范围作出明确规定，比如赠送样品，是赠送给每一个购买者还是只赠送给购买量达到一定要求的顾客等。企业还需明确在哪些媒体上进行促销，比如是使用宣传单派送，还是在互联网上通过转发进行促销。

3. 促销时机和期限的选择

企业可以灵活地选择节假日或是企业周年庆等时机进行促销活动。促销期限不能太长或太短，最好控制在 3 个星期之内。

4. 确定促销预算

企业要合理地估算预算，确定最合理的预算规模，能吸引消费者，同时保证企业成本压力不至于过大。一般有两种方式确定预算：一种是全面分析法，即营销者对各个推广方式进行选择，然后估算它们的总费用；另一种是总促销预算百分比法，这种比例经常按经验确定，如某种产品的推广预算占总预算的 20%左右，另外一种产品的推广预算占总预算的 50%左右等。

5. 测试促销方案以及促销效果预测

为了保证促销的效果，企业在正式实施推广方案之前，必须对促销方案进行测试和效果预测，主要考察促销的方式、媒体选择以及时机与期限的选择是否恰当、消费者的反应是否达到预期、是否存在风险等。发现不恰当的部分，要及时进行调整。

6. 评估促销的效果

企业必须高度重视对推广效果的评价。评价推广效果，一般可以采用比较法(比较推广前后销售额的变动情况)、顾客调查法和实验法等方法。

第九章 创业公司的成立与治理

【导入案例】

收益权不妨分出去，但表决权得自己攥着

世人都知道苹果公司是史蒂夫·乔布斯(Steve Jobs)创办的，对他的创新能力和成就赞不绝口，但可能不是每一个人都注意到他在创业过程中曾经有过一段尴尬经历：作为创始人，他一度被自己公司驱逐，不得不离开苹果公司另行创业，直到 12 年后重返苹果公司，夺回领导权，带领公司再创辉煌。乔布斯的这一段曲折经历，对于后世创业者在成立公司之初如何恰当地安排股权，有重要教育意义。

从 1976 年开始创业到 1979 年引入 16 个投资人之前，苹果公司的股份分配状况，几经变更(见表 9-1)后，带有一个显著特征：乔布斯个人占股没有实质性优势，这为他后来丢失公司控制权并被逐出公司埋下了隐患。

表 9-1 苹果公司股份分配变化

时间	上市前苹果公司股份分配			
1976 年 4 月 1 日	乔布斯(Steve Jobs) 45%	沃兹(Steve Wozniak) 45%	韦恩(Ron Wayne) 10%	
1976 年 8 月	乔布斯 26%	沃兹 26%	马库拉 (Mike Markkula) 26%	预留 22%
1977 年 1 月 3 日，苹果电脑公司正式注册	乔布斯 30%	沃兹 30%	马库拉 30%	霍尔特(Rod Holt) 10%
1979 年 16 个投资人加入	乔布斯 15%	沃兹 6.5%	马库拉 11.4%	其他 67.1%

资料来源：根据百度搜索的网络公开信息整理

1980 年 12 月 12 日，苹果公司成功 IPO，公司发展进入新阶段。1984 年 1 月 24 日，Macintosh 上市，随后快速迭代并系列化，打破了 IBM 在个人电脑市场上一家独大格局。

与公司快速发展、行业竞争加剧相伴随的，是创业伙伴间的意见分歧。创业伙伴间经常会意见相左，解决其争议的办法不外乎两个：一是沟通。有效的沟通能把异议转化为共识，然后大家按照新达成的共识继续推进创业活动；二是不能通过沟通解决的，就按照公司章程规定的办法解决争议——一般是提交董事会表决。在这种情况下，谁能在董事会中争取到足够多的赞成票就是关键。

1984—1985 年的苹果公司就处在这个状况：乔布斯坚持苹果电脑软件与硬件捆绑销售，但是其他股东反对这个策略，双方相持不下，最终决定诉诸董事会表决——由拥有表决权多的一方说了算。令乔布斯尴尬的是：反对票占着多数！

乔布斯的方案被否决后，乔布斯与其他股东矛盾进一步激化。1985 年 5 月乔布斯被董

事会解除一切权力。9月,乔布斯卖掉所持股份(据报道,保留1股,以接受苹果公司信息),离开苹果公司另行创业。

驱逐了乔布斯之后的苹果公司,不再有现象级的新产品发布。1995~1996年,苹果公司陷入困局,市场份额一度跌到4%,股价一路下滑,公司差点被收购。

另一方面,被苹果公司驱逐的乔布斯,创立了两家新公司:NeXT公司和Pixar公司,继续展示他不俗的产品和技术创新才能。Pixar拍摄了轰动一时的动画片Toy Story,被媒体称赞为"最成功的计算机动画片影视公司",而NeXT则是一家软件公司。1996年12月,NeXT公司作价4.04亿美元由苹果公司收购。

从事后看,苹果公司收购NeXT公司的真正意义在于,乔布斯得以借此重返苹果公司董事会,并于1997年8月起成为公司实际上的领导人。

此后,在乔布斯领导下,苹果公司相继推出了iMac、iPod、Apple Store、iPhone、App Store、iPad一系列现象级的产品和服务,成为全球范围内最具创新能力的公司之一。

2011年8月乔布斯因为健康原因辞职,由蒂姆·库克(Tim Cook)继任。

2011年10月5日史蒂夫·乔布斯因癌症去世,但他的创业故事依然在创新创业江湖中为人们所津津乐道:

"乔布斯怎么会被自己创立的公司驱逐?"

"他如果在创业之初给自己多留一些股份,是不是就能避免被驱逐的尴尬?"

"假如没有发生驱逐事件,1985~1997年的苹果公司仍然由乔布斯领导的话,会不会发展得更好更快一些?"

"他为什么没有想到用'双层股权架构',也就是我们现在所谓的AB股设计方案,在不得不降低自己股份占比的情况下,仍然把表决权抓在自己手里?"

"创业企业领头羊怎么才能可靠掌握公司控制权?"

……

诸如此类的话题,一遍遍地被重复提出和争论,成为创业者们进行创新创业自我教育的一个经典案例。

有了创意之后,最迟在开发出产品之后,创始人就应该考虑成立公司,然后以"公司"名义开展创业活动,结束以自然人身份开展创业活动。

在现代市场经济环境下,以"公司"名义创业,有利于创业者降低创业风险,也方便其他创业伙伴加盟进来。

谈及成立公司,许多人想到的也许是"公司注册流程怎么办"之类的事情,以为"不过是按表格填报信息,提交后等着拿营业执照"。其实这是把事情想简单了。

开公司本质上不是一个注册(填报表格,拿执照)的事情,而是一个构建创业平台的事情,是一件需要专业知识和经验才能做好的事情。

经过这几年的商事制度改革,公司注册流程已经大大简化,完成这些表单信息填报和提交工作,本身不存在什么难度,可是,这些表格所涉及的问题,都是一些决定公司基本制度的大问题。就这些问题作出决策,不是容易的事,比如,《股东名录》表是注册时要提交的一份材料,从表面上看,把股东信息输入表格后提交,是很容易的事情,随便一个

经办人员就能做，可是，谁应该被邀请做股东？每一位股东占股多少？每一位股东的股权怎么规定？与其他股东的股权有什么差别？这都是影响深远的事，不是经办人员可以代劳得了的，而是必须创始人亲力亲为、深思远虑，才能作出妥当安排的。

不少创业公司在成立之后内讧不断，然后才发现某个创业伙伴不好共事；也有不少公司在成立之后长时间难以引入外部投资者，融资困难，创业进程受阻，然后才发现这个局面与它一开始的不合理股权安排有关；还有一些创始人甚至在几轮融资之后，居然把公司控制权给搞丢了(乔布斯在 1985 年被苹果公司驱逐出来就是一个例子)；等等。这些都与股份和股权的初始安排不合理有关。诸如此类的案例提示我们：在成立公司的时候，一定要高度重视股份和股权的分配问题、公司治理结构和治理机制的安排问题，不能把成立公司看作是一个"注册拿执照"的简单行动。

本章第一节介绍注册公司的基本流程和注意事项；第二节探讨公司股份与股权初次分配问题；第三节讨论创业公司治理结构的设立问题；第四节推介关于公司治理的两个新的治理理念。

第一节　开一家公司好创业

一、让"公司"作为创业主体

创业的前期工作，比如，市场需求调查，识别创业机会与论证可行性，寻找潜在创业合伙人等，一般不至于发生大笔费用，创始人以"自然人"身份去做没有什么不便。可是，随着创业活动全面展开，需要投入的费用大幅增加，再以"自然人"身份去做就显得不合适了，这时候就需要成立"公司"来推进创业进程。

从创业者立场看，让"公司"作为创业主体的直接好处，主要是两个方面：第一，便于邀请其他人参与创业；第二，创业费用和创业风险得以由多人分担，从而个人的创业费用和创业风险得以控制在某一个限度之内。

成立公司之后，"公司法人"成了创业行为主体，并对外承担民事、刑事责任，创业者"自然人"则化身为"股东"和"高管"。这个身份转换的好处显而易见：化身"股东"后，对于公司债务，创业者仅以"出资额"为限承担责任，那么就控制住了自己的创业风险。至于创业活动，创业者穿上公司"高管"这身马甲后，该怎么干还是怎么干。总之，在现代市场经济环境下，开个"公司"才好创业。

(一)选择公司成立的时机

创业者成立公司的时间，有早有迟。多数创业者在决心创业的时候，就立即着手成立公司；也有一些创业者把成立公司的时间延后，但最迟也应该在产品/服务进入市场销售之前，完成公司注册。

尽早成立公司，然后以"公司"名义招募团队成员、对外融资、组织产品研发、安排生产(或外包)、营销以及其他后续创业活动，这是最常见的做法。先注册公司再邀请其他伙伴加盟，无疑更有利于创始人奠定在团队中的"领导"地位。

(二)选择公司类型

1. 一开始注册成"有限责任公司"

常见的"公司"类型包括"有限责任公司""股份有限公司""一人公司"等。刚开始创业的时候,选择"有限责任公司"进行注册,是合适的。

设立公司的类型

成立公司之后,创业者的角色及其债权债务关系会发生一些重要变化。创业小白理解以下几个常识非常重要。

第一,公司成立之后,从法律上讲,就是一个"公司法人"。

第二,"公司法人"有所谓的"法人财产",凭以对外承担债务责任。"公司法人财产"是投资人投资形成的,但是,一旦完成出资或出资承诺,投资人就变身为"公司股东",所(承诺)投入的财产就被认定为"公司法人财产",作为公司日后创业活动的资源。

第三,创业活动主体变成了"公司"。创业者变身为"公司股东"和"员工"。

第四,在创业进程中,一旦出现"公司"债务违约(资不抵债),"公司法人"就破产,创业进程就终止(除非被收购)。不管公司债务有多大,公司股东(自然人)损失的就仅限于已经投入到公司的那部分财产,不会牵连到其他个人财产。让创业公司的股东"以投资额为限"承担公司债务责任,就是让股东仅承担"有限责任",这是《公司法》对创业者提供的一项保护。

第五,创业成功率很低,创业者不能不考虑失败风险。选择注册"有限责任公司"对于创业者控制风险,很重要。

链接:"有限责任"啥意思?

举个例子说明。你与王建设按 3∶7 比例出资注册一家 100 万元的"凤凰花软件有限责任公司"一起创业。这 100 万元就成了"公司法人财产",作为公司债务的总担保。假设创业不顺利,公司对外欠债110 万元,那"公司法人"就资不抵债了,怎么办?

首先,凤凰花软件公司(作为"公司法人")承担"有限责任",也就是说,最多赔光"公司法人财产",这"公司法人"的偿债责任上限。那么,凤凰花软件公司宣告破产的时候,就有 10 万元负债是得不到清偿的。按照《公司法》,债主不能在凤凰花软件公司破产后再去找公司股东你和王建设索偿。

其次,公司股东怎么承担公司债务?

《公司法》规定,股东也只承担"有限责任",就是以各自出资比例承担公司债务,而且每一位股东把他所出资金赔光就算承担够了债务责任,无须承担更多,也无须替其他股东承担连带责任。这意味着你作为股东,所承担的亏损是有限度的,最多就是你投入公司的那 30 万元。

公司以"法人财产"对外承担有限责任,股东以各自出资比例分担公司债务,并且以"出资额"为承担债务的上限,这就是公司制下"有限责任"的含义。

2. 发展壮大后,改注册成"股份有限公司"

在实践中,创业者大多在一开始选择注册"有限责任"公司,然后,在发展壮大到某个阶段,再把"有限责任公司"改注册为"股份有限公司"。这么做的原因在于,《公司

法》对"有限责任公司"的设立条件，要求较低：只要有股东(2～50名)、注册资本3万元以上、准备好《公司章程》、办公场所，就可以注册一家，因此适合作为创业企业的初始阶段的组织形式。

随着创业活动的进展，需要向更多股东融资的时候，把"有限责任公司"改注册成"股份有限公司"的必要性就出现了。按照《公司法》，"有限责任公司"股东数是 2～50 人，而"股份有限公司"(非上市)股东数是2～200人。大家想象一下，假设公司已经有50 名股东了，所募资金让你把创业活动推进到了目前状态，继续发展需要有更多资金投入，需要新一轮融资。在这种情况下，如果公司不愿意扩大负债，而且现有 50 名股东没有能力追加投资，那么公司所需新资金从何而来？当然只能考虑引入新股东！可是再引入新股东的话，股东人数将超出"有限责任公司股东人数 2～50 人"这一规定的上限。那该怎么办？出路只能是把"有限责任公司"改注册成"股份有限公司"，否则，这个扩大募资的动作就做不了。

3. 不要注册成"一人有限责任公司""个人独资企业"

"一人有限责任公司"，经常被简称为"一人公司"，指的是只有一个股东的有限责任公司。尽管《公司法》规定，"一人有限责任公司"股东承担的是"有限责任"，但是，一人公司股东的这个有限责任是"有条件的"有限责任，就是一人公司的股东个人财务与公司财务必须做到严格区隔。问题是，在实践中，很少有股东能做到严格区隔。一旦个人和家庭开支项目被发现拿到公司账上报销，股东个人财务与公司财务就算是"混杂"的，而不是"严格区隔"的，那股东就不能享有"有限责任"保护，而必须为一人公司的债务承担无限连带责任。

另外，"一人股东"性质排除了"一人公司"邀请其他人参与出资、共同创业的可能性，因为增加一个股东后，它就不是"一人公司"了，那意味着"一人公司"必须改注册。

至于其他的企业组织形式，比如，"个人独资企业"，更不值得考虑。"个人独资企业"是一个自然人企业，它是没有"公司法人"地位的，它产生的债务必须全部由投资人承担。也就是说，把创业组织注册成"个人独资企业"的话，投资人得不到"有限责任"条款保护。因此，即便按目前政策，"个人独资企业"不用缴纳企业所得税，创业者也不应该考虑这种企业组织形式。

4. 不要一开始就设计成多层级公司结构

有一种观点认为，创始人最好是在一开始就把创业公司设立成多层级公司，比如，先注册一个 10 万元的家族公司 A，由创始人自己绝对控股；然后用 A 公司法人与创业伙伴成立一家注册资金 1000 万元的合伙企业 B，由 A 公司法人做 GP(普通合伙人)，伙伴们做LP(有限合伙人)，通过股份代持协议把决策权集中到 A 公司法人手中(实际上由创始人控制)；再然后，由拥有 1000 万元投资能力的 B 企业与外部投资人成立实体公司 C 从事创业活动。

这种多层级公司结构安排，理论上讲能帮助创始人"用小额资本控制大额资本"，也能帮助创始人控制创业风险，但是在实践中，在创业之初预设结构复杂的多层级公司的做法，可能会让创始人显得过于算计，这将不利于吸引外部投资者和潜在的合作伙伴加盟。

对此我们认为,在创业之初,在成立公司的时候,还是选择注册成一个单体"有限责任公司"比较合适,我们不建议在创业初始就成立多层级公司。

二、公司注册流程与注意事项

尽管有服务公司声称可以代办公司注册事务,而且要价不高,可是大学生创业小白,最好还是亲自注册公司。因为注册过程所填报的一些表格,涉及影响未来公司治理的一系列问题,必须由创始人亲力亲为做决策,才能保证所成立的公司是符合创始人个性化需要的一个创业平台。

创业公司设立
的程序

考虑到"有限责任公司"是大学生创客的主流选择,下面就以注册"有限责任公司"为例,简要介绍注册登记的基本流程。

(一)注册前准备

为了顺利地完成注册流程,创始人必须事先做好以下准备。有的人抱怨注册公司耗费太长时间,其实是因为前期准备工作不充分,流程多次卡壳导致的。

1. 取名

公司名称一般由"字号"+"行业或经营特点"+"组织形式"三部分组成,例如,"阿里巴巴网络技术有限责任公司"。取名时最需要考虑的其实是那个"字号"。

取一个什么"字号"呢?原则是:好认、好记、好听、有个性(不雷同)、有时代感、能引起正面联想、能得到法律保护等。这么讲,似乎很容易,可是做起来,有人会犯难。

为了流程顺利,创始人最好事先多准备几个备用"名称",以备万一在检索时被拒绝,立马就能换上第二个,这样就不至于卡壳,就能一直往下走流程——直到收到《名称登记受理通知书》。

2. 拟定公司章程

确定了公司名称后,创始人接下来得准备好《公司章程》。

《公司章程》相当于公司的"宪法",是最重要的法律文件。创始人和全体发起人应当在认真协商基础上谨慎制定。

依据我国《公司法》第二十五条规定,《有限责任公司章程》中应当载明的事项包括以下七个方面。

- 公司名称和住所。
- 公司经营范围。
- 公司注册资本。
- 股东姓名或名称。
- 股东出资方式、出资额和出资时间。
- 公司的机构及其产生办法、职权、议事规则。
- 公司法定代表人。
- 股东会议认为需要规定的其他事项。

这些都是非常重要的事项,必须在启动注册流程之前准备好。有些创业小白掉以轻

心，以为可以"随便弄弄就好"，结果，注册是完成了，可是，事后发现需要修改，麻烦反而更大。

3. 选择办公场所

经营场所(住所)对创业成败影响深远。创始人应当权衡以下几方面后作出决策。

- 是否靠近创新资源。比如，高校、产业集聚区、创客聚集区等。
- 周边环境。主要是交通、通信、商务服务、生活基础设施状况等。
- 租金及相关费用。
- 办公环境与条件。

对于大学生创客来说，一些高校周边的"创新社区"是一个不错的选择，不仅租金低，创新创业氛围也好，适合作为初创公司经营场所。

(二)工商登记、取照

创始人(或经办人)必须去市场监督管理局登记，并取得营业执照，这是公司注册流程中最重要的环节。

以前，公司登记注册需要分别在工商、质监、税务部门办理营业执照、组织机构代码证和税务登记证。2015 年 10 月 1 日开始，我国全面推行"三证合一、一照一码"登记制度。现在，申请人只要在一个窗口办理，就能"一口受理、并联审批、信息共享、结果互认"，就能拿到加载统一社会信用代码的营业执照。

具体手续是，填写一套五份表格(公司设立登记申请表、股东或发起人名单、法人代表登记表、董事经理监事情况表、指定代表或委托代理人登记表)，然后加上《核名通知》、《公司章程》、《租房合同》、房产证复印件、《验资报告》等，一并交给工商局(现在为市场监督管理局)，十五个工作日之内即可领取营业执照。

从法律上讲，领到营业执照，就意味着公司正式成立了。不过，要想公司业务能够正常开展，还得继续完成以下手续。

(三)刻公章与财务章

创始人领取营业执照后，带上营业执照正副本原件、法定代表人身份证原件及其复印件、代办人身份证原件及其复印件，到公司所在地县区级公安局的治安大队去申请刻公章和财务章。

经办人完成填表之类的简单手续后，拿着工商局的《开业通知书》或《介绍信》，到指定的刻章店去刻章。

(四)办理税务登记

创始人在领取营业执照之日起 30 日内，应向税务局申报办理税务登记，逾期办理会被罚款。这里需要提醒的是，在办理税务登记时，公司必须有至少一名会计到位任职(或兼职)。

需提交的资料包括验资报告、营业执照副本、代码副本、公司章程、房产证复印件、房屋租赁合同、法人身份证原件、会计资格证、身份证原件及其复印件等，并携带公章、

财务章、法人章，以及在税务局当场领取后填写的税务登记表等。

(五)开立基本账户

基本账户就是基本存款账户，是办理转账结算和现金收付的主办账户。日常资金收付以及工资、奖金、现金支取等，均可通过该账户办理。

公司只能在一家银行申请开立 1 个基本存款账户，而且开立基本存款账户是开立其他银行结算账户的前提。

开立基本账户所需材料包括营业执照副本原件、税务登记证正副本原件、组织机构代码证正副本原件、公章、财务章、人名章、租房协议、法人身份证原件、经办人身份证原件以及上述资料的复印件。

(六)注销验资户

此前开立的"入资账户"是用来接受股东投资的，该账户在经过验资(即注册资金)后，按规定需要注销，注册资金划转到新开立的"基本账户"。

(七)税务报到、领购发票

在领取营业执照之日起 30 日内，到税务局登记报到，并申请领购发票。

至此，一家公司应该有的全套家伙事就算备齐了，公司业务就可以正式开展了。

第二节　精心安排公司股权

注册公司的时候，创始人需要向工商局填报一份文件——投资人(合伙人)名录。该表的内容主要包括投资人个人信息、投资人类型、拟投资额等项目。

表面上看，这只是填报投资人信息而已，很容易，可实际上，这个表格提出了一些影响深远的大问题：邀请谁入股？占多少股份？每一投资人的股份带有多大决策权？等等。这意味着，在注册的时候，创始人就必须为公司的股份与股权结构做好安排，为将来公司的治理奠定基础。

本节讨论公司股份分配与股权结构安排有关的问题。

一、确定股份分配对象

一般来说，为了获得稳定创业资源和锁定合伙人，创始人会考虑在必要的时候，向以下四类人分配股份。

公司股权安排
(一)

(一)创业合伙人

创业需要资金，而且需要量会很大。通常情况下，创始人无力单独出资，或者创始人即便有这个财力，出于风险考虑也不愿意单独出资，那么创始人该怎么办？

首先，考虑内部融资，就是把股份配置给创业合伙人。内部融资的好处，一方面是能扩大公司资本，另一方面是能"长期绑定合伙人在创业项目上"，大家从此缔结成命运共

同体。

在向创业伙伴配股过程中，创始人最容易犯的错误有三个。

1."无条件"配给股份

原则上，公司股份不宜"无偿"配给，即便是对合伙人——除了技术合伙人。

可是，如果创始人想要的合伙人的确出不起钱认购股份，该怎么办？这其实是操作层面的事，解决办法有很多，比如，让他去贷款(有条件的话，创始人甚至可以借款给他认购股份，也比无偿配给好)、允许延时缴款、配给期权等，总之，最好是让合伙人出资，才能利益捆绑，这也是对合伙人创业决心的一个检验。一般来说，看好创业项目、有心合伙创业的人，会自己解决好股份认购资金问题。

2.给创业伙伴配置过多股份

股份一旦分出去，就不容易收回来，就算花大力气收回来，代价会很大，因此，创始人最好考虑由自己占大比例股份，或预留部分"待分配股份"。不少创始人囿于经验，羞于谈钱，在公司成立之初把股份给均分了，这不是好的股份分配方案，因为会给未来公司治理带来麻烦。乔布斯犯过类似错误，"海底捞"和"真功夫"在这方面也都有过教训，值得大家重视。

3.混淆"股东"与"创业伙伴"概念

为了创业，创始人既要"找钱"，也要"找创业伙伴"。这本来是两件事，可是，总有一些创业小白，在急于"找钱"的压力之下，接受了不宜共事的人做创业伙伴，结果，各种别扭和内讧频繁发生，伤害创业团队的凝聚力和创造力。为此，这里提醒，"找钱"和"找创业伙伴"还是要分开来做：让不易共事的人做"股东"；让能力互补的人做"创业伙伴"。

(二)技术合伙人

技术合伙人是一类特殊合伙人，值得专门说明。

技术对于创业成功特别重要。一个具备研发能力或掌握关键技术的人才加盟创业，可以直接提升公司估值。对于这一类技术人才，创始人当然不能放弃合伙机会，但是邀请技术人才入伙时，创始人经常会面临一个问题：技术合伙人可能会要求获配公司股份而不额外支付对价。

碰到这种情况，创始人必须有能力评估该技术合伙人的价值。如果确定需要这个技术合伙人，当然得给对方股份，那么就得在诸如配给多少股份、怎么配给股份、怎么界定股权，以及股权成熟条件、转让与退出、回购等具体问题上，仔细协商，并用协议明确下来。

《公司法》已经放开了技术入股的持股比例上限，只规定资金占股比例不低于 30%，这意味着技术持股最高可以占 70%。但在实践中，究竟该如何给特定技术和技术人才估值，经常有困难。实际上，到目前为止，解决技术和技术人才的估值问题，还没有一个可靠的办法，政府和法律也没有一定之规，这意味着通过双方谈判取得一致意见是可行的。

"目标任务折股法"提供了一个思路，不妨借鉴。

链接："目标任务折股法"帮助确定技术合伙人持股比例

目标任务折股法，顾名思义，就是给技术合伙人设定一系列目标任务，每达成一个目标，则追加赠予一定比例股份，直至该技术合伙人持股比例达到约定的上限为止。

(三)核心员工

总有一些员工是不可或缺的，那么，为了稳住这部分员工，创始人必须在公司成立之初就预留股份，并在合适的时间分配给这些人——主要是 CFO(首席财务官)、CTO(首席技术官)、COO(首席运营官)等高管。

(四)投资人

创业需要大量资金，如果内部融资满足不了，就必须考虑外部融资。那么怎么从外部融资呢？借款是一个思路，但如果借款还是不够，又该怎么办？那就只能靠出让公司股份，也就是所谓的股权融资。创业公司在上市前，会经历好几轮融资——种子轮、天使轮、A 轮、B 轮、C 轮、……，为的就是解决创业路上不同阶段的资金缺口问题。当然，外部融资有一个前提，那就是创业项目被投资人看好。项目越被看好，融资越容易；项目越平庸，融资越困难。

投资人出了资，就会索取股份和股权。这意味着每一轮融资，创始人及其团队的股份会被稀释，所以，对于创始人来说，股权融资是一把双刃剑——融资并非越多越好，融资过多，股份稀释太过，公司控制权就有旁落之虞。

总之，创业既要伙伴，也要烧钱。向创业伙伴(包括技术合伙人)、核心员工分配股份，主要是为了绑定这些人，建立一支稳定的创业团队；向投资人配股，则是为了融入资金。股份分配就是创始人"绑定人"和"融入资金"的手段，把股份和股权让渡出去，就得绑定想要的合伙人和融入必要的资金进来。

二、为不同类股份设计有差别股权

公司创始人必须明白，"股份"与"股权"是两个概念，二者既有联系，也有区别。取得公司股份的人，就是公司"股东"；股东得以享有的权利，就是"股权"。不同阶段入股的股东，享有的股权可以也应该有差别。

公司股权安排
(二)

通过对不同类型的股票做有差别的股权设计，创始人可以更好地把握公司控制权。

(一)"有限制条件"的股票

不同类型的股票所附带的股权是不一样的。创始人可以设计一种带有"限制性股权"的股票(也就是所谓的"受限股")，然后分配给合伙人、员工、投资人。"受限股"的特点是：第一，配给是"有条件的"；第二，"股权"中不含有"表决权"，或"表决权"由创始人代持。举例如下：

- 给技术合伙人配置"受限股"。比如，约定股权激活条件(成熟条件)："技术专利成功注册时，激活 500 股"，"产品样品试制验收时，再激活 600 股"。
- 给营销总监配置"受限股"。比如，约定股权激活条件为："销售额达到 100 万

元时激活 500 股，达到 5000 万元时再激活 1000 股"，"市场份额超过既定竞争对手时，激活 1500 股"。

- 给核心员工配置"受限股"。比如，约定股权激活条件为："员工连续服务满 5 年，获赠 500 股"；等等。

"期权"本质上也是一种受限股，是"在将来才过户"的股份。其分配对象主要是创业伙伴和员工，方式是签一个"期权合约"以约定行权条件。站在高管和核心员工立场看，一旦行权条件成熟，花一个较低价格获得的公司股票，按市价转让出去就能够收获价差；而站在创始人的立场看，"期权合约持有人"在行权之前，其实还不算法律意义上的"股东"，不享有表决权，因此是绑定和激励创业伙伴和员工的一个有效工具。"期权"现在在创新创业领域应用很广泛。

(二)"0 表决权含量"股票

股权融资的时候，创始人可以设计一款"0 表决权含量"股票，作为对外融资标的。这可不可以呢？可以！已经有人这么做好久了。

的确存在着一些投资人，他们的投资意图只是想获取财务收益，而对公司管理不感兴趣。如果创始人在融资的时候，提供的是"0 表决权"股票，那么，这种融资就不会削弱创始人对公司的控制权。在实践中，为了增加融资标的的吸引力，创始人甚至可以对这种股票赋予额外"权利"，作为摘除"表决权"的一种补偿——"优先股"就是按这个思路设计出来的。现在，设计一款"优先股"作为融资标的，是一个常见的股权融资策略。

链接：什么是优先股？

相对于普通股而言，"优先股"其实是一种"没有表决权"的股权。为了迎合保守型财务投资者喜好，股权设计者赋予优先股股东两项"优先权利"：第一，公司进行收益分配的时候，优先股股东得以"优先"获取固定股息，然后才轮到普通股股东参与分配红利；第二，万一公司破产清算，优先股股东的清偿顺序"优先"于普通股股东(但是在债权人之后)。

与"优先股"相对的，是"普通股"。"普通股"就是那种"含有表决权"的股权。

(三)双层股权架构设计

双层股权架构(Dual-class share structure)设计，就是把公司股票分类设定表决权。其典型做法是分为 A 类股和 B 类股，界定 A 类股含有较少表决权，比如，1 个 A 类股含 0.5 个表决权；B 类股含有较多表决权，比如，1 个 B 类股含有 5 个表决权。这个做法在中国被称为"AB 股架构"。阿里巴巴、小米、京东等公司所设计 AB 股，所含"表决权"差别很大，比例高达 1∶10，甚至 1∶20。

一个典型的例子是京东。据网络媒体报道，2014 年 5 月 22 日，京东在纳斯达克 IPO 后，刘强东名下股份占比降到 20.5%，可是，相应的表决权却高达 83.7%。这就是 AB 股设计方案。

显然，实行双层股权制的公司，遵守的不是"同股同权"原则，而是"同股不同权"原则。把公司股票设计成表决权含量不同的 AB 股，用意是要把"低表决权含量"的 A 类

股作为对外融资工具,而把"高表决权含量"的B类股攥在创始人及其一致行动人手里,作为保护公司控制权的手段。

也许有同学会问:AB股架构设计总能行得通吗?答案当然是"未必!"对于平庸的创业项目来说,拿同股同权的股票出去甚至都未必能找到投资者,更别说把其中的表决权摘去了。可是,对于前景被看好的创业项目来说,用"低表决权"股票甚至"0表决权"股票去融资,就有人愿意接受,并已经有大量成功先例了。总之,能不能行得通的关键,在于创业项目质量。

政府对AB股设计的态度已经发生了改变。阿里巴巴想上市融资的时候,国内证券交易所不接受"同股不同权"公司股票挂牌上市,那阿里巴巴就没法在A股市场融资,它后来跑到了其他证券交易所去上市融资。2014年9月19日,阿里巴巴从纽约交易所融资了250亿美元;2018年4月30日香港证交所改革,开始允许"同股不同权"股票挂牌上市,阿里巴巴于是在2019年11月26日又跑去香港证交所融资1012亿港元。2019年3月1日,中国大陆证券交易所改革,也开始允许"同股不同权"公司股票在科创板挂牌交易,这是我国投融资体制的一项重要改革,这表明境内创业公司从此可以大胆采用AB股股权架构了,"同股不同权"股票从此可以在境内上市融资了。

总之,在不违背《公司法》的前提下,创始人尽可能地打开脑洞,灵活设计"有差别股权含量"的股票,把它配置给不同类型股东——高表决权含量的股票当然要尽量把握在自己和一致行动人手中。

有了"公司控制权很重要""控制权跟着股权走""股权可以灵活设定"这些知识储备之后,创始人在成立公司的时候,就能够比较妥当地遴选投资人和合伙人,在公司股份分配和股权设计环节作出恰当安排,为后续创业公司治理奠定坚实基础。

下面是一个创业公司股权结构安排的假设案例。大家讨论一下,这样的股权结构安排是怎么在"保有控制权""创业伙伴绑定和激励""吸引新伙伴和投资人"等方面进行平衡的?如果你是创始人,你准备在哪些方面进行调整?为什么?

【经典案例】

芝麻开花有限责任公司股权结构安排

三人合伙创业,创始人花费50万元,开发出了产品第1代,分配股权10%,签署期权5%,准备成立"芝麻开花有限责任公司"。初创公司估值400万元,以10%股份引进第1笔种子资金40万元。股份初次分配后,公司股权结构如表9-2所示。

表9-2 芝麻开花公司股权初始分配后形成的股权结构

资金来源	占股比例	股数/股	股份性质
创始人	55%	220	普通股
合伙人	10%,5%	40,20	普通股,受限股
种子投资人	10%	40	普通股
预留期权池	20%	80	受限股
总计	100%	400	

第三节　建立公司治理结构

从创始人的立场看，创办公司的时候，最重要的任务就是要为新公司构建一个有效的治理结构，形成有利于创始人的一个治理机制。前文所述的"股权结构安排"其实是为构建公司治理结构和治理机制打基础的。

公司治理结构，由股东大会、董事会、监事会、总经理领导的经理阶层等机构组成，如图 9-1 所示。

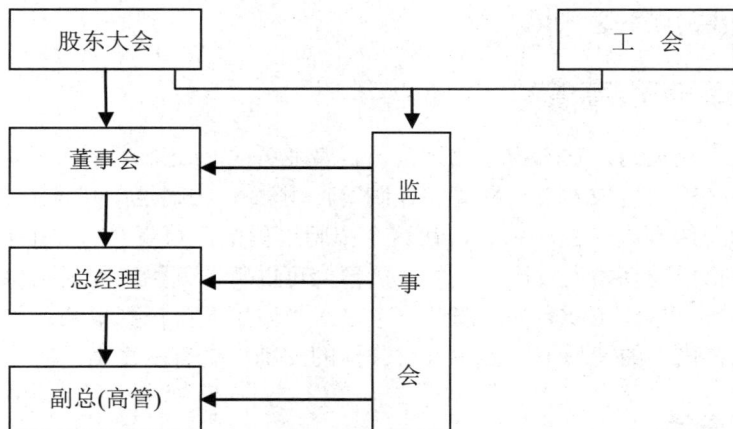

国家对大学生
成立公司的
扶持

建立公司治理
结构

图 9-1　公司治理结构

一、成立股东大会

按照《公司法》的规定，"股东大会"被认定为公司最高权力机关，对公司重大事项作出决定。股东大会由全体股东组成，从理论上讲不需要特地创立，但在实践中，创始人一般会组织一个"创立大会"以宣告股东大会成立。

二、组建董事会

股东大会成员多，不便作为常设机构存在，因此，创始人可以依照《公司法》组建一个"董事会"，作为公司常设机构，代行股东大会职权，并对股东大会负责。董事会由"董事长"领导，成员包括若干"董事"。董事由股东或股东指定代表担任。董事长职位权力最大，创始人应该谋求自己担任。

股东大会的股东，都是创始人一个个找来的，各自股份占比和股权具体内涵，也都是创始人与之谈判后定下的，那么，在正常情况下，创始人在股东大会中的话语权应该足够大，应该能够争取到股东大会的授权，来组建董事会并担任董事长。做到这些，创始人就算成功地把自己搁到公司治理最有利的位置上了。

创始人给自己预留董事长职位后，再通过设定董事会规模，选择亲近自己的股东任董事，给每一位董事分配职责权限，规定董事会议事规则和表决办法等，就可以有效地控制董事会。然后，通过董事会(提名委员会、薪酬委员会、战略委员会等)去控制经理阶层(高

管)就不是难事了。这样，创始人(董事长)通过董事会、经理阶层，就能有效地控制整个公司运营。

董事会在公司治理中的重要性，各方投资人都知道，因此大家都在争夺董事席位和职位。董事席位和职位的分配，在实践中经常是根据投资额大小来定，这也是《公司法》规定的基本原则。因此，股份占比(实际上是相应的表决权多少)，这时候就显出其重要性来了：创始人能做董事长，凭的就是自己所占股比最大；创始人亲信能不能进入董事会，光凭着与董事长关系好还不够，必须其本人股份占比足够大，为此在组建董事会之前，创始人就必须要有远见地、有目的地"妥善"分配公司股份和股权，这样才可能由自己组建董事会，才可能自己当董事长，才可能让自己的亲信进董事会。所谓股权安排是公司治理结构安排的基础，指的就是这一点。

三、聘任经理阶层(高管)

董事会是做大决策的，它本身不负责公司日常业务(产品怎么设计、客户哪里找、营销怎么做、质量怎么管理、成本怎么核算和控制等)。那么，公司这些日常业务由谁来做呢？由董事会招聘职业经理人来做。那么，在这个招聘过程中，董事会可以把有能力的创业伙伴招聘进来，包括招聘创始人自己，比如，董事会可以聘请创始人兼任 CEO，聘请其他创业伙伴担任 CTO、CFO、COO 等。想象一下，在"创始人自任董事长，兼任 CEO，一众高管都是创始人亲信"的情形下，创始人对公司的控制力会有多么强。

四、成立监事会

创业公司必须要有一个监察机关，这就是由若干"监事"组成的监事会。虽然在创业公司初期，对于小规模公司，《公司法》允许暂时不设监事会，而只需设立"监事"岗位，但是一旦公司有所发展，监事会还得依法设立，也就是说，监事会是现代公司治理结构的一个标配，不设立不行。因此，创始人必须重视它的设立和有效发挥作用。

设立监事会的目的，是要对董事、高管的履职行为进行监督，看他们是不是依法、依规、依《公司章程》和董事会决议忠诚履职，其中，公司经营行为和财务管理领域的活动，是监事会的重点监察领域。

监事由股东大会和工会分别指定代表来担任。由于董事、高管的潜在不良行为可能侵害到股东和其他人的利益，因此为了保护自身利益，各方都有兴趣进入监事会。《公司法》规定，监事会成员组成至少三分之一必须来自职工。当然，在实践中，监事会规模及其监事组成，得由各方协商，并在《公司章程》中作出规定。

创始人对监事会的态度，对监事会功能发挥有重大影响。不少创始人认为"监事会的存在对董事会是一个掣肘"，这类创始人往往会利用其影响力淡化监事会职能。这种现象很普遍，但是这个想法和做法其实是错误的。一个弱监事会，的确会给董事会更多自由度，但这对公司健康发展、对创始人自身利益保护，都未必是好事，原因是弱监事很容易诱发董事、高管的机会主义行为。媒体曝光的大量公司治理丑闻(做假账、违规交易等)案例，大多与监事会的弱制衡能力有关。实际上，创始人应该清醒地认识到，自己是公司利益最大关联方，监事会的存在和有效发挥职能，有利于形成相互制衡的治理结构，对公司长远发展有利，对创始人自己有利。

第四节 拥抱新治理理念

创业公司治理的根本目的，是要凝聚创业要素(人才、资金、技术、信息与知识、企业家才能等)进入公司，然后，在公司内部高效地为创业活动配置资源，以谋求和谐高效地达成既定的创业目标。

在创业过程的不同阶段，各类要素的重要性、稀缺性有变化，各类要素所有者参与公司治理的意愿和条件也有所不同，为此，公司创始人必须与时俱进，适时地调整治理理念，不断地完善公司治理，以保证公司决策始终是创新导向的，始终是兼顾效率与公平的。

一、树立"创新者引领"治理理念

经过四十多年积累和发展，我国要素禀赋已经有了巨大变化。对照美国等发达经济体，我国要素禀赋的基本特征是：劳动依然丰裕，资本不再稀缺，高端技术有短板。这反映在微观企业层面就是：劳动、资本容易获得，但是，高端人才难招，核心技术买不来，必须靠自主创新来培养自己所需的高端人才和实现技术突破。

为了实现创新驱动，创业公司必须旗帜鲜明地宣传"创新者引领"理念，把公司资源向从事创新的人倾斜，把公司决策权集中在锐意创新的人手中。

倡导"创新者引领"意味着必须扬弃"资本至上"理念。"谁出资，谁拥有""出资者(股东)主导公司治理"之类的说法，一直以来就是资本攫取公司治理主导权的说辞，有相当大的迷惑性，锐意创新的非资本要素所有者要敢于开展批判和争论，积极主动地争取公司决策权，以保证公司发展始终是创新导向的。

我国商事制度改革，已经为资本之外的要素参与创新创业和主导创业公司治理提供了基本条件。改革前，成立新公司所要求的资金门槛相对高，能开公司做股东的基本上都是有钱人，但是现在，设立公司所需的注册资金门槛已经大幅降低了，拥有创意、创新技术和企业家才能的人，都有条件成立自己的公司，依照自己的意愿分配股份、界定股权、组建团队和设计融资方案，换句话说，不拥有资金而拥有创意、新技术和企业家才能的要素所有者，现在完全有条件进行自主创业了，不必仰赖资本而可以与资本进行平等合作了。

二、把"共同富裕"理念引入创业公司治理

如果把创业过程仅仅定义为创始人和股东们的创富故事，视野就显得过于狭隘。显而易见的是，公司员工作为公司的一个组成部分，客观上参与了创业过程；供应商、分销商作为合作伙伴也在事实上参与了价值创造和交付；另外，顾客、公众以及政府也都是创业故事中不可或缺的角色。可以说，少了其中任何一个，创业梦就圆不了。因此，创始人要不断加强个人修养，扩大胸怀，提升境界，把创业公司变成全体公司员工实现"共同富裕"的平台，把公司创业过程变成造福社会的过程。

认同"共同富裕"理念的人，是乐于带动周围的人一起致富的人，是在发生利益冲突时能够让渡若干自己利益的人，是不屑于斤斤计较的人，是肯于尊重别人利益的人，因

此，引入"共同富裕"理念，有利于公司治理模式向"多元利益主体共同治理"模式转变，公司发展进程的和谐程度会大大提高，一些恶性治理问题会降低发生概率甚至得到避免。这些恶性治理问题包括：大股东侵占小股东利益，管理层压低员工薪酬、把员工当工具人，以及针对产业链伙伴、顾客、公众和政府的非诚信行为等。

"共同富裕"理念是中国特色社会主义的本质要求。在创业公司治理中引入"共同富裕"理念，并基于这个理念探索建立适应新时代发展要求的新型治理结构和治理机制，有望在微观上改善创业公司治理，也有望在宏观上促进"共同富裕"局面形成。

拥抱先进治理理念，与时俱进地完善公司治理，才能有效地激励各类要素积极创新、和谐创业。主动地把个人和团队的创富努力，融入全社会"共同富裕"的进程，就会得道多助，那一定会提高成功率的。

第十章　创　业　融　资

【案例导入】

携程的五次融资与跳跃式发展

携程旅行网(以下简称携程)从 1999 年创立到 2003 年年底在海外上市,公司利用国际风险投资工具,借助股权私募基金的力量,通过五次融资,实现了跳跃式发展。

第一次融资: 初创获 IDG 投资

1999 年 4 月,创始人梁建章、沈南鹏、范敏、季琦(外称携程四君子)成立了携程香港公司,注册资本 200 万元人民币。1999 年 10 月,在携程网站还没有正式推出的情况下,基于携程的商业模式和创业团队的价值,IDG 技术创业投资基金(以下简称 IDG)凭借携程一份仅 10 页的商业计划书向其投资了 50 万美元,获得了携程 20%以上的股份。在携程随后进行的每轮融资中,IDG 都继续跟进。

第二次融资: 五大风投机构助力携程集团架构形成

2000 年 3 月,携程国际在开曼群岛成立。由软银中国创业投资有限公司牵头,IDG、兰馨亚洲投资集团、Ecity Investment Limited、上海实业创业投资公司五家投资机构与携程签署了股份认购协议,携程共募得资金约 450 万美元。随后,携程国际通过换股 100%控股携程香港,携程集团架构完成。

第三次融资: 获超千万美元投资

2000 年 11 月,凯雷等风险投资机构与携程签署了股份认购协议,以每股 1.5667 美元的价格,认购了携程约 719 万股"B 类可转可赎回优先股"。至此,携程完成了第三次融资,获得了超过 1000 万美元的投资。

第四次融资: 老虎基金的投资

2003 年 9 月,携程的经营规模和盈利水平已经达到上市水平,此时取得了上市前最后一轮 1000 万美元的投资,携程以每股 4.5856 美元的价格向老虎基金发售 218 万股"C 类可转可赎回优先股"。这笔投资全部用于原有股东包括凯雷、IDG、上海实业及沈南鹏、季琦等创始人套现退出。对于准备在美国上市的携程来说,能在上市之前获得重量级的美国风险投资机构或者战略投资者的投资,对于提升公司在国际投资者的认可度有着非常大的帮助。

第五次融资: 登陆纳斯达克

2003 年 12 月 9 日,携程国际(股票代码: CTRP)在美国纳斯达克股票交易所(NASDAQ)正式挂牌交易。本次携程共发行 420 万股,每股 18 美元,其中 270 万股为新发股份,募集资金归携程; 150 万股为原股东减持套现,募集资金归原股东。IPO 后,携程总股本为3040 万股,市值约为 5.5 亿美元。

(资料来源: 独特网, http://www.9d4d.com/chuangye/23687_2.html)

第一节 何为创业融资

一、创业融资的内涵

融资是指资金的借贷与资金的有偿筹集活动,要求投资总收益大于融资费用、利息以及风险成本的总和。任何一家企业的创立、生存与发展都需要资金的支持,且不同的发展阶段所需要的资金量是不同的。通过"融资"实现个人拥有或控制的资源向企业拥有、控制的资源的转化,使创业者及其团队成员具有了"创业"的资源基础。

创业融资强调的是企业创业阶段的融资行为。由于创业企业处于起步发展阶段,企业规模小、发展不稳定、抵御风险能力弱,导致创业融资尤为艰难。有资料表明,每年我国有四五百万家新企业诞生,但能顺利融资的仅五千家左右。另据权威资料显示,我国创业企业内部融资的比例高达 65.3%。我国创业企业平均每年约有 30%的创业企业倒闭,其中60%左右是因为融资问题导致的。由此可见,融资难、融资渠道狭窄、融资成本高是创业企业面临的共同难题,这已经成为制约我国创业企业发展的重要因素。创业企业大多具有高投入的特点,因此创业企业要想健康发展,创业融资是不可回避的问题。

创业融资实质上是一个资源配置的过程,只不过这个过程主要是通过资金供求表现出来的。在不同类型的企业和企业的不同成长阶段,他们对资本的要求是不同的,而资本要求不同必然会导致融资结构与融资成本的不同。对于创业期的企业而言,融资问题的关键在于寻求适合当前创业阶段融资需求且能有效降低融资中信息不对称的融资方式,从而实现融资效率的提升与融资风险的规避。需要指出的是,创业融资不是简单的公司财务问题,而是关系创业企业发展的重要决策问题。在公司财务里,投资决策和融资决策一般是分开处理的,但在创业企业中,投融资决策往往是一体的,因为新创公司大多自身资金有限,只有融资到位,创业项目才能有效推进,而成熟的大公司则有能力动用内部资金来为发展项目提供融资。总的来看,创业融资是创业管理的关键内容,其主要研究是在预防和规避融资风险下。如何用最低成本获取创业所需资金,实现创业企业价值最大化。

创业融资行为是否合理可以通过创业企业的融资方式、融资渠道以及融资能力反映出来。融资方式,是指企业融通资金的具体形式,即采取何种融资工具来获得资金。融资渠道,是指筹集资金来源的方向与通道,即谁可以提供资金。从筹集资金来源的角度看,筹资渠道可以归结为内源融资和外源融资两大渠道。内源融资主要是通过企业内部积累资金实现融资,外源融资则是吸收其他经济主体的资金转化为自己投资的过程,如银行贷款、发行股票等。融资能力是企业可能融通资金的规模大小,即投资者愿意投资给企业的资金最大额度。融资能力是企业快速发展的关键因素。能够多渠道、低成本地从国内外融资的企业,才是真正的融资赢家。

二、创业融资的阶段性特征

对应企业的发展,创业融资有着鲜明的阶段性特征。不同阶段的融资需求以及融资渠道是不尽相同的。新创企业的发展一般包含了种子期、发展期、扩张期和成熟期四个阶段,各阶段的融资特点不同(见图 10-1)。

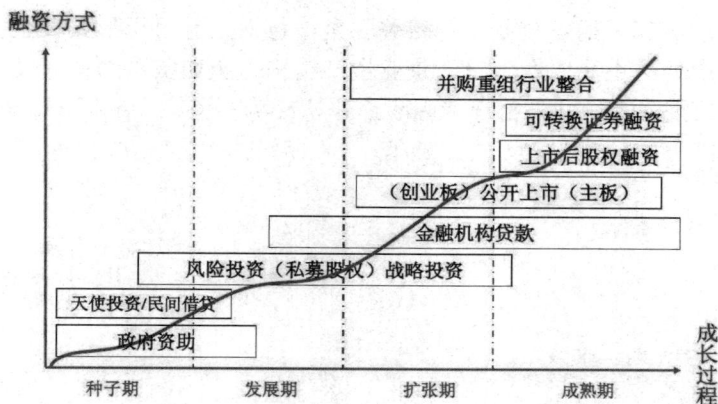

图 10-1 新创企业发展阶段与融资方式

种子期融资：种子期企业所需资金并不多，主要用于新技术或新产品的开发与测试，融资渠道主要是创业者自筹、亲朋好友投资、银行贷款以及少量天使投资(对有吸引力的项目)。天使投资一词最早源于纽约百老汇的演出捐助，是指具有一定净财富的人士对具有巨大发展潜力的、高风险的初创企业进行早期的直接投资，其中"天使"是用来形容富有的风险投资者。

发展期融资：发展期包含创建与生存两个阶段。创建阶段企业需要一定数量的"门槛资金"，用于购买机器设备、生产资料以及进行和市场开拓等，所需资金量比种子期大，融资重点是创业者需要向新的投资者或机构进行权益融资，融资渠道主要是天使投资(个人投资基金)；生存阶段企业需要更大量的资金，主要用于市场推广。这一阶段融资组合非常重要。由于公司股权结构已经确定，因此融资重点应从权益融资转为负债融资。

扩张期融资：扩张期同样需要大量资金用于市场推广和产品改进。这一阶段企业迅速发展壮大，原有资产规模已不能满足需要，企业面临增资扩股问题，通常需要引入新股东，融资渠道以机构融资为主。

成熟期融资：成熟期企业已有稳定现金流，融资已不再成为长期困扰企业发展的难题。这一时期融资工作的重点在于完成企业上市，即通过发行股票公开上市融资。当然，也可以争取以海外为主的创业投资资金。

三、创业融资决策

创业融资决策是创业融资行为的前提，创业融资行为是创业融资决策的逻辑延续。创业融资决策是创业企业为实现其经营目标，依据融资需求制定最佳融资方案的过程。创业融资决策内容主要包括：融资原因、融资规模、融资时间、资本结构(股权资本与债务资本的比例)、融资渠道以及融资成本。创业融资决策程序按时间顺序可以通过图 10-2 所示的几个步骤展开。

创业融资决策受各种因素影响，只有充分研究分析这些因素，把握各种筹资方法，才能作出正确的融资决策。融资决策影响因素分为两类：直接因素和间接因素。"直接因素"，是指那些随着融资方案的不同而变化的影响因素，如融资成本、融资效益、融资风险等。"间接因素"，是指相对稳定的，不随具体融资方案而变化的影响因素，分为内部

因素和外部因素：内部因素是企业自身相关因素，包括企业组织形式、企业规模、企业信誉与业绩、企业所处的生命周期阶段、企业资产结构、企业资本结构以及企业盈利能力和偿债能力等；外部因素是企业外部环境因素，包括经济环境、金融环境、法律环境等。

确定资金用途
确定资金投向是合理筹集资金的先决条件。

确定融资规模
量力而行，依据实际需求合理确定融资规模。

制定融资方案
制定融资方案是融资决策的关键，要求制定出多种可能的融资方式及其融资量组合的方案。

选择最佳融资方案
分析融资结构、融资成本等因素，选择具有最优资本结构的融资方案。

组织实施融资方案
根据选择的最优融资方案，按照各种融资方式的融资程序筹集资金。

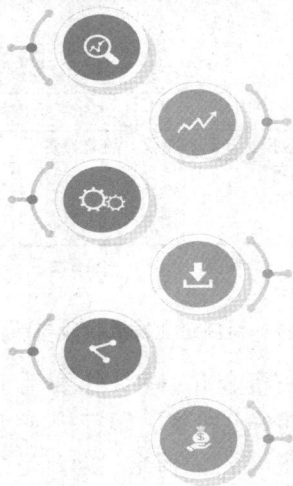

反馈调整融资方案
在融资方案实施过程中，如果融资无法达到预期目标，应及时调整方案。

图 10-2　创业融资决策程序

创业融资决策过程应遵循以下原则。

(1) 适用性原则：创业经营活动对资金的需求具有多样性。从资金的性质来看，既有对股本的需求，也有对债务的需求；从资金的期限来看，既有短期资金需求，也有长期资金需求。适用性原则强调融资决策应根据创业经营实际所需资金的种类和数量，选择相应的融资方式，确定相应的融资规模。

(2) 可实现性原则：不同类型的创业公司以及融资方式的不同，决定了融资实现难易度不同。可实现性原则是指创业公司在选择和确定融资的方式与数量时，应充分考虑融资方式的难易程度。

(3) 收益性原则：公司是以盈利为目的的经济组织，融资是有成本的，不同融资方式下的融资成本是不同的。收益性原则强调融资企业应认真分析各种融资方式下的融资成本，合理选择融资方式及其融资量，确定一个使公司融资成本尽可能低的融资结构。

(4) 安全性原则：不同融资方式下，融资风险大小是不同的。安全性原则要求公司融资决策时必须分析各种融资方式下的融资风险，根据自身的负债能力来决定融资方式，确定一个与公司风险承受能力相适应的融资结构。

第二节　创业融资的运作方式

【案例导入】

阿里巴巴发展各阶段的融资运作方式

融资渠道概述

第一阶段，自我融资。

1999 年，阿里巴巴靠马云及其创业团队的集资 50 万元成立，公司员工就是创业团队

的 18 位成员。

第二阶段，天使投资。

1999 年，阿里巴巴经过短暂的运营已有些名气，但同时也面临着资金的瓶颈，这时得到了以高盛为主的一批投资银行的 500 万美元投资。

第三阶段，风险投资。

2000 年，阿里巴巴获得 2500 万美元投资，其中软银提供 2000 万美元，其余来自富达等五家风险投资企业。2004 年 2 月，阿里巴巴再获 8200 万美元的巨额战略投资，这是当时国内互联网金额最大的一笔私募投资。2005 年，阿里巴巴收购雅虎中国全部资产，同时得到雅虎 10 亿美元投资，雅虎置换阿里巴巴集团 40% 的股份。

第四阶段，上市。

2007 年 11 月 6 日，全球最大的 B2B 公司阿里巴巴在香港联交所挂牌上市，正式登上全球资本市场舞台。阿里巴巴的上市，成为全球互联网业第二大规模融资。许多投资者表示，错过了谷歌，不想再错过阿里巴巴。

(资料来源：阿里云资讯，https://www.aliyun.com/zixun/content/2_6_1520390.html)

资金作为一种特殊的资源，具有引导和配置其他资源的作用。不同行业、不同企业资金的获得渠道、方式与规模，实际上决定了资源配置的效率。对于创业企业而言，融资问题的实质就是找到适用于创业阶段融资需求特征的融资运作方式，最终实现创业企业价值最大化。不同的创业企业，因所属行业不同或业务项目不同，加之企业自身条件不同，其融资方式也不尽相同。

按照单一的标准，融资方式具有不同的划分方法。依据融资对象和资金来源的不同，可以分为自融资与外融资；按资金的性质划分，可以分为债务融资、权益融资以及政策性融资；按资金注入方式划分，可以分为直接融资和间接融资。不同的融资方式有其各自的特点，常用的创业融资运作方式有以下几种。

一、自融资

自融资是相对外融资而言的，主要是创业者自己出资或向家庭好友筹集资金。自融资和内源融资在概念内涵上相似但不完全相同，内源融资强调更多的是将本企业的留存收益和折旧转化为投资的过程。

绝大多数创业者靠自融资创建企业，因为专业的投资机构只对那些他们认为有可能高速成长的企业进行投资，只有这样，投资者才能实现高回报，而被专业投资机构认同的创业企业只占创业企业总数的极少部分。即使是现在国内的创业大佬们，很多刚开始都是先靠自己的资金进行最初的创业，其中就包括了阿里巴巴、百度、腾讯、京东等知名企业。阿里巴巴靠马云的亲朋好友以及创业团队集资 50 万元共同创办起来；李彦宏与合伙人徐勇共同出资，连同一名财务人员和五名技术人员创建了百度公司；马化腾和张志东等五人集资 50 万元注册成立了腾讯公司；刘强东拿着亲朋好友的 12000 元，在中关村创办了京东公司。近三成的创业企业第一笔资金是从创业者身边最亲近的人那里募集的。

自融资分为权益和债务两种，其中权益资本来源主要是创业者自身积累和储蓄，即通常所说的自有资金。资金源于创业者，没有融资成本，不会带来控制权被稀释或摊薄的问

题。债务资本来源主要是亲朋好友、熟人和创业企业成员向所在的创业公司提供的债务性借款，是在非正式金融安排下发生的，属于民间集资的性质，这在企业创立初期有着至关重要的作用。

自融资具有原始性、自主性、低成本性和抗风险性的特点，是企业生存和发展不可或缺的重要组成部分。自融资的另一好处是融资方式灵活、融资速度快，投资者决策自主权大，自我激励与约束明显。在创业初期，企业运行所需资金基本上来自创业者自有财产或其亲朋好友，这些资金被称为初创企业的爱心资本，在创业过程中起到了关键性作用。但创业企业创建初期所需资金量大，相当多的创业者缺乏自融资的能力和渠道，仅靠自融资的爱心资本通常难以满足创业企业快速发展的资金需求，因此创业者需通过各种方式寻求外源资金来满足企业生存和发展的需求。

二、股权融资

股权融资是指企业的股东愿意让出部分企业所有权，通过企业增资方式引进新股东的融资方式。股权融资形成的所有权资金的分布特点，以及股本额的大小和股东分散程度，决定一个企业控制权、监督权和剩余价值索取权的分配结构，反映出一种产权关系。股权融资主要包括股权质押融资、股权交易增值融资、股权增资扩股融资和私募股权融资四种方式，融资渠道主要有公开市场发售和私募发售两大类。

(一)股权融资的优点

股权融资在企业投资与经营方面占据一定的优势，具体表现在以下几个方面。

1. 股本无须偿还

股权融资所筹集的资金在使用上无特别限制，并且无固定的到期日，企业无须还本付息，不存在还款的财务压力，新股东将与老股东同样分享企业的盈利与增长。

2. 股利负担灵活

股权融资没有固定的股利负担，股利的支付与否和支付多少视公司的经营需要而定，资本成本负担比较灵活。

3. 降低企业经营风险

股权融资对公司法人治理结构要求较高，有助于企业制度的规范。公司的法人治理结构一般由股东大会、董事会、监事会、高级经理组成，相互之间形成多重风险约束和权力制衡机制，从而降低了企业经营风险。

4. 增强公司信誉

普通股股本以及由此产生的资本公积金和盈余公积金等，是公司对外负债的基础，有利于进一步拓展公司融资渠道，提高公司的融资能力，降低融资风险。

(二)股权融资的缺点

股权融资是一把双刃剑，对于融资企业而言，其缺点主要为以下几点。

1. 容易分散企业的控制权

控制权稀释风险是企业进行股权融资时面临的最大风险。股权融资是以股权转让、总股本增加来筹资的。投资方获得企业的一部分股份，原有股东的控制权被稀释，必然会导致企业控制权结构的改变，因此分散了企业的控制权。控制权的频繁迭变，势必影响企业管理层的人事变动和决策效率，从而干扰企业的正常经营。

2. 融资成本相对较高

一般情况下，股权筹资的资本成本要高于债务筹资。

3. 存在经济管理者的道德风险

当企业在利用股权融资对外筹集资金时，企业的经营管理者就有可能产生各种非生产性的消费且采取有利于自己而不利于股东的投资政策等道德风险行为，容易导致经营者与股东的利益冲突。

三、债务融资

债务融资是指企业利用涉及利息偿付的金融工具来筹集资金的一种融资方式，其实质是通过举债的方式进行融资，主要包括金融机构(如银行)借款、信用合作机构贷款以及融资租赁(financial lease)等。其中，银行贷款是创业企业债务融资的重要渠道，而融资租赁则是目前国际流行的一种融资形式。融资租赁是指出租方根据承租方的要求和选择，与供货人订立供货合同并支付货款，与承租方订立租赁合同，将购买的设备租给承租方使用，承租方按合同规定分期向出租方交付租金的交易活动。融资租赁是债务融资的一种，通过融资与融物的结合，兼具了金融与贸易的双重职能，对提高企业的筹资融资效益、促进企业的技术进步，有着十分明显的作用。

债务融资所获得的仅仅是资金的使用权而非所有权。负债资金的使用是有成本的——企业必须支付利息，并且债务到期时须归还本金。债务融资资金偿还主要依赖于企业未来的销售收入与利润。由于债权人并不直接参与企业的经营运作，出于资金安全需要，往往要求融资企业提供诸如厂房、设备、地产等资产作为抵押物。债务融资的特点决定了其用途主要是解决企业经营过程中的资金短缺问题，而不是用于资本项下的开支。

对于快速成长的企业而言，债务融资是比较明智的，因为利息费用可以抵税。对于一贯盈利的企业而言，债务或许比股权便宜。此外，债权人通常没有表决权，如果发行债务，股权所有人不会因此失去控制权，而且无论公司盈利多少，债权人一般只收取固定的利息，更多的收益可归股东所有，企业可以获得资金的杠杆收益。不过，债务具有合约责任，在破产时，债券持有人优先于股权所有者获得赔偿。除此之外，适度地提高债务融资比例对企业发展还有以下好处：首先，能够降低企业自由现金流，有效地提高资金使用效率；其次，将提高经营者股权比例，减少股东和经营者之间的目标利益的分歧，从而降低股权代理成本；最后，因为提高了流动性风险和发生财务危机的可能性，从而提高了经营者不当决策的成本，可以激励经营者用心、努力地工作。

当然，债务融资对企业经营也有一定的约束性，主要表现为以下几个方面：第一，企业进行债务融资必须保证投资收益高于资金成本，这增加了企业的支付风险；第二，企业债务融资的利息增加了企业经营成本,影响资金的周转;第三,过度负债会降低企业的再筹资能力,甚至会危及企业的生存能力;第四,银行为保证贷款的安全性,对长期借款资金的使用往往附加了很多约束性条款,这在一定程度上限制了企业自主调配运用资金的功能。

四、天使投资、风险投资与私募股权投资

天使投资(Angel Investment)最早源于 19 世纪时的美国纽约百老汇,用来形容百老汇演出的富有资助者,他们为了创作演出进行了高风险的投资。天使投资是风险投资的一种,是自由投资者或非正式风险投资机构对原创项目构思或小型初创企业进行的一次性前期投资,是一种权益资本投资。天使投资是风险投资的先锋,当创业设想还停留在创业者的笔记本上或脑海中时,天使投资人就开始进行早期的直接投资。天使投资属于自发而又分散的民间投资方式,投资者被称为"投资天使",用于投资的资本称为"天使资本"。美国天使投资从 2002 年到 2022 年总投资额从 157 亿美元增长到 223 亿美元,从业人员从 20 万增长到 36.8 万。我国鼓励和发展天使投资根据《中国风险投资发展年度报告(2023)》显示,2023 年,我国天使投资总额为 320.16 亿元,在支持初创企业和科技创新方面发挥出重要作用。

图 10-3　2023 中国顶级风险投资机构

风险投资(Venture Capital,VC),在我国也被翻译成"创业投资",是当今世界上广泛流行的一种新型投资方式。风险投资基金,又称为创业基金,它以一定的方式吸收机构和个人的资金,以股权投资的形式,投向那些不具备上市资格但发展迅速、具有巨大竞争潜力的中小企业和新兴企业,尤其是高新技术企业,助力所投企业尽快上市,通过上市后的转让股权来回收资金并获得投资收益。风险投资基金的经营方针是在高风险中追求高收益。风险投资基金无须风险企业的资产抵押担保,手续相对简单。2023 年中国十大顶级风险投资机构如图 10-3 所示。

私募股权投资(Private Equity,PE),是指通过私募基金对非上市公司进行的权益性投资。简单地说,就是投资者寻找优秀的高成长性的未上市公司,注资其中,获得其一定比例的股份,推动公司发展、上市,此后通过该公司的首次公开发行股票(IPO)、兼并与收购(M&A)或管理层回购(MBO)等方式退出获利。私募股权投资比较偏向于投资已形成一定规模和产生稳定现金流的企业,投资方式上以私募形式进行,绝少涉及公开市场的操作,一

般无须披露交易细节，投资期限为 3～5 年或更长，属于中长期投资。

天使投资、风险投资与私募股权投资三者之间存在以下区别。

(一)投资介入的阶段不同

天使投资主要投资早期创业公司，对企业没有什么太多要求，只要创业者有想法、有激情，项目方案可以打动人即可。风险投资主要投资中期高速发展型创业企业，要求公司团队发展齐全或已有良好的业绩。私募股权投资主要介入即将上市或被兼并收购的成熟企业。

创业融资中还常常会提及种子轮、天使轮 A 轮等名词，这实际上是公司融资轮次方面的一些概念，与公司发展阶段紧密相关(见图 10-4)。种子轮，是创业企业最早阶段进行的融资，这一阶段主要靠创业者打动人的创业方案融资，融资资金用于公司启动；天使轮，这一阶段公司已经起步，有自己的团队，但尚未完成产品，商业模式未被验证，融资主要用于推进产品开发；A 轮，这一阶段公司产品有了成熟模样，在行业内拥有一定口碑，但公司可能依旧处于亏损状态，需要融资来继续扩量；B 轮，产品已经迅速上量，需要融资来验证商业模式(赚钱能力)；C 轮，商业模式验证成功，融资目的是通过资本量级压倒对手，融资额由企业基于企业财务报表的评语与投资方谈判确定；D 轮、E 轮、F 轮，这些都是 C 轮的升级版。一般 C 轮后就是上市了，也有公司继续 D 轮、E 轮、F 轮，但为数不多。Pre-IPO，是为企业上市前的最后一次现金需要进行的融资。

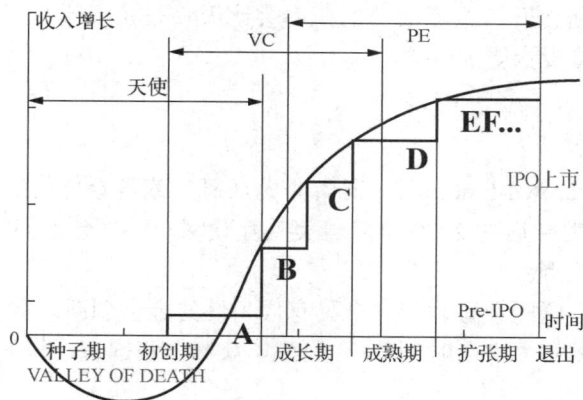

图 10-4 企业融资轮次示意图

(二)投资策略不同

天使投资主要依据对创始人的综合评判以及对行业的理解来决定是否投资，"识人"是天使投资决策考量的重要内容。风险投资中根据行业分析、竞争优势和壁垒、创始团队搭配、业务数据、产业上下游等方面综合考量作出最终的投资决策。私募股权投资主要面向成熟的企业和成熟的市场，投资策略上往往是根据行业分析来发现具有上市潜力或者有被兼并收购可能性的公司。

(三)投资金额不同

天使投资金额从几十万元到几百万元不等，一般总金额在500万元人民币以下，根据投资人和创始人协商的项目估值按比例投资。风险投资金额从百万元到上亿元，大多处于千万量级。私募股权投资金额起步几千万元，多则数十亿元。

(四)投资资金来源不同

天使投资最初是一些高净值人群，像徐小平、雷军、蔡文胜都是很早就活跃在业内的天使投资人。在近几年"大众创业、万众创新"氛围的带动下，大的风险投资和私募股权投资基金向天使投资阶段涉足。风险投资和私募股权投资的发展时间较长，资金来源比较丰富，如高净值个人、专业风险基金、杠杆并购基金、战略投资者、养老基金、保险公司。

(五)投资风险与回报不同

天使投资无疑是"单个项目的回报"最高的，一般情况下都有5倍、10倍的回报，如果项目成长为独角兽，百倍千倍的回报完全可以实现。但是，天使投资也具有极大的投资风险。比如，天使投资人一年投10个项目，其中9个项目血本无归，仅靠1个成功项目获得的巨大收益来弥补9个项目的亏损，这种情况还是比较常见的。风险投资和私募股权投资随着公司估值不断上升，投资成功的概率会比天使投资高不少。总的来看，私募股权投资的安全性相比风险投资更大一些。

五、众筹融资

众筹翻译自国外 crowd-funding 一词，即大众筹资或群众筹资。众筹融资方式产生于2003年，在金融危机发生后的2009年随着美国互联网众筹平台 Kickstarter 和 Indiegogo 的崛起正式进入人们的视野。

众筹融资方式是互联网金融时代一个具有代表性的金融创新。我国最早的众筹是2011年成立的奖赏式众筹网站"点名时刻"，2014年众筹在我国有了较为快速的发展，被称为众筹元年。

众筹是一种融资方式，判断某一行为是不是众筹，应首先判断该行为的最根本目的是否是融资。众筹融资的主体是小微(初创)企业或个人，大中型企业自有资本较多，财务体系健全，经营风险相对较小，因此融资渠道多，大多不需要采用众筹这种融资形式。

众筹也是一种投资方式，不同于天使投资和私募投资的是，众筹投资的门槛要相对低一些，投资主体是广大民众。众筹融资方式的一个存在基础是社区(或网络)，今天所有的众筹融资行为都是经过互联网众筹融资平台进行的，互联网众筹平台对于投资者和融资者在众筹融资的整个过程负有责任。目前主流众筹主要分为三类：股权式众筹、会籍式众筹和产品式众筹。

作为一种新投融资模式，众筹具有四大显著优点。

(1) 门槛低。从项目的发起来看，相比其他融资渠道，众筹基本没有或者只有很低的要求。只要是有想法、有创造能力的项目，都可以通过众筹发起筹资。

(2) 多样化。众筹的方向具有多样性，在国内的众筹网站上的项目类别包括设计、科技、音乐、影视、食品、漫画、出版、游戏、摄影等。

(3) 创新性。众筹的参与者发起的众筹项目大多非常有活力且具有很强的创新性，因为有创新性的项目才会得到更多人的认可和支持。

(4) 草根性。项目的支持者通常是普通的民众，而非专业的公司、企业或是风险投资人。

当然，众筹融资模式也有自身的局限性。例如，受相关法律环境的限制，众筹网站上的所有项目必须是以其相应的实物、服务或者媒体内容等作为回报，而不能以股权、债券、分红或是利息等金融形式作为回报，不能向支持者许诺任何资金上的收益，否则可能涉及非法集资，严重的会构成犯罪。另外，众筹模式较多且产品大多属非标产品，故不能像互联网金融标准化产品那样可以实现规模化扩张，定价机制也难以清晰明确，这对众筹融资的发展会形成阻碍。

第三节　投融资合作：尽职调查与企业估值

一、尽职调查

(一)尽职调查的必要性

尽职调查，又称审慎性调查，是指投资方在投资前对目标公司或投资项目的资产和负债情况、经营和财务情况、法律关系以及目标企业所面临的机会与潜在的风险进行的一系列综合调查。尽职调查是创业投资中最重要的环节之一。从投资方的角度来说，尽职调查即风险管理。通过尽职调查，不仅可以合理地评估股权投资活动存在的各种风险，而且有助于确定股权转让的合理价格和股权转让的条件，合理地设计投资方案。因此，在股权投资过程中，开展尽职调查是必不可少的。

(二)尽职调查的主要原则

尽职调查应遵循的主要原则(见图10-5)如下。

1. 保密性原则

在尽职调查阶段，被调查的创业公司大多会担心公司披露的信息失密。如果创业投资机构能主动提出并签署保密协议，往往能够减少创业公司的顾虑，在调查过程中能够更好地得到创业公司的配合。

2. 目标导向原则

任何调查工作都应当围绕创业投资机构的投资目标进行，包括根据投资目的制定切实可行的调查方案、确定调查重点和执行调查程序。在撰写尽职调查报告时，应当以与投资

图10-5　尽职调查原则

目标密切相关的内容为核心，进行全面的报告。

3. 区别对待原则

不同阶段和不同类型的创新创业企业，尽职调查的重点有所不同。对早期(一般包括种子阶段和初创阶段) 的投资，注重对技术和团队的调查；而对于中后期投资，注重对过往绩效的调查。

4. 全面和重点相结合原则

尽职调查的内容和所收集的材料要求全面透彻。调查内容涉及对企业组织、企业权利、企业义务、劳动人事、股东等公司各个层面的调查。调查人员必须收集与调查主题相关的所有材料。如就股权结构而言，除了查阅拟投资对象的营业执照外，还需查阅公司章程、股东出资证明书、出资协议、验资报告、股份转让协议、股权变更登记等一系列文件。

在展开全面调查的同时，还应注意调查效率。明确本次调查需要核查的重点问题，根据实际情况在调查上应有所侧重：对于一般性的问题，可以采取个别抽查推断的方式；对于异常及重要问题，需全面核实，取得充分的依据。

5. 独立性原则

在尽职调查的过程中，调查人员应保持中立态度。公正地对被调查企业情况作出专业的分析与判断，在发表看法时不受外界影响，不与被调查企业发生不正当的经济利益关系。

6. 审慎性原则

在尽职调查的过程中，调查人员应对所有资料、信息以及相关人员所作出的口头陈述持审慎的怀疑态度，并对发现的所有问题作更深入的了解和探究。不能片面听取客户的口头介绍或承诺，应注意调查现场中的细节问题，对于一些关键的文件，如批文、许可等，应主动进行核实。对于异常情况要反复甄别，对于没有确切依据的数据要进行保守估计。

(三)尽职调查常用的方法

1. 审阅收集法

尽职调查人员通过对拟投资公司的工商注册、业务文件、法律合同以及财务报告等各项资料进行合法性的检查和复核分析，判断其是否存在违反国家法律法规以及会计准则的经济行为。

2. 问答清单调查法

尽职调查人员设计、发放调查问卷，通过书面形式获得拟投资公司的相关信息。为获得真实客观的信息，调查人员还应对调查中的重要内容进行后续核实。

3. 关联审核法

尽职调查人员通过对拟投资公司的交易记录、交易合同、法律文件等相关资料进行关联性审查，及时发现一些隐蔽性问题，从而得出更准确可信的调查结果。

4. 访谈沟通法

尽职调查人员通过与拟投资公司各层级的管理人员进行面谈，来搜集获取企业信息。此法可广泛用于尽职调查的各个阶段。

5. 外部信息分析法

尽职调查人员通过网络、行业杂志、业内人士等外部信息渠道，搜集拟投资公司的相关信息资料，并运用分析法将其分类、汇总和总结预测，为创业投资机构提供更加客观与合理的分析报告，降低其投资风险。

(四)尽职调查的工作内容

尽职调查工作的开展首先应成立由投资、财务、会计、法律、营销等领域的专业人士组成的创业投资尽职调查小组。其小组成员一般由投资机构公司内部人员和律师、审计师、会计师等专业中介机构人员共同组成。调查小组成立后，应制订调查工作计划，明确调查工作流程及时间进度。

创业投资尽职调查工作流程一般分为企业背景调查、初步尽职调查、全面尽职调查以及形成完整的尽职调查报告四个主要部分。创业投资机构尽职调查工作的核心内容是从业务、财务、法务三个层面查验拟投资公司的机会和风险。

1. 业务尽职调查

业务尽职调查由项目团队围绕产品与技术、客户、市场与竞争、管理团队等方面展开。

1) 产品与技术

产品尽职调查要求详细了解产品的各项参数以及产品的优缺点，并对一些特定产品进行试用。评估技术可咨询相关领域的专家或第三方机构，对于涉及专利保护的技术，则应查清技术是否存在侵害他人专利的情况。

2) 客户

客户尽职调查要求了解清楚公司的客户是谁，包括上游的供应商、下游的买家，以及是否存在对少数关键客户的依赖等，同时还应弄清公司销售模式的运作与管理，以及其是否高效。调查人员可以通过客户满意度调查、客户访谈等方式，进一步验证公司的销售能力和未来订单的真实性。

3) 市场与竞争

市场规模大小及增长速度是创业投资机构筛选项目时应重点考虑的因素。市场尽职调查需准确了解创业者项目市场需求是否真实，需求频度如何，进入市场的时机是否恰当，用户付费意愿如何等问题。

市场尽职调查不仅要分析市场需求，还要特别关注竞争对手。要调查清楚谁是拟投资的创业企业的竞争对手？与竞争对手相比，创业企业的优劣势各是什么？创业企业是否具有可持续的市场竞争力？

4) 管理团队

管理团队和市场一样，都是业务尽职调查的重点。实际上，创业投资机构的投资不仅需要好的创业项目，还需要投资好的团队。让企业管理团队配合尽职调查，是投资者在尽

职调查过程中的关键工作。在尽职调查中，调查人员应重点观察、分析企业管理团队的心态和反应。

2. 财务尽职调查

财务尽职调查主要围绕财务的真实性、公司经营状况以及盈利预测等方面展开，应由专业财务人员来进行。

1) 财务真实性

验证财务的真实性，是财务尽职调查的首要任务。调查人员应从各方面收集拟投资创业公司的财务资料，包括财务报表、科目余额表、序时账和明细账、纳税申报表以及审计报告等，从各个角度全面核查财务数据的真实性。

2) 公司经营状况

公司经营尽职调查主要依据财务数据分析进行公司经营状况的判定，研究分析的数据包括流动比率、资产负债率、资产周转率、三项费用率、现金流、毛利率、净利率等。调查人员依据财务数据分析判断公司经营状况是否稳健，同时观察创业公司的资金使用情况，防止烧钱速度太快。

3) 盈利预测

盈利预测关系到公司的未来成长，也关系到投资人的未来收益。创业融资公司一般会在商业计划书里对公司业务进行预测。在尽职调查中，调查人员应将公司的收入指标进行分解，建立相应的预测模型来验证预测值是否科学合理。

3. 法务尽职调查

法务尽职调查主要围绕企业主体资质与资产、法律文书、法律事项等方面展开，应由专业法务人员来进行。

1) 主体资质与资产

对拟投资创业公司的主体资格、资质以及资产的尽职调查是尽职调查的基础性工作，其主要目的是评估是否存在潜在的法律风险。调查人员可重点调查拟投资创业公司的工商注册、年审、股东情况、牌照、专利证书、土地厂房所有权等是否存在法律问题，以及特殊行业有无监管部门颁发的证书。

2) 法律文书

调查人员对拟投资创业公司的各种合同、协议、纪要、决议、章程等法律文件进行核查。审查其是否合规、有无重大法律缺陷、前一轮的投资人是否签有对下一轮投资人不利的条款等。

3) 法律事项

调查人员查阅相关资料，审核公司有无重大法律诉讼，是否存有负债、重大罚款、未缴纳费用等情况。

二、企业估值

(一)企业估值的基本知识

公司估值

企业估值，又称企业价值评估，是指以企业整体获利能力为依据，在充分考虑影响企

业获利能力的各种因素的基础上，以公允市场价值计量为属性，对企业内在价值进行综合性评估。简言之，企业的价值就是企业作为商品能卖出的价格。因此，企业估值实际上就是给企业股权定价。

创业企业的价值估价伴随着创业投资的每一个投资阶段。创业投资机构将一笔资金投入创业企业前，应该明确这笔资金在所投企业中占有的权益大小，这就需要先确定创业企业到底值多少钱，这是一个专业、复杂的问题。

企业价值取决于企业未来的财务状况及其盈利能力。企业估值之所以复杂，是因为企业未来的现金流或盈利能力是上下波动且难以预测的。企业价值由谁来评估，用什么方法来评估，这些都是企业估值中要直接面对的问题。一个通常的观点，让创业者来估值是毫无意义的，因为创业者都希望自己的企业估值能尽可能高，而创业投资机构对创业者的估值通常是不会认可的。那么，创业者是否能接受投资者对创业企业的估值呢？创业投资是高风险的投资，投资者一般会要求非常高的收益率来补偿风险，因此会对企业未来价值给予过高的折现率，创业企业往往难以接受这样的估值。所以，企业估值的最终确定是创业企业与创投机构谈判的结果。

(二)企业估值方法

既然企业估值是融资方和投资方最终谈判的结果，那么探讨创业融资方对企业自身如何估值也是必要的。从创业者的角度来说，企业具体估值多少，涉及企业估值、融资数额和出让股权比例三者间的关系。可以用一个简单的公式来体现，即企业估值=融资数额÷出让股权比例。例如，创业企业拟融资 500 万元，出让企业 10%的股权，那么依据公式可以得出企业的估值为 5000 万元。不过，这 5000 万元的企业估值仅仅是创业企业的估算，创业投资方可能认为只值 1000 万元，那到底估值多少才算合理呢？这就牵扯出一个重要的概念，即估值方法，一个投资方和融资方都能认可的估值方法。

财务理论和估值实践中有众多不同的估值方法，这些方法归纳起来有四大类：第一类是历史悠久的资产价值法，是以企业资产为基础的估值，包括账面价值法、清算价值法、重置成本法、市场价值法、公平价值法等；第二类是基于有效市场理论的市场比较法，包括市盈率法、市净率法等；第三类是以资本预算理论和资本结构理论为基础的折现方法，目前国际评估惯例中，最基本评估方法之一就是贴现现金流(Discounted Cash Flow，DCF)法，这种方法又包括风险调整贴现率(Risk-adjusted Discount Rate，RADR)法和确定当量(Certainty Equivalent，CEQ)法；第四类是基于金融期权理论的期权估值方法，是在充分考虑企业在未来经营中存在的投资机会或拥有的选择权价值的基础上，进而评估企业价值的一种方法。其中，风险调整贴现率法是创业企业价值估价常用的方法，它将企业未来价值按风险调整后的折现率折算出企业的现值而进行估价，以折现率的调整弥补风险损失。这种方法简单易行，但也存在调整基准与折现率可能不合理的现实问题。

对于处在天使阶段的创业企业而言，常见的估值方法有以下四种。

1. 盈利倍数法

如果创业企业处于盈利状况，那么企业估值就可以用年盈利乘以一个倍数得出，这个倍数一般是 30 倍。例如，公司去年盈利 50 万元，那么企业的估值就是 1500 万元。

2. 收入倍数法

如果公司有收入但尚未盈利，那么企业估值就可以用年收入乘以一个倍数得出，这个倍数一般是 8～10 倍。例如，公司去年流水 100 万元，那么企业的估值在 1600 万～2000 万元之间。

3. 资产价值法

资产价值法是把企业现有资产项目价值加总。例如，公司厂房值 1000 万元，机器设备值 500 万元，发明专利值 300 万元，核心技术人才值 200 万元，那么公司估值就是 2000 万元。

4. 市场惯例法

市场惯例法是依据市场上同类企业的一般估值来确定，即随行就市的思路。例如，对于一家成立 1 年左右，有 20 名左右员工，固定流量在 10 万人左右的电子商务公司，企业估值一般在 3000 万～5000 万元。假设创业企业公司与这家电子商务公司有着类似的规模，那么企业估值也基本在 3000 万～5000 万元的区间中。

基于不同的方法进行估值，企业估值结果可能相差甚远。对于创业者而言，自然会尽量选择结果高的估值方法，而投资人自然会选择结果低的估值方法。企业估值过程就是投资方与创业融资方讨价还价的过程，可以说，所有的估值都是谈出来的。

第四节　创业融资风险管理

创业融资与其他商业活动一样，是一个充满着不确定性的过程，这一过程如果处理不当，极易使企业陷入严重危机，甚至导致破产。创业融资风险是指创业企业因融资活动带来的不确定性而引发的企业风险，这种风险主要包括两个方面：一是负债融资引发的财务风险，即创业企业可能因融入资金而丧失偿债付息能力的风险；二是股权融资引发的风险，即创业企业可能因融入权益资本而使股东失去控制权，导致利益受损的风险。债权性融资的风险一般要比股权性融资的风险更大。降低负债融资引起的风险和股权融资导致的风险是创业企业融资风险控制的主要任务。

面对复杂多变的市场环境和日趋激烈的市场竞争，创业企业稍有不慎，就会使所融入资金的使用绩效大幅降低，从而产生融资风险。因此，分析创业融资风险的成因及种类，并且在此基础上制定风险预警机制，对创业企业的健康发展具有重要的现实意义。

一、融资风险识别与控制的重要性

创业融资是一把双刃剑，既可以给企业带来机遇，也可以给企业带来风险。创业企业在融资过程中进行风险识别与防控，其主要目的包括以下几点。

(一)避免陷入融资骗局

在"大众创业，万众创新"的热潮下，总会有一些浑水摸鱼的投资公司，打着为企业提供融资服务的幌子，进行融资诈骗活动。骗子投资公司之所以能行骗成功，主要是抓住

了大多数创业公司资金紧缺、金融知识薄弱的特点和急于求成的心理。

常见的融资骗局有三种，分别是投资骗局、保证金骗局和勾结骗局。①投资骗局是以投资为名，要求创业融资企业缴纳立项费、调查费、保证金等各种费用，之后以各种不符合投资条件的理由不退还费用。事实上，正规的私募股权基金公司有专门的管理费用，用于对投资对象的考察，创业企业如遇此类投资企业，则务必要多加警惕。②保证金骗局则是骗子投资公司以提供银行保函等手段，假意帮助企业贷款，要求企业提交一笔保证金，然后通过制定严苛的条款，让企业在规定的极短时间内无法完成相关贷款流程，造成合同违约，从而骗走定金。不少创业企业在融资过程中，就是这样被骗走了数目不菲的保证金。③勾结骗局是骗子投资公司前期不收取任何费用，但会以创业公司的项目需要进一步完善为借口，要求在指定的中介机构进一步策划包装，或在某个评估机构进行专项评估，骗子公司与这些指定机构勾结分取费用，之后以各种理由拒绝投资。

创业不易，面对金融诈骗风险应提高警惕。一旦不小心陷入融资骗局，企业则可能面临灭顶之灾。有效识别和控制风险，有利于避免企业陷入融资骗局，实现健康发展。

(二)提高创业融资效率

效率的基础含义是产出投入比，或者是收益成本比。融资效率是企业在融资的财务活动中所实现的效能和功效。风险与收益是企业财务管理的基本原则之一，企业财务活动的目标就是要以较低的成本和风险来获得较大的稳定的未来现金流，以实现企业价值的最大化，因而衡量一个财务行为是否合理必须考察其风险程度。由此可见，融资效率的度量与融资风险的高低紧密关联。

影响融资效率的一个主要因素是与现金流量风险水平相适应的折现率。折现率是指将未来有限期预期收益折算成现值的比率。站在投资者的角度，折现率就是要求回报率，也就是投资者要求融资者补偿其承担相应风险的回报。如果要求回报率越高，也就是说明投资者可能承担的风险越高。折现率通常由资本成本确定，因为资本成本反映了企业在市场上融资的成本。一般来说，资本成本越高，折现率也会相应提高，因为投资者要求更高的回报来补偿他们的风险。

创业融资企业往往急于求成，在选择资金方上到处撒网，造成时间和经费的大量浪费。创业企业如果能通过一定的方式对投资方进行摸底，这样不仅能减少无用功，而且能大幅降低融资风险，从而提高融资成功率和融资效率。

(三)降低创业融资成本

融资成本是资金所有权与使用权分离的产物，资金使用者为了能够获得资金使用权，就必须支付相关费用。企业融资成本实际上包括两部分：融资费用和资金使用费。融资费用是企业在资金筹资过程中发生的各种费用；资金使用费是指企业因使用资金而向其提供者支付的报酬。

创业企业融资过程中会产生大量的融资过程费用，主要包括以下几方面。
(1) 融资过程的通信费、接待费、差旅费以及公关费。
(2) 各类融资服务机构的服务费用。
(3) 项目受理费、评估费以及可能产生的违约金等费用。

不少创业企业为了尽快融到资金，广泛接触各类投资方，结果资金没有融到，接待费用就花费几十万元，这让本来就缺乏资金的企业陷入非常被动的境地：不继续接待，前期工作白费了；继续接待则财力不足。对投资方有所了解，对融资风险进行识别与控制，有利于节省融资费用、控制融资成本。

二、创业融资风险的成因

对创业企业而言，融资风险受多种不确定性因素影响，主要可以归纳为两个方面：一方面来自外部的政策环境与市场环境，另一方面源于创业企业内部治理不善。创业融资风险成因具体归纳如下(见图 10-6)。

图 10-6　创业融资风险成因

(一)外部宏观政策环境导致的融资风险

一般情况下，由创业企业的特性决定了其经营管理的极不稳定，一旦国家在产业政策、金融政策等方面作出调整，很有可能对其创业项目的运营以及融资市场的形势造成重大影响。如果创业企业对国家经济、金融政策的变化未作出灵敏反应和及时调整，必然会给其融资活动带来较大风险。例如，国家的产业转型政策会导致部分行业发展受限，那么这些行业内的创业企业的直接融资或间接融资，都将面临更大的风险；在实施紧缩货币政策时，市场上的资金供给量减少，创业企业融资成本不仅会提高，融资额也有可能减少，企业资金链得不到保障，企业经营风险会因此加大。

(二)市场竞争不力导致的融资风险

创业企业的市场表现与融资风险直接关联。一般来说，创业企业整体实力较弱，创业项目尚未得到市场认可。如果企业缺乏强有力的竞争性，产品销售渠道不畅、风险规避方式单一以及自身经营管理薄弱，那么企业就会首当其冲受到市场冲击，导致严重经营风险，而这些风险的存在，会导致投资方或银行为控制风险而不愿给企业投资或贷款，企业融资难度加大，从而造成企业融资成本的急剧增加，甚至可能引发企业严重的资金链问题。因此，创业者在创业初期一定要做好市场调研，在了解市场的基础上创业。

(三)融资战略不当引发的融资风险

创业企业融资战略不当主要表现为融资时机把握不当和融资规模不合理。

创业融资要把握好时机，创业初期资金量使用大，而筹集资金一般需要一段较长时间，因此需要提前规划。如果等到出现现金短缺再去寻找资金，那么企业融资谈判的主动性将丧失，融资成本将会非常高。当然，也要注意另外一个方面，即融资过早带来的风险。如果创业企业过早地进行股权融资，那么创始人的股权会被削弱，这也可能导致创业

企业偏离创始人最初的创业想法。过早融资也会导致企业经营灵活性受阻，因为投资者要求按既定的商业计划书展开经营，而创业往往需要摸着石头过河，创业者确信会成功的新战略在投资者那里未必能通过，这可能导致创业企业错过最好的发展机遇。

创业融资应结合创业企业的实际情况确定融资规模，融资规模不当也会引发融资风险。创业初期资金需求量大，所需资金往往是计划中的两倍。筹集足够的资金，对于企业适应市场变化、向外部展示稳定良好形象，都是必不可少的。创业者往往会在融资规模小、让渡较少控制权的策略，和融资规模大、让渡较多控制权的策略间选择前者，这种融资策略导致的融资规模不足，可能会严重影响企业的生存与发展。

(四)融资不计成本引发的融资风险

对资金的渴望，往往使得创业者忘记了在融资过程中所付出的时间和精力，他们通常会把一半的时间和几乎所有的心思都用在了如何筹集资金上，而未能将大部分注意力放在创业项目的推进上。顾客被无意识地忽视，员工得不到足够的重视，销售下滑导致现金积累缓慢，这将会大大削弱一个朝气蓬勃的年轻企业的实力。事实上，就创业企业生存而言，融资远没有完成订单及积攒现金重要。即使融资项目获得成功，后续成本支出也是相当可观的，创业融资不要忽视这些成本，应在融资计划中有合理的预估。另一项不被注意到的"成本"是公司信息披露，虽然这是让投资方投资的必要措施，但也极有可能遭遇融资不成功、公司商业机密却被泄露的风险。因此，创业公司在融资前，一定要有商业秘密被公开的思想准备。

(五)投资者选择不当造成的融资风险

由于投资者选择不当而导致融资失败，这也是创业融资过程中特别应该注意的问题。在融资过程中，仅仅把投资者目标锁定在行业地位高、资金规模雄厚的公司，会给创业者的成功融资带来较大的变数。大型知名投资公司接触的投资项目繁多，也就是说这些大公司可投资的项目非常多，创业企业花费大量的时间与精力接触这些投资公司，但项目被选中的机会并不大，这有可能导致创业企业发展机遇的错失。抛开对投资者规模和地位的偏见，关注投资者的专业领域，选择熟悉自己创业领域的投资者，融资成功的可能性才会提高。

(六)过分依赖专家导致的融资风险

"术业有专攻"，创业者大多对投、融资领域不熟悉，在融资过程中会更多地依据投资顾问或律师的意见行事。外部专家的专业建议的确有助于融资成功，但事实也证明，过分依赖专家也会给创业融资带来风险。创业企业融资规模、融资渠道、融资方式、融资条件等融资决策的实施都会在一定程度上限制企业的管理，并派生出相应的责任和义务，这些都有可能对企业发展产生重大影响。而外部融资专家在帮助创业企业制定融资策略时，更多的是从单一融资的角度考虑，而非站在企业发展全局的角度考虑，因此外部专家的融资决策建议也是有可能给企业发展带来风险的。选择外部融资专家一定要谨慎，最好选取那些对创业项目技术领域或所属行业熟悉，且有类似融资经验的专家。

三、创业融资风险的类型

(一)按融资方式划分

将融资风险按融资方式进行划分，这是很常见的风险分类方式之一。每种融资方式的风险程度和风险表现不同，主要可分为银行借贷融资风险、股票融资风险、债券融资风险、资产证券化融资风险、租赁融资风险、贸易融资风险、合作融资风险等(见图 10-7)。

图 10-7　创业融资风险类型

(1) 银行借贷融资风险是指企业在通过商业银行进行融资时，由于利率、汇率的波动以及融资条件的变动而面临各种损失的可能性。

(2) 股票融资风险是指企业通过股票来实现融资计划，但因股票发行时机、发行数量、发行价格以及股利分配方案欠佳等原因，使融资企业面临损失的可能性。

(3) 债券融资风险是指企业通过债券来实现融资计划，但因利率、发行债券条件的变化，使融资企业面临损失的可能性。

(4) 资产证券化融资风险是指企业在资产证券化的过程中，因资产出售与购买以及资产信用评估、资产证券评级、宏观经济状况与政策的调整而面临损失的可能性。

(5) 租赁融资风险是指采取租赁方式融资时，因租金及支付方式、租赁期限、技术进步等的变动给融资双方造成损失的可能性。

(6) 贸易融资风险是指企业通过赊购、赊销或者银行提供信贷等方式完成商品交易从而实现融资，包括买方向卖方支付预付款、卖方对买方的信贷以及银行对买方或卖方的信贷等，在这一贸易过程中融资企业可能遭受各种风险，包括单证风险(单证错误或不全，导致不能取货或延误交货的风险)、受货风险(买方不接受货物的风险)、财务风险(买方不按协议付款的风险)等。

(7) 合作融资风险是指采取合资、联营、合作等方式进行生产经营，从而达到融资的效果，在这一过程中企业面临损失的可能性，包括资信风险(出资各方不按约定缴付资本金的风险)、验资风险、资产评估风险等。

(二)按风险性质不同划分

融资风险按风险性质不同划分，可分为机会风险、违约风险、道德风险和法律风险等几种类型(见图 10-7)。

(1)　机会风险是指创业企业在融资决策及融资方案实施的过程中，因为选择了一种方案或机会，从而失去其他机会的可能性。

(2)　违约风险是指创业企业到期后不能按期归还债务，导致企业信用受损，甚至引起法律诉讼的可能性。

(3)　道德风险是指创业企业在资产管理、资本管理、资金管理和融资过程中，由于企业个人原因导致企业利益受损的可能性，如资金体外循环等。

(4)　法律风险是指创业企业在融资方案设计及实施过程中，由于某些环节违规、造假或欺骗行为，导致触犯刑律的可能性。

(三)按当事人划分

融资风险按当事人进行划分，可以分为资金需求者风险、资金供给者风险、中介人风险和保证人风险(见图 10-7)。

(1)　资金需求者风险，即项目发起人、借款人、证券发行人等，在融资过程中所面临的各种风险，包括债权人欺诈、投资者恶意收购、项目接管风险、证券发行风险等。

(2)　资金供给者风险，即投资者、债权人等面临的各种风险，包括利率风险、汇率风险、政治风险等。

(3)　中介人风险，即银行贷款的牵头行和代理行、证券发行的承销商以及会计师、律师、技术顾问，在整个融资过程中所面临的各种风险，包括违约风险、发行风险、评估风险、审计风险、责任风险等。

(4)　保证人风险，即保证人在复杂的融资过程中面临的信用风险和法律风险。

(四)按活动过程划分

融资风险按活动过程进行划分，可以分为前期工作风险、资金使用阶段风险和还本付息阶段风险。

(1)　前期工作风险是指融资申请、融资报价、融资谈判以及融资合同签订等活动过程中面临的各种风险。例如在融资报价上，如果报价高于市场行情，则会直接增加融资成本；在谈判签约中，若不谨慎对待，则可能为履约埋下祸根。

(2)　资金使用阶段风险是指资金投入使用但在建项目还未完成前的风险。不断投入但又未完成的项目本身还不具有使用价值，项目可能因为经济紧缩、国家政策调整、自然灾害等各种原因搁浅，导致前期投入一无所获。因此项目建设完成前的资金使用阶段，风险随着资金投入的增加而增加。

(3)　资金偿还阶段风险是指融资企业在资金使用后，进入偿还债务阶段所面临的风险。这一阶段往往是项目建成投产阶段，但项目的建成能否按预期产生现金流，仍受到多因素的影响，有着很大的不确定性，这就为顺利偿还资金带来风险。

四、创业融资风险管理的原则

创业企业在融资阶段进行风险管理应遵循以下几个原则。

(一)收益与风险相匹配原则

创业融资的目的是通过筹集资金的投入使用，推进创业项目的实施，最终获得经济效益。融资总收益最大化是企业融资的一大原则，因此在每次融资之前，企业往往会预测本次融资能够给企业带来的最终收益，收益越大，往往意味着企业利润越多。但是有一点需要特别注意，那就是企业在预测融资收益时，会将注意力聚焦在如何实现利益最大化，而往往弱化了对融资风险的全面关注。

实际上，在融资取得收益的同时，企业同时也承担着相应的风险。创业企业在融资过程中面临着包括经营风险、管理风险、评级风险、政策风险、利率风险等在内的各种各样的风险，而创业企业普遍抗风险能力较低。

一旦风险转变为损失，必然会给企业经营带来巨大的不利影响。因此，创业企业在融资的时候，千万不能仅仅盯着收益如何，还要考虑在既定的总收益下，企业可能承担怎样的风险，以及这些风险一旦演变为损失，企业是否能承受得起。也就是说，创业融资要遵循融资收益与融资风险相匹配原则。

(二)资本结构合理原则

企业并购所需的巨额资金，单一融资方式难以解决，在多渠道筹集并购资金的过程中，企业很容易出现融资结构风险。"鸡蛋不要放在一个篮子里"，这一风险分散的方法在融资风险领域中一直发挥着重要作用，其实质是强调遵循融资结构合理的原则。融资结构主要包括债务资本与权益资本的结构、债务资本中长期债务与短期债务的结构。合理确定资本结构，就是要使债务资本与权益资本保持适当比例，长短期债务合理搭配，从而达到降低融资风险的目的。

在创业融资过程中，企业常常会面临财务杠杆与财务风险平衡的两难选择，也就是尽力扩大债务资本在企业资本总额中的比重，以充分享受财务杠杆利益，又想避免因债务资本在企业资本总额中所占比重过大，而给企业带来相应的财务风险。企业的价值只有在收益和风险达到均衡时才能达到最大，因此在进行融资决策时，企业应当在控制融资风险与谋求最大收益之间寻求一种均衡，即努力寻求企业的最佳资本结构。企业的资本总成本和企业价值的确定都与现金流量、风险等因素直接相关联，因而两者应同时成为衡量最佳资本结构的标准。

寻求最佳资本结构的具体决策程序是：首先，分别计算各个融资方案的加权平均资本成本率，选择其中加权平均资本成本率最低的融资方案；其次，分析被选中的融资方案，观察投资者对贷出款项的要求、股票市场的价格波动等情况，利用财务风险方法，分析、判断资本结构的合理性；最后，根据分析结果，在融资决策中改进资本结构。

(三)融资期限适宜原则

企业融资按期限划分，可以分为短期融资和长期融资。企业进行融资期限决策时，应从融资目的和融资成本出发，做到"精打细算"，不过于保守，也不过于激进，最好采取稳健型的融资方式。

创业企业在融资时，应结合资金用途确定适宜的融资期限。例如，当企业融资用于流

动资产时，因流动资产周期短、容易变现以及经营中所需补充数额较小等特性，故宜选择短期融资方式，如短期贷款、商业信用贷款等；当企业融资用于固定资产或长期投资时，因资金需求量大、占用时间长，故宜选择长期融资方式，如长期贷款、发行股票或债券、内部融资等。

创业融资中，长短期债务应合理搭配。短期债务资金成本低，但是风险高；长期负债资金成本高，但融资风险相对较低，债务融资中长、短期资金的比例应适当。创业企业不能因为一时的资金需求，融入过多的短期债务，而导致后期的财务危机。同时，企业还要将债务期限与投资期限相结合，以便到期有足够的现金流量偿还债务。在合理保证预期现金流量的情况下，企业还要处理好成本、风险与收益之间的关系。

(四)把握企业控制权原则

企业融资行为会导致企业所有权或控制权的变化，从而直接影响到企业经营的独立性与自主性。在融资过程中，企业控制权的变化与融资结构有着密切关联。股权融资以出让公司部分控制权(股权)为代价进行融资，实际上就是吸引直接投资、引入新的合作者的过程，这一过程也是公司股权稀释的过程；债权融资虽然不以企业控制权出让为代价，但这种融资对于初创企业的实力而言，存在融资成本高、融资规模小的问题，而且当债务无法偿还、面临清算时，企业控制权就转移到债权人手中。

"天下没有免费的午餐"，创业企业要融资，就会付出代价，这种代价有的时候恰恰是企业利润分配权甚至控制权。当然，把握企业控制权并非百分百掌握企业股权，企业在融资扩大的过程中，如果能合理地进行股权稀释，是可以实现股东与企业双赢的。一般来说，在天使轮，创业者不宜出让过多的股权，出让比例在 10%左右比较适宜，否则在 A 轮后，企业就很容易失去绝对控制权，到头来"为他人作嫁衣裳"。

总而言之，创业企业向外融资，心里一定要有一杆秤，保证自己对企业握有控制权。尤其是前期，创始人要拥有绝对控制权。因此，创业企业在进行融资决策时，一定要掌握各种融资方式的特点，精确计算各种融资方式的融资量对企业控制权会产生什么样的影响，这样才能把企业牢牢地控制在自己的手中。

(五)融资规模量力而行原则

融资规模是创业融资风险管理中很重要的内容。有些创业企业急于求成，希望有更多的资金助力项目的推进，选择高成本大量筹资，这样会导致企业负债过多，结果只要项目稍稍偏离预期绩效，就会导致企业因无法承受高额的债务而破产。实际上，筹资过多不仅会直接增加融资成本，也可能造成资金闲置浪费，增加企业经营风险；但如果企业筹资不足，又会影响企业项目的推进，制约企业的发展。由此可见，创业融资必须根据企业对资金的需要、企业自身的实际条件以及融的难易程度和成本情况，量力而行来确定企业合理的融资规模。

融资规模的量力而行，可以从资金形式和资金需求期限两个方面来考虑。一般来说，企业的资金形式主要包括固定资金、流动资金和发展资金。固定资金的资金数量一般较大且期限较长，初创的中小企业可以考虑尽可能通过租赁的方式来解决生产设备和办公场所的需求问题；流动资金要精打细算，可以通过自有资金和贷款方式解决；发展资金主

要用于产品研发和市场开拓等，可以采取银行贷款和增资扩股方式解决。资金需求期限对于不同的企业的业务或同一企业不同的业务都是有不同的要求的，例如传统企业项目往往比高新企业项目对资金需求期限的要求要短。企业融资规模可以采取财务报表分析的方法来确定，也可以使用经验法。经验法强调优先考虑企业自有资金，然后再考虑外部融资，二者之间的差额即为应从外部融资的数额。总之，创业融资应尽可能压缩融资规模，融资规模做到量力而行，即够用就好。

五、融资风险的防范策略

创业企业对于融资风险的防范通常有以下几个策略。

(一)增强融资风险防范意识

创业企业要把融资风险防范工作提到关乎企业生存的高度来看待。英国金融管理局前主席戴维斯在演讲中提到："金融自由化使全球市场相联系，如果给全球金融市场的池塘投块石头，波纹会以超常速度扩展开来。"戴维斯把波纹比作金融风险的扩散，金融自由化加速了资本流动，使企业融资更加活跃，但也加大了金融风险。在创业融资中，期望彻底消灭风险、完全实现"零风险"的想法，是不科学也是不现实的。但同时创业企业又不能惧怕风险，而应增强融资风险意识，提高创业者的综合素质，主动掌握控制风险的技能，把风险降到最低限度，让风险管理成为减少损失、提高利润的重要手段。

(二)选择最佳融资方式

随着资本市场的发展，各种融资工具层出不穷。如非常普遍的贷款类融资工具就包括委托贷款、信用贷款、综合授信、信用证打包贷款、股权质押贷款、仓单质押贷款、典当融资等。近年来广泛应用的票据类融资工具包括银行承兑汇票、银行承兑汇票贴现、商业承兑汇票贴现、商业发票贴现、银行保函等；贸易类融资工具的品种也较多，有保理、出口押汇(单据质押)、进口质押(开信用证)、保单质押贷款、金融租赁等。企业选择不同的融资方式，所承受的风险大小也不一样。从经验来看，各种不同的融资方式，企业承担的还本付息风险从小到大的顺序一般为：股票融资、财政融资、商业融资、债券融资、银行融资。根据企业自身条件和发展规划，选择最适合的融资利器，有助于从源头上规避融资风险。

(三)建立财务预警管理机制

在市场经济条件下，融资活动是一个企业生产经营活动的起点，财务预警管理缺失会使筹集资金的使用效益具有很大的不确定性，由此产生筹资风险。因此，企业要实施融资活动，要以财务预警管理作为必备的基础。首先，财务预警管理中应考虑企业未来的偿债能力，可以用流动比率、速动比率比例和已获利息倍数等指标进行预测；其次，应关注获利能力，可以通过资本报酬率、主营业务利润率、销售利润率和总资产报酬率等指标监测；最后，应分析融资结构，融资结构指标包括资产负债率、资本化率和股东权益比率等。企业应根据实际情况确定各项指标以及指标的权重，然后依据预警管理系统提供的警情，对融资风险进行提示，以便及早做好风险防范工作。

(四)建立完善融资内部控制制度

企业缺少融资内部控制的制度和工作流程是产生融资风险的根源。内部控制是企业为了实现经营目标而采取的控制方法、措施、程序及有关规范。融资内部控制从属于财务内部控制，财务内部控制从属于企业内部控制，而企业内部控制则是涵盖在全面风险管理的范畴内，属于其中的一个重要部分。创业融资过程中的风险主要源于企业团队自身的认识和行为，因此控制融资风险效果最好且成本最低的方法就是完善内部控制。建立完善融资内部控制制度，要求做到"七步法则"，即应做好以下七个方面的内部控制：①融资诊断评估阶段内部控制；②融资工具选择的内部控制；③融资渠道选择的内部控制；④融资安全保障的内部控制；⑤融资资料准备与策划阶段的内部控制；⑥融资沟通与谈判阶段的内部控制；⑦融资组织策划与实施阶段的内部控制。

(五)树立良好的企业外部形象

企业形象好，融资变得简单。信息不对称是创业企业融资难的重要原因之一。由于创业企业一般规模较小，没有信息披露制度，投资机构无法全面了解融资企业的经营情况。这样对于投资机构而言，存在较大放贷风险，因此不会轻易投资。创业企业在融资过程中应主动增强信息的透明度，让投资方能对企业的发展情况有较好的了解，这样有助于融资的成功。此外，创业企业还应强化信用意识，不恶意拖欠债务，积极履行各项合同协议，树立起企业良好的诚信形象。增强创业企业的信用度，对企业的融资乃至今后的长远发展都大有好处。

第十一章　创业风险的类型与管理

【案例导入】

大学生自主创业半年亏12万元

常军大学毕业后成为汽车制造企业的储备干部，从车间工人做起，工作压力不大，但每天工作十三四个小时。常军对工作时长不太满意，想到自己大学期间曾比较成功地经营过校内花店，于是再度涌起了创业热情，从汽车制造企业辞职了。

春节家人团聚时，常军向亲戚介绍自己的创业方案。他计划先进入美容美发行业，赚到第一桶金后再投资其他行业。前期愿意与他一起投资美容美发的亲戚，后期可以继续持有其他行业的股份，并享有分红。亲戚们被常军的诚意打动了，愿意给有激情的年轻人机会，投资其创业项目。于是，常军从亲戚处筹到了12万元创业资金。

3月，常军与合伙人到贵阳考察市场，发现当地有品质的美容美发店很少，但市场上存在着需求，于是，他决定选择贵阳为创业地点。

筹备伊始，创业艰辛表现得淋漓尽致，不但选址折腾，而且为了节省工钱，没有装修经验，装修的活几乎都是自己干。5月，店铺如期开业，但却没有预期的滚滚客流。半个月后，常军总结自己犯的重大错误。一是选址方面。位于市中心的店铺各项费用都很高，但是人流量不集中，给运营带来了沉重的负担。二是缺乏对行业的了解。美容美发的淡季从5月份开始，所以营业初期恰逢淡季，店铺的开支远大于收入，使本来就不丰厚的创业资金陷入了资金危机。

为了提高顾客回头率，常军想了很多办法，如根据顾客需要延长营业时间，给顾客介绍客户……他的努力得到了回报，经营逐渐步入正轨。可是问题也随之而来，团队之间的摩擦日益增多。作为刚毕业的大学生创业者，常军缺乏管理经验，不知道该如何建立团队、培养良好的团队氛围。常军遇到挫折，比如当客流量少、顾客不满意等问题时，会变得焦躁，容易对员工发火，不知不觉把负面情绪转移给了员工，也让员工心生怨气。

常军估算过，即使市中心店完全步入正轨，由于开销太大，也只能维持温饱，不可能达到预期的盈利。8月，同城一所大专院校附近的一家美发店要转让。常军认为，那所院校有8000多位学生，如果8月能将店铺盘下来，9月开学肯定赚钱，这是创业翻盘的好机会。当市中心店尚在风雨中漂泊时，常军又将精力完全投入到另外一个店铺，四处奔波，与老板洽谈、筹款。正当事情就要一锤定音时，老板突然反悔了。此时的市中心店，因为疏于管理，员工懒散，处事马虎，待客不周到不热情，营业额下降到只比刚开业时好一点。

9月的一天，常军无意中看到镜子里眼神疲惫、胡子拉碴的年轻人，已经完全没有了当初的激情与壮志，徒剩下无奈、憔悴及自我否定。常军流泪了，这是压垮他的最后一根稻草。在耗尽12万元本金后，常军盘掉了市中心的美容美发店，宣告他大学毕业后的第一次自主创业失败。

对于常军创业的失败，亲戚们有的认为，年轻人有激情是好的，但是他把每一步都设

想得太好了，没有预见任何意外情况；有的认为，常军进入陌生市场陌生行业，一旦创业失败了，没有经济基础的年轻人，负债累累，以后的日子怎么过？

　　常军自己也总结了几条心得：第一，大学生创业一定要脚踏实地。看到大学生创业成功的富豪榜，你可以想象下一个可能是你，但不要想下一个一定是你。第二，选择行业至关重要。如果进入完全陌生的技术性行业，你就可能处处受制于人。第三，资金和团队是关键。资金不充足时，一个紧密团结的团队会显得更重要。要从一开始就思考如何培养良好的团队氛围，时刻留心自己该说的话该做的事情。第四，政府是鼓励大学生创业的。一定要留心政府的政策，知道自己所能享有的优惠。在创业时政府是能够助你一臂之力的。

（资料来源：http://www.oh100.com/chuangye/684711.html.）

　　每年，数十万的企业成立，同时又有数十万的企业宣告失败。这意味着，在激烈的市场竞争中，能坚持到最后成功的创业企业寥寥无几，大部分企业都无声无息地失败了。

　　创业失败的企业离我们并不远，你可能就经历过或者看见过一些企业的失败。城市里商业区的兴起与沉寂的更迭，商业区中服饰、餐饮、娱乐品牌如走马灯般地穿梭更替；学校附近的门店不断地变换，从书店、服装、超市到餐饮；餐饮店的招牌也从西餐、湘菜、川菜，到连锁快餐不停地更换。

　　这些商圈、品牌、门面店，都承载着美好的期许，但为什么又都由强到弱，最终惨遭淘汰呢？它们失败的原因各不相同，但有一点却是共同的，即缺少忧患意识和危机意识，对风险认识不足、准备不足。企业的发展始终伴随着风险，但是，初创企业往往只看到企业发展的机遇与自身优势，忽视了潜在的威胁与自身的劣势；只看到创业项目未来的收益，忽视了项目的不确定性。创业风险管理虽然不能避免风险事件的发生，但是可以帮助企业未雨绸缪，减少风险带来的损失。

第一节　创业风险的内涵

一、创业风险的含义

　　管理学大师彼得·德鲁克(Peter F. Drucker，1909—2005)指出："因为少数所谓的创业家无知，缺乏管理方法，违反管理规律，从而给创业精神的发挥蒙上了风险的色彩。"德鲁克承认创业风险的存在，但是他认为只要管理得当，风险是完全可以降低甚至避免的。

(一)风险

　　风险源于法语中的 risque，随后被引用为英语中的 risk，并开始应用于保险交易中。随着社会的进步与经济的发展，风险的内容与含义在不断变化。

　　风险是指各种结果发生的不确定性，由损失或收益的结果及结果发生的不确定性两个要素构成。一般用损失或收益的大小与损失或收益发生的概率两个指标进行衡量。发生损失的程度越高，风险越大；坏结果出现的概率越大，风险就越大。

　　广义的风险认为，风险产生的结果可能带来损失、获利或是无损失也无获利。金融风险属于此类。狭义的风险认为，风险表现为损失的不确定性，说明风险只能表现出损失，

没有从风险中获利的可能性。自然灾害和意外事故属于此类。

风险和收益成正比,所以一般积极进取的投资者偏向于高风险是为了获得更高的利润,而稳健型的投资者则着重于安全性的考虑。

(二)创业风险

创业风险是指给予创业企业财产和潜在的获利机会带来损失的可能性。在创业过程中,风险是普遍存在的,风险事件的发生将会给企业带来不同程度的损失。例如,创业会面临政策不利变化带来的损失,技术转换带来的损失,资金不足带来的损失,团队成员分歧带来的损失,等等。

风险对创业企业的影响远大于成熟企业。创业企业规模小,抵御风险能力弱;经营者新手多,缺乏经验,容易忽视潜在威胁,最终被带入危险的经营境地。

创业企业经历着高出生率、高死亡率的尴尬局面。《后危机时代中小企业转型与创新的调查与建议》中的数据表明,中国民营企业平均寿命仅 3.7 年,中小企业平均寿命更短暂,只有 2.5 年。美国中小型企业的平均寿命是 8.2 年,日本中小型企业的平均寿命达到了 12.5 年。英国工贸部对 1998—2013 年企业寿命的统计显示,7%的新建企业在开业后的 6 个月内关闭;40%的新建企业在开业后 6 个月到 3 年内关闭,即近一半的新建企业"活"不过 3 年;企业成立 3 年后,关闭率逐渐下降,但"活"过 6 年的只有 35%。

二、创业风险的基本特征

创业风险的基本特征主要有客观性、不确定性、相对性与可变性、可测量性,以及损益双重性。下面分别进行介绍。

(一)客观性

创业风险的客观性是指在创业过程中,风险在很大程度上是不以创业者或创业主体的意志为转移的。风险是客观存在的自然现象和社会现象所引起的,例如洪涝、雷击、地震、海啸等自然灾害,社会领域的战争、车祸、破产等都是客观存在的,是无法回避和消除的。创业者在创业过程中只能采取规避风险的办法,在一定时间和空间内改变风险存在和发生的条件,降低风险发生的频率和损失幅度,但不可能彻底避免风险的发生。

(二)不确定性

创业风险的不确定性是指由于人们对客观世界认识的局限,创业过程中不可能准确地预测风险的发生,包括风险发生的不确定性、风险发生的时间与空间的不确定性、风险损失程度与范围的不确定性。创业者要尽可能在有限条件的基础上进行全方位、全过程的防范。这给创业过程带来较高的防范成本。创业过程是创业者将自己的创意或创新技术变为现实的产品或服务的过程。在这一过程中,创业者面临着各种各样的不确定性因素,例如原来的市场需求发生了变化、新技术难以实现、竞争对手采取了有效对策、需要的资金难以到位等都可能导致创业失败。有时候,创业者面对不确定性的风险也显得无力与无奈。

(三)相对性与可变性

创业风险的相对性是针对不同的主体而言，即相同的风险情况下，不同的创业者因为投入的大小、收益的大小、风险主体的地位及拥有的资源量等不同，对风险的承受能力是不同的。

创业风险的变化是指随着时间、空间等因素的改变，创业风险也会发生变化。例如，金融危机、国家政策、民俗风情、科技咨询的进步，都可能使创业风险因素发生变动。

(四)可测量性

风险的规律性是可以被认识和掌握的，因此企业可以通过定性或定量的方法对风险进行评估和测量，为风险管理提供可靠的依据。但是，由于创业投资、创业产品周期、创业产品市场等诸多要素都测不准，从而导致创业风险的实际结果与评估结果之间常常出现偏离误差范围的状况。

(五)损益双重性

自然灾害和意外事故等带来的风险只会产生损失，而创业活动中的风险则是和潜在的收益共生的。在创业活动中，对创业者来说风险和利益同时存在，即风险是利益的代价，利益是风险的报酬。如果能正确认识并且充分利用风险，反而有可能在很大程度上增加收益。

三、创业风险的类型

创业风险按照不同的分类标准，有多种分类结果，常见的分类主要有以下三种。

创业风险的
类型(一)

(一)按风险来源的主客观性分类

按照风险来源的主客观性划分，创业风险可分为主观创业风险和客观创业风险。主观创业风险是指在创业阶段创业者的身体与心理素质等主观方面的因素导致创业失败的可能性；客观创业风险是指创业阶段客观因素导致创业失败的可能性，如市场的变动、政策的变化、竞争对手的出现、创业资金的缺乏等。

(二)按创业的过程分类

按照风险在创业过程中出现的环节，创业风险可分为机会的识别与评估风险、团队组建风险、确定并获取创业资源风险、准备与撰写创业计划风险和创业企业管理风险。

机会的识别与评估风险是指在机会识别与评估过程中，受信息缺失、推理偏误、处理不当等各种主客观因素的影响，使创业面临方向选择和决策失误的风险；团队组建风险是指在团队组建的过程中，团队成员选择不当或缺少合适的团队成员而导致的风险；确定并获取创业资源风险是指存在资源缺口，无法获得所需资源，或因获得资源成本较高而给创业活动带来的风险；准备与撰写创业计划风险是指创业计划的准备与撰写过程中各种不确定因素的存在，或因制定者自身能力的限制而导致的创业风险；创业企业管理风险是指管理方式、企业文化的选取与创建，发展战略的制定、组织、技术、营销等管理中存在的风险。

(三)按风险的内容分类

按照风险的内容划分，创业风险可分为技术风险、市场风险、管理风险、财务风险及其他风险。

1. 技术风险

技术风险是指企业所应用或拟采用技术的不确定性，以及技术与经济互动过程的不确定所引起的收益与损失的不确定性。技术的不确定性既包括企业现在拥有的技术本身功能与成长前景的不确定性，也包括与之相关的技术(互补和替代)变动的不确定性。特别是对高新技术创业企业而言，技术竞争非常激烈，技术优越性很容易丧失，从而使投资贬值。技术风险主要包括以下几个方面。

1) 技术成功的不确定性

新技术、新产品的设想往往很有吸引力，但是能否按照设想的预期目标开发出来具有不确定性，因技术失败而终止创业的例子并不少见。

2) 技术前景的不确定性

新技术、新产品诞生初期都是不完善的，在现有的技术知识条件下，创业者能否尽快完善新技术是没有完全把握的，因此新技术的发展前景是不确定的。

3) 产品生产的不确定性

新产品成功研制后，如果不能成功地生产出来，仍不能算成功。工艺能力、材料供应、零部件配套及设备供应能力等都将影响新产品的生产。一旦这些条件达不到新产品生产的要求，创业企业的生产计划就会受阻。

4) 技术效果的不确定性

新产品即使能成功地开发、生产，事先也难以确定其效果，如产品能否达到消费者的要求，创新产品是否有副作用，生产和消费过程中是否会造成环境污染等难以确定。

5) 技术寿命的不确定性

高新技术发展迅速，技术更新周期变短，因此现有的高新技术产品很容易被更新的技术替代，也将在更短的时间内被淘汰。技术替代的时间是很难确定的，因此，若更新的技术提前出现，则现有的技术将提前出局。

【经典案例】

新型生物敷料的困境

近年来，各类烧伤病例居高不下，因疾病引起的大面积皮肤溃疡患者也越来越多。市场上对于医用敷料的需求日益增加，同时，患者也对医用敷料的使用效果提出了更高的要求：便利、安全、美观。

大学生创业团队通过与研究院合作，获得多项国家发明专利，研制出达到国际先进水平的生物敷料。产品不但具有高效抗感染力，而且独具优异的生物活性、疤痕抑制作用，能完美修复创面，衍生出新型皮肤外伤医疗手段，是生物学组织工程的重大突破，填补了国内生物敷料领域的空白。

创业团队希望持续进行新产品、新技术的研发，组织新产品的生产、销售，以明显低

于国外同类产品的价格逐步占领国内市场，并最终向国际市场拓展。

但是，项目在推进过程中遭遇了不少阻力。首先，产品的功效虽有充足的实验室数据论证，但产品要进一步推向市场还需要漫长而复杂的临床试验；其次，企业要进入药品生产领域，需要申请并取得国家食品药品监督管理总局的批文，取得国家食品药品监督管理总局的医疗器械新产品注册证书。因此，该产品能否生产还不确定。

创业团队无法确定在未来的一段时间内，国外现有的竞争者是否会推出新一代产品，在功效上超出本项目产品？是否会对市场上的产品采取降价行为，抹杀本项目产品的价格优势？国内现有的竞争者是否会进一步提升产品，达到与本项目类似的功效？产品的技术寿命也充满不确定性。

未来的路该怎么走？大学生创业团队能否掌控项目产品的未来走向？

2. 市场风险

市场风险是指市场情况的不确定性导致创业者或创业企业损失的可能性，主要表现在以下五个方面。

创业风险的
类型(二)

1)　市场接受能力的不确定性

如果企业推出的是全新的产品，顾客在产品推出时不易及时了解其性能而往往持观望态度，并且容易作出错误判断。因此，创业企业很难准确估计市场能否接受该产品或者能够接受的数量。

2)　市场接受时间的不确定性

新产品推出时间与诱导需求的时间有一定时滞性，时滞性将导致企业开发新主品的资金难以在短期收回。由于市场已经熟悉了附加技术产品的主要性能，因此比较容易被市场接受；革命性的新产品则不太容易被市场接受，时滞性可能更长。

3)　产品扩散速度的不确定性

产品扩散速度难以预测，使得许多企业要么失去了发展的契机，要么陷入困境。IBM也曾经错误预测过复印机的扩散速度。1959年，哈罗德公司研制施乐914复印机时希望与IBM进行技术合作，而IBM预测该产品在未来10年内的销售仅5000台，因此断然拒绝了合作机会。然而，随着复印技术被广泛推广，10年后，改名为施乐公司的哈罗德公司将施乐914复印机的销量达到了20万台，并成为一个拥有10亿美元资产的大公司。

4)　竞争能力的不确定性

生产新产品的企业往往是初创企业，缺乏资金和强大的销售系统。在新产品与大公司成熟产品竞争的过程中，不但面临产品方面的竞争，还要接受大公司对创业企业的报复行为。因此，新产品能否占领市场，能够占领多大的市场份额，事先都难以确定。

5)　产品售后服务的不确定性

企业能否提供高速、有效的服务影响着产品的销售与市场接受程度。如果产品售后服务与技术支持不到位，那么产品很容易被市场拒绝，尤其是提供服务的高新技术企业，如软件开发企业。

【经典案例】

生物防治产品的漫漫市场培育

农作物病虫害绿色防治产业的发展是绿色需求拉动的结果，对提高民生质量具有积极的影响。但现有生态农业技术和产品供给明显不足，严重制约了我国生态农业的发展。

橘小实蝇在柑橘、芒果、番石榴、荔枝、枇杷等果内取食为害，使果实未熟先黄脱落，严重影响果实的产量和质量，被世界各国列为果蔬"头号杀手"。现有的防治技术主要采取化学防治，即通过喷洒药物诱杀虫卵、幼虫、成虫，尚无法实现低毒有效的治理。

创业团队推出生物防治组合产品，利用寄生蜂灭杀虫卵与幼虫，利用小分子蛋白诱剂诱杀成虫，实现安全环保的病虫防治，且价格仅为国外进口同类产品的1/4。

该组合产品已经得到试验田和政府的认可，但是作为高新科技的生物防治产品，运用寄生蜂防治病虫的市场认知度不高。农民认为，市场对各类果实的绿色需求并不苛刻，可以接受传统化学防治的果实；另外，该生物防治组合产品在同类产品中成本虽有明显下降，但与传统的化学防治、物理防治相比，成本还是显得太高。因此，农民不愿意以更高的成本去尝试自己并不了解的绿色防治技术。这就意味着组合产品的前期拓展面临着严重的市场不确定性，市场的接受能力不强，市场接受时间长。

市场培育的漫漫长路，创业团队能否承受？

3. 管理风险

管理风险是指在创业过程中因管理不善而导致创业失败所带来的风险。管理风险主要包括以下三个方面。

创业风险的
类型(三)

1) 管理制度风险

创业企业往往没有完善的管理制度，这种松散的管理在创业初期还可以由创业者的辛苦工作弥补，但是当创业企业发展到一定程度以后，松散的管理就会造成政令不畅，容易导致风险事件的发生。

2) 人力资源管理风险

人力资源管理风险主要包括创业团队的风险、人员选择的风险、重要员工流失的风险等。人员配置不科学、激励达不到预期效果、工作作风不严谨等这些人力资源管理的问题往往会造成巨大的内部消耗、重要员工的流失等问题，给企业带来巨大的损失。

3) 营销管理风险

创业企业生产销售的产品一般是新产品，新产品的市场定位、营销策略的制定、营销人员的管理及营销政策的确定如果出现失误，就会造成整个产品滞销，给企业带来损失。

4. 财务风险

财务风险是指创业企业可能丧失偿债能力的风险和股东收益的可变性。企业失败案例研究发现，由于资金短缺而导致创业项目中断或经营失败的个案，占所有失败案例的68.6%，成为创业难以逾越的第一道难关。财务风险主要包括以下三个方面。

1) 筹资风险

企业资金的筹资结构与方式不同，则资金的成本与风险也不同，因此企业在筹集资金时，需要在风险与成本之间权衡。若企业资金全部为自有资金，则无财务风险，但也无法获得财务杠杆带来的效益。若企业选择筹集资金，则财务杠杆越大，股本的收益率越高，但相应的财务风险也越大。最优的资本结构是在对收益和风险进行权衡之后得到的适合公司特点的资本结构。企业筹集资金的方式分为长期与短期。其中，长期资金的筹集，包括

吸收投资、发行股票、发行债券、长期贷款、融资租赁；短期资金的筹集，包括银行短期借款、商业信用、短期融资。

　　某企业发展新项目需要增加投资，创业者为了保持对企业的控制权，向新项目投入了本企业所有的留存收益和创业者个人的全部积蓄，并以分期付款的方式购置设备。新项目因某种原因，试生产环节拖延了几个月。正式生产后，新产品在规格与数量上不能满足市场需求，需要改造现有的加工设备，扩大生产规模，而设备改造需要追加投资，扩大生产规模也需要更多的流动资金。此时，企业与创业者自有资金已经用尽。企业欲向银行贷款，而银行发现企业资产负债表上有赤字，拒绝给予贷款。项目陷入了绝境。如果在项目建设初期，企业能考虑通过对外招股、银行贷款等方式筹集长期与短期资金，将创业者个人资金作为机动资金应付不测之需，情况可能会好得多。

　　2）　投资风险

　　投资风险是投资项目不能达到预期收益，影响企业盈利水平和资金回收的风险。创业企业在筹集到资金后，要注意投资项目能不能取得理想的收益，达到一定的收益率水平；项目利润率是否高于企业目前的资金利润率。如果投资项目准备得不充分，当企业手持大笔资金时，容易从急功近利的角度出发，分散投资，什么热门做什么。多元化没有了规律标准，财务也容易失控。较大的资本投资项目通常资金数额大，时间跨度长，投资项目未来报酬不确定，因此存在更大的风险。

【经典案例】

电广传媒投资之路在何方

　　湖南电广传媒是一家以广告、节目、网络传输业务为主业的上市企业，被誉为"中国传媒第一股"。自上市募集到资金后，电广传媒在随后几年开始了非相关多元化发展道路，先后投资了长沙世界之窗、湖南国际影视会展中心、北京鸿坤伟业房地产开发有限公司等项目，这些陌生领域的重大投资，收益甚小，反而拖累了主业的发展和利润增长。

　　世界之窗景区投资 3.6 亿元，项目投入运营后，以门票收入为主，但是，景区客流与预期有较大偏差，持有 49%股权的电广传媒为此担负巨额亏损。电广传媒还按股权比例为世界之窗提供贷款担保，申请贷款 7000 万元用于景区建设。

　　湖南国际影视会展中心耗资 7 亿元，虽然每天都承接会展，但是项目短期内不可能收回资本，该项目也成为电广传媒的拖累。电广传媒还为该控股子公司提供 6000 万元银行贷款担保。

　　电广传媒联合长沙金海林置业等公司，投资组建"北京鸿坤伟业房地产开发有限公司"，进入企业从未涉足过的房地产业。随后，电广传媒为北京鸿坤伟业提供 2 亿元贷款担保。

　　电广传媒非相关多元化的投资，一方面要承担资金分流给企业带来的影响，另一方面也要承担新企业市场培育期持续的资金投入，以及亏损运营的压力。多元化投资的目的是分散风险，增加企业盈利渠道，但是，如果多元化投资在一段较长的时期内不能为企业带来预期利润，那么这种投资就很容易被否定，特别是上市公司，长期不盈利的投资将影响股民信心。

　　经历多轮多元化投资，电广传媒的财务状况令人担忧，净利润快速下滑，成本大幅增

长，再加上持续扩大负债规模增大了企业营运风险。针对电广传媒多元化扩张所遭遇的难题，其管理层开始反思高速投资扩张带来的负面影响，思索如何调整经营思路。

电广传媒未来投资之路在何方？

3) 资金流动性风险

资金流动性风险是指企业现金流出与现金流入在时间上不一致，导致企业资产不能正常和确定性地转移现金，或者企业债务和偿付责任不能正常履行的风险，主要表现为现金持有量风险、应收账款回收风险、存货变现风险等。

创业初期，创业者往往较多地关注项目本身的风险，而忽略了资金流动性风险。在应收账款管理中，企业普遍存在只注重销售业绩、忽视应收账款控制的状况。一些企业为了增加销量，扩大市场占有率，大量采用赊销方式销售产品，导致企业应收账款大量增加。同时，由于企业在赊销过程中，对客户的信用等级了解不够，盲目赊销，造成应收账款失控，相当比例的应收账款长期无法收回，直至成为坏账。资产长期被债务人无偿占用，严重影响企业资产的流动性及安全性。若企业存货管理中，流动性差，一方面占用了企业大量资金，另一方面企业必须为保管这些存货支付大量的保管费用，导致企业费用上升，利润下降。对于长期库存存货，企业还要承担市价下跌所产生的存货跌价损失及因保管不善而造成的损失，由此产生财务风险。

从日常经营活动来看，企业只有拥有足够量的现金，才能生存；没有充裕的现金，将影响企业的盈利能力和偿债能力，从而影响企业的市场信誉与资金周转，甚至资不抵债，走向破产。

【经典案例】

中国房地产企业的流动性危机

中国的房地产行业正经历着前所未有的危机。自2020年以来，政府出台了"三条红线""差别化信贷""限购限售""摇号"等一系列措施，旨在抑制房价上涨，遏制房地产企业过度负债，规范房地产市场秩序。受此影响，房地产市场需求下滑，房地产企业现金流紧张，流动性压力增加，债务危机爆发。

曾经，爆雷的房地产企业以中小房企为主，但是，2021年以来却出现了实力房地产企业接连爆雷，对金融市场、上下游产业链、购房者等造成了巨大的冲击和损失。2020年中国百强房企中，21家在2021年爆雷，包括泰禾地产、福晟集团、阳光城、佳兆业等；2022年，又有千亿甚至万亿级别的房地产企业爆雷，包括碧桂园、恒大、融创、绿城、石榴集团等知名品牌；至2024年，2020年中国百强房企中爆雷的有52家，负债最严重的35家中17家正在进行债务重组。

中国房地产企业频繁爆雷，涉及房地产行业的发展规律、政策环境、市场变化、企业管理等多个层面，是一个复杂问题。

"高杠杆高周转"的经营模式要求房地产企业不断扩张，依靠销售收入偿还债务和维持现金流。然而，在政府收紧融资和限制拿地的背景下，房地产企业的资金链出现断裂，无法"借新还旧"。同时，在政府抑制房价和打击投机需求的背景下，房地产市场需求下降，房地产企业的销售回款也受到影响。因此，房地产企业"高杠杆高周转"的经营模式难以为继，导致许多房地产企业陷入资金困境。

中国的房地产企业要想在这样的局面中生存，需要及时调整经营策略，降低负债水平，优化资产结构，提高效率和质量，增强竞争力和抗风险能力。

（资料来源：https://baijiahao.baidu.com/s?id=1776093015252581934&wfr=spider&for=pc）

5. 其他风险

创业企业面临的风险除了前面所述的风险因素外，企业外部的自然、社会、政治、法律、政策等条件变化也可能给创业活动带来风险，如合同风险、汇率风险等。

1) 合同风险

合同风险是指合同履行过程中由于主客观原因而使债权人遭受损失的可能性。合同风险主要包括：合同文件缺陷、错误、遗漏或不完善；合同类型选择不当；索赔管理不当；合同纠纷等。例如：王先生掌握了一项高新生产技术，很冲动地找了一位投资人，希望结合他自己的技术和对方的资金开办一家企业。但是，一心想创业的王先生被热情冲昏了头脑，在没有及时申请专利的情况下，就匆匆忙忙地与投资人签订了一份不平等合同。等投资人完全掌握了他的技术后，王先生则因失去价值而被企业炒掉。

2) 汇率风险

汇率风险即外汇风险，是指在不同货币的相互兑换或折算中，汇率在一定时间内发生始料未及的变动，致使有关企业实际收益与预期收益或实际成本与预期成本发生背离，从而蒙受经济损失的可能性。汇率风险可能导致两种结果，一是获得额外的收益，二是遭受损失。汇率风险又可以分为交易风险、经济风险和会计风险等类型。其中，交易风险是指企业在其经营活动中，由于汇率波动而引起其拥有的以外币表示的债权债务价值变化的风险。外贸交易从合同签订到合同履行和结算一般会间隔一段时间，在这期间如果汇率发生变动，就会形成汇率风险。

第二节　创业风险管理

创业企业面临的风险是客观存在的，在一定条件下具有规律。创业者不可能完全消除风险，只能想办法将风险缩减到最低程度，这就要求创业者主动认识风险，积极管理风险，以保证企业的生存与发展。

一、创业风险管理的意义

创业风险管理是指创业者对企业生产经营过程中产生的各种风险进行识别、估测、分析、评价，并在此基础上选择与优化组合各种风险管理技术，对创业企业的风险实施有效控制，并妥善处理风险所致损失的后果，从而以最小的成本收获最大的安全保障。

创业企业风险管理的意义在于以下几个方面。

(一)保障企业经营目标的顺利实现

有效的风险管理措施可以将企业面临的风险损失降低到最低限度，并能在损失发生后及时合理地得到经济补偿，直接或间接地减少企业的费用支出，增加了企业盈利，从而保

障了企业盈利这个首要经营目标的实现。

(二)减轻企业的财务负担

创业企业资金一般都不是十分充足，一旦发生风险事件，往往需要大量的资金。企业如果不能及时筹集到资金，就有倒闭的可能。创业企业如果选择合适的风险管理方法，不仅可以降低风险管理的成本，而且可以避免因风险事件的发生造成过重的财务负担而陷入困境。

(三)保持有利的竞争地位

由风险造成的损失可能会导致企业在人才、技术、产品、市场上的优势全部丧失，如企业关键人员的流失、技术的泄密等。因此，风险管理有利于创业企业的持续经营和保持有利的竞争优势。

(四)有利于企业管理的规范化

风险管理利用科学的方法管理和处置风险，有利于企业减少、消除生产风险、经营风险、决策失误风险等，这对企业科学决策、正常生产具有重大意义。在创业风险管理的过程中会形成规范的管理职能和管理制度，使企业的管理走向规范化，并且管理的规范化也可以避免许多风险。

二、创业企业风险管理的过程

企业的风险管理是由风险识别、风险评估、风险处理、风险监控与风险报告五个环节组成的一个动态管理过程，如图11-1所示。

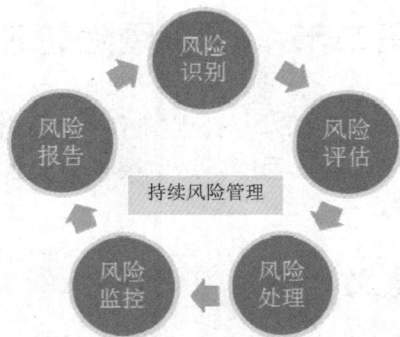

图 11-1　风险管理的流程

(一)风险识别

风险识别是风险管理的首要环节，是指在风险事故发生之前，创业人员在收集资料和调查研究之后，运用各种方法对尚未发生的潜在风险及客观存在的各种风险进行系统归类和全面识别。风险识别是风险管理的基础，其任务就是查明不确定性因素和风险的来源、风险之间的关系及风险的后果，确定哪些因素可能带来机会，哪些因素对创业构成威胁，

为风险管理做好准备。

风险识别的主要内容是：识别引起风险的主要因素、识别风险性质、识别风险概率、识别风险后果。风险概率是指某一风险发生的可能性。风险后果是指某一风险事件的发生对项目目标产生的影响。

风险识别的方法有很多，常见的方法有以下几种。

1. 环境分析法

环境分析法是通过分析企业内外部环境，明确机会和威胁，结合企业的优势和劣势，找出这些环境可能引发的风险和损失。环境分析法重点分析环境的不确定性及其变动趋势给企业经营带来的风险，还要分析环境中的变动因素及其相互作用对企业的经营效果带来的影响。

具体的分析方法主要有头脑风暴法、德尔菲法、SWOT 分析法等。

(1) 头脑风暴法于 1938 年首次提出，是在主持人的组织下，与会人员之间相互启迪思想，激发思路的有效分析方法。与会人员可以毫无顾忌地发表自己的观点，开拓性地估计风险发生的可能性。头脑风暴法有低成本、高效率的优点，并且可以获取广泛的信息。

(2) 德尔菲法出现于 1946 年，广泛用于各种领域的预测。德尔菲法本质是一种反馈匿名函询法，即利用函询形式的集体匿名思想交流过程。其大致流程是：在对所要预测的风险问题征得专家的意见之后，进行整理、归纳、统计；再匿名反馈给各专家，再次征求意见；再集中，再反馈，直至得到一致的意见。德尔菲法具有简便易行、有一定科学性和实用性的优点。

(3) SWOT 分析法是通过分析企业的优势、劣势与环境的机会、威胁，从而预测企业将要面临风险的方法。其中，S(Strengths，优势)，W(Weaknesses，劣势)，O(Opportunities，机会)，T(Threats，威胁)。能够给企业带来风险的主要是环境的威胁与企业的劣势，通过优势与劣势、机会与威胁的对比，一般可以预测企业将要面临的市场风险。

2. 财务状况分析法

财务状况分析法是指根据企业或其他单位的资产负债表、利润表等财务状况表，对企业的固定资产和流动资产的分布进行风险分析，以便从财务的角度发现企业所面临的潜在风险和财务损失的一种分析风险的方法。

3. 流程图法

流程图法是指将企业经营全过程按其内在的逻辑关系制成流程图，针对流程中的关键环节和薄弱环节进行调查和分析，找出风险存在的原因，从中发现潜在的风险威胁，分析风险发生后可造成的损失和对项目全过程造成的影响有多大的一种分析风险的方法。

4. 保险调查法

采用保险调查法进行风险识别可以利用以下两种形式。

(1) 保险险种一览表：企业可以根据保险公司或者专门保险刊物的保险险种一览表，选择适合企业需要的险种。这种方法仅仅对可保风险进行识别，对不可保风险则无能为力。

(2) 企业委托保险公司或者保险咨询服务机构，对企业潜在损失和由于风险事件的出现可能造成的消极影响、赔偿责任进行调查分析，提出预防风险损失出现的措施，并向企业建议可自保的项目和应向保险公司投保的项目。

(二)风险评估

风险评估是在风险识别的基础上，对可能发生的某类风险的预计、度量和估计后果等。

1. 定性风险评估

定性风险评估方法主要有历史资料法、理论概论分布法和主观概率法。

(1) 历史资料法是指在项目情况基本相同的条件下，通过观察各个潜在的风险在长时期内已经发生的次数，估计每一可能事件的概率。

(2) 理论概论分布法是指项目的管理者在没有足够的历史资料确定项目风险事件的概率时，根据理论上的某些概论分布来补充或修正，建立项目风险的概率分布图。常用的风险概率分布是正态分布。

(3) 主观概率法是指管理者根据自己的经验，对项目活动及其有关风险事件的了解估计、测度项目风险事件发生的概率或概率分布，这样得到的项目风险概率被称为主观概率。

2. 定量风险评估

定量风险评估是量化分析每一风险对项目目标造成的影响，主要方法有盈亏平衡分析、敏感性分析、决策树分析等，详细内容可以参阅有关风险计量方面的资料。

(三)风险处理

风险处理是指通过不同的方法和措施，使风险带来的损失最小，常用的方法如下。

1. 回避风险

回避风险是对所有可能发生的风险尽可能地规避，直接消除风险损失。它包括先期回避与中途放弃两种方式。先期回避是最完全彻底的回避。例如，一家化工企业计划在某小镇的郊区进行新产品试验，但这一计划可能导致该镇居民财产的巨大损失，因此企业必须购买保险以预防这种可能性。但是企业联系后发现，只有少数保险公司愿意承担，而且保费大大高于公司愿意支付的数额，结果该公司决定取消这项试验计划，回避了赔偿财产损失的风险。中途放弃的情况也存在。例如，一家制药企业从试验报告中得知其所生产的某种药品有新发现的严重毒副作用，于是立即停止生产该药品。

回避风险具有简单、易行、全面、彻底的优点，能将风险的概率保持为零，从而保证项目的安全运行。回避风险通常用于风险损失程度大、发生频率高的风险。

2. 转移风险

转移风险是指企业为避免承担风险损失，有意识地将损失或与损失有关的财务后果转嫁给另外的单位或个人去承担。转移风险有非保险转移和保险转移两种形式。保险转移是指向保险公司交纳保险费用，同时将风险转移给保险公司。非保险转移是指将风险转移给专门机构或部门，如将特定业务交给专业人员与专业公司去完成；在对外投资时，采用联

营投资方式，将投资风险部分转移给参与投资的其他企业。

3. 损失控制

损失控制是指企业通过一定的措施将风险造成的损失降低到最低程度，防止风险扩大。损失控制包括事前的损失预防与事后的损失减少两个方面的工作。损失预防是指针对具体原因，确实找出事物背后的危险因素，采取相应预防措施。如洪水发生前，筑堤坝措施。损失减少是在风险发生后，试图通过一系列措施降低损失的严重程度。如被淹过的物资仓库，可能某些物品经干燥处理后仍可投入使用；被冰霜损毁的农田，经过补种仍有可能获得收成。

4. 自留风险

自留风险是指企业自己承担风险，以其内部的资源来弥补损失。该方法主要应用于风险发生的概率低和风险损失程度小的风险的处理。

(四)风险监控

风险的监督与控制是一个重要的管理过程，主要通过跟踪已识别的风险、监视残余风险和识别新的风险，保证项目计划的执行，并评估这些计划对降低风险的有效性。

(五)风险报告

创业企业需要向相关利益方报告企业风险管理的情况，一方面用于确定风险管理是否达到了控制目标，另一方面也为企业发展的新阶段重新识别风险与管理风险做好准备。

三、创业企业风险的防范

创业企业所面临的风险既有共性，也有独特性。不同类型的企业要根据企业所在行业、项目自身特点等要素，着重关注相关风险的防范。

创业风险防范

(一)技术风险的防范

1. 转移风险

创业公司向保险公司投保，缴纳一定的保险金，若新产品、新技术开发失败，则在责任范围由保险公司负责赔偿。

产学研合作是降低企业技术创新风险的有效实现形式，是回避、转移等风险防范手段的综合。企业寻求与其他企业、科研院所的技术创新合作，可以克服自身资金、技术的限制，分享合作主体间的资源，使创新项目的成功率大大提高。

如果是因为自身条件无法使技术成功地转化为新产品，那么创业企业可以通过技术转让、技术交易等方式，向其他主体转让风险。比如，新产品在生产阶段失败时，就可以将技术卖给有能力生产该产品的企业。

2. 风险分散

创业企业通过多元化经营，使风险在不同的经营活动中分散化。创业企业同时开发多

个项目可以实现风险分散，因为即使其中一个项目失败了，仍有其他项目来保证投资回报。

对于一些风险较大的项目，不仅要进行事前研究、事中研究，对各阶段都要进行评价，即由一次性评估转变为多阶段的评估，由一次性决策转变为多阶段决策。对于中小型企业来说，在技术创新过程中更应该及时地对技术创新风险进行阶段评估，对那些技术或市场无法实现或效果不大的创新项目要果断地放弃，否则风险将进一步扩大。

3. 实行产权保护

创业企业应该懂得对自主知识产权进行保护，包括著作权、专利权、商标权等。

(二)市场风险的防范

1. 坚持以市场为导向的经营理念

创业企业应当以市场为导向，确立以销定产、以产定购的生产经营运行体系。创业企业不一定要拥有最好的产品和最先进的技术，但是是必须要提供满足市场需求的产品，才能顺利地实现经营收入，保证企业正常运营。

2. 建立市场监测及策略调整机制

创业企业要定期重复进行市场分析，保持对关键市场信号的敏感度。创业企业需要针对产品生命周期的不同阶段可能引发的风险，制定不同的对策。例如，投入期，应考虑产品能否被消费者接受，如何降低流通费用、促销费用，降损增利提高销售额；成长期，重点研究竞争对手的状况，如何扩大销售深度与广度；成熟期，在行业竞争激烈的形势下，对产品进行差异化改进，扩大流通渠道；衰退期，正确认识产品老化程度，一方面维持集中收益战略，确保生产率，另一方面加速产品更新换代，以同类或异类新产品取代老产品，使老产品退出市场。

3. 组建优秀的营销队伍

吸纳、任用既掌握营销能力又掌握技术知识的营销人才，建设坚强有力的营销队伍，是防范市场风险的有效手段。

(三)管理风险的防范

通过提高管理者的素质，改变管理和决策方式可以有效地应对创业企业的管理风险。

1. 建设合理的组织架构

组织架构设计中最根本的问题是决策权限的分配。首先，实现民主决策和集权管理的统一，合理分配企业的执行权，明确"谁听谁的"和"什么事情谁说了算"，并用书面的正式文件规定下来。其次，明确每一位核心成员的职责，对保障管理畅通是非常关键的，否则创业者之间的兄弟意气会让管理陷入混乱。再次，避免社会关系对工作关系的干扰。创业期的企业员工间多半是亲属关系、学缘关系、地缘关系等，相互间有着千丝万缕的社会关联，这些关系在一定程度上影响了企业的正常工作关系，使得规范的制度体系缺乏必要的实施环境。

2. 加强管理团队沟通，实现科学决策

创业期企业规模较小，许多问题都可以直截了当地进行沟通。团队应遵循开诚布公、实事求是的行为风格，将事情摆到桌面上来讲，不要打肚皮官司。公司的管理团队要定期交换意见，讨论诸如产品开发、竞争对手、内部效率、财务状况等与公司经营策略相关的问题。

决策过程应充分考虑影响决策的各种因素，尽量采用定量的方法并运用科学的决策模型进行决策。对各种可行性方案认真分析评价，从中选择最优方案。

3. 制定并遵守既定的管理制度

强调人人都必须遵守，不能有特权，也不能朝令夕改。当公司发展到一定程度并初具实力时，就要意识到自身能力上的缺陷，尽可能聘请职业经理人共图大业。

4. 健全人力资源管理制度

为了避免掌握企业核心技术、商业秘密的人员及生产经营方面的骨干流失，企业应重视人力资源开发，建立健全合理的人力资源管理制度，用多种方式激励高级人才在创业企业中承担创造性工作。同时，创业管理层应该常常与员工进行有效的沟通交流，关心员工，增强他们对企业的归属感。

(四)财务风险的防范

1. 择优投资项目

企业要将有限的资金用在高效的产品上，因此选择投资项目是关键。项目的好坏，基本上决定了创业活动能否获得成功。为防范财务风险，企业决策过程要充分考虑影响因素，尽量采用定量计算、科学的决策模型来综合评价项目的投资回收期、投资收益率、净现值、内部收益率等指标，选择最佳投资方案，放弃盈利状况不好的产品或服务。

2. 优化资金配置

在筹资过程中，企业应该根据生产经营情况合理地预测资金需求量，然后通过对资金成本的计算分析及各种筹资方式的风险分析，选择正确的筹资方式，确定合理的资金结构，并在此基础上作出正确的筹资决策。创业企业在保证资金需要的前提下，适当地降低负债资金占全部资金的比例，以达到降低债务风险的目的。

企业还应当加强自筹资金的能力，以进一步优化资金配置，具体包括：加大营销力度，提高销售额；缩短产品销售期，加快周转，减少存货；增强成本意识，节约开支；出售闲置资产；改购置设备为租赁设备，如果企业有闲置设置，也可以想办法出租；吸引新股东，出让企业部分股权。

3. 建立科学的财务预测机制

创业企业通过财务预测能够预先知道自己的财务需求，提前安排融资计划，估计可能筹措的资金，进而就可能了解筹资满足投资的程度，再据以安排企业生产经营和投资，从而使投资和筹资相关联，避免因两者脱节而造成现金周转困难。

(五)合同风险的防范

1. 严格审查合同主体的资格

合同主体的资格审查,首先要看对方有没有签订合同的资格或者能力。当签约对方为自然人时,要看其是否具有完全的民事行为能力,否则与之签订的合同将会面临效力待定或无效的风险。当签约对方为企业时,考察对方企业的资格能力可以从以下三个方面着手。

(1) 营业执照。对方营业执照是否通过了最近一年的年检,合同约定的义务是否在对方的经营范围之内,合同金额是否超出了注册资本的范围。

(2) 资质证书。对方是否按我国法律要求取得特定行业的从业资格。

(3) 授权委托书。如果签约单位是作为合同主体签订合同,则签约单位是否取得合同主体提供的委托手续。

合同主体的资格审查,还要看对方有没有履行合同的资信。通过政府管理部门、金融机构、媒体报道、企业现场调查、委托专业调查机构等途径事前调查合同主体的商业信誉和履约能力。对于清偿能力差和信用差的合同主体,要拒绝签订买卖合同,避免不必要的纠纷。

2. 精心准备合同条款

合同条款是合同主体履行合同的依据,为了避免因合同不完备或存在歧义而引起合同纠纷,应当精心准备和反复推敲合同条款。除了法律规定的强制条款以外,合同条款还要尽可能明确、具体,对合同的变更、转让、解除、附件等也应详细说明。

(六)汇率风险的防范

企业避免国际经济活动中的外汇风险,是一个很重要的问题。企业要从自己的经营战略出发,通过预测汇率,选择最恰当的保值措施,来获取经营利润。

1. 采用货币保值措施

货币保值措施是指买卖双方在交易谈判时,经协商,在交易合同中订立适当的保值条款,以应对汇率变化的风险。常用的货币保值措施有硬货币保值条款和一揽子货币保值条款。

1) 硬货币保值条款

硬货币保值条款是指在交易合同中说明以硬货币计价,以软货币支付并载明两种货币当时的汇率。在合同执行过程中,如果支付货币汇率下浮,则合同金额要等比例地进行调整,按照支付时的汇率计算,使实收的计价货币价值与签订交易合同时相同。

硬货币与软货币

硬货币是指货币汇率比较稳定,并且有上浮趋势的货币。全球范围内被广泛接受的货币,通常是指经济发达国家的货币,如美元、英镑。在国际贸易中,以硬货币结算一般有利于出口商。

软货币是指汇率不稳定,且有下浮趋势的货币,如印度卢比、越南盾。在国际贸易中,以软货币结算一般有利于进口商。

2) 一揽子货币保值条款

一揽子货币保值条款是指交易双方在合同中明确支付货币与一揽子货币中各种货币的汇率，并规定汇率变化的调整幅度，如到期支付时汇率变动超过规定的幅度，则根据当时汇率变动的情况和每种货币的权数，对合同金额作相应的调整，以达到保值的目的。

2. 选择有利的计价货币

企业在交易过程中，选择合适的计价货币，也是防范外汇风险的重要方法。尽量选择可自由兑换的货币，便于企业根据汇率变化趋势随时在外汇市场上兑换交易，转移货币的汇率风险。另外，如果是进口方，付汇尽量选择软货币；如果是出口方，收汇尽量选择硬货币。因为软货币贬值的可能性大，如果贬值则进口方就可以少付货款；硬货币升值的可能性大，如果升值出口方可以多获得收益。

3. 利用衍生金融工具进行保值

1) 远期外汇交易

远期外汇交易就是进出口企业用外币计价结算、签订合同后，在远期外汇市场上进行相反的操作，以减少损失。远期外汇交易是指外汇买卖双方事先签订远期合约达成交易，规定外汇买卖的数量、期限和汇率等，到约定日期才按合约规定的汇率进行交割。例如，我方企业签订以美元为计价货币的进口合同时，为了防止到期美元汇率上升而造成的汇兑损失，可在签订买卖合同后，立即在银行买进同期、等额的美元外汇，这样就可以达到保值、防范风险的目的。

2) 外汇期权

外汇期权是指以某种外币作为标的物的期权交易形式。期权买方在向期权卖方支付相应期权费后获得一项权利，即期权买方有权在约定的到期日按照双方事先约定的汇率和金额同期权卖方买卖约定的货币，同时期权买方也有权不执行上述买卖合约。例如，我方企业签订以美元为计价货币的进口合同时，为了防止到期美元汇率上升而造成的汇兑损失，可在签订买卖合同后，立即买进同期、等额的美元外汇期权交易。若到期时美元升值则执行期权交易，规避美元升值的风险；若美元贬值则不执行期权交易，可以获得美元贬值的收益。外汇期权交易不仅可以规避汇率变动带来的损失，而且不影响因汇率变动而获得的收益，且期权费较少。

四、大学生创业的风险管理

大学生创业
风险管理

(一)项目选择风险

大学生创业集中在高科技领域与智力服务领域，比如，软件开发、网络服务、家教中介、设计工作室等，此外，快餐零售等连锁加盟店也是大学生青睐的创业项目。

大学生创业者在创业初期一定要做好市场调研，在充分了解市场的基础上创业。如果缺乏前期市场调研和论证，只凭兴趣和想象来决定投资方向，甚至仅凭一时心血来潮作出决定，那么一定会碰得头破血流。

一般来说，大学生创业者资金实力较弱，选择启动资金不多、人手配备要求不高的项目，从小本经营做起比较适宜。

(二)资金风险

资金风险在创业初期会一直伴随着创业者。是否有足够的创业资金是创业者遇到的第一个问题。企业创办起来后，还会面临是否有足够的资金支持企业日常运作的问题。创业企业如果连续几个月入不敷出或者因为其他原因导致企业现金流中断，都会给企业带来极大的威胁。相当多的企业在创业初期因资金紧缺而严重影响业务的拓展，甚至因错失商机而不得不关门大吉。

如果没有广阔的融资渠道，创业计划只能是一纸空谈。除了银行贷款、自筹资金、民间借贷等传统方式外，还可以充分利用风险投资、创业基金等融资渠道。风险投资基金是一种向创业企业提供股权资本的投资行为，其基本特征是投资周期长，一般为一年，除资金投入之外，投资者还向投资对象提供企业管理等方面的咨询和帮助。创业企业如果能多方面吸收风险投资基金的投资，那么会大大改善企业的资本结构，充足企业的资本金额，降低企业的财务风险。

创业企业还应当建立健全财务预算和财务控制机制，对企业的重大筹资、投资、分配等财务活动实施规范管理，加强财务风险控制。为了保持资产流动性，企业要加速存货周转、缩短应收账款周转期，降低整体资产中固定资产的比重，从而降低产品中固定成本的比重，实现经营风险和财务风险的降低与防范。

(三)社会资源贫乏

企业创建、市场开拓、产品推介等工作都需要调动社会资源，大学生在这方面会感到非常吃力。平时应多参加各种社会实践活动，扩大自己人际交往的范围。创业前，可以先到相关行业工作一段时间，通过这个平台，为后期的创业积累人脉。对于新创办的科技型中小企业而言，企业孵化器(也称高新技术创业服务中心)是一种很好的选择。孵化器能提供场地、共享设施、培训和咨询、融资和市场推广等方面的支持，有助于提高企业的成活率与成功率。

(四)管理风险

很多大学生创业者眼高手低，当创业计划转变为实际操作时，才发现自己根本不具备解决问题的能力。创业失败者基本上都是管理方面出了问题，其中包括决策随意、理念不清、患得患失、用人不当、急功近利、盲目跟风、意志薄弱等，特别是大学生创业者，普遍存在知识单一、经验不足、资金实力和心理素质明显不足等问题，更会增加管理上的风险。

大学生创业前应当去企业实习，积累相关的管理和营销经验；创业过程应积极参加创业培训，积累创业知识，接受专业指导，也可以考虑聘用职业经理人负责企业的日常运作，提高创业成功率。

(五)竞争风险

创业者必须面对行业的激烈竞争，有些创业企业甚至在创业初期就受到同行的强烈排挤。一些大企业为了吞并或挤垮小企业，往往会采用低价促销的手段。对大企业来说，由

于本身实力雄厚，短期内实施低价促销不会对它造成致命的伤害。而对初创企业则可能意味着创业初期的现金流危机，意味着彻底毁灭的危险。因此，创业企业来说，要时刻准备应对来自同行的残酷竞争。

核心竞争力是企业竞争的制胜法宝。依赖别人的产品或市场打天下的企业是永远不会成长为优秀企业的。创业初期的企业核心竞争力可能不是最重要的问题，但要谋求长远的发展，核心竞争力就是最不可忽视的问题。没有核心竞争力的企业终究会被淘汰出局。

(六)人力资源风险

创业企业在诞生或成长过程中最主要的力量都来源于创业团队，一个优秀的创业团队能使创业企业迅速地发展起来。团队的力量越大，产生的风险也就越大。一旦当创业团队的核心成员在某些问题上产生分歧不能达到一致时，极有可能会对企业造成强烈的冲击。特别是与股权、利益相关联时，很多初创时的伙伴会闹得不欢而散。因此，在组建创业团队时，要弄清楚合作的真正动机。挑选合作伙伴时，德是关键，其次才是才。对于合作中可能遇到的问题，如资金、分配、分红等，需要事先拟出彼此都能接受的"君子协议"，并按协议执行。此外，创业者还应当保持良好心态，将创业过程看作人生的磨炼，就算失败，大不了从头再来。

企业的关键员工拥有专门技术并掌握核心业务，对企业的经营与发展有着深远影响。他们一般占据企业总人数的 20%~30%，集中了企业 80%~90% 的技术和管理，创造了企业 80% 以上的财富和利润，是企业的骨干。对依靠技术或专利创业的企业而言，拥有或掌握企业关键技术的业务骨干流失会使企业有形资产和无形资产都遭受损失，削弱企业的核心竞争力。此外，企业需要追加招聘和培训成本，将影响企业的正常运转与持续发展。因此防止业务骨干流失是创业者应当时刻注意的问题。创业者可以定时或不定时地与员工沟通，了解员工待遇、工作成就感、自我发展、人际关系、公平感、地位、对企业战略的认同感等问题；提供培训等人力资源开发手段，激励高素质的关键员工；与关键员工签订"竞业禁止"协定，要求员工在离职后一段时间内不得从事与本企业有竞争关系的工作，并要为企业保守商业、技术机密。

第十二章 企业的扩张与退出

　　企业的发展从创立到成长、成熟再到衰退，这个过程遵循着一定的市场规律，类似于人的生老病死，无可回避。区别只在于不同企业发展各阶段的时间长短可能不同，有的企业成长、成熟期可以很长，衰退期也非常缓慢，但有的企业从创立到衰退直至退出市场，经历的时间却很短。这就要求有志于创办企业的创业者们深度了解企业扩张与退出的规律，捕捉企业壮大与长寿的秘诀，避免让企业陷入"短命"的歧途。

【案例导入】

诺基亚的扩张与收缩

　　1865 年，一个叫弗莱德里克·艾德斯坦(Fredich Idestam)的工程师在芬兰北部的一条河边建立了一家木浆工厂。随着工业化浪潮在欧洲兴起，纸板的消售量迅速增加，木浆工厂不久便一炮打响，并在工厂的周围形成了一个社区。几年后又增加了橡胶加工厂，产品除了皮靴、套靴和轮胎外，还开发了工业用橡胶制品、雨衣、地毯、球类及橡胶玩具等。1871 年，艾德斯坦在他的朋友利奥·米其林(Leo Mechelin)的帮助下，将两家工厂合并为一家工厂，并且将其转变为一家股份有限公司，艾德斯坦成为诺基亚的首任管理者。该公司此后一直保留"诺基亚"这一名称。1902 年，米其林说服艾德斯坦，在诺基亚增加了一个电缆部门。1960 年，诺基亚在电缆厂设立电子部，当时已在研究无线电传输问题，从而奠定了诺基亚电信的基础。1967 年，当包括造纸、化工、橡胶等几个领域的诺基亚集团成立时，电子部已经发展成为雇佣 460 人，所创净销售额占整个集团净销售额 3%的大部门。诺基亚的 Logo 如图 12-1 所示。

图 12-1　诺基亚的 Logo

　　在 20 世纪八九十年代，诺基亚成为全球数字通信技术的先驱，明确制定了将发展成为一个富有活力的电信公司的战略。在以电信为重点的同时，诺基亚的业务范围随着电信部门的迅速发展而急剧扩大。由于诺基亚公司注重手机的性能和外观设计，因此不但要功能完善，还必须符合用户个人特点，诺基亚品牌手机很快便成了实惠、简便、时髦的象征。 1990 年的诺基亚，因产业领域过宽而濒于破产。后来诺基亚决定只保留手机业务，将其他产业全部舍弃(包括卖掉一个年利润 800 万美元的制药厂)，5 年后它便东山再起了。从 1996 年开始，诺基亚就占据了全球手机市场最多的份额，这一站就是 15 年。

到 2005 年年底，公司在全球 8 个国家拥有 14 家工厂，并在 11 个国家设立了研发中心，雇员人数约 58 800 人。作为一家公众持股的公司，诺基亚分别在芬兰的赫尔辛基、瑞典的斯德哥尔摩、法国的巴黎、德国的法兰克福及美国的纽约挂牌上市，成为全球最大的手机生产商，控制了全球 40% 的市场，其发展也抵达了巅峰。2007 年，诺基亚公司实现净销售额约 761 亿美元，利润达 106 亿美元。

但是，随着互联网和人机交互等技术对手机的渗透并快速发展，手机智能化以迅雷不及掩耳之势改变着人们的需求，在智能手机迅速崛起的大势下，诺基亚手机产生了诸多市场不适症，节节退守，从高峰不断滑落，并最终于 2013 年，以 54 亿欧元的价格把境况不佳的手机部门出售给了微软。但诺基亚转身就花 166 亿美元收购了阿尔卡特朗讯，由此诺基亚的通信业务全球市场份额从 8% 跃至 30%，成为世界第三大电信设备制造商。

如今诺基亚由两个主要部门构成，一是诺基亚网络(Nokia Network)，主要从事 5G 网络研发项目，并以此成为全球唯一一家包含 5G 全元素——无线电、核心网、自动化等产品组合的电信设备商。2024 年 2 月，诺基亚宣布与 NVIDIA 合作，旨在利用 NVIDIA 提供支持的 Cloud RAN 和 AI 技术彻底改变移动网络的未来，进一步增强了诺基亚的 anyRAN 解决方案。二是诺基亚科技(Nokia Technologies)，售价数十万元的 VR 拍摄设备 OZO 正是由这个部门开发。诺基亚计划将增加对研发能力和未来产业的投资，包括 6G、云和数字基础设施等领域。另外，诺基亚拥有众多专利，凭借专利授权和起诉专利侵权每年都能给诺基亚带来巨额收入。2017 年，卖掉手机业务的诺基亚重回世界 500 强，2023 年世界 500 强中诺基亚排名第 488 位。

第一节　企业生命周期

企业生命周期

一、企业生命周期理论

美国管理学家伊查克·爱迪思 Ichak Adizes 是企业生命周期理论的创立者，他认为企业生命周期是企业发展与成长的动态轨迹，包括创立、成长、成熟、衰退等阶段(见图 12-2)。企业生命周期理论的研究目的就在于试图为处于不同生命周期阶段的企业找到能够与其特点相适应，并能不断促使其发展延续的特定组织结构形式，使企业可以从内部管理方面找到一个相对较优的模式来保持企业的发展能力，在每个生命周期阶段充分发挥其特色优势，进而延长企业的生命周期，帮助企业实现自身的可持续发展。

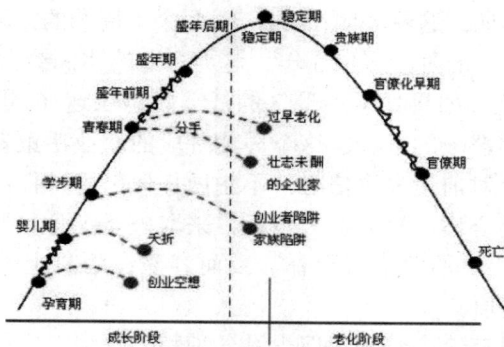

图 12-2　伊查克·爱迪思对企业生命周期的阶段划分图

企业生命周期理论是周期循环理论的产物，是发展的必然趋势，只有把握好周期循环的规律，因时而变，才能够让企业走得更远。

二、企业生命周期的特性

企业生命周期变化规律是以 12 年为周期的长程循环。它由四个不同阶段的小周期组成，每个小周期为 3 年。如果再往下分，一年 12 个月又可分为 4 个微周期，每个微周期为 3 个月。该规律的行业特征不太明显，适用于各种行业。由于不同的企业存在着不同的生命周期，不同的生命周期双体现不同的变化特征，因此尽管它们有共同的规律，但在 4 个不同周期阶段的变化各异，各自的发展轨迹也不同。事实上，也不是每个公司都会经历这种固定的周期，经过决策者实施有力的调整，企业也可以避免陷入这种周期怪圈。我们可以将这些不同的变化特征归纳为以下三种。

(一)普通型

普通型变化的周期运行顺序：上升期(3 年)→高峰期(3 年)→平稳期(3 年)→ 低潮期(3 年)。普通型变化最常见，60%左右的企业属于这种变化。它的 4 个小周期的运行相对比较稳定，没有大起大落。属于普通型变化的企业，即使经营业绩平平，但只要在低潮期不出现大的投资失误，一般都能比较顺利地通过 4 个小周期的循环。

(二)起落型

起落型变化的周期运行顺序：上升期(3 年)→ 高峰期(3 年)→低潮期(3 年)→平稳期(3 年)。起落型变化比较复杂，不易掌握，属于盛极而衰，大起大落之类型。这类变化企业的比例约占 20%。它的运行轨迹在周期转换过程中突发剧变，直接从高峰落入低谷。处于这个周期上升和高峰阶段的企业，经营者一般会被眼前的现象所迷惑，错误地估计形势，拼命扩大投资规律，准备大干一场，殊不知这种投资决策的失误，结果导致前功尽弃，甚至全军覆没。

(三)晦暗型

晦暗型变化的周期运行顺序：下落期(3 年)→低潮期(3 年)→高峰期(3 年)→平稳期(3 年)。名曰晦暗，隐含韬晦之意。这类变化的企业与上述两类变化相比，运转周期中减少一个上升期，多出一个下落期。这就表明在 12 年 4 个小周期的循环中，这类企业可供发展的机会少了 3 年，而不景气的阶段多出 3 年。这类企业的比例约占 20%。

一个正常运作的企业，如果处于不景气的低迷状态长达 6 年之久，不光员工士气低落，企业决策者也将面临严峻的考验。这个周期阶段的企业决策者，容易产生以下两种心态：一是彻底悲观失望，对前途失去信心，不想做任何努力，任由企业自生自灭；另一种则是出于孤注一掷的赌徒心理，拼命扩大投资，采取破釜沉舟、背水一战的方式来挽救败局。这种急功近利的做法，不但于事无补，反而容易在陷阱中越陷越深。所以在这个阶段，以上两种策略都不足取。

晦暗型变化的企业虽有诸多弊端，但也具备独特的优势，它在经历下落期和低潮期两个小周期阶段的低位循环后，运行轨迹突发剧变，直接从低谷冲上高峰。鉴于这个变化特

点，企业决策者要权衡利弊，扬长避短，充分利用这一优势，把不利因素转化为有利因素。"塞翁失马，焉知祸福"，企业处于低潮期，固然不利，但从另一个角度分析，这段时间也给企业提供一个休养生息、调整组合的大好机会，可以采用相应的战略调整，着眼于中长期目标的投资。

三、企业在不同生命周期的战略选择

(一)企业的三种总体战略

企业应根据所处周期的不同选择适当的战略，从而使企业的总体战略更具前瞻性、目标性和可操作性。依照企业偏离战略起点的程度，可将企业的总体战略划分为以下三种：发展型、稳定型和紧缩型。

1. 发展型战略

发展型战略又称进攻型战略，它是指使企业在战略基础水平上向更高一级的目标发展。该战略宜选择在企业生命周期变化阶段的上升期和高峰期，时间为 6 年。

2. 稳定型战略

稳定型战略又称防御型战略，它是指使企业在战略期内所期望达到的经营状况基本保持在战略起点的范围和水平。宜选择在企业生命周期变化阶段的平稳期实施该战略，时间为 3 年。

3. 紧缩型战略

紧缩型战略又称退却型战略。它是指企业从战略基础水平往后收缩和撤退，且偏离战略起点较大的战略。采取紧缩型战略宜选择在企业生命周期变化阶段的低潮期，时间为 3 年。

以上三种战略中，可以说所有的企业最不希望采取紧缩型战略，因为这与他们的愿望背道而驰。许多企业即使在时机不成熟的条件下，宁愿采用发展型战略也不愿采用紧缩型战略。其实从企业发展大局考虑，有时候战略上的退却比进攻更有成效。企业要想生存并获得发展，必须把这两种战略摆在同等重要的战略位置上。

(二)战略转折点及其作用

正常的企业生命周期曲线蕴含着从创立、成长、成熟、衰退到消亡的完整过程。但实际上很多企业在发展的过程中，由于种种原因，其生命轨迹与正常曲线分离而掉下来。比如巨人、三株、秦池等，它们是在一个战略转折点上出了问题。一个企业的走向转为下降或上升，出现较大变化的这个转折点非常重要。从生命周期曲线上可以看到这样的点非常多，特别是在两个阶段交替的时刻。每个阶段临界状态的转化叫战略转折，战略转折点也叫危机点，它同时包括危险和机会。如果能战胜这一点，突破这个极限，企业就能继续发展，否则就会走下坡路。因此，企业的战略管理，不能仅仅思考在一个平台上量的增长，必须不断构筑新的平台，不能总是留恋过去的框架，沿袭过去一套成功的过时的方法。一句话，只有生命周期阶段的突破者，才能化"蛹"为"蝶"，只有这样不断地蜕变，才能实现正增长的持续。

第二节 企业扩张

一、企业扩张的内涵

企业扩张是指企业在成长过程中规模由小到大、竞争能力由弱到强、经营管理制度和企业组织结构由低级到高级的动态发展过程。

企业扩张的
内部动因

企业扩张的
外部动因

二、企业扩张的动因

随着全球经济一体化的发展,企业扩张成为企业取得生存和发展的重要手段。企业的扩张动因在古典经济学派和新古典经济学派中被认为是分工的必然结果。亚当·斯密(Adam Smith)、查尔斯·巴比奇(Chavles Babbage)、阿尔弗雷德·马歇尔(Atfred Marshall)和阿林·杨格(Allyn Abbott Young)几位具有代表性的人物把企业的分工过程看作是企业规模经济形成的主要原因。马歇尔认为,几乎每一种横向扩张都趋向于增加大规模生产的内在经济,当市场规模扩大时,可以集中带来更多收益,所以企业规模趋向扩大。另外,由于需求产品的不一致性,使得扩大的市场规模带来专业化的深化,小企业也将在各种市场规模中生存。企业的本质决定着企业必须把扩张当成普遍追求的发展目标。新古典经济理论认为,企业扩张行为的动因就在于对规模经济的追求,其中对利润最大化的追求是企业扩张的根本原因,对规模经济的追求则是企业扩张的直接原因。企业扩张的战略目标动因是企业想要实现长期利润最大化。

(一)技术创新促进企业扩张

在企业成长及扩张的过程中,在某个行业、某种产品或多种产品的生产中会逐步形成相对稳定的技术,并确立一定的技术优势,处于相对稳定的平衡状态。生产技术、产品具有惯性,企业的扩张会出现技术瓶颈。当发生重大技术突破、技术创新后,企业扩张的技术瓶颈就会被打破,企业扩张也将随之发生。为了把新的技术创新成果转化为生产力,生产出新的产品,使企业必然要改变传统的生产方式,采用新的生产技术、新的工艺流程、新的资源配置方式,企业的生产规模也随之扩大。新的技术创新扩展了企业的生产、经营范围,使企业向多领域渗透,并会扩大企业的生产经营规模。新的技术创新及应用,必然延伸产业链与产品链,使企业扩张有了明确的方向与领域,还产生新的资源需求、新的资源配置。因此,技术创新将产生前向推动和后向需求作用,有力地推动着企业的规模扩张和行业扩张、产品扩张等。

录企业在生产经营过程中面临困难、陷入困境时,会主动寻求技术创新。主观上希望通过技术创新来帮助企业摆脱困境,客观上又导致企业规模扩张。技术创新通过改变企业的生产经营方式,拓展企业的经营领域,延伸产品链,以降低企业生产经营成本,增强企业的核心竞争力,提高经济效益。

(二)增强企业市场竞争力

现在的企业比以往任何时候都更能深刻地体会到竞争的含义,我们可以看到周围很多

大大小小企业的荣辱兴衰。如果你是小鱼，那么就会被吞掉，如果你想要做王者，那么就只能不断地扩大企业规模、市场、消费群等。企业可以选择并购比自己弱的企业，也可以选择与自身实力相当的企业进行联合，抵抗外部更强企业的竞争。如果一个行业中最早或者较早立足于市场的企业，参与市场的开发和完善，逐步扩大生产规模，无疑会比外来企业具有优势，而外来企业要想很快地打入同类产品市场，最快速的方法就是并购当地企业，利用其已经成熟的品牌、销售渠道和消费群体，推销企业，打响企业在当地的知名度。

(三)优化企业资源配置

企业在现有资源的基础上，为了推迟由于资源贬值所带来的影响，使企业保持较长时间的竞争优势，应当不断地调整资源配置，以适应外部环境。这样既可以降低企业经营风险，获取资源带来的更多价值，又可以通过将现有资源和其他资源结合，形成新的核心资源，作为企业成长和发展的源泉。并购作为一种企业战略，在资源的获取、升级和充分利用等方面，都有其独特的作用和优势。通过并购，拓展核心资源的使用范围，将现有核心资源的应用扩大到相关行业，创造性地重新配置组合现有资源，创造新的产品和服务，获取互补性资源或强化现有资源，对现有资源进行升级，从而建立新的核心资源，以便于在以后的竞争中处于领先地位，保持并扩大现有的市场份额。

(四)实现规模经济效应

规模经济是指在产出的某一范围内，平均成本随着产出的增加而递减的现象。企业规模经济是指企业自身通过横向一体化或纵向一体化所实现的规模效益。形成企业规模经济的主要原因是，企业规模的扩大可以大大增强企业的竞争能力，以及承担亏损和抗风险的能力，同时还可以大量减少采购成本和销售费用。

规模经济的大小一般也会随着产业生命周期阶段的发展而发生变化。当技术获得发展、产业渐趋成熟的时候，规模经济也常常随之增加。然而，相反的情况也会发生。同时，这些变化未必一定均匀地出现在公司的所有活动中。有时，改变规模经济并不导致公司规模的直接扩大，而很可能会激发某一产业的重新配置和促使垂直链中某一具体阶段的专业厂商的出现。技术进步的日新月异决定了规模经济概念的动态化，也意味着公司的有效规模应处于不断调整中。因此，规模经济实际上包含的是一个适度规模、有效规模，在实践中切忌将其教条化。

技术水平是决定规模经济的重要因素，制度因素同样也起着至关重要的作用。规模经济的实现受内、外部条件的共同影响。从规模经济的外部条件来看，除了一国的经济与社会发展水平和市场容量影响规模经济外，交易效率也起着决定性作用。如果在市场的制度层面，产权界定不清、信息公开程度低、法制软弱、市场封锁，而在基础设施上，运输途径狭窄、运输成本高、信息传递慢，那么市场半径必然很小、市场的规模难以扩大，分工、专业化和规模化也就失去了存在的基础。从内部条件考虑，企业的管理水平是影响规模经济实现的重要因素。规模经济要求各种要素能够在适当的时间、适当的地点，以适当的方式组合起来，而且规模越大，这种组织工作的复杂性也越高，对管理的要求也就大大提高。管理除了技术性因素以外，还包括信息不对称所导致的问题，并且很突出。所以，

规模经济还要求健全有效的企业治理结构。

(五)发挥多元化经营优势

作为企业战略扩张的一种有效途径，多元化经营扩大了企业的发展空间，使企业由之前的经营领域跨越到其他经营领域，有利于提高企业的综合竞争力，进而使企业内部资源得到充分利用。同时，多元化的经营还能有效降低企业的经营风险。企业在生产经营中会受到经济波动的影响，而不同的产品也有其各自的波动周期。在多元化经营战略下，企业涉足的经营领域很多，当某一领域的经营出现风险而造成亏损时，企业可以从其他经营领域得到补偿，这样就能使企业在风险面前具有一定的承受能力。由此看来，多元化经营战略有其自身的优势所在，企业若是拥有发展多元化经营战略的客观条件，可以选择采用多元化经营战略。多元化战略在公司战略中占有重要地位，对于发展到一定程度的企业来说，可以通过多元化战略来实现企业的扩张，扩大企业的经营规模，从而提高企业的利润。

(六)提升协同管理水平

协同作用是指两个企业兼并后，其价值得以增加，两家企业兼并所形成的新的或增强的产品或服务，将给结合后的企业带来短期或长期的收入增长。当两个企业在最优经济规模下运作时，兼并后可以受益于规模经济。从管理的角度来看，一家具有过剩管理效率的公司可以兼并另一家低管理效率的公司，将两个公司的管理成本有机地结合起来，达到管理协同，提高企业价值。两家公司的结合，可以通过生产要素互补与无形资产共享，增强企业实力。

除了上述基于企业自身生存和利润目标层面的本能动因外，中华民族伟大复兴的历史使命和时代责任也激励着广大中国企业家砥砺奋进，立志将企业做强做大，为新时代中国特色社会主义市场经济的发展成熟和社会物质技术水平的提升作出贡献。中国共产党第二十次全国代表大会报告明确提出，"完善中国特色现代企业制度，弘扬企业家精神，加快建设世界一流企业""推动国有资本和国有企业做强做优做大，提升企业核心竞争力。优化民营企业发展环境，……促进民营经济发展壮大。……支持中小微企业发展"。各类企业作为市场主体和经济细胞，无疑是社会经济发展的主要力量，是我国实现"第二个百年目标"、以中国式现代化推进中华民族伟大复兴的重要承担者。在我国新时代企业家精神的感召和引领下，各类企业的众多经营管理者要胸怀国家和社会发展大局，努力提升经营管理水平，推动企业创新发展。可以说，责任感和使命感已经成为我国广大企业高质量扩张的强大动力。

三、企业扩张的方式

企业扩张的方式按照不同的划分依据，有以下四种分类方式：根据企业在价值链中的相互关系，企业扩张的方式可分为纵向结合、横向结合和多角经营；根据扩张前后企业产权结构的变化，企业扩张方式可被分为内部成长、联盟、兼并和集团化四种；按照扩张空间的不同，企业扩张的方式就地扩张、跨区扩张和跨国扩张；根据资本运作方式的不同，企业扩张的方式可分为内部扩张和外部扩张。本章将重点讨论内音响扩张和外部扩张

(一)内部扩张

内部扩张是指企业通过内部要素的集聚来扩大规模的一种扩张方式，它是企业最普遍的一种扩张形式。至今，大多数中小企业规模的扩大，仍然依靠自身积累，通过内部组织的变化，实现企业在规模和空间上的扩张。就算是当今的一些巨型公司，虽然联合和并购等外部扩张已经方式成为其扩大生产和经营的重要方式，但是内部扩张不仅是它们现在寻求扩张的基础，而且还是它们起步时最主要的扩张途径。内部扩张方式又可以进一步分为内部积累式扩张和新建扩张。

企业扩张的
方式：内部扩张

1. 内部积累式扩张

企业的内部积累式扩张是指企业依赖自身盈利的再投入，以及在此基础上通过企业内部其他因素条件的改善，如改进管理方法、开发新产品等，而实现的企业扩张。这种扩张方式的主要特点是：企业扩张的过程表现为单个企业的独立运动，且企业扩张是在不改变企业产权结构的前提下进行的。这种扩张方式是企业与市场相互作用的结果，在外显形式上表现为企业资产总规模的扩大、销售额的增加、利润的提高、市场占有率的提高等。

企业在进行内部积累式扩张时，不引进外来资本，其资金的来源有两个方面：一是来源于企业以前年度积累的利润的再投入，二是来源于企业申请银行贷款或发行企业债券等借贷方式。

企业进行内部积累式扩张的途径主要有以下三种：①通过积极的营销方式进一步打开产品销路，从而扩大生产规模，提高利润水平；②提高管理水平和企业的生产效率，从而提高利润率；③引进人才、积极钻研，顺应市场需要，改良产品性能，从而提升市场的占有率。

2. 新建扩张

新建扩张是指企业通过新上项目、新建企业等自行投资建设来进行扩张。这种扩张方式一般所需投入比较大，时间比较长，但可以保证技术的先进性、布局的合理性、与原有部分的配套性，以及管理的协调性，也有助于解决企业冗员问题和降低人工成本。根据不同的情况，新建部分可以作为原企业内部的一个非独立的部分(如车间、分厂、分公司等)，也可以设立为一个具有法人资格的独立企业。

新建扩张的资金来源于企业内部积累和借贷，但是与内部积累式扩张相比，它所需的资金量更大。当企业的发展势头良好、产品供不应求时；或是当企业发现了新的市场机会，试图在激烈的市场竞争中另辟蹊径，成为行业的先行者时，可采用这种扩张方式。

(二)外部扩张

外部扩张是指通过吸纳企业外部的资本资源，使企业实现资本规模的超常规扩张。这种扩张方式的主要特点是：包含了企业股权结构的变动。这种企业扩张表现的不是单个企业的独立运动，也不是在企业股权结构不变的前提下的扩张，而是两个企业合并成一个新企业或者一个企业在旧的股权结构被打破而形成新的股权结构的基础上的扩张，这种企业扩张以企业股权结构的变化为基本标志。

企业扩张的
方式：外部扩张

由于外部扩张方式能够实现企业的超常规快速扩张，再加上资本和产权交易市场日渐

成熟，所以越来越多的企业青睐使用这种方式进行企业扩张。根据外部扩张中资本参与和交换程度的不同，可以将外部扩张分为以下三种方式。

1. 企业合资或联营

企业合资或联营是指两个及两个以上相同或不同所有制性质的企业法人或事业单位法人，按自愿、平等、互利的原则，共同投资组成经济组织。它可以作为合作战略的最基本手段，将企业与其他具有互补技能和资源的合作伙伴联系起来，获得共同的竞争优势和价值增长。从资本的角度来讲，企业合资和联营是相同的企业扩张行为，虽然这种扩张行为产生了新的资本运营主体，但这种扩张方式对资本的需求量相对较小，在企业外部扩张方式中属于比较温和的一种。

2. 收购资产或股份

收购资产或股份是指通过购买房地产、债权、生产线、商标等有形或无形资产，以及不以获取目标公司控制权为目的的股权收购行为。这种扩张方式的目的是业绩的大幅度提高、试探性多元化经营的开始和策略性的投资。它属于大规模的投资活动，仅靠企业内部积累的资本无法完成，往往伴随着大量的外部直接融资活动。

3. 企业并购

并购是兼并(Merger)和收购(Acquisition)的简称(M&A)。它通常是指获取目标公司全部股权使其成为全资子公司，或者取得其大部分股权而将其处于绝对控股或相对控股地位的资本重组行为。并购方将获得被并购方的产权和相应的法人财产，以及由此产生的权利和义务的转移。在企业外部扩张方式中，这种方式的资金需求量最大，所带来的各类风险问题也最多。

收购的方式有两种：①股份收购，是指一家企业通过收购另一家企业的部分股份，从而取得另一家企业控制权的行为，这种收购方式的前提是产权股份化或证券化；②资产收购，是指一家企业通过收买另一家企业的部分资产，从而取得另一家企业部分业务或某一方面业务经营权的收购行为，资产作为产权的载体是资产收购的前提。

兼并的方法有三种：①用现金或证券购买其他公司的资产；②购买其他公司的股份或股票；对其他公司股东发行新股票以换取其所持有的股权，从而取得其他公司的资产或负债。

(三)小结

内部扩张多出现在企业发展的初期。此时企业的规模不大，控制的资源比较少，还不能和行业中的龙头企业抗衡，但企业生存需要的市场空间较少，仅依靠某一细分市场就可以获得生存，企业规模的大小和扩张的速度对企业的生存竞争还没有构成威胁，企业也没有足够的实力和动机进行外部扩张。当企业通过内部扩张方式发展到一定规模时，就会引起行业中龙头企业的注意，龙头企业会利用自身规模强大的优势对竞争对手进行打击，于是，竞争策略迫使企业加快扩张速度，否则就会面临着被市场淘汰的危险。一般情况下，内部扩张会受到许多条件的制约，如市场的饱和度、产品的生命周期、企业的竞争力等，其扩张的速度较为缓慢，扩张的边界也是有限的。

相比之下，外部扩张受到的制约较少，扩张的速度较快，能在短时间内迅速扩大企业规模，增强企业控制资源的能力，其扩张的边界是无限的。因此，对于发展到一定阶段的企业来说，出于生存竞争的需要，不得不迫使企业将扩张的触角伸向外部，在进行内部扩张的同时，积极地进行外部扩张，迅速扩大企业规模，提高企业的竞争力。处于这一阶段的企业，规模相对较大，控制的资源相对较多，也有足够的实力和强烈的动机进行外部扩张。内部扩张和外部扩张相比，前者的扩张风险较小，可控性较强，扩张具有持续性的特点；后者的扩张风险较大，可控性较小，扩张具有间断性的特点。在企业进行外部扩张，获得了其他企业的控制权之后，如果能按照预期目标，合理地整合资源，优化业务流程，取得规模效应和协同效应，那么企业的发展将会在短期内提升到一个新的层次。但是，如果外部扩张失败，不仅不会给企业带来有利的影响，反而会成为企业发展的负担，使企业的盈利能力减弱，竞争能力下降，进而损耗企业价值创造的基础。

企业一般应遵循"点—线—面"的扩张思路，先做好产业链上的一点，再到整个产业链，最后延伸到其他产业，即遵循从横向并购式扩张到纵向并购式扩张，再到混合并购式扩张的路径。从对抗经营风险的角度来看，横向并购式扩抗风险能力较弱，纵向并购式扩张抗风险能力较强，混合式并购抵抗经营风险的能力最强；从扩张的广度来看，混合并购式扩张的广度最强，纵向并购式扩张的广度较强，横向并购式扩张的广度较弱；从扩张阶段的持续性来看，横向并购式扩张和纵向并购式扩张都会在垄断程度和产业集中度达到一定程度时趋于停滞，而混合并购式扩张从理论上来说，持续性是不受约束的，因为一个企业不可能控制市场上所有的企业，只要有企业存在，这一市场行为就可以不断地持续。

四、企业扩张的时机

企业要想获得真正意义上的扩张成功，需要集天时地利人和于一身。孙子兵法说："天时地利人和三者不得，虽胜有殃。"也就是说，行军打仗要考虑时令，利用优势，依靠气势并团结一致，如不能很好地达成这三项，即便打了胜仗也将存有隐患。商场如战场，企业要想获得真正意义上的扩张，在竞争中立于不败之地，就需要集天时地利人和于一身。要想发展壮大，选择时机扩张最重要。天时，是指企业对国家政策机会的把握，对经济技术环境的判断，对行业发展趋势的预测，以及对企业自身发展阶段的理解与定位等。地利，是指企业的优势、企业的核心竞争力、企业的核心能力(包括技术能力、市场营销及服务能力、管理能力)等。人和，强调的是企业的软实力，可以理解为精神气场和口碑形象，追求的是文化的影响力和感召力。

五、企业扩张的边界

企业边界是指企业以其核心能力为基础，在与市场的相互作用过程中形成的经营范围和经营规模，其决定因素是经营效率。企业的经营范围，即企业的纵向边界，确定了企业和市场的界限，决定了哪些经营活动由企业自身来完成，哪些经营活动应该通过市场手段来完成。企业的经营规模是指在经营范围确定的条件下，企业能以多大的规模进行生产经营，等同于企业的横向边界。

边界判定方法如下：①最终决定企业规模的是效率，当企业规模边界的扩张不能产生

效率时，企业应停止扩张活动；②按照企业经济学的观点，企业的本质是一个合约，目的是降低交易成本，当交易成本过大时，企业就应该停止扩张；③企业家的能力和组织形式决定了企业的内部边界，而制度环境等外部环境条件则决定了企业的外部边界。

第三节 企业退出

我们所生活的这个时代，几乎每天都会有新的企业诞生，但与此同时，几乎每天也都有企业倒闭。创业之路，九死一生，从全球来看，创业的成功率甚至要低于1%。美国波士顿公司曾经对世界500强企业做过深入研究，20世纪60年代的世界500强企业，其中近一半在40年后的500强企业名单中消失；20世纪80年代的世界500强企业，近1/3在20年后的世界500强企业名单中消失。某著名调查公司对当地高新技术开发区的5000家企业展开追踪调查，能存活3年的约为5%，存活8年的仅有不到3%。能够创业成功从初创企业发展成为大公司的都是创业浪潮的幸运儿。

一、企业退出的内涵

企业退出是指一个企业从原来的业务领域中撤退出来，即放弃生产或提供某一特定市场上的产品或服务。退出某一市场或退出某一产业领域至少包含两个要素：一个是退出的程度，即在同一时间内退出者放弃的市场份额；另一个是退出的速度，即退出一旦发生，以什么样的速度退出。企业退出的范围包括行业退出、地区退出及退出经营。

企业退出：
退出内涵

二、企业退出的方式

企业退出的方式有两种：主动退出和被动退出。主动退出为申请注销，即企业因停止经营活动、解散、经营不善被依法宣告破产等原因，向工商机关提出不再从事经营活动的书面申请，并交还营业执照及公章，属于合法主动退出。被动退出则有撤销和吊销两种形式，是工商机关对违法行为作出的一种行政处罚行为。本章只讨论企业主动退出。

三、企业退出的原因

企业不会无缘无故退出市场，企业退出要么由于各种原因导致经营困难，市场运营难以为继，要么由于企业战略调整或转向。从总体来看，导致企业退出的有外部和内部两个方面原因。

企业退出：
退出原因

(一)企业退出市场的外部原因

1. 企业因宏观调控退出

1) 高能耗高污染

高能耗高污染生产企业不仅对自然资源和生态环境破坏性很大，对生活环境破坏性也很大(见图12-3)，既不利于国民经济持续健康发展，又不利于人民生活水平的提高，它是牺牲长远利益而获取短期收益的一种短期行为，被国家列入淘汰产业范围。创业时应避开

高能耗高污染行业。

图 12-3 高污染企业导致环境恶化

2) 产能过剩

产能是现有生产能力、在建生产能力和拟建生产能力的总和，生产能力的总和大于消费能力的总和，即可称为产能过剩。或者是生产总量远超于需求总量；或者是产品不能满足消费升级的要求。行业产能过剩多数是由于该行业技术含量低，投资少，见效快，但很容易引起无序竞争。由于同行业引发恶性竞争，成本价格收益就会随之发生变化，销售价格直线下跌，企业也随之出现经营困难以至于破产。

2. 企业因政策调整退出

国家常常运用税收政策杠杆调节国民收入和财政收入。税收政策运用得好，既能满足国民经济的发展需要，也能促进企业的健康发展，所以税收政策应当既能满足国民经济持续发展的需要，又能维护国家建设(包括军事、文化等)发展的需要。由于企业税费负担过重导致微利及劳动密集型企业、传统手工业难以生存，除了各种税收政策加重了企业负担外，还有每年调整的养老保险等"五险一金"也使企业难以承受。同时，企业会遇到国家政策风险，这种政策风险是由于国家宏观政策变化而给负债企业带来损失的可能性。国家在经济不景气、通货膨胀上升时期，通常采取紧缩政策，这会使依赖负债经营的企业陷入困境。政策的变化与调整对企业经营可能会形成一定的冲击，有时候甚至会带来致命打击。

3. 市场有效需求不足

市场有效需求不足，造成企业产品滞销、生产滑坡，最后只能退出市场。市场需求不足主要存在三种情况：一是企业预判失误，以为会有很大的市场需求，而实际上市场对此产品的需求并不大；二是因为消费升级，原有的产品已经不能匹配现有的消费水平；三是因为消费能力不足导致的产品滞销。

【经典案例】

西安企业斯凯智能是一家无人机公司，其产品——Skye 无人机一度被大众看好。西安高新技术产业开发区官网曾介绍称："斯凯智能无人机区别于主流航拍设备，被认为是全球高精度跟拍无人机的 No.1。"2015 年，斯凯智能获得凯旋创投等千万级天使轮融资。2016 年 9 月 29 日，公司称："已和本轮两位投资方达成框架性的投资意向，但因市场整体环境比较冷淡，以及我司产品进展缓慢和财务资金管理不到位等因素，使现金流近段时间出现一定的问题。"10 月 25 日，斯凯智能的员工被告知："融资款项是分步骤、阶段

性地发放出来，资金到位时会将9月份薪资发放给大家。"但两个月后，公司正式宣布停止运营，理由是"由于财务困难公司不能清偿到期债务，且资产不足以清偿全部债务"。斯凯智能目前被拖欠薪资的员工达30多人，涉及金额达200多万元。公司承诺申请破产清算，但承诺至今也没有兑现。至于倒闭原因，主要还是产品积压卖不出去，欠供应链资金难以偿还，导致资金链断裂。

(二)企业退出市场的内部原因

1. 退出劣势领域

企业退出作为一种收缩战略，也是企业优化资源配置的重要手段。企业可以通过退出把竞争能力差、效益不好的产品线进行处理，或者卖出，或者整合，从而完善和调整现有的经营结构，提高资产组合质量和运用效率，集中资产专注发展核心业务和主导产业，提高核心能力。如引导案例里的诺基亚，它的发展历史上进行了几次企业退出策略，并通过这种方式使企业起死回生、发展壮大。

2. 扩张失败

企业要不要扩大生产规模，应当根据自身条件和外部环境作出正确判断，盲目听从其他人的意见或建议只会给企业带来更大的风险。

【经典案例】

完美幻境成立于2013年，是国内最早进入VR全景相机行业的企业，拥有自主研发的Eyesir系列VR相机产品。2017年，VR行业仍未能迎来爆发，完美幻境的钱却已烧光，最终宣告失败。完美幻境的资金链断裂和其盲目扩张是不无关系的。从当初6个人到巅峰时期的百人团队，从住地下室到$700m^2$的大办公室，完美幻境进行团队扩张的同时却未形成与之匹配的生产力。这其实也是很多初创团队中常见的问题，拿到融资后盲目扩张，这样的做法甚是危险。团队扩张必须建立计划，舍去不必要是关键。现金流就像身体里的血液一样，公司没有现金流无异于自断命脉。而完美幻境让正常的商业走向了恶性循环。创业公司不管是做B端还是C端，都要有现金流。即使现在不赚钱，无法覆盖所有成本，但如果需要融资，也必须给投资人展现出公司是有持续盈利能力的，并且未来是有发展前途的。可以预见的是，在VR行业未能迎来爆发的当下，还会有更多的VR企业走在倒闭的路上。

3. 资金链断裂

银行与企业的关系本应该是同舟共济、共同发展，但银行借贷如同水，既能载舟，又会覆舟：运用得好，能使企业快速发展；运用得不好，资金链一断裂，企业就会陷落泥潭不能自拔。负债经营是指企业通过银行借款、商业信用、融资租赁和发行债券等方式，取得借入资金来弥补自有资金的不足，以获取最大收益的一种经营活动方式，是企业谋求其经济获得迅速增长，在一定风险条件下采用的经营方式，但这也是一种高风险经营。作为企业，借款时一定要考虑还款风险，可少借时决不多借，可不借时尽量不借。企业负债过多，就会存在潜在危险。一方面，负债必然需要承担按期还本付息的责任。贷款越多，遇到没有取得预期经营效果或周转失灵，则本息偿还就会越困难，债务人要承担违约责任，受到加息、罚息的处罚。负债比率逐步上升，企业整体生产经营和财务状况会进一步恶化，丧失偿债能力的可能性增大，其结果不仅会导致企业资金紧张，也会影响企业的信誉，严重的还可能迫使企业破产清算。另一方面，企业向银行申请贷款，联合担保后，许多企业想借此拼一下，利用别人对它的信任，在并不具备技改或扩张的前提下盲目发展，最终因种种原因导致企业难以承担高额的贷款利息，最后无法还贷，此时，银行为了维护自身利益，会出现多家金融机构抢先封杀企业的现金流的情况，严重影响联合担保企业承担连带责任，顷刻之间还会导致多家担保企业倒闭。

4. 企业用人失误

企业少不了懂生产管理、懂市场销售和懂财务会计的人才，即使是企业老板不懂得生产经营，但只要懂得用人，那么即使企业不能快速发展，但也不会面临倒闭破产。因为企业无非就是控制原材料成本，确保产品产量与质量，根据合同要求及时发货，并让财务人员负责成本核算及催经办人及时回笼货款，使企业进入良性循环。有道是用人不疑，疑人不用。但办企业讲究的就是企业管理出效益，如果那些行为不端的人进入了企业并赋予他重点岗位，那么出事是迟早的事情。有些企业倒闭就是因为主要岗位上用人不当，损害了企业的利益，无论是采购原料还是销售产品都要从对方拿回扣，导致原材料价格比别的企业高，甚至是质次价高。或者在销售环节串通买方单位延期付款，自己从中拿回扣；在生产环节中没有抓好质量或者是产量提不上去，生产消耗比同行业企业要高。所以，要想办好企业，必须建立健全一整套用人制度。奖惩分明，对企业献计献策提出合理化建议并经采纳取得实效的要给予奖励，有重大贡献者要重奖。对于那些损害企业利益的要严肃查处，并清除出企业。要提拔那些德能勤绩显著的专业技术人员，杜绝在用人问题上出偏差，以免后患无穷。

5. 转型升级失败

所有的企业都想开发新事物、拓宽新思路，然而一旦转型不成功，就会出现危机。

【经典案例】

2017 年 3 月 3 日，在被曝出公司倒闭、已拖欠员工两个月工资后，小马过河创始人许建军发布《关于小马"破产"危机的声明》，明确了小马过河破产清算，并表示欠员工的工资会以最快的速度补发；现在已经缴费在小马过河就读的同学，课程会上完。同时，小

马过河另一创始人马骏现身公司北京总部,与员工签订欠条,并加按指印。许建军曾在声明中反思:"我所有能动用的、可以变卖的资产都在尽力挽救公司的时候悉数用尽。所以,我有错,但我无愧。我许建军,不会开公司,但我会教学,我用心教学。小马过河可以破产,可以被遗忘,可以被谩骂,但教书本身,从来没错。"小马过河成立于2007年1月,是一家主打出国留学培训服务的教育公司,曾一度做到除新东方之外,在北京从事留学考试一对一培训营收最高的机构。小马过河原是一家传统的线下企业,在做线下一对一课程培训时,用户满意度很高,实际效果保障也很好。2014年,小马过河开始全面转型做线上培训,缩减线下业务,同时在百度大量投放广告,使获客成本急剧上升。这个转型成为小马过河由盛转衰的拐点。

6. 缺乏核心竞争力

企业缺乏核心竞争力,就很难在竞争激烈的市场里生存发展。

【经典案例】

周伯通招聘始于豆瓣小组。早在2007年年底,冯涛偶然在豆瓣创建了周伯通招聘小组,两年左右的时间,组内成员发展到上万人。看到潜力的冯涛于2011年正式创业做周伯通招聘,延续最初招聘社区的路线。2014年是其发展巅峰。同年9月,周伯通招聘宣布获得网易2800万元A轮融资,与当时的拉勾网一起赚足了招聘行业的眼球。但接下来,周伯通招聘并没有像拉勾网一样高歌猛进。2015年10月的最后一天,曾有报道曝出冯涛通过"散伙饭"的形式与员工告别,导致这一状况的直接原因是资本遇冷,原本1000万元的融资计划胎死腹中,将裁员三分之二。不过,冯涛当时就否认了这一消息。但随后,网上再少见到周伯通招聘发出的声音。反观曾经的竞争对手在资本的道路上却越走越远。2016年3月,拉勾网完成2.2亿元C轮融资;2016年6月,猎聘网完成1亿美元D轮融资,估值近10亿美元;2016年9月,BOSS直聘获得2800万美元融资。

而周伯通的融资之路止于2800万元,与竞争产品相差甚远。模式缺乏核心竞争力,或许是此项目搁置的原因。

四、企业退出的策略

创新企业退出策略

(一)进入时就考虑到退出

企业在经营中对每一项投资不仅要计划其如何进入和发展,也应计划好将来如何从该领域退出。很多企业在投资时往往只考虑日后经营,却很少想过如何适时退出。美国风险投资家威廉·J.林克(William·J. Link)认为:"退出战略是一个企业在创业时需要考虑的最重要的问题之一,因为它能够让你心中清楚自己的创业有一个怎样的终点和底线。另外,它还能使你和你的团队与投资者在沟通的时候,能够清晰地解释你的目标和期望。"

(二)确定退出的业务领域和范围

实施主动退出战略的企业需要对资源进行重新配置,通过对环境、资源、核心能力及SWOT(优势、劣势、机会、威胁)分析,对业务进行重新组合。对不符合企业战略方向的业务、主业以外不具备竞争优势的业务、企业难以取得控制权的业务、夕阳产业都可以考

虑退出。某些业务即使业绩尚可，如符合上述情况，也可以考虑退出，因为此时的退出成本可能是最低的。

(三)选择好退出的时机

在衰退期选择退出战略不足为奇，而在种子期、成长期、成熟期退出与否，主要考虑市场增长潜力、市场占有份额、竞争优势和经营风险等。退出战略时机选择很关键，需要对环境、市场、技术等发展动态进行预见性的洞察。通常时机选择可分两种情况：一是在某个恰当时期及时退出，如企业新的发展战略方向已经确立，其成功运作已初见端倪；二是逐步分阶段退出，战略重点逐渐转移，逐步退出原有业务领域，直至完全退出。

(四)选择合适的退出方式

企业在选择退出时，为了尽量减少退出成本，要根据自身的情况采用合适的退出方式。兼并或出售是企业完全退出某一领域时常采取的方式，也是退出成本较低的方式，适合在成长期、成熟期的业务退出；合资、合作、租赁是一种分散风险、不完全的退出方式，是逐步退出的过渡形式。破产清算是企业整体资不抵债、经营困难时不得不采取的方式，属于被动退出，是一种最不理想的结局。

五、退出障碍

退出障碍是指企业在退出某个行业时所遇到的困难和要付出的代价。现有企业在市场前景不好、企业业绩不佳时意欲退出该产业(市场)，但由于各种因素的阻挠，资源不能顺利地转移出去。企业的退出障碍有以下几个主要因素。

(一)沉没成本

企业投资形成的固定资产由于其资产的专用性强，不容易将企业特定用途的资产转用或卖出去，当企业从该行业或产业中退出时，企业无法对这些专用性强的资产进行回收，其价值不能得到收回，这种不能收回的费用构成企业退出时的沉没成本。当沉没成本足够大时，企业一般会选择暂时留在该行业或产业之中。

(二)职工解雇成本

在很多情况下，企业退出某个产业时需要解雇工人，而解雇工人要支付违约金、解雇工资等各种费用，这些费用就是企业在退出某产业时要付出的代价，当这一代价太大时，企业也会选择不退出该产业。

(三)结合生产问题

结合生产在许多产业中都存在，它经常导致由于某种产品需求的变化而很难对另一种产品生产作出改变，特别是在退出时，虽然某种或某些产品的市场严重萎缩，但企业作为整体也难以轻易退出。

(四)政策或法规障碍

政府通过制定政策和法规来限制生产某些产品的企业从产业中退出来,特别是一些关系国家安全、人民生活的公共产品的生产企业,即使企业处于亏损状态,但由于国家法律法规的约束,也很难从该行业或该产业中退出。

六、企业破产

(一)企业破产的含义、构成要件及特点

1. 企业破产的含义

企业破产是指企业在生产经营过程中由于经营管理不善,当负债达到或超过所占有的全部资产,不能清偿到期债务,资不抵债,进行债权债务清理的状态。

2. 企业破产的构成要件及特点

企业破产的构成要件如下。

(1) 不能清偿(或支付无能):债务人丧失清偿能力;债务已到清偿期;是金钱或可以用金钱评价的债务;相当时期内持续不能偿还。

(2) 债务超过(或资不抵债):负债超过实有资产;不考虑信用、能力等可能的偿还因素;债务不论是否到期。

(3) 停止支付:是债务人依主观意志作出的外部行为,非财产客观状况,包括明示、默示等各种行为;对到期的金钱债务停止支付,并持续一定期间。

企业破产的特点如下。

(1) 必须是实际存在的事实状态。

(2) 必须是符合法律规定的事实状态。作为破产原因的法律事实,可以是单一的,也可以是复合的。

(二)破产申请的流程

1. 申请的提出

我国实行的是绝对的破产申请主义,即破产程序只能由法定破产申请权人提出申请而开始,法院不得依职权主动开始破产程序。根据《企业破产法》及《民事诉讼法》的规定,债权人和债务人均可依法提出破产申请。

2. 申请的受理

根据我国《企业破产法》《公司法》《民事诉讼法》及相关司法解释的规定,只要申请或被申请的破产企业是全民所有制企业和非全民所有制企业法人,具备了破产主体资格的,予以受理。但对于以下两种情形的全民所有制企业原则上不予受理:一是公用企业和与国计民生有重大关系的企业,政府有关部门给予资助或采取其他措施帮助清偿债务的;二是取得还债担保,并能够从破产申请之日起6个月内清偿债务的。

3. 审查破产界限

破产界限，即破产原因、破产条件，是指法院在何种情况下可宣告债务人破产的状态，也是法院判断是否宣告债务人破产的标准和理由。《企业破产法》第三条规定的破产条件是"企业因经营管理不善造成严重亏损，不能清偿到期债务"。《民事诉讼法》第十九章规定为"严重亏损，无力清偿到期债务"。有的债务人尚未达到破产界限，通过人为因素造成达到破产界限的假象，目的是破产逃债。根据《关于审理企业破产案件若干问题的规定》第三十一条的有关规定，可从以下三个方面审查是否已达到破产界限：一是不能清偿的债务必须是期限已届满，并经债权人请求清偿；二是不能清偿的债务必须是到期的全部债务而非某项债务不能清偿；三是债务人对现有的债务在客观上毫无办法，而非主观上不能。以上三个方面的审查，无论是债务人申请，还是债权人申请，均应提供相应的证据，以确认债务人是否达到破产界限，如果债务人停止支付到期债务并呈连续状态，若无相反的证据证明，则可推定为不能清偿到期债务。

4. 破产清算

企业破产清算由破产清算组执行，这个组织在我国《企业破产法》中称为清算组，《民事诉讼法》中称为清算组织。我国现行有关破产的法律规定中，不允许单个个体成为破产清算者。《企业破产法》第二十四条第二款规定："清算组成员由人民法院从企业上级主管部门、政府财政部门等有关部门和专业人员中指定。清算组可以聘任必要的工作人员。"我国《公司法》第一百八十九条规定："公司因不能清偿到期债务，被依法宣告破产的，由人民法院依照有关法律的规定，组织股东、有关机关及有关专业人员成立清算组，对公司进行破产清算。"

5. 破产财产

破产财产是指依照破产法的规定宣告破产时，为了满足所有破产债权人的共同需要而组织管理起来的破产企业的全部财产。根据《企业破产法》第二十八条的规定，破产财产由下列财产构成：宣告破产时破产企业经营管理的全部财产；破产企业在破产宣告后至破产程序终结前取得的财产；应当由破产企业行使的其他财产权利。

6. 破产清偿

根据《企业破产法》第三十七条第二款的规定，破产财产优先拨付破产费用后，按照下列顺序清偿：破产企业所欠职工工资和劳动保险费用(目前还包括法律、法规规定应付职工的其他费用)；破产企业所欠的税款；破产债权。破产财产不足以清偿同一顺序的清偿要求的，按照比例分配。只有清偿完第一顺序后，才能清偿第二顺序，依次类推。

参 考 文 献

[1] 柏豪. 社会生态系统视域下的中国创业教育发展新思路[J]. 山东社会科学，2017(11)：85-89.

[2] 蔡莉，彭秀青，Satish Nambisan，等. 创业生态系统研究回顾与展望[J]. 吉林大学社会科学学报，2016(1)：5-17.

[3] 陈诗慧，张连绪. 大学生创新创业教育的国际模式、经验及借鉴：基于美国、德国、日本等三国的比较[J]. 继续教育研究，2018(01)：115-120.

[4] 孟祥霞，黄文军. 美国创业教育发展及其对我国创业教育的启示[J]. 中国高教研究，2012(10)：62-65.

[5] 王敬华，赵清华. 德国政府促进创新创业的主要政策和举措[J]. 全球科技经济瞭望，2016，31(07)：15-21.

[6] 顾建国. 大学生创业机制建构：高校与政府的作用[J]. 扬州大学学报(高教研究版)，2008(3).

[7] 郝杰，吴爱华，侯永峰. 美国创新创业教育体系的建设与启示[J]. 高等工程教育研究，2016(02)：7-12.

[8] 梅伟惠，陈悦. 美国高校创业教育新纪元："创业美国计划"的出台、实施与特点[J]. 高等工程教育研究，2015(04)：82-87.

[9] 王俊. 国内外高校创新创业教育的比较与借鉴[J]. 创新与创业教育，2016(4)：99-103.

[10] 姚民义，付中承. 创业教育机制启动：德国"生存"项目的经验与启示[J]. 中国成人教育，2016(21)：110-113.

[11] 张明妍. 德国创新创业现状及其生态体系构建对我国的启示[J]. 科技与经济，2017，30(03)：26-29.

[12] 邱灵，韩祺. 创新创业形式与走势[N]. 经济日报，2018.

[13] 董世洪，龚山平. 社会参与：构建开放性的大学创新创业教育模式[J]. 中国高教研究，2010(02)：64-65.

[14] 陈桂香，揭滢，陈少平. 我国大学生创新创业教育与实践研究综述[J]. 创新与创业教育，2016，7(04)：13-18.

[15] 张茉楠. 国际创新创业发展战略新趋势及启示[J]. 宏观经济管理，2016(01)：85-88.

[16] 张秀娥. 德国创业促进体系及对中国的启示[J]. 当代世界，2009(09)：59-61.

[17] 王明杰. 主要发达国家城市创新创业生态体系建设比较研究：以德国、美国、英国、法国为例[J]. 行政论坛，2016，23(02)：99-104.

[18] 张武军. 德国大学生创业政策特点及启示[C]. 第5届教育教学改革与管理工程学术年会论文集. 2012.

[19] 孙惠敏，陈工孟. 全球创新创业教育研究报告[M]. 北京：经济管理出版社，2016.

[20] 王森. 德国政府支持大学创业：EXIST计划概要[J]. 全球科技经济瞭望，2002(03)：30.

[21] 黄军英. 美国创新创业政策研究及借鉴[J]. 科技与经济，2017(01)：31-35.

[22] 杨晓慧. 中国大学生就业创业报告·2011[M]. 北京：人民出版社，2011.

[23] 季学军. 美国高校创业教育历史演进与经验借鉴[J]. 黑龙江高教研究，2007(02)：40-42.

[24] 李伟，张世辉. 创新创业教程[M]. 北京：清华大学出版社，2015.

[25] 朱燕空. 创业学什么：人生方向设计、思维与方法论[M]. 北京：国家行政学院出版社，2016.

[26] 周苏，褚赟. 创新创业：思维、方法与能力[M]. 北京：清华大学出版社，2017.

[27] 姚凤云，郑郁，赵雅坦. 大学生就业与创业[M]. 北京：清华大学出版社，2017.

[28] 杜永红，梁林蒙. 大学生创新创业教育[M]. 北京：清华大学出版社，2018.

[29] 郎宏文，安宁，郝婷. 创业管理：理论、方法与案例[M]. 北京：人民邮电出版社，2016.

[30] 鲁加升. 大学生创新创业概论[M]. 上海：上海交通大学出版社，2017.

[31] 张应辉，等. 大学生创业教育导论[M]. 北京：清华大学出版社，2017.

[32] 杨芳. 创业设计与实务[M]. 北京：机械工业出版社，2017.

[33] 朱恒源，余佳. 创业八讲[M]. 北京：机械工业出版社，2016.

[34] 丁忠明. 大学生创业启程[M] 北京：机械工业出版社，2018.

[35] 张玉利. 创业管理[M]. 4 版. 北京：机械工业出版社，2017.

[36] 苏珊娜•特纳. 管理工具黑皮书[M]. 北京：机械工业出版社，2015.

[37] 布鲁斯•巴林杰，杜安•爱尔兰. 创业管理：成功创建新企业[M]. 薛红志，张帆，译. 北京：机械工业出版社，2017.

[38] 小卡尔•麦克丹尼尔，罗杰•盖茨. 当代市场调研[M]. 10 版. 李桂华，译. 北京：机械工业出版社，2018.

[39] 约翰•马林斯. 如何测试商业模式[M]. 4 版 郭武文，叶颖，译. 北京：机械工业出版社，2017.

[40] 亚历山大•奥斯特瓦德，伊夫•皮尼厄. 商业模式新生代[M]. 北京：机械工业出版社，2011.

[41] 齐洁. 小猪短租：专注于交易担保与服务把控[N]. 中国经营报，2013-5-13.

[42] 百度百科. 创业计划书 [EB/OL]. https://baike. baidu. com/item/%E5%88%9B%E4%B8%9A%E8%AE%A1%E5%88%92%E4%B9%A6/1908?fr=aladdin.

[43] 布鲁斯•R. 巴林杰. 创业技术书：从创意到方案[M]. 2 版. 北京：机械工业出版社，2017.

[44] 加里•阿姆斯特朗，菲利普•科特勒. 市场营销管理学[M]. 北京：机械工业出版社，2017.

[45] 雷家骕，葛健新，王华书，等. 创新创业管理学导论[M]. 北京：清华大学出版社，2014.

[46] 刘志阳. 创业画布[M]. 北京：机械工业出版社，2018.

[47] 易创谷. 创业团队的三种类型，请对号入座！[EB/OL]. http://www.sohu.com/a/ 198016164_100014825.

[48] 陈向东. 做最好的团队——打造卓越团队的九大黄金法则[M]. 北京：中信出版社，2016.

[49] 何建湘. 创业者实战手册[M]. 北京：中国人民大学出版社，2015.

[50] 戴冠宏. 打造超强创业团队[M]. 北京：中国铁道出版社，2016.

[51] 戴维•罗斯. 创业清单[M]. 桂曙光，译. 北京：中国人民大学出版社，2017.

[52] 孙陶然. 创业 36 条军规[M]. 北京：中信出版社，2015.

[53] 艾诚. 创业的常识[M]. 北京：中信出版社，2016.

[54] 史蒂夫•费舍尔，加奈•杜安. 图解创业：创业可视化操作指南[M]. 黄珏苹，译. 北京：中信出版社，2017.

[55] 菲利普•科特勒. 营销管理[M]. 15 版. 何佳讯，于洪彦，译. 上海：格致出版社，2016.

[56] 吴健安，钟育赣，胡其辉. 市场营销学[M]. 5 版. 北京：清华大学出版社，2018.

[57] 张向南. 新媒体营销案例分析：模式、平台与行业应用[M]. 北京：人民邮电出版社，2017.

[58] 李巍，黄磊. 大学生创业基础[M]. 北京：中国人民大学出版社，2017.

[59] 李俊，秦泽峰. 创业管理[M]. 北京：北京大学出版社，2016.

[60] 张淼. 股权融资：理论、案例、方法一本通[M]. 北京：电子工业出版社，2017.

[61] 韩布伟. 不懂运营，你怎么开公司？[M]. 北京：清华大学出版社，2016.

[62] 岳双喜. 创业企业融资管理研究[M]. 北京：中国纺织出版社，2018.

[63] 吴伟. 创业融资 2.0 实战与工具[M]. 北京：机械工业出版社，2018.

[64] 张奇. 创业融资与管理[M]. 北京：中国财经出版传媒集团，2017.

[65] 珍妮特·K.史密斯，理查德·L.史密斯，理查德·T.布利斯. 创业融资：战略、估值与交易结构[M]. 沈艺峰，覃家琦，肖珉，等，译. 北京：北京大学出版社，2017.

[66] 韩国文，陆菊春. 创业学[M]. 武汉：武汉大学出版社，2015.

[67] 郎宏文，安宁，郝婷. 创业管理：理论、方法与案例[M]. 北京：人民邮电出版社，2016.

[68] 刘平. 创业管理理论与实践[M]. 北京：清华大学出版社，2011.

[69] 胡剑峰，彭学兵. 创业管理：理论、流程与实践[M]. 北京：高等教育出版社，2012.

[70] 胡海波. 创业计划[M]. 厦门：厦门大学出版社，2011.

[71] 汪戎. 创业基础：大学生创业理论与实践[M]. 北京：高等教育出版社，2013.

[72] 秦小冬，赵云昌. 大学生创业教程[M]. 北京：清华大学出版社，2017.

[73] 姚凯. 大学生创业导论[M]. 北京：清华大学出版社，2015.

[74] 任军，王清，郭超. 大学生创业基础[M]. 北京：北京邮电大学出版社，2016.

[75] 伊查克·爱迪思. 企业生命周期[M]. 北京：中国人民大学出版社，2017.

[76] 陈郁. 企业制度与市场组织：交易费用经济学文选[M]. 上海：上海三联书店，1996.

[77] 史正富. 现代企业的结构与管理[M]. 上海：上海人民出版社，1993.

[78] 孟宪昌. 企业扩张论[M]. 成都：西南财经大学出版社，2001.

[79] 赵甜甜. 企业扩张的动因分析[J]. 科技资讯，2013(12)：175.

[80] 蔡昌，黄克立. 资本运营[M]. 西安：西安交通大学出版社，2005.

[81] 马武仙，甄朝党. 技术进步是企业扩张的可持续发展动力[J]. 财贸经济，2005(10)：86.

[82] 国务院法制办公室. 中华人民共和国企业破产法 [M]. 北京：中国法制出版社，2017.

[83] 施建璋. 浅述企业破产倒闭的成因与对策[J]. 西部财会，2017(10)：55.

[84] 亿欧：8家名噪一时的企业倒闭背后，都有着相似的死因[EB/OL]. https://www.iyiou.com/p/ 51497? utm_source= tuicool&utm_medium=referral.

[85] 学习啦. 创业准备计划书退出策略[EB/OL]. http://www.xuexila.com/chuangye/zhunbei/3520960.html.

[86] 张茉楠. 全球创新创业与经济强国的战略选择[N]. 上海证券报，2016-01-14.

[87] 崔健，沈亚强. 美国、德国高校创新创业教育的发展历程、特点及启示[J]. 河南科技学院学报，2016(12)：49-52.

[88] 蒲清平，赖柄根，高微. 中德大学生创业教育比较[J]. 中国青年研究，2010(12)：89-92.

[89] 郑远见. 美国高校创业教育发展的经验与借鉴[J]. 黑龙江教育(理论与实践)，2014(2)：6-8.

[90] 刘碧强. 美国高校创业教育经验及其启示[J]. 广西大学学报，2012(6)129-134.

[91] 刘永宾. 大学生创业教育研究[D]. 山东经济学院，2010.

[92] 唐家龙，马虎兆. 美国2011年创新战略报告评析及其启示[J]. 中国科技论坛，2011(12)：138-143.

[93] 敬阳. 德国大学生创业教育模式聚焦[J]. 教育与职业，2014(10)：108-109.

[94] 刘琳. 德国促进中小企业创新的主要举措[J]. 创新科技，2012(6)：10.

[95] 《第四次创业浪潮》，每个人都无法逃离的时代[EB/OL].http://www.sohu.com/a/119362820_545114.

[96] 任海峰，何颖. "三链协同"下创新驱动[J]. 装备制造，2014(6)：7.

[97] 王红，宋建巧. 一系列扶持优惠政策 激发创业活力[N]. 郑州晚报，2015-12-11.

[98] 牛金成，陆静. 发达国家的创业教育及其启示——基于美、英、德、澳大利亚四国的比较[J]. 黑龙江高教研究，2013(1)：46-49.